Wolfgang J. Mommsen

Der europäische Imperialismus

Wolfgang J. Mommsen

Der europäische Imperialismus

Aufsätze und Abhandlungen

Vandenhoeck & Ruprecht
in Göttingen

SAMMLUNG VANDENHOECK

CIP-Kurztitelaufnahme der Deutschen Bibliothek

Mommsen, Wolfgang J.:
[Sammlung]
Der europäische Imperialismus : Aufsätze u. Abh. / Wolfgang J. Mommsen. – Göttingen : Vandenhoeck und Ruprecht, 1979.
(Sammlung Vandenhoeck)

ISBN 3-525-01321-3

Satz: W. Tutte Druckerei GmbH, Passau-Salzweg; Druck und Einband: Hubert & Co., Göttingen

Inhalt

Vorwort

Die in diesem Bande zusammengefaßten Arbeiten sind zu verschiedenen Zeitpunkten und aus unterschiedlichen Anlässen heraus entstanden. Trotz unterschiedlicher Zielsetzungen im einzelnen kreisen sie um ein zentrales Problem der neueren Imperialismusforschung, nämlich die Frage nach den Antriebskräften imperialistischer Expansion namentlich innerhalb der europäischen Metropolen. Als Ausgangspunkt der Analyse dienen dabei durchweg die theoretischen Paradigma, Interpretationsschemata und Konstrukte, wie wir sie bei zahlreichen Imperialismustheoretikern finden, von Hobson und Lenin angefangen bis hin zu den Vertretern einer peripherieorientierten Imperialismusauffassung, wie Robinson und Fieldhouse einerseits oder *dependencia*-Theoretikern wie Senghaas andererseits. Die imperialistische Expansion über den Erdball, in die die großen Industriestaaten namentlich Europas endgültig seit der Mitte des 19. Jahrhunderts eintraten, hat die politische Wirklichkeit, in der wir heute leben, weithin geprägt. Ebenso hat die imperialistische Ideologie verhängnisvolle Auswirkungen auf die westlichen Gesellschaften selbst gehabt. Der Imperialismus hat nicht unwesentlich zur Unterminierung der liberalen und demokratischen Bewegungen in Europa beigetragen und jene geistigen und politischen Voraussetzungen geschaffen, die die modernen Faschismen erst möglich gemacht haben. Man sollte nicht vergessen, daß sowohl der italienische Faschismus wie der deutsche Nationalsozialismus von der Idee besessen waren, den im 19. und frühen 20. Jahrhundert versäumten bzw. gescheiterten Versuch zu erneuern, für die eigene Nation eine Weltmachtstellung gleich der des British Empire (das man sich freilich in völliger Verkennung der historischen Wirklichkeit als einen festgefügten Weltstaat vorstellte) zu erringen, und sei es um den Preis noch ungleich gewaltsamerer Kriege und Auseinandersetzungen als jener des Ersten Weltkrieges. Diesen am Ende in die Katastrophe des Zweiten Weltkrieges einmündenden Bestrebungen müssen die wesentlich verwandten Bemühungen des kaiserlichen Japan zur Seite gestellt werden, sich zur imperialen Vormacht im Fernen Osten emporzuschwingen.

Die brennende Frage nach dem relativen Gewicht politischer, gesellschaftlicher und ökonomischer Faktoren innerhalb der großen imperialistischen Prozesse vornehmlich der Epoche des Hochimperialismus von 1882 – 1918 ist überdies unmittelbar verknüpft mit dem politischen Selbstverständnis des Einzelnen in unserer gegenwärtigen Welt. Je nachdem, wie sie beantwortet wird, ergeben sich unterschiedliche Folgerungen für die Einstellung zu Fragen der parlamentarischen Demokratie, des wirtschaftlichen Ordnungssystems, der nationalen Identität und des gegenwärtigen internationalen Systems. Ernsthafte historische Forschung kann nicht wagen, positive inhaltliche Aussagen zu formulieren, die dem Einzelnen als Orientierungspunkt für sein persönliches Verhalten dienen können; wohl aber kann sie durch kritische Durchleuchtung zentraler imperialistischer Lehrmeinungen und Phänomene zu größerer Klarheit verhelfen. Mit abstrakten, empiriefremden Erörterungen mehr oder minder theoretischer, oft bloß ideologischer Art, wie sie gegenwärtig vielfach in Mode sind, ist in dieser Hinsicht freilich kaum etwas gewonnen; allein die Analyse konkreter historischer Prozesse, geleitet durch Fragestellungen von theoretischem Gehalt, die sich ihrerseits der Rückgekoppeltheit an je gegenwärtige politische Werthaltungen bewußt sind, kann hier weiterführen. Dies ist die wesentliche Absicht der im folgenden abgedruckten Aufsätze und Abhandlungen.

Der Aufsatz «Nationale und ökonomische Faktoren im britischen Imperialismus vor 1914» sucht, angeregt wesentlich durch John Atkinson Hobsons bekannte Theorie des modernen Imperialismus, das Verhältnis von nationalistischer Ideologie und ökonomischen Interessenstrukturen am Beispiel Großbritanniens näher zu bestimmen. Unter (seinerzeit in Deutschland erstmaliger) Heranziehung des erreichbaren statistischen Materials, ergibt sich, daß eine direkte Korrelation von imperialistischen Tendenzen mit ökonomischen Konjunkturentwicklungen selbst im britischen Falle, wo man mit weit größerer Berechtigung von einer «great depression» von 1873 bis 1894 wird sprechen können als etwa für das Deutsche Reich, nicht bestand. Auch Hobsons Kernthese, wonach das Bedürfnis nach profitablen Investitionsmöglichkeiten in Übersee der entscheidende Motor des britischen formellen Imperialismus nach 1882 gewesen sei, hält einer empirischen Überprüfung nicht stand. Es bedarf offensichtlich wesentlich komplexerer theoretischer Erklärungsmodelle, die unter anderem das Element des Politischen als eigenständigen Faktor einschließen, um die vielgestaltigen Prozesse der Zeit des Hochimperialismus, und letztlich des Imperialismus überhaupt, auf einen einigermaßen einheitlichen Nenner bringen zu können.

In dem Beitrag «Der moderne Imperialismus als innergesellschaftliches Phänomen» werden die Gesichtspunkte systematisiert, unter denen Imperialismus allenfalls als ein Syndrom von innergesellschaftlich initiierten Prozessen gedeutet werden kann. Die (bislang nur in englischer Sprache erschienene) Rezension des Buches von Hans-Ulrich Wehler über «Bismarck und der Imperialismus» sucht in einem konkreten Fall zu zeigen, daß und warum einseitig am Modell des «Sozialimperialismus» und an Modellen des konjunkturellen Wirtschaftsablaufs orientierte Imperialismusinterpretationen zu kurz greifen. Andererseits hat sich die wesentlich von Hans-Ulrich Wehler in die westdeutsche geschichtswissenschaftliche Diskussion eingeführte Begrifflichkeit des «informellen Imperialismus» in gewissen Grenzen bewährt. Die Abhandlung «Europäischer Finanzimperialismus vor 1914» behandelt das Phänomen der «informellen» finanzimperialistischen Durchdringung am Beispiel insbesondere solche Länder, die in Lenins Terminologie als «Halbkolonien» zu gelten haben und die nur zum Teil, und dann nur deshalb ein Opfer des «formellen» Imperialismus wurden, weil die ungleich feingesponneneren Methoden des «informellen Imperialismus» entweder versagt oder an der Peripherie politische Verhältnisse geschaffen hatten, die die Errichtung formeller Herrschaft gleichsam gegen den Willen der beteiligten Mächte unvermeidlich machten. In diesen Fällen wird die große Rolle, die periphere Faktoren im Zuge der imperialistischen Prozesse spielten, in aller Deutlichkeit sichtbar, eine Einsicht, die entsprechende Auswirkungen auf die überlieferten theoretischen Konstruktionen und Lehrmeinungen zum Problem des Imperialismus nach sich zieht. Die Studie «Der Hochimperialismus als historischer Prozess» bemüht sich, die Konsequenzen, die sich unter theoretischen Gesichtspunkten aus dieser neuen Sichtweise ergeben, zu formulieren. Weder die überkommenen «voluntaristischen» Deutungen imperialistischer Politik, wie sie insbesondere in der Tradition des Historismus vorherrschen, noch die primär sozialökonomisch argumentierenden Imperialismustheorien seien sie marxistischer, seien sie soziologischer Provenienz, erweisen sich als zureichend zur Erfassung des modernen Imperialismus in seinen verschiedenartigen historischen Spielarten. Im übrigen geraten auch die überkommenen Abgrenzungen zwischen liberaler und imperialistischer Ideologie ins Schwimmen. Es hat sich herausgestellt, daß die imperialistische Expansion der westlichen Industriestaaten sich in der Epoche des «Freihandelsimperialismus» fast noch rascher und ungehemmter vollzogen hat, als in der darauffolgenden, von großem nationalistischen Pathos begleiteten und durch schwere internationale

Konflikte gekennzeichneten Epoche des Hochimperialismus. Die Abhandlung «Wandlungen der liberalen Idee im Zeitalter des Imperialismus» sucht, vornehmlich am Beispiel der deutschen liberalen Parteibewegungen, einige der Folgerungen aus dieser Erkenntnis für die Interpretation des Verhältnisses von Liberalismus und Imperialismus zu ziehen.

In der Abhandlung «Der Imperialismus als historische Formation» wird abschließend der Versuch unternommen, eine umfassende Bestimmung des modernen Imperialismus als eines historischen Prozesses von großer Gewalt, der einer ganzen Epoche seinen Charakter aufprägte, zu leisten, und zwar sowohl unter historischen, wie unter systematischen Gesichtspunkten. Während die voranstehenden Abhandlungen sich mehr oder minder auf die besonders gut erforschte Zeit des Hochimperialismus bis 1918 konzentrieren, wird hier ein umfassendes Gesamtbild gezeichnet, das bis an die Gegenwart heranführt. Die Absicht dabei ist weniger, einer spezifischen Interpretation unter anderen möglichen zum Siege zu verhelfen, als vielmehr eine Bestandsaufnahme der Forschung vorzunehmen, die als Grundlage für weitere Forschungen dienen kann, welche insbesondere die Barriere von 1918 zu überschreiten haben. Allerdings zeigt sich zunehmend, daß auch die klassische Periodisierung, die den Imperialismus im eigentlichen Sinne erst in der zweiten Hälfte des 19. Jahrhunderts einsetzen läßt, aus der Perspektive der Peripherie her gesehen, fragwürdig ist. Die Anfänge der imperialen Expansion der europäischen Staaten und späterhin der USA in die weiten Räume der Dritten Welt reichen viel weiter zurück, als man gemeinhin anzunehmen pflegt; es ist demgemäß wenig zweckmäßig, ja irreführend, wenn man den Imperialismus im eigentlichen Sinne nur für die Periode des Kapitalismus als solchen gelten lassen will, wie viele Autoren unter vorwiegend ideologischen Gesichtspunkten immer noch zu tun geneigt sind. Das quantitative Datenmaterial, das uns heute, in freilich noch äußerst zersplitterter und unzureichender Form zugänglich ist, verweist zudem darauf, daß Imperialismus in seinen höchst unterschiedlichen Formen keinesfalls zu allen Zeiten und unter allen Umständen für die imperialen «Mutterländer», und schon gar nicht für alle Gruppen und Schichten der jeweiligen metropolitanen Gesellschaft, ein einträgliches oder ein unproblematisches Geschäft gewesen ist, mögen auch die treibenden Individuen dabei in der Regel ihre Schäfchen ins Trockene gebracht haben. Imperialismusforschung sollte nicht länger versuchen, die individuell Schuldigen auszumachen, sondern vielmehr die strukturell bedingten Mechanismen erfassen, die den so folgenreichen und irreversiblen Prozeß der imperialen Expansion des Westens über nahezu den gesamten Erdball ausgelöst und vorangetrieben haben.

Die hier abgedruckten Beiträge haben jeweils einen bestimmten Ort in der Forschungsdiskussion über Fragen des Imperialismus, wie sie im letzten Jahrzehnt geführt worden ist. Schon deshalb wurde davon abgesehen, den Wortlaut der einzelnen Texte, von der Beseitigung einiger weniger offensichtlicher Fehler abgesehen, gegenüber den ursprünglichen Fassungen zu verändern. Zudem hätte eine Überarbeitung unter vollständiger Einbeziehung der seitdem erschienenen Literatur eine Sysiphusarbeit bedeutet. Überdies wäre dadurch die Entwicklung, die die hier vorgetragene Interpretation des Imperialismusproblems innerhalb des letzten Jahrzehnts selbst durchgemacht hat, ungebührlich verschleiert worden. Schließlich möchte ich an dieser Stelle Herrn Dr. Hellmann sowie Herrn Prof. Dr. Hans-Ulrich Wehler für Ermutigung und Hilfe bei der Drucklegung dieser Aufsätze und Abhandlungen danken, und nicht zuletzt auch Herrn Wolfgang Mock für Assistenz bei der Herstellung der Druckvorlagen.

London, den 30. Dezember 1978

I. STUDIEN ZUM EUROPÄISCHEN IMPERIALISMUS

Nationale und ökonomische Faktoren im britischen Imperialismus vor 1914[1]

Im Jahre 1881 schrieb der englische Historiker und Ranke-Verehrer John Robert Seeley in seinem Buche «The Expansion of England» die später berühmt gewordenen Worte: «We seem to have conquered and peopled half the world in a fit of absence of mind»[2]. Bei seinen Studien über die Geschichte des Britischen Empire hatte er mit einigem Erstaunen festgestellt, daß Großbritannien sich sein riesiges Kolonialreich gleichsam in unbewußtem Zustand erworben habe. Warum dieses Erstaunen? Seeley, der als einer der großen Ideologen des britischen Imperialismus der Jahrzehnte vor 1914 gelten darf, mißfiel es, daß in diesem großen Expansionsprozeß beinahe nirgends etwas von jenem nationalen Sendungsbewußtsein zu entdecken war, das er selbst in sich fühlte. Für ihn, ebenso wie für Charles Dilke[3] und James Anthony Froude[4], war Imperialismus eine ausschließlich nationale Angelegenheit; er sah im Britischen Empire in erster Linie eine Erweiterung der englischen Nationalität über die Grenzen des Mutterlandes in weite überseeische Gebiete hinaus. Nach seiner Ansicht waren die kulturellen Gemeinsamkeiten und die Blutsbande der «british race» für das Empire konstitutiv; politische, wirtschaftliche und strategische

1 Erweiterte Fassung einer am 20. Februar 1967 an der Universität Köln gehaltenen Akademischen Einführungsvorlesung.

2 London 1881, S. 10

3 Zu Dilke siehe insbesondere dessen Schriften Greater Britain, 1. Aufl. London 1868, sowie Problems of Greater Britain, 2. Bde. London 1890, ferner S. Gwynn und G. M. Tuckwell, The Life of Sir C. W. Dilke, 2 Bde. London 1917, sowie Roy Jenkins, Sir Charles Dilke. A Victorian Tragedy, London 1958, S. 33ff. Später hat Dilke allerdings in zunehmendem Maße auch auf ökonomische Argumente zurückgegriffen. Siehe Gwynn-Tuckwell, Dilke Bd. 1, S. 81.

4 Zu Froude vgl. C. A. Bodelsen, Studies in Mid-Victorian Imperialism, Kopenhagen 1924, S. 106ff.

Gesichtspunkte traten dahinter ganz zurück[5]. Die abhängigen Territorien spielten im Denken dieser Pioniere der imperialistischen Idee eine ganz untergeordnete Rolle; von der eingeborenen, nichtenglischen Bevölkerung war – mit Ausnahme der Inder – fast überhaupt nicht die Rede. Wir treffen hier die Ideologie des britischen Imperialismus gleichsam auf ihrer jungfräulichen, ihrer naivsten Stufe an. Und doch wurde hier ein neuer Anfang gesetzt; ein vom Bewußtsein der Überlegenheit der britischen Rasse getragener Nationalismus verlangte nun, daß die Engländer sich ihrer geschichtlichen Aufgabe des «Empire building» fortan zielbewußt widmen sollten.

Diese Forderung fand im britischen öffentlichen Bewußtsein binnen weniger Jahre eine unerwartet positive Resonanz[6]. Das Ideal eines «Greater Britain», wie es Seeley und Dilke aufgestellt hatten und wie es wenig später auch Lord Rosebery aufgriff[7], wurde zum wichtigsten Programmpunkt eines neuen Nationalismus, der in erster Linie von Stolz und Begeisterung über die geschichtliche Leistung der Engländer getragen war. Auch sozial-darwinistische Untertöne fehlten darin nicht. Benjamin Kidd beispielsweise feierte in seiner «Social Evolution» vom Jahre 1894 die Ausdehnung der Angelsachsen nach Übersee in darwinistischer Terminologie als den verdienten Sieg einer «vigorous and virile race» über unterlegene, zurückgebliebene Völker, und er fand damit allerorten viel Anklang[8]. «I believe that the British race is the greatest governing race that the world has ever seen», so bekannte ein Jahr später Joseph Chamberlain. «I say this not as an empty boast, but as proved and evidenced by the success which we have had in administering the vast dominions which are connected with these small

5 Seeley, Expansion, S. 60: «... our Empire is not an Empire at all in the ordinary sense of the word. It does not consist of congeries of nations held together by force, but in the main of one nation, as much as it were no empire, but an ordinary state». Vgl. auch S. 43: «Greater Britain is not in the ordinary sense an Empire at all. Looking at the colonial part of it alone, we see a natural growth, a mere normal extension of the British race into other lands.»

6 Vgl. auch John Morleys späteres Zeugnis, in: John Morley, Recollections, Bd. 2, London 1917, S. 79.

7 Für Roseberys Hinwendung zum Imperialismus kommt seiner Weltreise vom Jahre 1883/84 eine auslösende Rolle zu. Siehe Marquess of Crewe (= Robert O. A. Milnes), Lord Rosebery, New York 1931, Bd. 1, S. 175ff., und Robert Rhodes James, Rosebery. A Biography of Archibald Philip, Fifth Earl of Rosebery, London 1963, S. 154ff.

8 London 1894, S. 45f. Vgl. dazu Bernhard Semmel, Imperialism and Social Reform. English Social-imperial Thought 1895–1914, Harvard University Press 1960, S. 29ff.

islands»[9]. Und in ähnlichen Worten beschwor Lord Rosebery die Verpflichtungen, welche die glorreiche Vergangenheit des britischen Empire den Zeitgenossen auferlege, sein imperialistisches Glaubensbekenntnis in die Worte zusammenfassend: «What is Empire but the predominance of race»[10]. Noch deutlicher betonte J. Lawson Walton in einem Aufsatz in der «Contemporary Review» vom März 1899 das völkisch-rassische Element im britischen Imperialismus: «The basis of Imperialism is race. The spirit of a people which won empire will never relax the grasp which holds it. Its genius will find scope in developing and, as duty or legitimate interest demands, in extending its possessions. Should Great Britain ever shrink from her responsibilities, seek to shed her provinces, and flinch from the burden of wide and even wider dominions, she may claim to have raised her people in the scale of refinement, but she will have attained those heights of accomplishment at the cost of the sturdy fibre which gave her race its place in history»[11]. Diese Äußerungen der Zeit, die man leicht um ein Vielfaches vermehren könnte, zeigen zur Genüge, daß sich im Laufe von anderthalb Jahrzehnten der Nationalismus eines Seeley, welcher allein den Zusammenhalt der britischen Nation im Mutterlande und den überseeischen Territorien im Auge hatte, zu einem aggressiven Imperialismus steigerte, dem es nicht nur um die Erhaltung und den weiteren Ausbau des bestehenden Empires ging, sondern um die Ausdehnung der britischen Herrschaft auf immer größere Gebiete des Erdballs. «It is a struggle of nationality against nationality, it is a real struggle for Empire in the world», so furmulierte beispielsweise Sir Halford Mackinder 1899 die neue Botschaft dieses zum Imperialismus gesteigerten Nationalismus[12]. Der Endpunkt dieses Prozesses wird treffend von W.F. Monypenny charakterisiert, der 1905 schrieb: «To-day the words ‹Empire› and ‹Imperialism› fill the place in everyday's speech that was once filled by ‹Nation› and ‹Nationality›»[13].

Die ungeheure Wirkung dieses von einem naiven Rassenstolz beflügelten Imperialismus auf die Zeitgenossen wurde noch durch den Umstand gesteigert, daß sich die Massenpresse zum Sprachrohr desselben

9 Zitiert bei William E. Strauß, Chamberlain and the Theory of Imperialism, Washington 1942, S. 79.

10 Lord Rosebery, Questions of Empire, London 1900, S. 13, 15.

11 Imperialism, in: Contemporary Review, Vol. 75, 1899, S. 307.

12 The Great Trade Routes, in: Journal of the Institute of Bankers, Vol. 21, 1900, S. 155.

13 The Empire and the Century. A Series of Essays on Imperial Problems, London 1905, S. 5.

machte. In den achtziger Jahren waren es vor allem W.E. Henley im «National Observer» und W.T. Stead in der «Pall Mall Gazette», die sich der Verbreitung der neuen imperialistischen Ideen verschrieben hatten. Seit 1896 trat dann namentlich Alfred Harmsworth mit der «Daily Mail», dem ersten Massenblatt in der Geschichte des Zeitungswesens, in ihre Fußstapfen. Schon in ihrer ersten Ankündigung bezeichnete die «Daily Mail» es als ihre künftige journalistische Aufgabe, als «embodiment and mouthpiece of the imperial idea» zu wirken[14]. Obgleich sich namentlich die ältere Generation der liberalen Politiker von den Auswüchsen des neuen Imperialismus distanzierte, wie sie insbesondere in dem «Jingoismus» der Massenpresse und der «Music Halls» zum Ausdruck kamen, vermochte auch sie sich dem Sog der öffentlichen Meinung auf die Dauer nicht zu entziehen. Der neue imperialistische Nationalismus erfaßte alle Klassen der englischen Gesellschaft gleichermaßen. Mit Befriedigung konnte Joseph Chamberlain in seiner «Rectorial Address» in Glasgow am 3. November 1897 feststellen, daß dieser neue «national patriotism», der mit gebieterischer Macht die Festigung und den weiteren Ausbau des Britischen Empire forderte, ein «entirely popular sentiment» sei, «not confined to individuals or to classes, but identified inseparably with the national character»[15].

Aber nicht nur die britische Öffentlichkeit begann sich seit der Mitte der achtziger Jahre die Postulate Seeleys zu eigen zu machen. Es gilt dies auch für die amtliche englische Politik, wenngleich man einräumen muß, daß sie hinter den Forderungen des populären «Jingoismus» der Zeit stets erheblich zurückblieb. Seit dem Beginn des 19. Jh. hatte sich die britische koloniale Expansion gleichsam im Windschatten der großen Politik vollzogen. Die Landnahme an den Küsten Afrikas und Asiens war vorwiegend das Werk privater Initiative gewesen. Die amtliche Politik hatte hingegen eher die Beschränkung und den

14 Vgl. William L. Langer, The Diplomacy of Imperialism, 1890–1902, New York 1951², S. 84ff., und Semmel, Imperialism, S. 56f.

15 Patriotism, Glasgow 1897, S. 28. Man beachte auch den Bezug auf Seeley, der hier vorliegt, wenn Chamberlain in diesem Zusammenhang von einer «special mission of the United Kingdom» sprach, welche dessen ganze neuere Geschichte geprägt habe, «through which the steady expansion of the Empire has proceeded, and during which she has, sometimes unconsciously, sometimes even unwillingly, been building up and consolidating that great edifice of imperial dominion which is now as much a necessity of our national existence as it is a legitimate source of our national pride». Ebenda S. 52f.

Abbau imperialer Verpflichtungen angestrebt, da der Nutzen direkter politischer Beherrschung kolonialer Gebiete im Zeitalter des Freihandels und der Beschränkung der Staatstätigkeit als fragwürdig galt[16]. Nur widerwillig hatte sie große überseeische Territorien direkt oder indirekt dem Britischen Empire einverleibt. Mit dem Auftreten weltpolitischer Rivalen, insbesondere Frankreichs und Deutschlands, auf kolonialem Felde und zugleich unter dem Einfluß des neuen imperialistischen Nationalismus, der 1885 bei Bekanntwerden der vernichtenden Niederlage General Gordons bei Karthoum in einer ersten gewaltigen Eruption zutage trat, änderte sich jedoch das Bild. Hatte die britische Politik bisher dem Grundsatz angehangen, dem Unternehmungsgeist einzelner großer Kolonisatoren und Kaufleute den Vortritt zu lassen, und nur dann, wenn dies unvermeidlich wurde, dem britischen Handel die formelle Herrschaft der Krone folgen zu lassen, so begann sich nun dieses Verhältnis umzukehren[17]. Unter Salisburys

16 Vgl. dazu Bodelsen, Studies, S. 14ff., sowie R. L. Schuyler, The Climax of Anti-Imperialism in England, in: Political Science Quarterly, Bd. 36, 1921, S. 537ff.

17 Zur Periodisierung des britischen Imperialismus siehe auch John Gallagher und Ronald Robinson, The Imperialism of Free Trade, in: Economic History Review, Bd. 6, 1953, S. 1ff.). Die Epoche des Freihandels sei in Wahrheit ebenso imperialistisch gewesen wie die ihr seit Anfang der achtziger Jahre folgende Phase verschärfter internationaler Gegensätze. Allerdings habe der «imperialism of free trade» statt der Methoden des «formal empire», also der direkten politischen Beherrschung überseeischer Territorien, die indirekten Methoden wirtschaftlicher Vorherrschaft bevorzugt, und daher nur dann, wenn die Mittel des «informal empire» versagten, auf die Machtmittel des Staates zurückgegriffen. Hierin habe sich während des ganzen 19. Jh.s grundsätzlich nichts geändert; auch die Phase des sogenannten Imperialismus seit 1880 unterscheide sich im Prinzip nicht von den voraufgegangenen Perioden. Dieser neuartige Begriff des «informal empire» – zu diesem rechnen Gallagher und Robinson beispielsweise auch das seit 1904 von englischen Anleihen überschwemmte Südamerika (ebenda S. 9) – besitzt gegenüber dem traditionellen, vorwiegend politisch geprägten, Begriff des Imperialismus eine bemerkenswerte Elastizität, aber er genügt andererseits nicht dem Bedürfnis nach scharf definierten Begriffen, wie sie schon Max Weber für die Geschichte ebenso wie für alle Geistes- und Sozialwissenschaften gefordert hat. Wollte man Gallaghers Begriffsbildung konsequent anwenden, so müßten beispielsweise auch die Vereinigten Staaten, als das um 1900 immer noch größte Schuldnerland Großbritanniens, zu dessen «informal empire» hinzugerechnet werden, was aber gewiß nicht sinnvoll wäre. Der ungleich gesteigerte Einsatz staatlicher Machtmittel im Ringen um politische und wirtschaftliche Positionen in der Welt, wie wir ihn seit etwa 1885 beobachten, ist, wie sich noch ergeben wird, mit rein ökonomischen Begriffen nicht zureichend zu erklären. Zwar ist eine Konti-

und Roseberys Führung lenkte England, zunächst zögernd und unentschlossen, dann aber mit zunehmender Energie in die Bahnen einer systematischen Politik der Stabilisierung und Ausweitung des Britischen Empire ein. Gladstones Pläne eines Rückzuges aus Ägypten wurden endgültig zu den Akten gelegt. Zwar bevorzugte man zunächst noch die Methoden indirekter Herrschaft mit Hilfe von Chartered Companies, wie die Gewährung von Charters an die North Borneo Company 1881 und an die South African Company 1886 zeigt, aber man scheute dennoch nicht mehr davor zurück, erforderlichenfalls auch selbst die Initiative zu neuen kolonialen Erwerbungen zu übernehmen. Rosebery als Foreign Secretary und dann als Premier des kurzlebigen liberalen Kabinetts von 1892 bis 1895 und nach ihm Salisbury an der Spitze einer unter imperialistischen Vorzeichen gebildeten Koalition der Konservativen und der Unionists begannen sich konsequent um die territoriale Arrondierung der überseeischen Besitzungen Großbritanniens zu bemühen. Verglichen mit dem imperialistischen Fieber, das die englische Nation erfaßt hatte, war das Handeln der leitenden Staatsmänner, welche die politischen und finanziellen Auswirkungen gesteigerter imperialer Verpflichtungen Englands nicht gering einzuschätzen vermochten, nach wie vor von Zögern und Zurückhaltung bestimmt; aber eine neue Tonart war unverkennbar.

Teilweise war dies freilich durch globale außenpolitische Entwicklungen bedingt. Die gesteigerte Aktivität der anderen europäischen Großmächte namentlich auf dem afrikanischen Kontinent zwang die englische Regierung zu einer Änderung ihrer bisherigen Politik, welche den direkten Einsatz imperialer Machtmittel zwecks Erlangung und Behauptung kolonialer Positionen möglichst gemieden hatte. Ein unmittelbares Eingreifen des Staates wurde nun fast überall notwendig. Die bisher nur höchst lose und extensive Beherrschung namentlich der afrikanischen Territorien durch Chartered Companies erwies sich in steigendem Maße als unzureichend. An ihre Stelle traten nun überall, in einem allerdings sehr zögernd verlaufenden Prozeß, koloniale Verwaltungen, die unmittelbar der Kontrolle des Kolonialmini-

nuität in der Erwerbung neuer kolonialer Territorien seit dem Anfang des 19. Jh.s nicht zu übersehen, aber die Formen und Methoden, die dabei angewandt wurden, ändern sich seit den 80er Jahren so grundlegend, daß man durchaus von einer neuen politischen Formation, nämlich jener des Imperialismus, sprechen kann. Überdies haben Gallagher und Robinson ihre Position in ihrem Buch Africa and the Victorians, London 1961, insofern geändert, als sie nunmehr den rein politischen Charakter des modernen Imperialismus in den Vordergrund stellen.

steriums unterworfen waren. Ebenso wurden nun die Grenzen dieser Territorien in Vereinbarungen mit anderen Mächten genau festgelegt[18]. Darüber hinaus aber legte man jetzt zielbewußt die Hand auf noch «freie» Territorien und proklamierte britische Interessensphären, soweit man es nicht vorzog, solche mit anderen Mächten auszuhandeln. So erklärte beispielsweise Sir Edward Grey am 11. März 1895 in einer aufsehenerregenden Rede im House of Commons die Region des oberen Nils zu einer britisch-ägyptischen Einflußsphäre und fügte hinzu, daß eine französische Expedition in diesem Raume als ein unfreundlicher Akt betrachtet werden müsse[19]. Im Angola-Vertrag vom Jahre 1898 einigten sich Deutschland und England auf eine Abgrenzung ihrer Interessensphären für den Fall, daß Portugal gezwungen sein würde, seine Kolonien anderen Mächten zu verpfänden, eine Abmachung, die freilich im folgenden Jahre durch den sogenannten Windsorvertrag mit Portugal, was den deutschen Anteil an der prospektiven Beute betraf, teilweise wieder zunichte gemacht wurde[20]. Im Unterschied zu früheren Methoden begann man nun, statt dem englischen Handel und dem englischen Kapital den Vortritt zu lassen, «to peg out claims for posterity», wie dies Lord Rosebery und ihm folgend Joseph Chamberlain ausdrückten[21].

Gleichzeitig setzten Bestrebungen ein, das höchst lockere Gebilde des britischen Empire mit seiner bunten Mannigfaltigkeit von Dominions, Kolonien und Protektoraten von jeweils sehr verschiedenem rechtlichem Status in einen geschlossenen föderativen «Weltstaat» zu-

18 Vgl. die Übersicht bei Ronald Robinson, John Gallagher und Alice Denny, Africa and the Victorians. The Official mind of Imperialism, London 1961, S. 473ff.

19 Sir Edward Grey am 20. März 1893 im House of Commons. Vgl. James, Rosebery, S. 374, und R. H. Gross, Factors and variations in liberal and radical opinion on foreign policy, 1885–99, ungedruckte PhD-Thesis, Oxford 1951, S. 268.

20 Zu den Auswirkungen des Angola-Vertrages vgl. Richard J. Hammond, Economic Imperialism. Sidelights on a Sterotype, in: Journal of Economic History, Bd. 21, 1961, S. 592ff. Es mag hier beiläufig angemerkt sein, daß James Bryce bereits in der 3. Auflage seines Buches Imperialism, London 1899, S. X, imstande war, den wesentlichen Tenor des Abkommens, zumindest was den deutschen Verzicht auf die Delagoa-Bay und auf eine eventuelle Intervention zugunsten der Buren angeht, zu veröffentlichen.

21 Rosebery in einer Rede am Royal Colonial Institute vom 1. 3. 1893, zitiert u.a. bei R. Koebner u. H. D. Schmidt, Imperialism. The Story and Significance of a Political Word 1840–1960, Cambridge University Press 1964, S. 202. Chamberlain am 20. 3. 1893 im House of Commons, siehe Joseph Chamberlain, Foreign and Colonial Speeches, London 1897, S. 114.

sammenzuschmelzen. Bereits die für die innenpolitische Entwicklung Englands so folgeschwere Spaltung der englischen Liberalen Partei über die Home Rule-Vorlage Gladstones für Irland vom Jahre 1885 stand unter dem Einfluß dieser neuen Tendenzen. Die Anhänger Gladstones und die Unionists unter der Führung Chamberlains trennten sich in erster Linie über der Frage, ob man den Prozeß der Desintegration des Empire in eine Gruppe selbständiger, der Krone nur noch formell verbundener Nationalstaaten ungestört weitergehen lassen, oder ob man alle legalen Mittel staatlicher Politik anwenden solle, um das Empire einschließlich Irlands in einen föderativen Herrschaftsverband unter straffer Führung des englischen Parlamentes und der englischen Regierung umzugestalten und in allen seinen Teilen politisch und wirtschaftlich zu entwickeln[22]. Der Ruf nach einem engeren Zusammenschluß der Dominions und Territorien des British Empire, wie ihn insbesondere die 1884 begründete «Imperial Federation League» erhob, war unzweifelhaft außerordentlich populär, wenn auch nur wenige Engländer dazu bereit waren, solch radikale Lösungen zu akzeptieren, wie sie Cecil Rhodes und Lord Milner insgeheim vorschwebten[23]. Aber in Regierungskreisen vermochte man sich über die enormen Schwierigkeiten, die einer solchen Politik entgegenstanden,

22 Vgl. John Morley, The Life of William Ewart Gladstone, Bd. 3, London 1903, S. 295, zu Chamberlains Haltung in der irischen Frage bei seinem Eintritt in das Kabinett Gladstone im Frühjahr 1885: «He warned the Prime Minister that he did not believe it to be possible to reconcile conditions as to the security of the empire (!) and the supremacy of parliament, with the establishment of a legislative body in Dublin.» Vgl. auch den Brief Chamberlains an Rosebery vom 17. Mai 1885 bei Crewe, Rosebery, S. 225. Beide Äußerungen zeigen, daß Chamberlains plötzliche Kampfansage an Gladstone in der Home Rule-Frage in seinem Willen begründet war, fortan eine aktive imperiale Politik zu treiben, welche die Stärkung und die Zusammenfassung des Empire zum Ziele hatte. Chamberlain bejahte eine Home Rule-Regelung, sofern und insoweit als sie eine Entlastung des House of Commons bringen würde, da dieses sich in verstärktem Maße imperialen und kolonialen Fragen zuwenden müsse. Eine weitgehende Loslösung Irlands von der englischen Krone aber bekämpfte er aus eben denselben Gründen. Vgl. auch Strauß, Chamberlain, S. 37f., und J. E. Tyler, The Struggle for Imperial Unity (1868–1895), London 1938, S. 79f.

23 Insbesondere Rhodes dachte an eine Organisation des Empire, bei welcher die imperialen Prärogativen des engl. Parlamentes an eine echte imperiale Vertretungskörperschaft übergehen und in der die überseeischen Teile des Empire eine gleichberechtigte Vertretung haben sollten. Aus diesen Gründen unterstützte er, entgegen den vorwaltenden Tendenzen der Zeit, das Projekt der Gewährung voller Selbstverwaltung an Irland.

nicht hinwegzutäuschen[24]. Dennoch blieb das Projekt eines engeren Zusammenschlusses des Britischen Empire seit der «Colonial Conference» vom Jahre 1887 beständig auf der Tagesordnung, auch wenn man angesichts der steigenden Welle des Nationalismus in den weißen Siedlungskolonien nicht recht wußte, wie man das Prinzip der Selbständigkeit der Dominions mit den imperialen Prärogativen des Mutterlandes auf einen Nenner bringen könne.

Für die Hinwendung zu einer zielbewußten imperialistischen Politik, wie wir sie in England seit dem Ende der achtziger Jahre beobachten können, sind freilich nicht nur nationale, sondern insbesondere auch ökonomische Faktoren von großer Bedeutung gewesen. Dies deutet sich schon in dem Umstand an, daß dem überraschenden Frontwechsel des bisherigen Radikalen Joseph Chamberlain vom Jahre 1885 ein großer Teil der englischen Geschäftswelt folgte, soweit diese sich nicht schon früher den Konservativen zugewandt hatte[25]. Der Ruf nach Aufschließung neuer Märkte mit Hilfe einer aktiven Politik überseeischer Erwerbungen gehört zu den Standardargumenten des europäischen Imperialismus vor 1914. Nahezu nirgendwo aber haben ökonomische Gesichtspunkte in der öffentlichen Diskussion eine so bedeutende Rolle gespielt wie in England, das als hochindustrialisierte Nation mit einem Außenhandel, der etwa ein Fünftel seines gesamten Sozialprodukts ausmachte[26], seit dem Ende der siebziger Jahre um seine bisher unbestrittene wirtschaftliche Führungsstellung in der Welt zu bangen begann. Der schrittweise Übergang einer ganzen Reihe europäischer Staaten zum Schutzzollsystem, dem sich

24 Vgl. etwa den Brief Lord Ripon an William E. Gladstone von 2. Febr. 1893, zitiert bei G. B. Pyrah, Imperial Policy and South Africa 1902–1910, Oxford 1955, S. 4: «I am myself somewhat of a sceptic on the subject (i. e. of imperial federation) though honestly desirous to strengthen our union with the Colonies in all practical ways.»

25 Vgl. Elie Halévy, Imperialism and the Rise of Labour, New York 1961, S. 15, Anm. 2.

26 So P. O'Leary und W. Arthur Lewis, Secular Swings in Production and Trade 1870–1913, The Manchester School of Economics and Social Studies, Bd. 23, 1955, S. 120. Sir Robert Giffen schätzte im Jahre 1877 den Wert des britischen Exporthandels freilich nur auf ein Achtel des britischen Nationaleinkommens, wenn nicht sogar noch weniger. Vgl. Economic Inquiries and Studies, Bd. 1, London 1904, S. 426f. In Memoranda, Statistical Tables, and Charts Prepared in the Board of Trade with Reference to Various Matters Bearing on British and Foreign Trade and Industrial Conditions, Cd. 1761, 1903, S. 361, wird der Anteil an der gesamten Arbeit der englischen Arbeiterschaft, «which is concerned with production of commodities for export», auf ein Sechstel des Ganzen geschätzt.

1891 auch die Vereinigten Staaten endgültig verschrieben, schien ein Ende der großen Epoche des Freihandels anzukündigen, die England zu wirtschaftlicher Größe geführt hatte. Einer Nation wie der englichen, deren wirtschaftliche Aktivität in solchem Maße nach außen gerichtet war, bereitete die Aussicht, in näherer oder fernerer Zukunft von einem großen Teil der ausländischen, insbesondere der überseeischen Märkte ausgeschlossen zu werden, naturgemäß beträchtliche Sorge, und es half wenig, wenn das Board of Trade in statistischen Untersuchungen nachwies, daß die Wirkung der ausländischen Schutzzollmauern auf den britischen Außenhandel vergleichsweise geringfügig sei[27]. Die Furcht, daß England seine beherrschende Stellung auf dem Weltmarkt dank restriktiver Maßnahmen seiner Konkurrenten verlieren könne, war insbesondere seit dem Ende der siebziger Jahre weit verbreitet und hat die imperalistischen Tendenzen der Zeit beträchtlich gefördert. Die 1881 gegründete «National Fair Trade League» versuchte die englische Öffentlichkeit dafür zu gewinnen, mit den geheiligten Traditionen des Freihandels zu brechen und im Gegenzug seinerseits zu Schutzzöllen überzugehen, um auf solche Weise gegebenenfalls das Ausland zur Milderung seiner Zölle zwingen zu können. Weit größere Resonanz freilich fanden die Vorschläge der 1884 gegründeten «Imperial Federation League», mit Hilfe eines Systems imperialer Vorzugszölle das britische Empire vorzugsweise dem englischen Handel zu reservieren und auf diese Weise zugleich einen engeren Zusammenschluß der Kolonien und Dominions mit dem Mutterlande anzubahnen[28]. Der Gedanke, der wachsenden Konkurrenz von seiten Deutschlands, Frankreichs und der Vereinigten Staaten durch eine energische Förderung des Handels innerhalb des britischen Empire zu begegnen, erschien in den achtziger Jahren vielerorts als der gegebene Ausweg aus den bestehenden oder befürchteten wirtschaftlichen Nöten. Er harmonierte zudem in glücklicher Weise mit dem gefühlsbedingten Imperialismus der Zeitgenossen, der aus nationalen Gründen einen engeren Zusammenschluß der vielen Territorien des britischen Empire forderte. Es ist kein Zufall, daß sich gerade Lord Rosebery von dem Programm der «Imperial Federation League» stark angezogen fühlte, obwohl wirtschaftliche Überlegungen in seinem imperialistischen Denken keine nennenswerte Rolle gespielt haben. Bereits 1888 sprach er sich in einer Rede in Leeds für «a bond of

27 Vgl. Cd. 1761, Charts, Series B.
28 Vgl. Tyler, Struggle, S. 31 und 107ff.

commercial unity» zwischen den verschiedenen Territorien des British Empire aus[29].

Schon Charles Dilke bezeugt, daß diese populären Strömungen, in denen sich wirtschaftliche Besorgnisse und nationalistische Beweggründe vermischten, auch auf die englische amtliche Politik stark eingewirkt haben: «A necessary change of policy followed on the discovery that Germany and France appeared to lay hand between them upon almost all those territories in the globe which did not belong to the European races. The movement of Germany and France seemed to foreshadow the possibility of large markets being gradually closed to our trade by paper annexations, followed, certainly in the case of France, and probably in the long-run in that of Germany, by the imposition of differential duties».[30]. Im Gegensatz zu ihren kolonialistischen Vorformen wurde nun der britischen imperialen Politik die Aufgabe zugemessen, der eigenen nationalen Wirtschaft nicht nur die bestehenden überseeischen Märkte und Investitionsmöglichkeiten zu erhalten, sondern darüber hinaus neue Märkte und neue Gelegenheiten zu rentabler Investition zu verschaffen. Die alte Devise «the flag follows the trade» wurde in ihr Gegenteil verkehrt; der Staat sollte der britischen Wirtschaft neue Wege eröffnen und neue Märkte erschließen. Ob die leitenden Staatsmänner Englands dergleichen Postulate immer für wünschenswert und zweckmäßig erachtet haben oder nicht, steht dahin; es blieb ihnen keine andere Wahl, als dieser Forderung des Zeitgeistes wenigstens streckenweise entgegenzukommen. Selbst ein in seiner außenpolitischen Grundhaltung so konservativer Staatsmann wie Lord Salisbury sah sich veranlaßt, sich öffentlich zu diesen neuen Prinzipien zu bekennen, so beispielsweise in einer Erklärung in der «Times» vom Jahre 1895: «If we mean to hold our own against the efforts of all the civilised powers of the world to strangle our commerce by their prohibitive finance, we must be prepared to open new markets to ourselves among the halfcivilised or uncivilised nations of the globe, and we must not be afraid, if that effort which is vital to our industries should bring with it new responsibilities of empire and goverment»[31]. Noch kompromißloser verfocht freilich Joseph Chamberlain die Notwendigkeit der Ausdehnung des britischen Empire, um der eigenen Industrie ausreichende überseeische Absatzmöglichkeiten und der eigenen Arbeiterschaft ausreichende Beschäftigung zu sichern: «We be-

29 Vgl. Halévy, Imperialism, S. 344.
30 Charles Dilke, Problems, Bd. 1, S. 191.
31 The Times, 24. Mai 1895.

lieve in the greatness of the Empire. We are not afraid of its expansion. We know that for us control over the markets is an absolute necessity, and that without it we could not possibly keep in comfort all the vast population which we have in these small islands»[32]. Und in einem Circular an die Gouverneure der Kolonien vom November 1895 erklärte er die möglichste Ausweitung des interimperialen Handels zum Ziel seiner Politik: «I am impressed with the extreme importance of securing as large a share as possible of the mutual trade of the United Kingdom and the Colonies for British producers and manufacturers, whether located in the Colonies or in the United Kingdom»[33].

Wenn die übergroße Mehrheit der englischen Geschäftswelt gleichwohl zäh an der überlieferten Freihandelsdoktrin festhielt und die Einführung eines imperialen Vorzugszollsystems auch weiterhin hartnäckig ablehnte, so spielt dabei eine wesentliche Rolle, daß die Londoner City davon nur Nachteile zu erwarten hatte. Bis 1875 hatte die wirtschaftliche Führungsstellung Großbritanniens in der Welt in erster Linie auf seinem enormen technologischen Vorsprung beruht; seitdem aber verdankte es sie in erster Linie der dominierenden Position der Londoner City auf dem internationalen Anleihe- und Geldmarkt. England war im späteren 19. Jh. der bedeutendste Bankier Europas und der Welt. Nach Berechnungen Imlahs hatte es im Jahre 1880 bereits eine Milliarde Pfund im Ausland, und zwar vorwiegend in Übersee, investiert, und diese Summe stieg während der folgenden Jahrzehnte im wesentlichen kontinuierlich an, um schließlich im Jahre 1913 die beachtliche Höhe von fast 4 Milliarden Pfund zu erreichen – wie Cairncross schätzt, «about as much as her entire industrial and commercial capital»[34].

Diese Einzigartigkeit der wirtschaftlichen Lage Großbritaniens ist schon von den Zeitgenossen erkannt und in Zusammenhang mit dem

32 Chamberlain am 5. November 1897 in Glasgow. Zitiert bei Thomas Henry Farrer, Does Trade follow the Flag?, in: Contemporary Review, Bd. 74, 1898, S. 811.

33 James Lois Garvin, The Life of Joseph Chamberlain, Bd. 3, London 1934, S. 23.

34 Siehe Schaubild 1, nach Albert Imlah, Economic Elements in the pax Britannica, Harvard 1958, S. 72ff.; vgl. auch die ältere Untersuchung von C. K. Hobson, The Export of Capital, London 1914, und insbesondere A. K. Cairncross, Home and Foreign Investment 1870–1913, Cambridge 1953; das Zitat ebendort S. 3. Für Vergleichszahlen siehe die Angaben bei S. Herbert Frankel, Capital Investment in Africa, London 1938, S. 18, nach Eugene Staley.

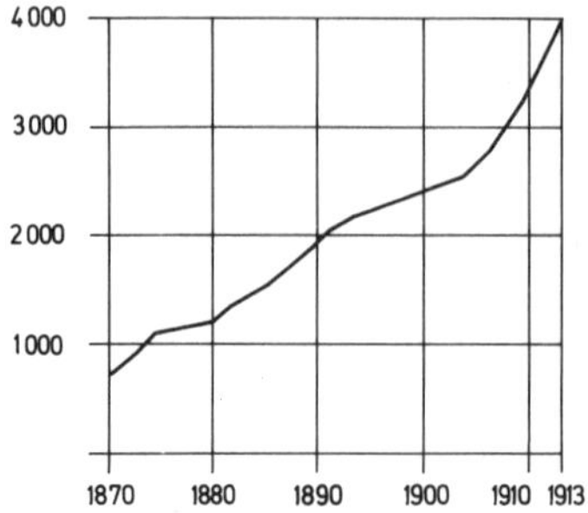

Schaubild 1
Die britischen Kapitalinvestitionen in Übersee
(in Mill. £ Sterling)
Nach Imlah, Economic Elements, S. 72 ff.

Phänomenen des modernen Imperialismus gebracht worden. «Our chief power no longer consists in the supremacy of our industry», so schrieb beispielsweise der Contemporary Review 1899. «It is shifting gradually, and leaning more and more on capital... the manufacturer... in his turn is now, slowly but surely, disappearing before the foreign investor. The balance of power removes from Manchester and Birmingham to St. Swithin's Lane and Lombard Street. England could not remain the workshop of the world; she is fast becoming its creditor, its mortgagee, its landlord... Our tremendous capital garnered in the days of our industrial superiority could not possibly have found occupation at home without lowering the rates of profit. For that reason we should soon have dropped to that stationary state into which nations fell when profits decrease and accumulation of capital stops, while foreign competition with our manufactures would have crippled us»[35]. Von solchen Positionen aus war kein weiter Weg zu einer ökonomischen Erklärung des britischen Expansionsstrebens der letzten Jahrzehnte vor 1914, wie sie wohl als erster C. A. Conant formuliert hat: «The necessity of sending capital abroad to obtain profitable returns is the salient economic lesson of the closing days of the 19th century. In recent years interests and discount rates have been declining, as the result of the excess of loanable capital beyond the effective demand of European markets and of the diminishing return paid by first-class investments at home... The real opportunity afforded by colonial possessions is for the development of the new countries by fixed investments, whose slow completion is the only present means of absorbing saved capital without the needless duplication of existing means of production. Whether trade unvariably follows the flag or not, the real

35 Ritortus (Pseud.), The Imperialism of British Trade, in: Contemporary Review, Bd. 76, 1899, S. 142–144.

question of the benefits of Australia, India, Canada and Egypt to Great Britain, and of Algeria, Tunis, and Madagaskar to France, relates to the fields which have been and will be opened there for the profitable investment of capital, and not merely to the quantity of furnished goods laid down annually in the export trade»[36]. Dergleichen Argumente waren auch in der Londoner City verbreitet. So belehrte beispielsweise Sir Halford Mackinder 1899 in einer Vortragsreihe am Institute of Bankers in London sein finanzkräftiges Publikum über den Zusammenhang zwischen Imperialismus und überseeischer Investitionstätigkeit: «It is for the maintenance of our position in the world, because we are the great lenders, that we have been driven to increase our empire»[37].

Unter dem Eindruck des imperialistischen Fiebers des Burenkrieges, der in unmittelbarem Zusammenhang mit dem Einströmen riesiger Kapitalsummen in die Minen des Transvaal zu stehen schien, entwickelte dann John Atkinson Hobson eine allgemeine Theorie des britischen Imperialismus, welche in dem Drang nach einträglichen Kapitalanlagen in überseeischen Gebieten, und nicht so sehr im Ringen um überseeische Absatzmärkte, den entscheidenden Antrieb der kolonialen Expansion Großbritanniens seit 1870 erblickte[38]. Hobsons Thesen sind in der Folge vor allem von den marxistischen Theoretikern des Imperialismus aufgegriffen worden, so insbesondere von Rudolf Hil-

36 The Real Motive for Expansion, in: Review of Reviews, Bd. 20, 1899, S. 54. Vgl. auch Conants Aufsatz The Economic Basis of Imperialism, in: North American Review, Jg. 167, 1899, S. 326ff., in welchem die These vom «oversaving» breit entwickelt wird: «capital is ... becoming congested» (ebda S. 328). Conant folgert daraus, daß auch die USA im imperialistischen Ringen mithalten müsse.

37 Mackinder, Journal of the Institute of Bankers, Bd. 21, 1899, S. 135.

38 Imperialism. A Study, London 1902, 2. Auflage 1905, 3. Auflage 1938. Für den Zusammenahang der Entstehung des Werkes mit dem Burenkrieg vgl. Hobsons Schriften The War in South Africa. Its Causes and Effects, London 1900, sowie The Psychology of Jingoism, London 1901; ferner William L. Langer, A Critique of Imperialism, in: Foreign Affairs, Bd. 14, 1935, S. 102ff.; H. N. Brailsford, The Life-Work of J. A. Hobson, London 1948; E. M. Winslow, Marxian, Liberal and sociological Theories of Imperialism, in: Journal of Political Economy, Bd. 39, 1931, S. 732ff.; ders., The Pattern of Imperialism. A Study in the Theories of Power, New York 1948, S. 94ff., sowie Hobsons Autobiographie Confessions of an Economic Heretic, London 1938, S. 59: «The Boer War was both a turning point in my career and an illumination to my understanding of the real relations between economics and politics.»

ferding[39], Rosa Luxemburg[40] und Wladimir Iljitsch Lenin. Namentlich Lenin steigerte Hobsons Beobachtungen über den parasitären und expansiven Charakter des britischen Finanzimperialismus vor 1914 zu der These vom notwendig imperialistischen Charakter des Monopolkapitalismus und gelangte, ähnlich wie schon vorher Rosa Luxemburg in ihren «Junius-Briefen»[41], zu der bekannten Bestimmung des Imperialismus als des höchsten Stadiums des Kapitalismus[42]. Umgekehrt hat Hannah Arendt auf der Grundlage der Analysen Hobsons den Imperialismus als die wichtigste Pflanzstätte des modernen Totalitarianismus bezeichnet[43].

Hobsons Zielsetzungen waren freilich weit bescheidener. Er bekämpfte den Imperialismus, weil dieser im Widerspruch zu seinen demokratischen und sozialreformerischen Idealen stand. Charakteristischerweise gehen die Ursprünge seiner Theorie des Imperialismus auf seine Studien über das Problem der Massenarmut in den großen englischen Industriestädten vom Jahre 1891 zurück[44]. Nicht der Kapitalis-

39 Siehe Rudolf Hilferding, Das Finanzkapital. Eine Studie über die jüngste Entwicklung des Kapitalismus, Berlin 1910. Allerdings zitiert Hilferding, soweit wir sehen, Hobson überhaupt nicht, obwohl er sich intensiv mit dem englischen Beispielen beschäftigt.

40 Rosa Luxemburg, Die Akkumulation des Kapitals. Ein Beitrag zur ökonomischen Erklärung des Imperialismus, Berlin 1913. Dazu J. P. Nettl, Rosa Luxemburg, 2 Bde., London 1966, Bd. 2, S. 520 ff., 828 ff.

41 Rosa Luxemburg, Politische Schriften, Frankfurt, Wien 1966, Bd. 2, S. 147: «Der imperialistische Expansionsdrang des Kapitalismus als der Ausdruck seiner höchsten Reife, seines letzten Lebensabschnitts, hat zur ökonomischen Tendenz, die gesamte Welt in eine kapitalistisch produzierende zu verwandeln, alle veralteten, vorkapitalistischen Produktions- und Gesellschaftsformen wegzufegen, alle Reichtümer der Erde und alle Produktionsmittel zum Kapital die arbeitenden Volksmassen aller Zonen zu Lohnsklaven zu machen...».

42 W. I. Lenin, Sämtliche Werke, Bd. 19, Wien, Berlin 1930, S. 81 ff. In der ursprünglichen Fassung vom Jahre 1917 hieß es statt dessen noch «jüngste Etappe». Vgl. dazu die Untersuchung von Hans Werner Kettenbach, Lenins Theorie des Imperialismus, Teil I, Grundlagen und Voraussetzungen, Köln 1965, der namentlich die Vorstufen des ökonomischen Imperialismusbegriffs in der radikalen englischen Linken behandelt und insbesondere Hobson S. 270 ff. einen eigenen Abschnitt widmet.

43 The Origins of Totalitarianism, London 1960^2, insbesondere S. 147 ff.

44 Problems of Poverty, London 1891. Dort heißt es beispielsweise S. 125: «... the increased wages cannot in general be obtained by reducing profits, for any such reduction will drive freshly accumulated capital more and more to seek foreign investments.» Bereits hier sieht Hobson einen inneren Zusammenhang zwischen sozialer Stagnation im Innern und imperialistischer Expansion. Vgl. auch den wichtigen Aufsatz Hobsons über «Free Trade

mus als solcher, so meinte Hobson, sondern die plutokratische Struktur der englischen Gesellschaft gebäre das Übel des modernen Imperialismus[45]. Weil den arbeitenden Massen nur ein ungenügender Anteil am Sozialprodukt zugestanden werde und der Reichtum sich dergestalt in den Händen einer schmalen Oberschicht konzentriere, komme es einerseits chronisch zu «oversaving», zu übergroßer Akkumulation von anlagesuchendem Kapital, andererseits zu «underconsumption», zu mangelnder Nachfrage auf dem Binnenmarkt. Die Diskrepanz zwischen der ökonomischen Leistungsfähigkeit des kapitalistischen Wirtschaftssystem und der mangelnden Kaufkraft der Massen, die sich als Folge einer anachronistischen Sozialstruktur einstelle, führe dergestalt zu einer stetig an Schärfe zunehmenden «overcompetition of surplus capital»[46], und damit zu sinkenden Profitraten. Infolgedessen sähen sich die Kapitalanleger mehr und mehr dazu veranlaßt, lieber im Auslande, und insbesondere in überseeischen kolonialen Gebieten, nach einträglicheren Anlagemöglichkeiten zu suchen, als unter Verzicht auf einen Teil ihrer Profite auf dem Binnenmarkt zu investieren. Aus diesen Gründen ginge die Oberschicht mehr und mehr dazu über, die Staatsmacht durch Entfachung eines populären Jingoismus unter Druck zu setzen, damit diese dem eigenen Kapital und der eigenen Wirtschaft durch politischen Zugriff profitable Investitionsmöglichkeiten in überseeischen, namentlich in unterentwikkelten Regionen der Erde verschaffe. Mit anderen Worten: Hobson sah eine direkte Korrelation gegeben zwischen dem stetigen Anstieg der britischen Auslandsinvestitionen, der Annexion neuer Territorien insbesondere auf dem afrikanischen Kontinent, der relativen Stagnation der Wirtschaft im Mutterlande, und schließlich dem unverändert niedrigen Lebensstandard der britischen Arbeiterschaft.

and Foreign Policy», in: Contemporary Review, Bd. 74, 1898, S. 166ff. Demnach darf eine direkte Beeinflussung durch Conant ausgeschlossen werden. Andererseits scheinen derartige Ideen im Redationsstab des «Contemporary Review» verbreitet gewesen zu sein. Vgl. dazu auch den schon zitierten anonymen Artikel des Contemporary Review, Bd. 76, 1899, The Imperialism of British Trade, der in seinen innenpolitischen Folgerungen ganz mit Hobson übereinstimmt, so etwa, wenn es S. 295 heißt: «Englisch Capital and English labour will be driven out in an ever increasing degree, and England will become more and more the pleasure-ground of the new Imperialist, the foreign investor. This, at least, will be the direction in which we shall be moving – indeed, in which we are already moving.» Vgl. dazu auch Kettenbach, Lenin, S. 182ff.

45 Imperialism, 1938³, S. 71ff.

46 Ebenda S. 85.

Die professionelle Nationalökonomie hat diesen Thesen eines wirtschaftstheoretischen Außenseiters keinerlei Beachtung geschenkt, zumal Hobsons Empfehlung, doch lieber auf dem Binnenmarkte zu investieren, von den komplizierten Konjunkturproblemen und Marktmechanismen kaum Notiz nahm[47]. Hobsons These, daß der Binnenmarkt unbegrenzt aufnahmefähig sei, sofern man nur die Kaufkraft der breiten Massen entsprechend steigere, hat sich zwar prinzipiell als richtig erwiesen; dennoch wäre eine so außerordentliche Steigerung des englischen Nationalvermögens, wie sie zwischen 1880 und 1914 erreicht wurde, unter den damaligen Bedingungen ohne die enormen Auslandsinvestitionen niemals möglich gewesen[48]. Andererseits gibt gerade die letzte Phase der wirtschaftlichen Entwicklung Englands in dem hier behandelten Zeitraum, den Jahren seit dem Burenkrieg bis zum Ausbruch des ersten Weltkrieges, Hobson in gewisser Weise recht; denn gerade in dem Zeitraum von 1900 bis 1914 häuften sich in der englischen Wirtschaft die Symptome wirtschaftlicher Stagnation. Auch die Löhne der Industriearbeiterschaft verharrten nunmehr auf dem erreichten Niveau. An den stürmischen Entwicklungen der sogenannten «zweiten industriellen Revolution» nahm England nur in beschränktem Umfange teil, im Vertrauen auf die weiterhin bestehenden Exportmöglichkeiten der traditionellen Führungssektoren der englischen Industrie, insbesondere des Eisenbahnbaus, der Textilindustrie und des Schiffbaus. Die Frage, ob England in den letzten Dekaden vor 1914 vergleichsweise etwas zu viel in Übersee und etwas zu wenig im Mutterlande investiert habe[49], ist in

47 Vgl. John Maynard Keynes Kritik an Hobson in: A Treatise on Money, London 1930, Bd. 1, S. 178, und dazu D. J. Coppoch, A Reconsideration of Hobson‘s Theory of Unemployment, in: The Manchester School, Bd. 23, 1953, S. 51, der Hobson gegen die Kritik Keynes‘ in Schutz nimmt.

48 Vgl. Cairncross, Investment, S. 232ff.

49 Diese Frage wird bejaht von J. H. Clapham, An Economic History of Modern Britain, Bd. 3, Cambridge 1938, S. 21, S. 52f., Imlah, Economic Elements, 176f., in abgeschwächter Form auch W. W. Rostow, British Economy of the Nineteenth Century, Oxford 1949, S. 28. Vgl. auch Cairncross, Investment, S. 234. William Ashworth, An Economic History of England, 1870–1939, London 1961, S. 183ff., weist demgegenüber darauf hin, daß die Summe der Binneninvestitionen im letzten Jahrzehnt vor 1914 ziemlich stetig angewachsen sei. Die Untersuchung von Phyllis Deane und W. A. Cole, British Economic Growth 1688–1959, Trends and Structures, Cambridge 1962, kommt zu einem entgegengesetzten Urteil: «... it is significant that in the early twentieth century the tendency seemed to be for the level of home investment to fall rather that to rise... Investment at home seems to have been lower, relatively, than it had been at any time in the previous

der neueren wirtschaftsgeschichtlichen Forschung sehr umstritten. Jedoch ist es verfehlt, das relative Nachlassen der Investitionen im Innern als direkte Folge der hohen Auslandsinvestitionen zu deuten. Es mangelte der englischen Wirtschaft nicht an Kapital, sondern an attraktiven Investitionsmöglichkeiten. Allerdings sorgte der hohe Kapitalstrom nach Übersee für reichliche Aufträge an die traditionellen Exportindustrien, und insofern sahen sich die englischen Unternehmer nicht im gleichen Maße wie ihre kontinentalen Rivalen dazu gezwungen, Marktlücken zu erspähen und neue Produktionsmethoden anzuwenden.

Schwieriger freilich steht es mit dem von Hobson behaupteten direkten Zusammenhang zwischen dem ständigen Ansteigen überschüssigen Kapitals, welches in überseeischen Gebieten nach günstigen Anlagemöglichkeiten strebt, und einer expansiven imperialistischen Politik. Eine Überprüfung dieser These erfordert eine etwas eingehendere Analyse der wirtschaftlichen Lage Englands beim Eintritt in die kritische Endphase der europäischen kolonialen Expansion um 1880 sowie seiner wirtschaftlichen Entwicklung in den folgenden Jahrzehnten.

Nach einer Periode beispiellosen wirtschaftlichen Aufschwungs trat die englische Wirtschaft seit 1873 in eine Phase der Abschwächung der Konjunktur und des wirtschaftlichen Wachstums ein, die sich bis zum Jahre 1896 erstreckte und von den Zeitgenossen den Namen «The Great Depression» erhielt. Es handelte sich dabei keineswegs um ein nur auf England beschränktes, sondern vielmehr um ein globales Phänomen, welches alle Industrieländer gleichermaßen erfaßte. Allerdings ist hinzuzufügen, daß Deutschland viel stärker von der «Great Depression» getroffen wurde, als die französische oder die englische Wirtschaft. Vom heutigen Standpunkt aus erweist sich diese sogenannte «Great Depression», wenn man von den konjunkturellen Rückschlägen der Jahre 1879, 1885 bis 1886, und 1892–1894 absieht, eher als Mengenkonjunktur bei sinkenden Preisen und sinkenden Renditen denn als eine echte Depressionsperiode. Der starke Rückgang der Preise und zugleich auch der Kapitalgewinne, der diese Phase der Entwicklung vor allem auszeichnet, war eher ein Symptom

half-century, with the exception of the depressed decade 1885–94» (S. 267). Deane und Cole suchen die Ursachen dieser Entwicklung jedoch nicht in den hohen Außeninvestitionen, sondern in dem Mangel an attraktiven Gelegenheiten im Innern. Vgl. ferner Charles D. Kindleberger, Economic Growth in France and Britain 1851–1950, Cambridge, Mass., 1964, S. 62f.

für den fortgeschrittenen Reifegrad der englischen Industriegesellschaft denn ein Zeichen für eine wirtschaftliche Dauerkrise[50]. In der Tat nahm, von einzelnen, allerdings bedeutsamen Schwankungen abgesehen, auf die wir noch zu sprechen kommen müssen, die Produktivität der englischen Industrie während des Zeitraums von 1873 bis 1896 erheblich, und im wesentlichen kontinuierlich zu, und auch die Beschäftigungsziffern wiesen keine merkliche Veränderung gegenüber früheren oder späteren Perioden auf, während die Löhne sogar mäßig anstiegen. Rostow hat überdies darauf hingewiesen, daß das starke Absinken der Profite, über das die Zeitgenossen so leidenschaftlich klagten, zumindest für die erste Phase der «Great Depression» bis 1886 gutenteils darauf zurückzuführen ist, daß ein beträchtlicher Prozentsatz des englischen Auslandskapitals vorübergehend im Mutterlande selbst investiert und zu Rationalisierungsmaßnahmen verwandt wurde, die ihrerseits wieder Preissenkungen nach sich zogen[51].

Der objektive wirtschaftliche Befund rechtfertigt es also nicht, von einer «Great Depression» zu sprechen. Dennoch wird man nicht übersehen können, daß die englische Wirtschaft in dieser Periode eine Reihe tiefgreifender Änderungen durchmachte, deren Wirkungen von weitreichender Natur gewesen sind. Allein schon die Erfahrung, daß der außerordentliche wirtschaftliche Wachstumsprozeß seit dem Anfang der fünfziger Jahre, der im Bewußtsein der Engländer mit dem Prinzip des Freihandels eng verknüpft war, sich nicht mehr kontinuierlich, insbesondere aber nicht mit der gleichen Geschwindigkeit wie bisher fortsetzte, sondern wiederholt durch mehr oder minder schwere Krisen aufgehalten und zeitweilig gar zurückgeworfen wurde, kam vielerorts einem Schock gleich. Allerdings wurden keineswegs alle Sektoren der britischen Wirtschaft von den Rezessionsperioden der Jahre 1873 bis 1879 und 1884 bis 1886 gleichmäßig getroffen, und nur im Vergleich mit den Verhältnissen der vorangegangenen Periode eines unverminderten Booms können die dadurch verursachten Produktionsrückgänge als wirklich schwer bezeichnet werden[52]. Aber

50 Vgl. dazu insbesondere A. E. Musson, British Industrial Growth during the «Great Depression» (1873–76), Some Comments, in: Economic History Review, Bd. 15, 1962/63, S. 523ff und die dort angegebene Literatur, ferner Rostow, British Economy, S. 58ff.

51 Ebenda S. 82ff.

52 Nach A. R. Prest kam es 1873 nur zu einem Rückgang des «real value of national income» um 0,4 Punkte (1900 = 100) von 51,0 zu 50,6 und 1879 um 0,9 Punkte von 53,4 auf 52,3, während es 1886 gar nicht zu einem Rück-

diese immerhin starken Schwankungen im Wirtschaftsprozeß weckten dennoch ein Gefühl der Unsicherheit über die künftige Entwicklung. Die Beunruhigung der englischen Geschäftswelt wurde naturgemäß noch durch den Umstand gesteigert, daß sich seit Ende der siebziger Jahre die Konkurrenz der aufsteigenden Industrienationen Europas und der USA sowohl im britischen Binnenmarkt als auch in neutralen Märkten geltend zu machen begann. Noch größere Sorgen bereitete, wenigstens in der Anfangsphase des von uns behandelten Zeitraums, das Wachsen der Zollmauern im übrigen Europa und in den Vereinigten Staaten. Die Auswirkung der Schutzzölle auf den Umfang des britischen Außenhandels war zwar im ganzen gering. Aber in Verbindung mit der Entwicklung eigener Industrien in den jüngeren Industrieländern erzwangen sie doch erhebliche Umstellungen in der britischen Exportproduktion und führten zumindest teilweise zu einem Ausweichen des englischen Handelns auf überseeische Märkte[53]. Infolge des Absinkens der Preise fand die mengenmäßige Steigerung der englischen Exporte in den Statistiken keinen nennenswerten Niederschlag; dadurch wurde der ohnedies vorhandene Eindruck, daß die gesamtwirtschaftliche Situation Englands beträchtlich verschlechtert habe, noch erheblich verstärkt.

Dank der umfangreichen Erhebungen der «Royal Commission on the Depression of Trade and Industry» vom Jahre 1885/86 sind wir über das subjektive Urteil der britischen Geschäftswelt hinsichtlich des Wesens und der Eigenart der sogenannten «Great Depression» verhältnismäßig gut informiert. Auch wenn die Stellungnahmen der befragten «Chambers of Commerce» im allgemeinen auf einen recht düsteren Ton gestimmt waren, stellte auch der «Final Report» der «Commission» fest, daß der Umfang des Handelns im ganzen nicht zurückgegangen, sondern vielmehr gestiegen sei, verbunden freilich mit einem Rückgang der Preise und vor allem mit «a serious diminuation

gang des Nationaleinkommens kam. Erst 1891–1893 beobachten wir einen fühlbaren Rückgang des Nationaleinkommens um 4,1 Punkte von 81,5 auf 77,4. Zitiert nach S. B. Saul, Studies in British Oberseas Trade 1870–1940, Liverpool 1960, S. 132. Vgl. auch die gegenüber Prest geringfügig verbesserten statistischen Reihen über das englische Nationaleinkommen bei Deane und Cole, British Economic Growth, S. 329f. und Kindleberger, Economic Growth, S. 337f., aus denen gleichfalls hervorgeht, daß eigentlich nur die Rezession von 1891–94 stärkere Einbußen im Nationaleinkommen gebracht hat.

53 Vgl. Saul, Studies, S. 134ff.

of profit»[54]. Die Produktion sei, wenn auch nicht mit der Geschwindigkeit früherer Perioden in der englischen Wirtschaftsgeschichte, so doch wesentlich schneller gestiegen als die Bevölkerungszahlen[55]. Allein schon diese zeitgenössischen Stellungnahmen lassen es angeraten sein, den Begriff «Great Depression» mit einiger Vorsicht zu verwenden. Zwar kann über die gedrückte Stimmung namentlich in der englischen Unternehmerschaft jener Jahre kaum ein Zweifel bestehen; aber es ist bemerkenswert, welcher Art ihre Beschwerden eigentlich waren. Befragt über die Ursachen der «Depression», lauteten die Antworten der englischen Handelskammern ziemlich übereinstimmend: «Überproduktion, Preisverfall und Rückgang der Gewinnspannen». Erst in zweiter Linie kamen Hinweise auf die verstärkte ausländische Konkurrenz, «which we begin to feel both in our and in neutral markets», und die Wirkungen der ausländischen Schutzzölle[56]. Zwei Faktoren machten sich offenbar vor allem bemerkbar, erstens der allgemeine Niedergang der Preise sowohl für Roh- wie für Fertigprodukte, eine Folge sowohl der größeren Leistungsfähigkeit der rohstoffliefernden Länder als auch der fortgeschrittenen Produktionsmethoden und der verstärkten Konkurrenz auf dem Binnenmarkte, und zweitens ein vergleichsweise übergroßes Angebot von anlagesuchendem Kapital, welches demnach nur stark reduzierte Gewinnmargen zu erzielen vermochte. Die Überproduktion, welche der hervorstechende Zug der wirtschaftlichen Entwicklung der letzten Jahre gewesen sei, so befand auch der «Majority Report» der Commission, sei «the natural result of an accumulation of capital which is proceeding at a more rapid rate than the demand which will alone enable it to be profitably employed»[57]. Demgemäß galten nun Investitionen in Übersee, nicht aber in dem zu eng gewordenen Binnenmarkte, wieder als das große Geschäft. In der Tat beobachteten wir seit 1880 ein beständiges Ansteigen der überseeischen Investitionen, das dann im Jahre 1890 einen ersten Höhepunkt erreichte[58]. Offenbar hatten sich die englischen Kapitalanleger von dem Schock, der durch den Staatsbankrott verschiedener europäischer und überseeischer Länder wie der Türkei oder Honduras und durch den Zusammenbruch einer großen Zahl

54 Final Report of the Royal Commission on Depression of Trade and Industry, London 1886, cd. 4893, S. IX.
55 Ebenda S. XI.
56 Ebenda S. X.
57 Ebenda S. XVII.
58 Vgl. Schaubild 1, S. 24.

spekulativer überseeischer Unternehmen verursacht worden war, wieder erholt; und im ganzen versprachen überseeische Investitionen wesentlich günstigere Renditien als Anleihen und Investitionen in England selbst. Auch die «Royal Commission» gelangte zu der Feststellung, daß «those classes of the population who derive their income from foreign investments», wenig Grund zur Klage hätten[59]. Allerdings stiegen jetzt Investitionen in Indien und den Kolonien merklich in der Gunst der englischen Geschäftswelt, offenbar, weil hier das Risiko geringer schien als bei Staatsanleihen in Europa und in Übersee[60]. Das englische Kapital zog sich jetzt fast ganz von Europa zurück und widmete sich vorwiegend Investitionsfeldern in Übersee. Es ist darüber hinaus mit ziemlicher Sicherheit anzunehmen, daß die großen Investitionen, welche englische Kapitalisten insbesondere in den späteren achtziger Jahren in Indien, Südamerika, Australien, und nach der Entdeckung von Gold an der Rand in starkem Maße in Südafrika vornahmen, die englische Wirtschaft wieder aus der Krise des Jahres 1886 herausgerissen haben[61]. Denn kurzfristig gesehen, folgten Binneninvestitionen eng Investitionen in Übersee[62]; die überseeischen Anleihen zogen in der großen Mehrzahl der Fälle den Import englischer Güter nach sich und führten so indirekt zu einer Belebung auch des englischen Binnenmarktes[63]. Darüber hinaus wird man mit Saul sagen dürfen, daß die umfangreichen britischen Investitionen jener Jahre in überseeischen Gebieten und namentlich in den verschiedenen Territorien des britischen Empire wesentlich zur Erweiterung des Welthandels beigetragen haben, insofern als sie die Kaufkraft dieser Länder für Importe aus den USA, Deutschland und Frankreich steigerten. Da jene Länder durch Exporte in Territorien des Empire in die Lage versetzt wurden, ihrerseits in größerem Umfang britische Güter zu importieren und in Pfundwährung zu bezahlen, wurde so indirekt auch der englischen Wirtschaft geholfen, ihre Wachstumskrisen zu überwinden[64].

59 Final Report of the Royal Commission, S. XI.

60 Vgl. dazu R. L. Nash, A Short Inquiry into the Profitable Nature of our Investments, 3. Aufl. London 1881, S. 17ff. und S. 30. Nash sieht sich veranlaßt, ausdrücklich darauf hinzuweisen, daß man seit 1875 ausländische Staatsanleihen ganz zu Unrecht verdammt habe und daß diese in der Tat bessere Erträge erbracht hätten als die meisten kolonialen Werte. Vgl. ferner Saul, Studies, S. 103f.

61 Vgl. Clapham, Economic History, S. 9

62 Cairncross, Investment, S. 187f.

63 Vgl. ebenda S. 195f.

64 Saul, Studies, S. 122f., 221.

Dies gilt nun freilich nicht im gleichen Maße für die schwere Krise, welche die Weltwirtschaft und so auch England 1892 bis 1894 erfaßte. Denn diesmal wurde die schwere Rezession auf dem Binnenmarkt begleitet von einem schlagartigen Rückgang der überseeischen Investitionen und des Außenhandels. Der spektakuläre Zusammenbruch des renommierten Bankhauses Baring, das sich in argentinischen Spekulationen übernommen hatte, im Jahre 1890 warf bereits die Schatten der kommenden Entwicklung voraus. Das starke Absinken der überseeischen Investitionen, welches wir seit 1890 beobachten und das dann insbesondere durch die sich 1893 zu einer förmlichen Panik steigernden Krise in den Vereinigten Staaten beschleunigt wurde, verschärfte die Rezession beträchtlich; man darf annehmen, daß dadurch insbesondere die Eisenbahnwerte, deren Anteil am Gesamtkapitalexport Englands immer noch bemerkenswert hoch war, getroffen wurden. Auch der zeitweilige scharfe Rückschlag des Investitionsbooms in der sich rapide entwickelnden Goldbergbauindustrie in Südafrika, verbunden mit einem drastischen Rückgang der Erträge aus diesen Werten, trug zur Entmutigung des Bankenpublikums bei[65]. Erneut sah sich ein Überfluß von anlagesuchendem Kapitel auf den Binnenmarkt gedrängt; sinkende Profitraten und eine stark verschärfte Konkurrenz, gesteigert noch durch den allgemeinen Preisverfall, bestimmten wieder weithin das Bild[66]. Die ungünstige wirtschaftliche Lage sowohl in Übersee wie in England selbst führte in den Jahren 1891 bis 1896 dazu, daß ein großer Teil der akkumulierten Ersparnisse keine produktive Anlage fand; dem überreichen Geldangebot entsprachen die wenigen neuen Investitionen in keiner Weise[67].

Auf dem Gebiet der überseeischen Investitionen brachte dann der 1895 erneut einsetzende Boom in südafrikanischen Minenwerten zeitweilig einen gewissen Wandel, wenn auch nur von vergleichsweise geringer Größenordnung. Trotz des Ausbleibens neuer überseeischer Investitionen großen Stils trat dann 1896 auf dem Binnenmarkt eine grundsätzliche Wende ein. Obwohl der Motor zusätzlicher Exportaufträge vor allem in der Eisen- und Stahlindustrie, der sich namentlich in

65 Vgl. Frankel, Capital Investment, Tabelle 14 und 15, S. 95f., aus der die starken Schwankungen der Investitionen an der Rand und der darauf gezahlten Dividenden ersichtlich sind. Siehe ferner Saul, Studies, S. 107.

66 Rostow, British Economy, S. 88f. Hiergegen wendet sich Saul, Studies, S. 132 unter Berufung auf Keynes (vgl. die folgende Anm.). Doch erscheinen uns die Differenzen von Rostow und Keynes in der Beurteilung der englischen Wirtschaftslage 1892 bis 1896 nicht so groß zu sein, wie Saul meint.

67 Vgl. L. Keynes, Treatise, Bd. 2, S. 167ff.

den achtziger Jahren als überaus wirkungsvoll erwiesen hatte, weitgehend ausblieb, erlebte England einen binnenwirtschaftlichen Aufschwung von bemerkenswerter Breite und beachtlicher Intensität, der sich bis in den Burenkrieg hinein fortsetzte und durch umfangreiche Regierungsaufträge für Schiffe, Rüstungs- und Ausrüstungsmaterial noch gesteigert wurde. Die Zuwachsrate der überseeischen Investitionen erreichten 1898 einen absoluten Tiefpunkt; ein Indiz dafür, daß die britischen Investoren jetzt weitgehend davon Abstand nahmen, die Erträge ihrer überseeischen Investitionen wie früher einfach an Ort und Stelle zu reinvestieren, und sie stattdessen im Mutterlande anlegten. Erst seit dem Ende des Burenkrieges beobachteten wir dann wieder ein starkes Ansteigen der englischen überseeischen Investitionen, allerdings jetzt in sprunghaft steigenden Raten, bei gleichzeitiger relativer Stagnation des englischen Binnenmarktes[68].

Diese Betrachtungen zeigen, daß die sogenannte «Great Depression» bei näherer Betrachtung, wenigstens was die englische Entwicklung angeht, weder als eine einheitliche Periode angesehen werden kann noch als eine Depressionsphase im eigentlichen Sinne des Wortes. Die echten Krisen, welche im Laufe dieser Periode die englische Wirtschaft heimsuchten, waren von verschiedenartiger Natur und erfaßten die britische Wirtschaft in einem jeweils sehr verschiedenen Umfang[69]. Insgesamt läßt sich sowohl in dem Zeitraum von 1873 bis 1896 als auch in der folgenden Periode ein ziemlich kontinuierlicher Zuwachs der Gesamtproduktivität der englischen Wirtschaft und des englischen Nationaleinkommens feststellen[70]. Dennoch erweist sich, daß die Prämissen der Imperialismustheorien Conants und Hobsons, ein relatives Überangebot an Kapital bei sinkenden Profitraten und eine im Vergleich zu der Periode stürmischen Wirtschaftswachstums bis 1973 relative Stagnation auf dem Binnenmarkt, wenn nicht durchweg in der ökonomischen Wirklichkeit, so doch im Bewußtsein der Zeitgenossen ein bemerkenswertes Maß von Unterstützung finden[71].

68 Siehe Schaubild 1 und 2, S. 24 und 44.

69 Vgl. Saul, Studies, S. 94f., sowie neuerdings Saul, The Myth of Great Depression, 1873–1896, London 1969.

70 Vgl. auch die Schaubilder bei Walter Hoffmann, Wachstum und Wachstumsformen der englischen Industriewirtschaft von 1700 bis zur Gegenwart, Jena 1940, S. 261.

71 Übrigens hat schon Hobson den Report der Royal Commission on Depression of Trade and Industry vom Jahre 1886 benutzt (siehe Imperialism, London 1902, S. 85), und es ist dergestalt wahrscheinlich, daß seine oversaving-underconsumption-Theorie durch die Ergebnisse der Umfragen der Commission angeregt worden ist.

Sobald wir jedoch danach fragen, wie weit diese Umstände als Stimulans für eine aktive imperialistische Politik gewertet werden können, so ergibt sich ein zwiespältiges Bild. Zwar erschienen die Kolonien der bedrängten englischen Geschäftswelt besonders während der Krisen von 1884–1886 und 1892–1894 als rettender Ausweg[72]. So forderte etwa das «Chamber of Commerce Journal» 1884 «a new colonial movement from which alone a revival of trade can be expected»[73]. Und schon ein Jahr zuvor hatte die Handelskammer von Birmingham das Foreign Office bedrängt, Mittelafrika angesichts der dortigen bedeutenden englischen Wirtschaftsinteressen nicht in die Hände anderer Mächte fallen zu lassen[74]. Die Ergebnisse der Kongokonferenz vom Jahre 1884/85, auf der England den Plänen Leopolds II. von Belgien zugestimmt und nur das Prinzip der «open door» für den britischen Handel durchgesetzt hatte, stießen in den Unternehmerkreisen Birminghams auf harte Kritik[75]. Und die Handelskammer von Manchester stand keineswegs allein, wenn sie angesichts der vorhandenen wirtschaftlichen Lage in ihrer Antwort auf den Fragenkatalog der «Royal Commission» meinte: «The opening of new markets and development of those already partially open to Great Britain should be assisted by the Government in every practical way»[76]. Aber der Vorschlag einer Minorität der «Royal Commission», Nägel mit Köpfen zu machen und die überseeischen Investitionen vorzugsweise in die eigenen Kolonien zu leiten sowie einen «Imperial Zollverein» zu errichten, durch welchen die ausländische Konkurrenz effektiv abgewehrt und das Band zwischen dem Mutterlande und den Kolonien enger gestaltet werden könnte[77], stieß fast überall auf leidenschaftliche Ablehnung[78]. In ihrer übergroßen Mehrheit versprach sich die engli-

72 Vgl. Rostow, British Economy, S. 86 und 89, auch Saul, Studies, passim.

73 The Chamber of Commerce Journal, Bd. 3, 5. Juni 1884, S. 148.

74 Chronicles of the Birmingham Chamber of Commerce 1813–1913, Birmingham 1913, S. 300.

75 Ebenda S. 305.

76 Report of the Royal Commission S. 97. Es heißt hier weiter: «Such openings now present themselves in Africa, and by the encouragement of the scheme proposed by Mr. A. R. Colquhoun for Railway communication between British Burma and Western China, through Siam and the Shan states, also by vigorous prosecution of railways and other public works in India, which will tend to promote the Happiness of Her Majesty's subjects in that dependency, and at the same time benefit various important home industries.»

77 Ebenda S. LVIff.

78 Interessant ist in diesem Zusammenhang die Reaktion Birminghams, dessen Kleineisenindustrie gerade auch in den krisenhaften siebziger Jahren in

sche Geschäftswelt nichts von einer derartigen imperialistischen Wirtschaftspolitik.

Immerhin begrüßte man nun, im Unterschied zu früheren Jahren, einhellig den Erwerb neuer Kolonien, obgleich man sich über deren wirtschaftlichen Wert auch jetzt nicht einig war. Zumindest bei drei wichtigen Entscheidungen der englischen imperialen Politik jener Jahre ist der Einfluß wirtschaftlicher Interessen unmittelbar greifbar, bei der endgültigen Festsetzung Englands in Ägypten, dem Entschluß Lord Roseberys vom Jahre 1894, entgegen dem Widerstand seiner liberalen Ministerkollegen das Erbe der bankerotten «British East Africa Company» Lugards anzutreten und Uganda zu annektieren, und schließlich bei der Burenpolitik Joseph Chamberlains, die zu der gewaltsamen Eingliederung des Transvaals und Natals in das British Empire führte.

Im Falle Ägyptens standen zwar die ökonomischen Fragen weit hinter solchen allgemeiner, insbesondere außenpolitischer Natur zurück, aber das Interesse der britischen Bondholders an einer Fortführung des Regimes von Lord Cromer, durch welches allein der völlige Zusammenbruch der ägyptischen Staatsfinanzen hatte verhindert werden können, fiel doch immerhin stark ins Gewicht[79]. Charles Dilke, welcher eine baldige Evakuierung Ägyptens befürwortete, weil England anderenfalls kontinuierlich in die kontinentaleuropäischen Mächtegegensätze verwickelt werden würde, stellte 1892 resigniert fest: «The financiers are indeed all-powerful»[80].

Mehr noch als die ägyptische Frage kann das Uganda-Problem als Wendemarke in der Entwicklung des britischen Imperialismus be-

den Kolonien gute Absatzmöglichkeiten fand (siehe Saul, Studies, S. 100). Auf die Anfrage der «Royal Commission» antwortete seitens der Handelskammer von Birmingham eine Zufallsmehrheit, welche sich entschieden für Schutzzölle und für eine Zollunion zwischen den Kolonien und dem Mutterlande aussprach. Daraufhin berief die empörte Mehrheit der Birminghamer Geschäftsleute eine Sondersitzung ein, auf welcher die Empfehlungen an die «Royal Commission» aufs nachdrücklichste verworfen wurden. Siehe Chronicles of the Birmingham Chamber of Commerce S. 308. Semmels Berufung auf Birmingham als Befürworter der Politik der «retaliation» (Imperialism, S. 86) muß dementsprechend korrigiert werden.

79 Für den allgemeinen politischen Zusammenhang und die Situation in Ägypten selbst vgl. Wolfgang J. Mommsen, Imperialismus in Ägypten. Der Aufstieg der ägyptischen nationalen Bewegung 1805–1956, München 1961, S. 86ff.

80 Zitiert bei Gross, Factors, S. 360.

trachtet werden. An der Frage, ob die englische Regierung in die Verpflichtungen der British East Africa Company eintreten und die eigenmächtigen Abmachungen Lugards mit zahlreichen Eingeborenenstämmen nachträglich gutheißen solle, entfachte sich ein leidenschaftlicher Streit, der mitten durch die Liberal Party hindurchging. Im Grunde handelte es sich um die Frage, ob man im Sinne der alten Traditionen der Politik des «informal empire» nur dann mit staatlichen Machtmitteln eingreifen solle, wenn ein produktiver englischer Handelsaußenposten durch dritte Mächte bedroht wurde, oder ob man im Vorgriff auf die Zukunft höchst kostenreiche territoriale Erwerbungen vornehmen sollte, in der Hoffnung, sich dergestalt auf alle Fälle zukünftige potentielle Märkte und wirtschaftliche Entwicklungsgebiete zu sichern. Letzteres bedeutete einen klaren Bruch mit den alten, immer noch in hohem Ansehen stehenden Prinzipien des Freihandels. Dennoch fand jetzt die Propaganda der «East Africa Company», die freilich von vornherein des Wohlwollens Lord Roseberys sicher sein konnte[81], in den Kreisen der Wirtschaft eine außerordentlich positive Resonanz[82]. Die Aussicht, daß große staatliche Bahnbauten in

81 Für Roseberys Haltung vgl. James, Rosebery, S. 261ff. und Robinson-Gallagher-Denny, Africa S. 311ff.

82 James, Rosebery, S. 275, ferner Margery Perham, Lugard. The Years of Adventure 1858–1898, London 1960, S. 412 und insbesondere S. 421f., sowie Richard J. Hammond, Economic Imperialism, S. 588f. Siehe auch den Bericht in The Leeds Incorporated Chamber of Commerce. Report of the Council for the year 1892 (Bd. 42), S. 12ff., über eine «starkbesuchte» Versammlung im März 1892, auf der Captain Mounteney Jephson, ein Mitglied der Expedition Stanleys, eine Rede über «British Trade with Eastern and Western Africa» hielt, welche zur einstimmigen Annahme einer an Lord Rosebery gerichteten Resolution führte: «That the Chamber, viewing with grave concern the contemplated abandonment of Uganda by the Imperial British East Africa Company, rejoices at the appointment of a British Commissioner, and begs to impress upon Her Majesty's Government, in the interests of trade, humanity, good government, and the security of our African possession the desirability of retaining British influence in Uganda. That inasmuch as most countries are now building up a wall of hostile tariffs against our commodities, it is of the utmost importance to this country to preserve as much of the world as possible open to our trade. This Chamber is further of the opinion that Her Majesty's Government should seriously consider the desirability of guarantying the interest on the cost of a railway to be constructed from the coast to the Victoria Nyanza on similar lines to the guaranties given for the construction of our Indian Railways, feeling sure that this will be the cheapest and most expedious means of opening up the interior to commerce, and dealing a fatal blow at the slave trade.» Am 4. März 1892 kam es wiederum zu einer derartigen Veranstaltung, auf welcher der Präsident der Kammer unter allgemeinem Beifall erklärte:

Uganda dazu beitragen könnten, die bestehende wirtschaftliche Krise zu überwinden, hat dabei eine nicht unwesentliche Rolle gespielt, zumal gerade dieser immer noch bedeutendste Sektor der britischen Exportindustrie von der Krise der Jahre 1892–1894 besonders hart getroffen war. Aber auch die übrigen Industriezweige knüpften an den Bau einer Eisenbahn von Mombasa nach Victoria Nyanza höchst optimistische Erwartungen, hofften sie doch, daß dadurch dem britischen Handel «sehr große» neue Märkte erschlossen werden würden. So überrascht es nicht, daß die britischen Handelskammern Lord Rosebery mit Denkschriften überschütteten, in denen übereinstimmend gegen eine Aufgabe Ugandas protestiert wurde[83].. Obgleich dabei entsprechend der Propagandalinie der «East Africa Company» humanitäre Gesichtspunkte stark in den Vordergrund gestellt wurden, verfehlte doch beispielsweise die Handelskammer von Birmingham nicht, ausdrücklich darauf hinzuweisen, daß «the depressed state of British trade» eine Inbesitznahme Ugandas und seine wirtschaftliche Aufschließung unabweisbar mache[84]. Allen diesen Bestrebungen war freilich gemein, daß sie die wirtschaftlichen Möglichkeiten solcher unterentwickelter Regionen beträchtlich überschätzten.

Dies gilt nicht für Südafrika, das seit der Entdeckung von Diamanten und Gold an der Rand eine förmliche wirtschaftliche Revolution durchmachte. Die Frage der politischen Zukunft der Burenrepubliken und Rhodesiens war im Zuge dieser Entwicklung zu einem Problem erster Ordnung geworden, und nicht allein deshalb, weil Cecil Rhodes alles daran zu setzen begann, um den Bergbaudistrikt von Johannesburg, welcher das zukünftige wirtschaftliche Zentrum ganz Südafrikas zu werden versprach, so oder so seinem wirtschaftlichen Imperium anzufügen. Mit den Zielen von Cecil Rhodes und den «Uitlanders» sympathisierten nicht nur jene britischen Investoren, die etwa 200 Millionen Pfund in südafrikanischen Minenwerten angelegt hatten[85], son-

«. . . they were not met as policians or philantropists, though he hoped that they were both, but as commercial men, who, hampered in all hands by hostile tariffs, were bound to look out for any field that promised trade and commerce for the country, and especially for this particular district.» Ebenda S. 27.

83 Vgl. Perham, Lugard, S. 245f.

84 Chronicles of the Birmingham Chamber of Commerce, S. 362f.

85 Eine genaue Angabe ist schon wegen der spekulativ bedingten starken Schwankungen der südafrikanischen Minenwerte nicht möglich. Vgl. H. Feis, Europe: The Worlds Banker, New York 1930, S. 20, Anm., und Gerhart v. Schultze-Gävernitz, Britischer Imperialismus und englischer Freihandel, Leipzig 1906, S. 219, der für 1902 212 Mill£ angibt.

dern auch die produktiven Industriezweige, welche hofften, daß durch künftige noch stärkere Zuströme südafrikanischen Goldes die Konjunktur wieder eine wünschenswerte Anheizung erfahren werde[86]. Seit dem Ende der achtziger Jahre waren die südafrikanischen Territorien immer stärker ins Gesichtsfeld der englischen Geschäftsleute getreten. Binnen weniger Jahre hatte sich Südafrika als ein höchst aussichtsreiches Investitionsfeld und zugleich als erstklassiger Markt für englische Produkte erwiesen. Es verwundert daher nicht, wenn beispielsweise die Londoner Handelskammer am 14. Mai 1888 John Mackenzie um einen Vortrag über die großen Handelsaussichten bat, welche sich in Südafrika eröffneten. Mackenzie verwahrte sich zwar dagegen, einer brutalen «forward policy» das Wort zu reden, aber gleichwohl bekannte er sich mit dem Argument, daß sich anderenfalls womöglich Deutschland dort festsetzen könne, zu einer «aktiven», gegebenenfalls zur Annektion der Burenrepubliken bereiten Politik: «... we should maintain firmly and resolutely our hold over the territories that we have already acquired, and ... we should offer freely our protectorate to those friendly chiefs and people that are stretching out their hands towards us and seeking our protection and interference... by such a policy alone can we secure the interests of the great majority of the population, and we can justify our position as a great nation»[87]. Und ebenso setzte sich beispielsweise die Handelskammer von Birmingham schon 1892 in scharfer Form für «gleiche Rechte für die Uitlanders» ein[88]. Es kann schwerlich bezweifelt werden, daß die englische Wirtschaft in ihrer großen Mehrheit die Einbeziehung Natals und des Transvaal in den Machtbereich des britischen Empire wünschte und daß sich Chamberlain in der seit 1896 mit zunehmender Konsequenz vorbereiteten Auseinandersetzung mit den Bundesrepubliken davon wesentlich hat beeinflussen lassen[89].

86 Siehe beispielsweise The Incorporated Leeds Chamber of Commerce. Report of the Council for the 1894 (Bd. 42), S. 47: «The increased returns of gold from the South African and West Australien Gold Fields cannot fail to have a beneficial influence [on trade]». Für die historische These, daß für die «Great Depression» Mangel an Gold verantwortlich sei, siehe Rostow, British Economy, S. 145 ff.

87 Chamber of Commerce Journal, Bd. 8, 1888, S. 191 ff. Vgl. auch The London Chamber of Commerce. Annual Report of the Council to the Members of the Chamber. Transactions of the Year 1888, S. 51 f.

88 Chronicles of the Birmingham Chamber of Commerce, S. 364.

89 Charakteristisch für die Stimmung der englischen Wirtschaft ist es, daß etwa die Londoner Handelskammer Lord Milner vor dessen Abreise nach Südafrika am 27. März 1897 ein glanzvolles «Farewell Dinner» gab, bei wel-

Auf der anderen Seite aber stießen die zahlreichen Eingaben interessierter Wirtschaftskreise, die englische Regierung möge dem Vordringen anderer Mächte im westafrikanischen Raum energisch Einhalt gebieten, im Foreign Office überwiegend auf taube Ohren. Die englische Politik blieb im westafrikanischen Raum nahezu untätig, obwohl, wenn man von Ägypten und Südafrika absieht, eigentlich nur hier ein größeres wirtschaftliches Engagement englischer Unternehmen und englischer Kapitals vorlag[90]. Weder die «North West African Company», die ihre Tätigkeit besonders auf den südmarokkanischen Raum richtete, noch Goldies «National African Company» fanden nennenswerte Unterstützung seitens der englischen Regierung[91]. Erst als Chamberlain an die Spitze des «Colonial Office» getreten war, gelang es dann der «Royal Niger Company», wenigstens einen Teil ihrer Territorialansprüche vor dem Zugriff Frankreichs zu retten. Beim Abschluß der Niger-Konvention mit Frankreich 1898 erwies sich, daß Salisbury die Annexion des Sudans für ungleich bedeutsamer hielt als den Erwerb von westafrikanischen Territorien, obgleich diese weit höheren wirtschaftlichen Wert besaßen. Die englische Regierung ließ sich für ihre kolonialen Projekte zwar die Unterstützung wirtschaftlicher Kreise gern gefallen, ja gelegentlich scheute sie nicht davor zurück, diese, wie im Falle Ugandas, insgeheim selbst zu mobilisieren, aber sie ließ sich doch von der Wirtschaft nicht das Gesetz des Handelns vorschreiben.

Überdies war die Haltung der englischen Geschäftswelt in den im-

cher Gelegenheit der neuernannte High Commissioner seine Überzeugung deutlich kund gab, daß England seine «paramountcy», wie sie ihm auf Grund der Konvention vom Jahre 1882 zustehe, mit allen Mitteln aufrechterhalten müsse.

90 Über den westafrikanischen Handel Englands vgl. A Redford, Manchester Merchants and Foreign Trade, 1850–1939, Manchester 1934, S. 59ff., und E. D. Morel, Affairs of West Africa, London 1902, S. 2ff. sowie S. 14f., wo des Foreign Office scharf kritisiert wird, weil es dafür verantwortlich sei, daß England «the Cameroons, the French Congo littorial, Guta-Jallon, and heaven knows what besides» verloren habe. Im gleichen Atemzug lobte Morel die «Forward Policy» Chamberlains in Westafrika in höchsten Tönen: «The Forward Policy in West Africa has had its uses; it has served its purpose. We are secure in the possession of a large territory some 700000 square miles in extent, unpassed in natural wealth by any other region in the globe...». Derselbe Morel wurde bekanntlich später ein führender Antiimperialist und Mitarbeiter der «Union for Democratic Control»!

91 Vgl. Gallagher-Robinson-Denny, Africa, S. 394ff., ferner F. W. Parson, The North West African Company and the British Government 1875 to 1895, in: Historical Journal, Bd. 1, 1958, S. 136ff.

perialen Fragen der Zeit keineswegs so einheitlich, wie es die hier gebrachten Beispiele erscheinen lassen. Anders als insbesondere in Deutschland bestand der Gegensatz zwischen den produktiven Industrien und dem Bank- und Handelszentrum der Londoner City im wesentlichen unvermindert fort, und dies kam auch in der beiderseitigen Einstellung hinsichtlich einer aktiven imperialistischen Politik ziemlich deutlich zum Ausdruck[92]. Obwohl hier zuverlässige Aussagen schwer möglich sind, läßt sich doch sagen, daß die vorwiegend mittelständische Kleineisen- und Konsumgüterindustrie und in zweiter Linie die Investitionsgüterindustrie besonders des Eisenbahnsektors am stärksten mit einer expansiven imperialen Politik sympathisierten; aus den Kreisen der ersteren rekrutierten sich vorwiegend die Befürworter eines imperialen Präferenzzollsystems. Die Textilindustrie hingegen zeigte zwar großes Interesse an der Erschließung neuer kolonialer Märkte, aber ihre wichtigsten Absatzgebiete lagen gleichwohl großenteils außerhalb des Empires. Aber auch dort, wo man neuen kolonialen Märkten große Aufmerksamkeit zuwandte, waren die Traditionen des Freihandels und des «informal empire» noch außerordentlich stark; man war häufig mit der Erhaltung des Prinzips der «open door» zufrieden und wehrte sich dagegen, daß dem Handel in den englischen Kolonien und Protektoraten die Kosten für eine teure Verwaltung aufgebürdet würden; dies sollte sich vielmehr auf das möglichste Minimum beschränken[93]. Gerade unter diesem Gesichtspunkt erschien es der englischen Geschäftswelt als ideale Lösung, wenn die englische Politik sich hinsichtlich Chinas, das seit 1898 als ein zukünftiger Markt von unübersehbaren Möglichkeiten allerorten die Gemüter lebhaft beschäftigte, auf die Sicherung des freien Zugangs für den britischen Handel beschränkte[94]. In der Londoner City hingegen wurde die neue Welle eines expansionistischen Imperialismus mit gemischten Gefühlen betrachtet. Hier lebte die alte kosmopolitische Orientierung aus

92 Vgl. Semmel, Imperialism, S. 141ff., der von «two imperialisms» spricht. Wir können uns seiner Terminologie freilich nicht durchweg anschließen.

93 Charakteristische Beispiele für diese Haltung bei Morel, Affairs, S. 15, S. 21f.

94 Siehe The Leeds Incorporated Chamber of Commerce. Report of the Council for the year 1899 (Bd. 49), S. 13, sowie Redford, Manchester Merchants, S. 84. Vgl. auch den ausführlichen Bericht von Lord Charles Beresford über die Handelsaussichten in China «The Break-Up of China. With an account of its present commerce, currency, waterways, railways, politics and future prospects», London 1899. Beresford war von den «Associated Chambers of Commerce» auf eine Erkundigungsreise nach China entsandt worden.

der Glanzzeit des Freihandels kaum vermindert fort. Die freilich nicht unbedingt repräsentative Zeitschrift «The Investor's Review» attakkierte die «forward-at-any-price-policy», wie sie sich beispielsweise anläßlich der Jameson Raid gezeigt habe, in den schärfsten Tönen und wandte sich mit den überkommenen Gladstoneschen Argumenten gegen die teuren und unrentablen Experimente des «Jingoism»[95]. Das Interesse an der Erhaltung des Friedens und der Behauptung der Stellung Londons als Zentrum des internationalen Anleihmarktes überwog bei weitem die Sympathien für eine weitere Expansion und einen engeren politischen und wirtschaftlichen Zusammenschluß des Empire. Die Blicke der englischen Investoren und Bankhäuser richteten sich weit über die Grenzen des britischen Empire hinaus auf den ganzen Erdball.

Wenn sich also wirtschaftliche Faktoren als Triebkräfte des britischen Imperialismus der Jahre 1885 bis 1900 nachweisen lassen, so ist das Gesamtbild gleichwohl höchst uneinheitlich und stimmt nur teilweise mit den Thesen der Vertreter der ökonomischen Imperialismustheorie überein. Ein Blick auf die Statistik des englischen Außenhandels und der englischen Überseeinvestitionen im Zeitraum von 1870 bis 1913 ergibt gleichfalls nicht das von ihnen behauptete Bild, wobei freilich vorausgeschickt werden muß, daß wir uns hier auf relativ ungesichertem Felde bewegen. Am eindeutigsten liegen die Dinge hinsichtlich des britischen Exporthandels. Der Anteil der britischen Besitzungen am gesamten Export Großbritaniens lag während des gesamten Zeitraums ziemlich konstant bei einem Drittel, obgleich in eben jenen Jahrzehnten dem britischen Empire Territorien von fast

95 The South African Farce, in: The Investor's Review, Bd. 7, 1896, S. 320f., vgl. auch ebenda Bd. 6, 1895, S. 65ff., 257ff., und Bd. 7, 1896, S. 79ff., sowie insbesondere Wilson, The Burden of Empire, in: The Investor's Review, Bd, Bd. 7, 1896, S. 134f.: «It is very nice to talk in great swelling language of our ‹glorious empire›, and of our power to do whatever we will throughout the world; but ‹glory› does not pay for its effulgence, and the Burden of this Empire lies every year more heavily on the backs of the people at home... Our great sources of wealth, the sources from which we draw the genuine means of sustaining our Imperial grandeur, are two – our splendid foreign trade and our enormous foreign investments. Both these sources vitally dependend on the maintenance of peace... Because of our mercantile supremacy, our Empire... is ‹an Empire of peace› and can be no other. A warlike policy such as a certain portion of the community hands our statesmen towards, might prove our destruction; and we are not sure that the policy of excessive preparation for wars which is itself a concession to the carpet and boudoir fire-eaters, is not a slow underminig of our strength.»

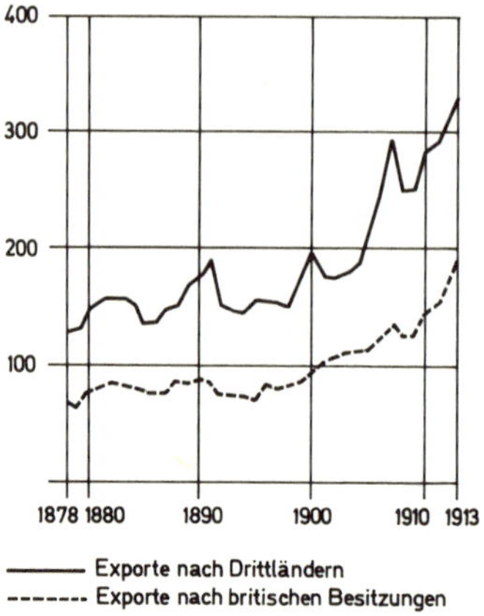

Schaubild 2
Britische Exporte nach Drittländern und nach britischen Besitzungen 1878–1913 (in Mill. £ Sterling)
Nach Statistical Abstracts for the United Kingdom.

einem Drittel seiner Gesamtfläche neu hinzugefügt worden waren. Nur im Zeitraum von 1895 bis 1902 stiegen die Exporte in britische Besitzungen etwas rascher als die Exporte in Drittländer, um 1902 einen Höhepunkt von 38% zu erreichen, ein Umstand, der von den Befürwortern eines imperialen Zollverbandes nach Kräften ausgebeutet wurde, sich jedoch als vorübergehend erwies[96]. Vielmehr zeigten die Exporte in britische Besitzungen im Verhältnis zu den Gesamtexporten seit dem Burenkrieg eine deutliche rückläufige Tendenz, die nur in den letzten Jahren vor 1914 durch einen vorübergehenden sprunghaften Anstieg der Ausfuhr von Textilprodukten nach Indien unterbrochen wurde[97]. Hinsichtlich der Importe aus britischen Besitzungen lauten die Zahlen vergleichsweise noch ungünstiger; diese gingen niemals über ein Viertel der Gesamtimporte hinaus[98]. Entgegen den Erwartungen der Zeitgenossen führte also die imperialistische Expansion in keiner Weise zu einer Ausdehnung des britischen Handelns mit eigenen Besitzungen, ein angesichts des verbreiteten Feldgeschreis nach neuen kolonialen Absatzmärkten einigermaßen verdrießliches Phänomen. Hingegen hat der Handel der britischen Kolonien und Besitzungen mit den USA und den europäischen Industrieländern, dessen Volumen eine stark steigende Tendenz aufweist, im Gegensatz zu

96 Siehe Schaubild 2; ferner A.L. Bowley, Englands Foreign Trade in the Nineteenth Century, London 1905, S. 119ff., und Werner Schlote, Entwicklung und Strukturwandel des englischen Außenhandels, Jena 1938, Tab. 20b, S. 165f., ferner Cd. 1761, S. 417f., 429.

97 Vgl. Saul, Studies, S. 215.

98 Vgl. Schlote, Entwicklung, Tab. 20b, S. 166, und Saul, Studies, S. 222f.

Schaubild 3
Neue Kapitalinvestitionen in Übersee 1870–1913
(in Mill. £ Sterling)
Nach Imlah, Economic Elements, S. 72 ff.

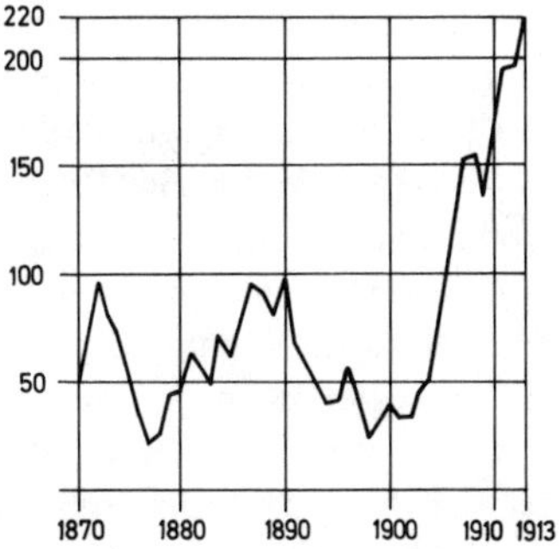

den imperialistischen Doktrinen der Zeit, indirekt auch das britische Wirtschaftswachstum befördert[99].

Etwas komplizierter liegen die Dinge dagegen auf dem Gebiet der britischen Investitionen in Übersee. Ihr kontinuierlicher Anstieg wurde zwar durch die Krise der frühen 90er Jahre und den sich daran anschließenden binnenwirtschaftlichen Boom, der dann im Burenkrieg einen Höhepunkt erreichte, zeitweilig erheblich verlangsamt, ist aber gleichwohl äußerst bemerkenswert[100]. Hobsons Vermutung, daß die britischen Kapitalanleger angesichts sinkender Profitraten im Binnenmarkt in verstärktem Maße in überseeische Investitionen auswichen, wird durch die statistischen Daten jedenfalls nicht widerlegt, auch wenn es als störend empfunden werden muß, daß gerade während der Wirtschaftskrise von 1892 bis 1894, in welcher ein großes Überangebot von anlagesuchendem Kapitel bestand, der Zuwachs an Kapitalinvestitionen in Übersee stark zurückging.

Entscheidend aber ist die Frage nach dem Verhältnis der Investitionen in britischen Besitzungen einerseits, in dritten Ländern andererseits. Leider ergeben die erreichbaren Statistiken in dieser Hinsicht kein eindeutiges, und gelegentlich sogar ein widersprüchliches Bild. 1870 bildeten die Investitionen in britischen Besitzungen nur etwa ein Drittel der damals freilich noch verhältnismäßig geringen Gesamtsumme des englischen überseeischen Kapitals[101]. Insbesondere in den

99 Das ist die Grundthese der Untersuchung von Saul, Studies, passim und explizit S. 229.

100 Vgl. Schaubild 3, nach Imlah, Economic Elements, S. 72 ff., dessen Angaben als den wohl umfassendsten wir hier folgen. Vgl. aber auch die Angaben bei C. K. Hobson, Export, S. 219 f., Cairncross, Investment, S. 180, und Saul, Studies, S. 92, Fig. 3.

101 Cairncross, Investment, S. 182, aufgrund von Leland Hamilton Jenks, The Migration of British Capital to 1875, New York 1938[2].

Jahren 1868 bis 1873 floß nur wenig Kapital in die britischen Besitzungen[102]; noch nahm Europa einen bedeutenden Platz in der Reihe der Kreditnehmer Englands ein. Nachdem sich aber die englischen Investoren von dem großen Rückschlägen des Jahres 1873 erholt hatten, floß in zunehmendem Maße Geld in die Kolonien. Statt ausländischer Staatsanleihen, der auch in England lange bevorzugten Form von überseeischen Kapitalanlagen, kaufte man nun lieber Anleihen kolonialer Regierungen[103]. Obwohl die Erträge kolonialer Werte um rund ein Viertel niedriger lagen als solche in ausländischen Papieren[104], wandte ihnen das britische Bankenpublikum seit der Mitte der siebziger Jahre deutlich seine besondere Gunst zu. Insbesondere die Jahre 1876 und 1883 und 1884 bildeten Höhepunkte kolonialer Anleihebegebung auf dem Londoner Kapitalmarkt[105]; die australischen und die südafrikanischen Territorien standen dabei im Vordergrund des Interesses. Demgegenüber gingen die Investitionen in britischen Besitzungen Anfang der achtziger Jahre schwach, aber doch deutlich in Führung[106]. Dieser Trend setzte sich, soweit wir sehen, trotz einiger Schwankungen auch nach 1886 noch weiter fort, obgleich jetzt neben den USA, dem im ganzen Zeitraum bedeutendsten Schuldnerland Großbritaniens, auch Südamerika und schließlich vor allem Südafrika als wichtigste Kreditnehmer auftraten[107]. Bis 1890 fanden die Kolo-

102 Saul, Studies, S. 98.

103 Siehe Nash, Inquiry, S. 9ff., Cairnross, Investment, S. 182.

104 Imlah, Economic Elements, S. 60ff., auch Nash, Inquiry, S. 9ff., ferner Sir George Paish, Great Britain's Capital Investments in other Lands, in: Journal of the Royal Statistical Society, Bd. 72, 1909, S. 475. Dazu auch A. W. Flux in der Diskussion ebenda S. 493: «... the differences between the rate secured on investment outside the British Empire and inside it, whether in Government loans or in railways, was rather a remarkable feature.»

105 Saul, Studies, S. 199, 103f., ferner C. K. Hobson, Export, S. 146ff., sowie die von Harvey H. Segall und Matthew Simon aufgrund des «Investor's Monthly Manuel» erstellten Datenreihen, die freilich nur die öffentlich emitierten Investitionen berücksichtigen und nur einen Teil des uns hier interessierenden Zeitraums erfassen: British Foreign Capital Issues, 1865–1894, in: Journal of Economic History, Bd. 21, 1961, S. 572ff., insbesondere Chart II, ebenda S. 572.

106 Siehe Cairncross, Investment, S. 183, der für das Jahr 1870 270 Millionen Pfund in Ländern des Empire, 515 Millionen Pfund in Drittländern angibt. Für 1885 lauten die Zahlen 675 bzw. 625 Millionen Pfund. Vgl. auch die Aufstellung bei Robinson-Gallagher-Denny, Africa, S. 6, Anm. 6.

107 Auch die von Segall und Simon, Capital Issues, S. 572 erstellten Statistiken weisen seit 1873 eine allerdings schwache Tendenz zu gesteigerten Investitionen innerhalb des britischen Empire auf, zumal wenn man von dem

nien in London bereitwillig Geld zu verhältnismäßig günstigen Bedingungen[108]. Dann aber wurden auch sie in die allgemeine Krise, die zu einem scharfen Rückgang der englischen überseeischen Investitionen führte, hineingezogen. Da einige der kolonialen Regierungen während der Krisenjahre in ernste Zahlungsschwierigkeiten gerieten, verloren koloniale Werte in den Augen des englischen Bankenpublikums zeitweise ebenso an Ansehen wie die Werte in Argentinien und den Vereinigten Staaten, und konnten daher nur in beschränktem Umfang als Ausweichmöglichkeiten dienen, im Unterschied zu früheren Jahren[109]. Auch wenn die Londoner City seit 1895 erneut regelmäßig größere Summen für koloniale Staatsanleihen bereitstellte, fanden jetzt ausländische Staatsanleihen wieder einen vergleichsweise aufnahmebereiten Markt[110]. Südafrikanische und russische Anleihen, hauptsächlich für Zwecke des Eisenbahnbaus, dominierten; daneben aber wurden seit der Mitte der 90er Jahre außerordentlich große Summen in Gold- und Diamantenminenpapieren Südafrikas, in erster Linie des Transvaal, angelegt[111].

Boom in argentinischen Werten Ende der achtziger Jahre einmal absieht; sie entsprechen keineswegs der von ihnen geäußerten Ansicht, daß von einem Zuwachs der Investitionen innerhalb des Empire unter dem Einfluß imperialistischer Strömungen nicht die Rede sein könne. Allerdings finden wir ihre These, daß die britischen Investoren während der Perioden der Depression die «sicheren kolonialen Werte» bevorzugten, während sie sich in Perioden des Booms vor allem nord- und südamerikanischen Werten zuwendeten, im ganzen bestätigt, wenn auch nicht für die 90er Jahre. Es waren jedoch vor allem politische und sentimentale Gründe, welche die kolonialen Anleihewerte als «sicherer» erscheinen ließen, und nicht nur solche rein ökonomischer Art!

108 Vgl. dazu Theodor Schilling, London als Anleihemarkt der englischen Kolonien, Stuttgart u. Berlin 1911, S. 62ff.

109 Sauls Annahme (Studies, S. 112ff.), daß die Rezession in Amerika seit 1891 zu verstärkten Anleihen in den Kolonien geführt habe, ist nicht zutreffend. Überhaupt gilt von Sauls Untersuchung, daß er den Wert der Kolonien als potentielle Ausweichmöglichkeiten für den englischen Handel und das englische Kapital in Zeiten der Krise überschätzt. Seine diesbezüglichen Thesen werden durch das von ihm beigebrachte statistische Material keinesfalls zwingend belegt.

110 Vgl. Schilling, Anleihematkt, S. 67ff. Aus der amtlichen Publikation des Board of Trade Cd. 1761, 1903, S. 99ff., ergibt sich, daß im Zeitraum von 1892 bis 1902 insgesamt gesehen die Investitionen in ausländischen Staatsanleihen höher waren als in Anleihen kolonialer Regierungen. Allerdings ist dabei zu berücksichtigen, daß der Anteil der Staatsanleihen an der Gesamtsumme der britischen überseeischen Anleihen seit 1870 beträchtlich abgenommen hatte.

111 Saul, Studies, S. 107, für Südafrika ferner Frankel, Capital Investment, S.

Erst seit Ende der 90er Jahre zogen neue Eisenbahnbauten wieder größere Kapitalsummen nach Indien[112]. Dennoch dürfte, trotz der einsetzenden Abflachung des Zuwachses der Investitionen in britischen Besitzungen im Vergleich mit jenen in Drittländern, die britischen Besitzungen im Vergleich mit jenen in Drittländern, die Gesamtsumme des englischen Kapitals innerhalb des Empires um 1900 immer noch etwas höher gewesen sein als jene des Kapitals in dritten Ländern[113]. Der Ernüchterung des Burenkrieges folgte dann ein bemerkenswerter Umschlag. Der Anteil der Kapitalinvestitionen innerhalb des britischen Empire fiel wieder hinter jenen in Drittländern zurück. Nach Paish hatte Großbritannien Ende 1907 1312 Millionen Pfund in den Kolonien, dagegen 1381 Millionen Pfund in anderen Ländern investiert[114]. Anfang 1911 lauteten die entsprechenden Summen 1554 bzw. 1638 Millionen Pfund[115]. In den letzten Jahren des von uns behandelten Zeitraums blieb demnach der Anteil des Empire annähernd konstant; 1913 waren rund 47% der öffentlich emittierten Kapitalanlagen innerhalb desselben plaziert[116]. Immer noch also gehörten die Kolonien nach den Vereinigten Staaten[117] zu den führenden Schuldnern der Londoner City, aber die Atmosphäre hatte

94f. und Schulze-Gävernitz, Britischer Imperialismus, S. 319. Allerdings war ein erheblicher Teil des auf dem Londoner Markt für südafrikanische Minen aufgebrachten Kapitals nichtenglischen Ursprungs; ein beträchtlicher Prozentsatz kam aus Deutschland.

112 Saul, Studies, S. 200.

113 Genaue Zahlen sind leider nicht zu erlangen. Jedoch schätzte «The Economist» noch 1908 die britischen Investitionen innerhalb des Empire auf 1566 Millionen Pfund gegen 1480 Millionen Pfund im Ausland, was darauf schließen läßt, daß zumindest um die Jahrhundertwende der Vorsprung der ersteren noch beträchtlich gewesen sein muß. Nach A. D. Webb, The New Dictionary of Statistics, London 1911, S. 81.

114 Paish, Great Britain's Capital Investment, S. 479.

115 Georg Paish, Great Britain's Capital Investments in Individual Colonial and Foreign Countries, in: Journal of the Royal Statistical Society, Bd. 74, 1911, S. 179 und 185. Vgl. auch die Tabellen S. 169ff. Paishs Ziffern dürften insgesamt vermutlich etwas zu niedrig liegen, da private Investitionen nicht eingerechnet sind, aber für die uns hier allein interessierende Relation von Investitionen innerhalb des Empire einerseits, in Drittländern andererseits ist dies ohne Bedeutung.

116 Imlah, Economic Elements, S. 79, aufgrund der Angaben von Paish und der Korrekturen von Feis, Europe: the World's Banker, S. 20f. Saul gibt (Studies, S. 67) folgende absolute Ziffern für 1913: Empire 1780 Millionen Pfund, Drittländer 2000 Millionen Pfund.

117 Paish schätzte 1909, das 55% aller englischen Kapitalinvestitionen auf Amerika entfielen. Zitiert bei Saul, Studies, S. 231.

sich gleichwohl wesentlich geändert. Argentinien und die Vereinigten Staaten waren nun die bevorzugtesten Investitionsländer, und innerhalb des Empire waren es die großen weißen Dominions, allen voran Kanada, welche die Aufmerksamkeit der Investoren auf sich zogen, während Indien[118] sowie die Kolonien und Protektorate vergleichsweise erheblich an Bedeutung verloren[119].

Angesichts solcher vieldeutiger statistischer Ergebnisse wird man nur mit großer Vorsicht allgemeine Aussagen über das Maß des Einflußes ökonomischer Faktoren auf den britischen Imperialismus vor 1914 wagen können. Zwar zeigt sich, daß während der 80er und 90er Jahre das britische Kapital sich in vermehrtem Umfang den britischen Besitzungen zuwandte, aber dies geschah doch keineswegs in solchem Maße, wie man es auf der Grundlage der Prämissen Hobsons erwarten sollte. Überdies ist fraglich, ob diese zeitweilige Steigerung der Investitionen innerhalb des britischen Empire, die charakteristischerweise nach dem Burenkrieg eine Umkehrung erfuhr, ausschließlich aus ökonomischen Gründen erfolgte. Die These, daß die Kolonien der britischen Wirtschaft die Möglichkeit zum Ausweichen geboten hätten, sobald sich im Mutterland oder in dritten Ländern wirtschaftliche Schwierigkeiten ergaben, läßt sich, wie die Entwicklung der neunziger Jahre zeigt, nur beschränkt aufrechterhalten. Vielmehr zeigt sich, sobald wir das Gesamtbild ins Auge fassen, daß umgekehrt politische Faktoren die Steigerung des Anteils der britischen Investitionen innerhalb des Empire begünstigt haben, obwohl diese in der Regel weit geringere Gewinne abwarfen als Investitionen in Drittländern. Schon die Zeitgenossen haben dieses Zusammenspiel politischer und ökonomischer Faktoren gesehen, so etwa Charles Dilke, welcher bereits 1890 darauf hinwies, daß die britischen Investitionen in den Kolonien ein weit wichtigeres Band zwischen diesen und dem Mutterlande bildeten als der beiderseitige Handel. 800000000 Pfund seien in britischen Besitzungen investiert, «and this vast sum is lent at a comparati-

118 Für den erstaunlichen Rückgang der englischen Investitionen in Indien seit 1907 siehe Sauls Tabelle über die «British Balance of Payments with India». Von 1909–1911 war die indische Kapitalimportbilanz sogar negativ. Studies, S. 88.

119 Für den außerordentlich geringen Anteil des in London emittierten Kapitals, der in neuerworbene und unterentwickelte Gebiete floß, siehe die Statistiken bei Frankel, Capital Investment, S. 153. Demnach betrugen die Anleihen für afrikanische Gebiete zwischen 1905 und 1914 im Durchschnitt etwa 5% der Gesamtsumme. Für den Zeitraum von 1865–1894 siehe Segall und Simon, Capital Issues S. 571.

vely low rate of interest largely on account of the political connection that exists, inasmuch as it is lent more freely and in an increasing rate to portions of the Empire as compared with the amounts lent to countries under a different flag»[120]. Die nationalistische Empirebegeisterung der Zeit und das Gefühl, daß die eigenen Kapitalien in den Händen der «great colonizing British race» besser aufgehoben seien als in den Händen anderer Nationalitäten, hat auf die Entscheidung der britischen Investoren vermutlich zumindest ebenso stark eingewirkt wie ihre objektiven wirtschaftlichen Interessen[121]. Schon Sir Georg Paish bezeugt, daß sich die englischen Investoren bei ihren Kapitalanlagen weitgehend den nationalen Interessen Englands anpaßten und Investitionen dort vermieden, wo sie der englischen Position hätten nachteilig werden können[122].

Es wäre verfehlt, die enorme Bedeutung zu unterschätzen, welche die verschiedenen Besitzungen des britischen Empire für die englische Wirtschaft der Jahrzehnte vor dem ersten Weltkrieg gehabt haben. Aber ebenso wenig läßt sich übersehen, daß sich die englischen überseeischen Investitionen während des gesamten Zeitraums niemals überwiegend auf britische Besitzungen konzentriert haben, auch wenn, wie wir sahen, die Kolonien in den 80er und 90er Jahren zeitweilig etwas höher in der Gunst der britischen Investoren gestanden haben als die übrigen Länder. Die Londoner City richtete ihre Blicke weit über die Grenzen des Empire hinaus, und es traf den Nagel auf den Kopf, wenn die «Contemporary Review» 1899, in Abwehr des extremen imperialistischen Fiebers jener Jahre, schrieb: «It is truly the whole world, and not only that part of it which is mapped out as our colonial possessions which is fast becoming Englands domain and Empire»[123].

Überdies fehlte es in den Kreisen der Nationalökonomie der Zeit nicht an warnenden Stimmen, die darauf hinwiesen, daß man die wirtschaftlichen Aussichten in jungen, noch unterentwickelten Ländern nicht überschätzen dürfe; gerade der Handel mit den älteren, indu-

120 Problems of Greater Britain, S. 58f.

121 Noch schärfer urteilen O'Leary and Lewis, Secular Swings, S. 145: «Mob psychology explains the timing of foreign investments better than the terms of trade.»

122 Great Britain's Capital Investments, S. 471: «One of the most noteworthy characteristics of the British investors is his objection to place capital in any enterprise, or in any country for the matter of that the delopment of which appears to be against of the motherland.»

123 The Imperialism of British Trade, Bd. 76, 1899, S. 145.

striell erstarkten Ländern verspreche sehr viel größere Wachstumsaussichten[124]. Andererseits aber bejahte beispielsweise ein Mann wie A. W. Flux aus vollem Herzen die imperialistischen Tendenzen der Zeit, weil er in der Erschließung neuer überseeischer Märkte eine Möglichkeit sah, den Absatz der bisherigen Produkte der britischen Industrie auch weiterhin zu sichern, und dieser damit die kostenreichen Aufwendungen zu ersparen, welche notwendig gewesen wären, um sich mit Hilfe der Entwicklung neuer Produkte mühsam neue Absatzmöglichkeiten innerhalb der bestehenden Märkte zu erschließen. «It is much more to the point – more practical – or appears so, to urge on the extension of markets for well known goods, so long as large areas of the earth's surface are not brought under the influence of civilisation. Our descendents may be left to solve the problems which the complete exploitation of all the existing virgin markets will bring with it...»[125]. Hier ist eine der wesentlichen Triebkräfte des ökonomischen Imperialismus jener Jahre ausgesprochen; zugleich aber enthüllt sich sein von heute her gesehen wesentlichster Nachteil; er erlaubte der englischen Industrie, sich auch weiterhin weitgehend auf jene Sektoren zu konzentrieren, welche in der Periode der ersten industriellen Revolution bestimmend gewesen waren, und dies waren namentlich die Textil- und die Eisenbahnmaterialindustrie[126]. Noch 1913 wurden 41% aller englischen Investitionen in Übersee in Eisenbahnprojekten angelegt[127]; freilich lagen zwei Drittel davon außerhalb des britischen Empire. Hier stößt man auf die problematische Seite des britischen Imperialismus vor 1914. Der große Reichtum, welcher dank der gewaltigen überseeischen Investitionen Großbritaniens innerhalb und außerhalb des Empire zusätzlich ins Mutterland floß, wurde auf lange Sicht mit Stagnation auf technologischem und zugleich auch auf sozialem Gebiet bezahlt.

124 So etwa Leonhard H. Courtney, An Experiment in Commercial Expansion, in: Journal of the Royal Statistical Society, Bd. 61, 1898, S. 665ff. Ebendort auch im gleichen Sinne Sir Robert Giffen: «He was quite sure there were many parts of the earth which were now the subject of a scramble between the nations of Europe, where those who were fortunate enough, as they said to obtain possession, would have to lament ten, twenty of thirty years hence that they had burned their fingers. He quite agreed with Mr. Courtney that the thing to do was to encourage people not to seek developments of trade in outlying countries of so little value, but to develop trade with older and civilised countries.»

125 The Flag and Trade: a Summary Review of the Trade of the Chief Colonial Empire, in: Journal of the Royal Statistical Society, Bd. 62, 1899, S. 489f.

126 Saul, Studies S. 220.

127 Imlah, Economic Elements, S. 79. 1907 waren es noch 45%; ebenda S. 61.

Zusammenfassend wird man sagen dürfen, daß es keinesfalls zwingenden wirtschaftlichen Notwendigkeiten entsprach, wenn die englische Politik seit 1885 in zunehmendem Maße in imperialistische Bahnen einlenkte, obgleich schon die Zeitgenossen und nicht erst die marxistische Theorie gelegentlich zu solchen radikalen Schlüssen neigten[128]. Zwar lassen sich, wie wir gesehen haben, eine ganze Reihe von wirtschaftlichen Triebkräften aufzeigen, welche stimulierend auf den Imperialismus der Zeit eingewirkt haben, so insbesondere die vorwiegend auf koloniale Märkte ausgerichteten Interessen bestimmter Sektoren der meist mittelständischen Eisen- und Konsumgüterindustrie. Aber eine Verallgemeinerung dieser Beobachtung ist nicht möglich. Vielmehr erweist sich, daß gerade auch im Bereich des wirtschaftlichen Handelns nichtökonomische Faktoren, insbesondere die nationalistische Empire-Begeisterung der englischen Öffentlichkeit, von großer Bedeutung gewesen sind. In dem nationalistischen Klima der achtziger und neunziger Jahre, das in der Bewegung für ein «Greater Britain» und für einen engeren Zusammenschluß der weiten Gebiete des British Empire gipfelte, nahm auch die englische Wirtschaft imperialistische Züge an, und dies um so mehr, als sich ihr in einer Phase eines tiefgreifenden wirtschaftlichen Strukturwandels durch die weitere Expansion des Empire neue wirtschaftliche Möglichkeiten zu eröffnen schien. Der Gedanke, daß die Märkte des Empire als eine bequeme Zuflucht vor der Konkurrenz der aufsteigenden Industriestaaten Europas und der Welt dienen könnten, erwies sich freilich schon bald als

128 Siehe bespielsweise einen bemerkenswerten Artikel von John L. Ellam, Imperialism and the Coming Crisis for Democracy, in: Westminster Review, Bd. 156, 1901, S. 237ff. Ellam kommt ebenda S. 247 zu dem folgenden Schluß: «Capitalism, by reason of its peculiar economy, can only exist so long as it is able to keep on opening-up new markets for the disposal of its surplus products. When a limit is reached it must collapse through the vitiation of its economic system... Competitive capitalism is rapidly coming to a deadlock, and the industrial supremacy of America, or Germany, or any other nation, if attained, cannot be long-lived, even it the «Yellow Peril» do[es] not develop to the extent prophecied in some quarters. The restriction placed upon the consuming power of the masses, resulting in the recurring periods of «over-production» with which we all are familiar, must finally lead to a crisis from which there can be no relief save by a change of economic system involving social reconstruction... The capitalist will be restricted more and more to his own home markets for the disposal of his commodities, and this he will be unable to do at a profit, since the people,... are utterly unable to buy back even a half of the values they create. Hence the «profit system» must come to an end, and with it will conclude the economic predominance of our plutocratic classes.»

Trugschluß. Die englische Wirtschaft war viel zu finanzkräftig und zugleich bei weitem zu vielseitig entwickelt, um sich auf die Dauer in die Bahnen eines nationalistischen Imperialismus hineinzwängen zu lassen, obwohl sie seinen Parolen zeitweilig bereitwillig folgte und seine Bestrebungen vielfach nachdrücklich unterstützte.

Dieses Gesamtbild eines Zusammenspiels von politischen und wirtschaftlichen Faktoren, ohne daß man eine direkte Abhängigkeit beider voneinander behaupten könnte, findet in der Entwicklung der Dinge seit dem Ausbruch des Burenkrieges eine indirekte Bestätigung. Der Gleichschritt von politischem und ökonomischem Imperialismus, wie wir ihn in England seit etwa 1885 beobachten können, wurde in dem Augenblick ernstlich gestört, als konsequente Imperialisten wie Joseph Chamberlain die Dinge auf die Spitze zu treiben begannen. Dies läßt sich am Beispiel des Kampfes Chamberlains für einen engeren wirtschaftlichen Zusammenschluß des Empire und seine Umformung in einen echten Herrschaftsverband unter Führung der «imperial race» der Engländer mit bemerkenswerter Deutlichkeit ablesen.

Joseph Chamberlain war als Kommunalpolitiker zur großen Politik gekommen, und seine imperialistischen Überzeugungen waren ursprünglich wesentlich von dem politischen Klima in seiner Vaterstadt Birmingham geprägt worden, dessen Kleineisenindustrie schon früh stark auf die Märkte Irlands und der Kolonien ausgerichtet war[129]. Aber obgleich Chamberlain als Propagandist des britischen Imperialismus hauptsächlich mit ökonomischen Argumenten zu operieren pflegte, waren diese für ihn letzten Endes nur Mittel zum Zweck. Was ihn zum Imperialisten gemacht hatte, war vielmehr ein ausgeprägter Nationalismus, der sich bewußt an kontinentaleuropäischen Vorbildern orientierte[130]. Als er 1903 seine berühmte Kampagne für eine «Imperial Federation» begann, gestand er seinem Mitarbeiter Hewins: «I do not pretend to be an economic expert... you must provide the economic arguments»[131]. Und als die Liberalen dann allerorten zwingende wirtschaftliche Argumente gegen seine Zollvereinspläne vorbrachten, erklärte er, daß man die Zukunft des britischem Empire nicht ausschließlich aus dem Blickwinkel kommerzieller Interessen

129 Zur Entwicklung Chamberlains siehe insbesondere William E. Strauß, Chamberlain, S. 38ff. und S. 66ff.

130 So auch Strauß, ebenda S. 81f.

131 Zitiert bei D. O. Wagner, British Economists and the Empire in: Political Science Quarterly, Bd. 46, 1931, und Bd. 47, 1932, Bd. 47, S. 69.

betrachten dürfte[132]. In dieser Grenzsituation trat der Kern seines imperialistischen Credo mit bemerkenswerter Deutlichkeit hervor, nämlich ein von rassistischen Elementen nicht freies nationalistisches Denken, welches von der Überzeugung geleitet war, daß nur diejenigen Völker eine große Zukunft zu erwarten hätte, welche sich zu Weltreichen erweiterten. «It seems to me», so hatte er 1897 einmal gesagt, «that the tendency of the time is to throw all power into the hands of the greater empires, and the minor kingdoms – those which are non-progressive – seem to be destined to fall into a secondary and subordinate place. But, if Greater Britain remains united, no empire in the world can ever surpass it in area, in population, in wealth, or in the diversity of its resources»[133]. Chamberlain wiederholte damit nur, was Charles Dilke schon 1890, wenn auch mit ungleich optimistischeren Worten, verkündet hatte: «...so far more rapid is the increase of the strength and the wealth of the British Empire and of the United States that, before the next century is ended, the French and Germans seem likely to be pigmies when standing by the side of the British, the Americans, and the Russians of the future»[134].

Dieses nationalistische Motiv, das sich auch sonst immer wieder findet[135], ist, wenn man den Dingen auf den Grund geht, für die Stärke

132 Siehe Chamberlains Rede in Birmingham am 15. Mai 1903. Vgl. Halévy, Imperialism, S. 349ff., und Pyrah, Imperial Policy, S. 8.

133 Am 31. März 1897 am Royal Colonial Institute, Mr. Chamberlain's Speeches, ed. by Charles W. Boyd, 2 Bde., London 1914, Bd. 1, S. 5.

134 Problems, S. 3f.

135 Siehe etwa Lord Salisbury's Erklärung in der «Times» vom 5. Mai 1898, zitiert bei Simon Maccoby, English Radicalism 1886–1914, London 1953, S. 257: «You may roughly divide the nations of the world as the living and the dying... the weak states are becoming weaker, and the strong states are becoming stronger... the living nations will gradually encroach on the territory of the dying, and the seed and causes of conflict amongst civilised nations will speedily appear.» Ebenso sei verwiesen auf die charakteristische Äußerung Lord Roseberys vor dem Royal Colonial Institute im Jahre 1893, daß es «part of our responsibility and heritage» sei, «to take care that the world, as far as it can be moulded by us, shall receive the Anglo-Saxon and not another character»; zitiert bei Koebner, Imperialism, S. 192f. Auch die Fabians teilten diese Überzeugung. Vgl. Fabianism and the Empire, hrsg. von George Bernhard Shaw, London 1900, S. 3: «The partition of the greater part of the globe among such powers [d.h. die Großmächte] is, as a matter of fact, that must be faced, approvingly or deploringly, now only a question of time; and whether England is to be the centre and nucleus of one of those Great powers of the future, or to be cast off by its colonies, ousted from its provinces, and reduced to its old islands status, will depend on the ability with which our Empire is governed as a whole.»

und die Stoßrichtungen des britischen Imperialismus ausschlaggebender gewesen als alle ökonomischen Interessen. Es erklärt sich daher auch, daß die britische imperiale Politik seit 1882 in ihren konkreten Schritten in erster Linie von Gesichtspunkten der strategischen und politischen Sicherung des Britischen Empire geleitet worden ist. Die neuen kolonialen Erwerbungen in Afrika erstreckten sich vornehmlich auf solche Gebiete, welche für die Stabilisierung und Abrundung des Empires von besonderer Bedeutung waren[136]. Aus diesen Gründen gab das Foreign Office ostafrikanischen Territorien wie dem Sudan und Uganda den Vorzug vor westafrikanischen. Auch in der englischen Burenpolitik seit 1896, die schließlich zur Annexion der Burenrepubliken und zur endgültigen Sicherung der Vorherrschaft des britischen Empire in Südafrika führte, haben strategische Rücksichten eine wesentliche Rolle gespielt.

Dieser nationalistische Imperialismus, wie ihn vor allem Joseph Chamberlain verkörperte, stieß jedoch charakteristischer Weise in dem Augenblick auf unüberwindliche Schranken, als er in offenen Gegensatz zu den Interessen der Londoner City sowie derjenigen Produktionszweige geriet, für die eine Beschränkung ihres Absatzes ausschließlich auf britische Besitzungen eine Katastrophe bedeutet haben würde. Der Burenkrieg wurde dergestalt zu einem Pyrrhussieg des britischen Imperialismus. Die Londoner City kehrte wieder zu ihrer früheren kosmopolitischen Haltung zurück. Sie erblickte in einer engstirnigen nationalistischen Politik, welche wegen einiger weniger kolonialer Territorien den europäischen Frieden gefährdete, mit Recht eine Bedrohung ihrer dominierenden Position im internationalen Finanzgeschäft und im internationalen Transportwesen und Transithandel. Auf die politisch wie wirtschaftlich gleichermaßen zweifelhaften Ergebnisse des Burenkrieges anspielend, urteilte Sir Georg Paish 1909 im Hinblick auf das Vordringen deutschen und französischen Kapitals in überseeischen Ländern: «They invested, whilst we have been at war»[137]. Argentinien und Brasilien sowie die Vereinigten Staaten wurden neben Kanada wieder die beliebtesten Investitionsziele Englands – ein deutliches Votum gegen den Imperialismus der vergangenen Jahrzehnte.

Die Zollvereinskampagne Joseph Chamberlains aber führte zur Abkehr der großen Mehrheit der englischen Geschäftswelt von den

136 Robinson, Gallagher, Denny, Africa, S. 393ff., 463ff.
137 Great Britain's Capital Investment, S. 495

imperialistischen Idealen. Die Baumwollindustrie Lancashires beispielsweise, welche sich viel mehr für die «open door» in China interessierte als für ein geeintes Empire[138], stellte sich 1903 in aller Form Chamberlains Projekten entgegen. Die Kolonien, so betonte man, würden die riesigen Exporte der britischen Industrie niemals aufnehmen können. Überdies werde die Einführung eines Systems imperialer Vorzugszölle voraussichtlich zu einem Zollkrieg mit dritten Ländern führen, welche für die englischen «fine yarns» weit bessere Abnehmer seien, als die Kolonien es jemals sein könnten. Darüber hinaus gäbe es keinerlei Garantien dafür, daß die Kolonien ihre eigenen Zollbarrieren gänzlich beseitigen und dem Handel des Mutterlandes nicht nur eine Vorzugsstellung vor anderen Nationen, sondern wirklich freien Zugang zu ihren Märkten geben würden[139]. Die Großindustrie aber begann seit 1904 in internationale Kartellbildung auszuweichen[140]. Nur einige stagnierende Gruppen der mittelständischen Industrie setzten auch jetzt noch auf die Karte der «Imperial Federation», welche ihnen auch in Zukunft einen unbeschwerten Absatz auf den Märkten des britischen Empire versprach. Die britische Nation war des Imperialismus müde; in den Wahlen von 1906 wurden die während des Burenkrieges so geschmähten «Little Englanders» mit überwältigender Mehrheit zur Macht getragen. Vor die Alternative gestellt, zogen die Engländer den altehrwürdigen «imperialism of free trade» dem weitsichtigeren, aber zugleich maßlosen nationalistischen Imperialismus der Chamberlain, Rhodes und Milner vor.

Die ökonomische Imperialismustheorie, welche den britischen Imperialismus vor 1914 primär auf wirtschaftliche Faktoren zurückführen will, erweist sich im Rückblick für sich allein als ungeeignet, um die komplexen Phänomene zureichend zu erklären. Von allen ökonomischen Imperialismustheorien kommt die vielgeschmähte These Karl Kautskys, daß der moderne Imperialismus sich nicht einfach zwangsläufig aus der kapitalistischen Wirtschaftsordnung ergebe, sondern «nur eines unter verschiedenen Mitteln» sei, «die Ausdehnung des Kapitalismus zu fördern», der Wahrheit noch am nächsten[141]. In der Phase des Eintritts der britischen Wirtschaft in eine von der scharfen

138 Semmel, Imperialism, S. 147f.
139 Redford, Manchester Merchants, S. 107.
140 Siehe Claphan, Economic History, S. 310ff.
141 Karl Kautsky, Der Imperialismus, in: Die Neue Zeit, Bd. 32, 2, 1913/14, S. 921.

Konkurrenz hochindustrialisierter Nationen bestimmte Weltwirtschaft traten zeitweilig überaus starke imperialistische Tendenzen hervor. Aber es muß hinzugefügt werden, daß nicht die wirtschaftlichen Verhältnisse als solche, sondern mehr noch das politische Klima und die gesellschaftliche Struktur dabei den Ausschlag gaben[142]. Nationalistische Strömungen, in Verbindung mit expansiven Tendenzen, die ihren Ursprung jeweils in bestimmten wirtschaftlichen Konstellationen gehabt haben, nicht aber ökonomische Notwendigkeit als solche, gaben dem britischen Imperialismus vor 1914 sein Gesicht. Umgekehrt aber vermag eine rein politische Deutung des britischen Imperialismus, wie sie neuerdings Robinson und Gallagher versucht haben, nicht die ungeheure Dynamik zu erklären, welche die britische imperiale Politik seit 1885 erfaßte. Nicht externe Faktoren wie der Zusammenbruch der Eingeborenenherrschaften im kolonialen Afrika oder die gesteigerten Spannungen unter den europäischen Mächten, sondern die Kraft eines von nationalistischen und wirtschaftlichen Faktoren gleichermaßen vorangetriebenen Imperialismus haben die Geschichte der britischen überseeischen Expansion in den letzten Jahrzehnten vor dem ersten Weltkrieg maßgeblich bestimmt.

142 In der Betonung der sozialen Faktoren liegt die bleibende Bedeutung der Imperialismustheorie Hobsons, auch wenn diese in ihrem rein ökonomischen Teil der Kritik nicht standzuhalten vermag. Später ist Hobson übrigens von einer rein ökonomischen Erklärung des modernen Imperialismus selbst wieder abgedrückt. Vgl. Confessions, S. 63: «... by enlisting my combative instincts in defence of my heretical views of capitalism as the source of unjust distribution, over-saving, and an economic impulsion to adventurous imperialism, it led for a time to an excessive and too simple advocacy of the economic determination of history.»

Der moderne Imperialismus als innergesellschaftliches Phänomen

Versuch einer universalgeschichtlichen Einordnung

Es ist außerordentlich schwer, allgemein verbindliche Kriterien zu finden, die uns instand setzen, das historische Feld bzw. den zeitlichen Geltungsbereich des modernen Imperialismus einigermaßen zuverlässig abzustecken. Im Grunde setzt eine Einigung über diese Frage schon ein bestimmtes, wenn auch nicht notwendig explizit formuliertes theoretisches Modell des Imperialismus voraus. Allerdings gilt dies auch in umgekehrter Richtung. Das breite Spektrum der Imperialismustheorien ergibt sich z.T. als einfache Folge des Umstands, daß die einzelnen Theorien dem Schwerpunkt ihrer Argumentation nach auf jeweils verschiedene Ausschnitte der historischen Wirklichkeit bezogen sind[1].

Um diesen Sachverhalt wissend, sei gleichwohl der Versuch gemacht, eine vorläufige, hypothetische Eingrenzung der historischen Formation des modernen Imperialismus vorzunehmen. Dieser Versuch orientiert sich einerseits an den äußeren Formwandlungen der imperialistischen Expansionsprozesse und Herrschaftsstrukturen, zum anderen an den jeweils vorherrschenden Antriebsfaktoren sowohl gesellschaftlicher wie auch wirtschaftlicher Art. Es lassen sich

1 So beginnt bei Lenin die eigentliche Periode des Imperialismus erst mit der Wende zum 20. Jahrhundert (vgl. Der Imperialismus als höchstes Stadium des Kapitalismus, Werke, Berlin 1955, Bd. 1, S. 780: «Für Europa läßt sich die Zeit der endgültigen Ablösung des alten Imperialismus durch den neuen ziemlich genau feststellen: Es ist der Anfang des 20. Jahrhunderts»), während sein Gegenspieler Schumpeter in seinem berühmt gewordenen Aufsatz ‹Zur Soziologie der Imperialismen› (Archiv für Sozialwissenschaft und Sozialpolitik, 1918/19, wiederabgedruckt in Aufsätze zur Soziologie, Tübingen 1953) jene Periode unter universalhistorischen Aspekten gerade als eine solche des Niedergangs des Imperialismus deutete. Zur Imperialismusdiskussion vgl. Dan van Schmidt u. Wolfgang J. Mommsen, Art. ‹Imperialismus›, in: Sowjetsystem und Demokratische Gesellschaft, Bd. 3; ferner A.P. Thornton, Doctrines of Imperialism, New York 1965; Tom Kemp, Theories of Imperialism, London 1967; sowie Hans-Ulrich Wehler, Hg., Imperialismus, Köln 1969.

folgende Perioden der Entwicklung des modernen Imperialismus unterscheiden, wobei über die genaue Limitierung derselben gegeneinander natürlich gestritten werden kann:

1. Die Ära des «Informal Empire» 1776 bis 1882.
2. Die Ära des Hochimperialismus 1882–1918[2].
3. Die Ära des verschleierten Imperialismus 1919–1945, und schließlich
4. die Ära des Nachimperialismus, die gekennzeichnet ist durch Dekolonisation und die Reduzierung ehemals imperialistischer Beziehungen auf Abhängigkeitsverhältnisse marktkonformer oder äußerlich neutraler Art.

Der ersten Periode fehlen noch nahezu die meisten Merkmale, die man landläufig dem modernen Imperialismus zuschreibt; sie beginnt paradoxerweise mit dem Verfall der älteren Kolonialreiche, insbesondere des britischen Kolonialreiches in Nordamerika, aber auch des holländischen und spanischen Kolonialreichs. Die überkommene, strikt merkantilistische Bindung der kolonialen Dependancen an die Wirtschaft des Mutterlandes wurde aufgegeben und deren bislang strenge politische Unterordnung nahezu überall erheblich gelockert. Im heraufziehenden Zeitalter des Freihandels erschienen Kolonien weithin als unzeitgemäß, ja man empfand sie vielfach als kostenreiche «millstones round the neck»[3]. Die bürgerlichen Schichten hielten es für ausreichend, wenn dem Handel der Industriestaaten überall freier Zugang zu den Märkten der Welt gegeben werde. Imperialismus äußerte sich demgemäß in erster Linie als wirtschaftliche Expansion, unter Ausnutzung der technologischen und wirtschaftlichen Überlegenheit der westlichen Industriestaaten, soweit nicht ältere koloniale Strukturen einfach fortbestanden. Was den formellen Erwerb neuer überseeischer Territorien anging, so verhielten sich die Regierungen der Großstaaten in aller Regel höchst reserviert; allein schon das Prinzip der weitestmöglichen Beschränkung der Staatstätigkeit, wie es die

2 In der ursprünglichen Fassung dieser Abhandlung wurde stattdessen der Begriff des «Klassischen Imperialismus» verwandt; daher erscheint uns heute der von Ziebura eingeführte Terminus «Hochimperialismus» geeigneter.

3 In dieser Hinsicht sind die Resultate der Arbeiten von C. A. Bodelsen (Studies in Midvictorian Imperialism, London 1961[2]) und R.L. Shuyler (The Climax of Anti-Imperialism in England, in: Political Science Quarterly, Bd 36, 1921) auch heute noch gültig, Vgl. auch Klaus E. Knorr, British Colonial Theories, 1570–1850, Toronto 1964[3]. Das Zitat, auf Disraeli bezogen, bei Shuyler, S. 546: «These wretched colonies will all be independent too in a few years and are a millstone round our neck.»(1852).

herrschende Lehre des Manchester-Liberalismus predigte, wies in diese Richtung. Die Politiker überließen durchweg privaten Gesellschaften den Vortritt und zeigten sich meist nur zögernd und nur mit Vorbehalten bereit, deren Aktionen und Unternehmungen mit politischen und militärischen Mitteln abzusichern. Vornehmlich auf diese Periode des modernen Imperialismus paßt der von Robinson und Gallagher in den fünfziger Jahren entwickelte Begriff des «informal Empire», einer Form der Herrschaft, die sich in der Regel auf die Methoden wirtschaftlichen Einflusses beschränkt, aber notwendigenfalls bereit ist, den privaten Kolonisatoren und Kolonialgesellschaften mit staatlichen Machtmitteln zu Hilfe zu kommen[4]. Allerdings trifft Robinson und Gallaghers Theorie insofern nicht ganz zu, als die Großmächte in dieser Periode keineswegs immer willens waren, für die Rechte oder Rechtsansprüche von Kolonisatoren der eigenen Nation einzutreten, insbesondere dann nicht, wenn dies die Errichtung direkter Herrschaft in überseeischen Gebieten zur Folge haben mußte. Eine Ausnahme macht in dieser Hinsicht nur die Politik der «Erzwingung der offenen Tür», sei es mit Hilfe diplomatischen Drucks, sei es durch demonstrative Flottenoperationen, wie wir dies insbesondere im Falle Chinas kennen. Doch galt den Zeitgenossen dergleichen mehr als zivilisatorische Aktion denn als imperialistische Gewaltanwendung. Die Durchbrechung der Schutzmauern gegenüber der westlichen Zivilisation schien einer fortschrittsgläubigen Zeit nur zu berechtigt zu sein. In einen gleichartigen ideologischen Zusammenhang gehören die nicht eben seltenen Fälle massiven politischen Drucks, um Regierungen unterentwickelter Regionen, so etwa des Osmanischen Reichs oder auch Ägyptens unter dem Khediven Ismail, zur Einhaltung der von ihnen eingegangenen Schuldverpflichtungen gegenüber europäischen Banken und privaten Gläubigern zu zwingen, selbst dann, wenn diese zu ruinösen Konditionen abgeschlossen worden waren[5]. Auch dies betrachteten die Zeitgenossen primär als eine Frage der Einhaltung internationalen Rechts, nicht aber als eine Form imperialistischer Vorherrschaft.

Ungeachtet der verbreiteten Abneigung gegenüber neuen überseeischen staatlichen Engagements, wie dies bis 1882 insbesondere für

4 John Gallagher und Ronald Robinson, The Imperialism of Free Trade, in: The Economic History Review, Bd. 6, 1953.

5 Dazu neben der glänzenden Studie von David S. Landes, Bankers and Paschas, London 1958, W. J. Mommsen, Imperialismus in Ägypten, München 1961.

den englischen und französischen Imperialismus und, wie Hans-Ulrich Wehler gezeigt hat, nahezu durchweg für den amerikanischen Imperialismus zutrifft, ging der Prozeß der «Landnahme» in Afrika, Asien und im Pazifik während des gesamten Zeitraums unaufhaltsam weiter. Er wurde vorangetrieben von einzelnen privaten Kolonisatoren und Kolonialgesellschaften. Sobald sich dann Unruhen, Aufstände oder sonstige gravierende Konflikte einstellten, wurden die Regierungen, obwohl sie einer weiteren Zunahme kolonialer Besitzungen zumeist noch skeptisch gegenüberstanden, in der Regel gezwungen, die von Konnationalen «erworbenen» Gebiete unter den Schutz des eigenen Staates oder gar, wie im Falle Indiens, unmittelbar unter staatliche Verwaltung zu stellen. Der Faktor der «turbulent frontier», der steten Bedrohung der Grenzen der weißen Einflußgebiete, führte so nicht nur zu militärischem Eingreifen, sondern als dessen unvermeidliche Konsequenz zu einer ständigen Erweiterung der kolonialen Territorien[6]. Allerdings kam es bis in die achtziger Jahre hinein fast nirgends zu echter Territorialherrschaft im modernen Sinne; meist wurden die Kolonien nur extensiv, von wenigen meist an den Küsten gelegenen Punkten aus, politisch erfaßt, während das Hinterland Niemandsland blieb; geordnete Verwaltung und feste Grenzen gab es noch nirgends.

Zusammenfassen läßt sich folgendes sagen: Die imperialistische Expansion dieser Periode war weder zielbewußt gesteuert, noch eine wirtschaftliche Notwendigkeit. Sie war ein Nebenprodukt der überschäumenden wirtschaftlichen und politischen Dynamik Europas, schwerlich aber eine immanente Tendenz des sich eben erst herausbildenden industriellen Systems.

Diese Situation änderte sich mit dem Eintritt in die zweite Phase des modernen Imperialismus in nicht unerheblichem Maße. Nunmehr stoßen wir auf ökonomische Motivationen zugunsten imperialistischer Expansion von gesamtgesellschaftlichem Zuschnitt. In der 1873 einsetzenden Periode verlangsamten wirtschaftlichen Wachstums, die sich mit vermehrter Konkurrenz unter den Unternehmern sowie einem fühlbaren Absinken der Profitraten verband und schließlich fast überall zur Errichtung von verhältnismäßig hohen Schutzzollmauern führte, begannen die bürgerlichen Schichten der Gesellschaft den überseeischen wirtschaftlichen Möglichkeiten große Aufmerksamkeit

6 S.J. Galbraith,'The Turbulent Frontier' as a Factor in British Expansion, in: Comparative Studies in Society and History, Bd 2, 1960, und, im Hinblick auf Afrika, R. Robinson, J.Gallagher und Alice Denny, Africa and the Victorians. The Official Mind of Imperialism, London 1961.

zuzuwenden. Die Wachstumskrisen des sich herausbildenden industriellen Systems, insbesondere die Rezession der Jahre 1883–1886, schufen ein günstiges Klima für die Entwicklung eines populären Imperialismus, der nach neuen Märkten in Übersee rief und sich davon eine Lösung der wirtschaftlichen Probleme und eine Hebung des sozialen Status der breiten Massen versprach[7]. Dieser neue Imperialismus ging mit den machtstaatlichen Traditionen der europäischen Großmächte eine enge Symbiose ein. Der Rückgriff auf die wirtschaftlichen Argumente zugunsten imperialistischer Expansion bot sich als geeignetes Mittel an, um für eine expansive Machtpolitik im überkommenen Sinne eine breite Basis im Volke zu finden. Die in den achtziger Jahren erwachsende nationalistische Agitation zugunsten imperialistischer Politik ermöglichte den herrschenden Eliten dergestalt die einstweilige Stabilisierung ihrer Machtstellung in einer sich rasch wandelnden Gesellschaft.

Der Hochimperialismus schuf zugleich die psychologischen und politischen Voraussetzungen für eine Umkehrung des bisher nahezu allgemein geltenden Grundsatzes: «The flag follows the trade». Die Regierungen wurden nunmehr angehalten, die Expansion der eigenen Wirtschaft in jungfräuliche Räume mit den politischen und militärischen Machtmitteln des Staates den Weg zu bahnen und nicht wie bisher privaten Gesellschaften im Bedarfsfalle Schutz zu gewähren[8]. Es wäre falsch anzunehmen, daß gerade die Wirtschaftskapitäne besonders lautstark nach einer derartigen Politik imperialistischer Ausdehnung gerufen hätten. Das Bild ist vielmehr höchst uneinheitlich. Die neue Politik des «pegging out claims for posterity»[9] stieß insbesondere

7 Für den englischen Fall Nachweis bei W.J. Mommsen, Nationale und ökonomische Faktoren im britischen Imperialismus vor 1914 in diesem Band S. 18f. u. S. 36ff. Hans-Ulrich Wehler hat diesen Zusammenhang zur Basis einer allerdings höchst vielschichtigen und nicht immer eindeutigen Theorie des modernen Imperialismus gemacht; unseres Erachtens wird dabei die Verknüpfung zwischen Wachstumskrisen und imperialistischen Tendenzen trotz der Zwischenschaltung eines sozialpsychologischen Bindeglieds, nämlich eines «ideologischen Konsensus», zu weit getrieben (Bismarck und der Imperialismus, Köln 1968). Gibt es nicht auch, und möglicherweise noch häufiger, Imperialismus gerade in Perioden nahezu ungebrochenen wirtschaftlichen Wachstums wie beispielsweise im Deutschen Reich seit 1896?

8 Für den englischen Fall vgl. Mommsen, Nationale und ökonomische Faktoren, in diesem Bde., S. 22f.

9 Diese äußerst signifikante Formulierung wurde geprägt von Lord Rosebery anläßlich einer Rede am Royal Colonial Institute am 1. März 1893 (vgl. R. Koebner und H.D. Schmidt, Imperialism. The Story and Significance of a

innerhalb der freihändlerisch gesinnten Unternehmerschaft nicht selten auf erhebliche Widerstände. Vor allem das Finanzkapital mißtraute dem neuen Imperialismus und hielt an den alten Formen des Freihandels fest. Auf der anderen Seite gab es zahlreiche Unternehmergruppen, so insbesondere im Bereich der Stahl- und Maschinenbauindustrie, streckenweise auch der Textilindustrie, die, wenn auch in sehr unterschiedlichem Maße, von dem Erwerb neuer Kolonien zu profitieren hofften. Die Rivalitäten der Großmächte, die von einem nunmehr von breiteren Volksschichten getragenen Nationalismus zu beschleunigtem Handeln angetrieben wurden, gaben im konkreten Falle vielfach den letzten Anstoß; der Wunsch, den Konkurrenten zuvorzukommen, verdrängte in aller Regel die noch vorhandenen Skrupel und Bedenken. So stürzte man sich in immer neue imperialistische Unternehmungen, in der Hoffnung, daß die neuerworbenen Territorien, obwohl im Augenblick noch relativ wertlos, in der Zukunft der eigenen Wirtschaft große Möglichkeiten eröffnen würden.

Die Herausbildung dieser neuen Form eines vom Staate selbst forcierten Imperialismus, der der eigenen Nation einen jeweils möglichst großen Teil der noch «freien» Territorien auf dem Erdball zu sichern bestrebt war, erfolgte stufenweise. Doch scheint uns die Festsetzung Englands in Ägypten in den Jahren 1882–1885, die als internationale Polizeiaktion alten Stils begann und als kaum verschleierte Kolonialherrschaft endete, ein charakteristisches Signal für die qualitative Veränderung der imperialistischen Tendenzen in Europa und der Welt in der zweiten Hälfte des 19. Jahrhunderts zu sein. Nur ein Jahr zuvor hatte sich Frankreich in Tunesien festgesetzt und dadurch die Anfänge einer italienischen Expansionspolitik provoziert. Bismarcks Übergang zu einer aktiven überseeischen Kolonialpolitik im Spätherbst 1882 aber stand in einem direkten Zusammenhang mit den ägyptischen Ereignissen.

Der neue Nationalismus, der dem Hochimperialismus die eigentlich aggressive Note gab, war freilich seinerseits gesamtgesellschaftlich verursacht. Der Ruf nach Machtsteigerung der eigenen Nation in Übersee läßt sich bestimmen als Integrationsideologie, die die loyale Einfügung der neuen Mittelschichten in ein weitgehend noch von traditionellen Führungseliten gelenktes politisches System ermöglichen

Political Word 1840–1960, Cambridge 1964) und nur wenige Wochen später von seinem Rivalen im imperialistischen Tageskampf Joseph Chamberlain im House of Commons aufgegriffen (Joseph Chamberlain, Foreign and Colonial Speeches, London 1897, S. 114).

sollte. Imperialismus war, mit anderen Worten, ein Mittel zur Festigung und Konservierung der bestehenden Herrschaftsstrukturen in einer sich rapide wandelnden gesellschaftlichen Wirklichkeit. Der englische Konservativismus der achtziger und neunziger Jahre beispielsweise setzte zielbewußt auf die Idee des «Greater Britain», um sich mit derartigen Mitteln eine neue Massenbasis zu verschaffen. Gleichartiges gilt auch für die deutsche Weltpolitik Bülows und Wilhelms II.; diese wurde inszeniert zu dem Zweck, um für das angeschlagene «persönliche Regiment» des Kaisers wieder eine breitere Basis im Volke zu finden[10]. In beiden Fällen handelte es sich gleichsam um eine Politik der Ableitung der politischen Energien der Mittelschichten an die koloniale Peripherie, was durch die damals verbreitete Ansicht erleichtert wurde, daß koloniale Expansion vor allem im Interesse des gewerblichen und industriellen Mittelstandes und nicht zuletzt der Intelligenz liege. Schon Max Weber hat auf diesen Sachverhalt hingewiesen:

> «... jede erfolgreiche imperialistische Zwangspolitik nach außen stärkt normalerweise mindestens zunächst auch ‹im Innern› das Prestige und damit die Machtstellung und den Einfluß derjenigen Klassen, Stände, Parteien, unter deren Führung der Erfolg errungen ist[11].

Jedoch stellte sich bald heraus, daß sich der Spieß auch umdrehen ließ, mit anderen Worten, daß die Forderung nach einer konsequent imperialistischen Politik ebensogut zur Aufsprengung der alten, vorwiegend konservativen oder konservativ gewordenen Führungseliten benutzt werden konnte. In Großbritannien erzwangen die imperialistischen Unionists eine Modernisierung der Konservativen Partei; in Deutschland suchten die «liberalen» Imperialisten die Vorherrschaft der preußischen Aristokratie im Deutschen Reiche zu sprengen[12]. Insofern wäre es verfehlt, die sozialreaktionäre Komponente des modernen Imperialismus für die ganze Wahrheit zu halten.

Andererseits bot sich die Propagierung imperialistischer Machtpolitik in der Folge als ideale Strategie an, um eine bürgerlich-konservative Einheitsfront gegen die andrängende sozialistische Bewegung herzustellen und eine Integration der Arbeiterschaft in die bestehende

10 Vgl. John C. G. Röhl, Deutschland ohne Bismarck. Die Regierungskrise im Zweiten Kaiserreich, 1890–1900, Tübingen 1969, insbesondere S. 229.

11 Wirtschaft und Gesellschaft, Tübingen 1956^5, S. 527.

12 Man denke etwa an Männer wie Max Weber und Friedrich Naumann, deren Engagement für eine maßvolle Parlamentarisierung zwecks Ausschaltung des Scheinkonstituionalismus, welcher die Parteiherrschaft der Konservativen ermöglichte, außer Frage steht.

politische und soziale Ordnung auf Kosten der Privilegien der konservativen und bürgerlichen Schichten zu verhindern. Der Imperialismus war gleichsam ein höchst effizientes Instrument, um den stürmischen Prozeß der Demokratisierung der europäischen Gesellschaften zumindest partiell abzubremsen. Wenn man diese drei Gesichtspunkte, denen im Einzelfall jeweils sehr unterschiedliches Gewicht zukommt, in ein generelles Erklärungsmodell einbringt, so erweist sich der moderne Imperialismus als Produkt der gesellschaftlichen Spannungen und Konflikte, die durch den rapiden Prozeß der stufenweisen Demokratisierung, wie sie alle europäischen Industriestaaten im 19. und 20. Jahrhundert durchlaufen haben, entweder hervorgerufen oder manifest gemacht wurden[13].

Hier ist ein Syndrom innenpolitischer Faktoren angesprochen, die zumindest dem *europäischen* Imperialismus vor 1918 seinen eigentümlichen Charakter verliehen haben. Ohne diese hätten traditionelle außenpolitische Motive, insbesondere Erwägungen strategisch-taktischer Art, wie im Falle Englands etwa die Sicherung des Zugangs nach Indien, niemals so großes Gewicht erlangen können[14]. Das Gleiche gilt gür die wirtschaftlichen Motive. Allein in Verbindung mit der weit verbreiteten Vorstellung, daß die bestehenden sozialen politischen Strukturen sich nur unter den Bedingungen eines stetigen wirtschaftlichen Wachstums würden erhalten und die sozialdemokratische Gefahr bannen lassen, gewann der Ruf nach neuen Märkten und Rohstoffquellen in Übersee seine große Gewalt.

Wir dürfen demnach als gesicherte Erkenntnis festhalten, daß die Ursachen für die Entstehung des modernen Imperialismus und für seine zeitweilig ungeheure Stoßkraft großteils in den politischen und gesellschaftlichen Strukturen der Industriestaaten jener Epoche zu suchen sind. Damit erledigt sich zugleich die auch heute noch verbreitete kleinbürgerliche Variante der marxistischen Imperialismustheorie, wonach der Imperialismus einzig und allein das sinistre Produkt der Machenschaften kleiner Gruppen von Finanzkapitalisten und Industrieherren gewesen sei. Natürlich hat es an dergleichen nicht gefehlt. Doch ist ein solches Erklärungsmodell ungeeignet, um auch nur mit

13 Vgl. Wolfgang J. Mommsen, Das Zeitalter des Imperialismus, Fischer Weltgeschichte, Bd. 28, Frankfurt 1968, als Versuch einer Gesamtdeutung der imperialistischen Phänomene unter diesem Gesichtspunkt.

14 Dies ist grundsätzlich gegen R. Robinson, J. Gallagher und Alice Dennys Argumentation einzuwenden, daß ausschließlich politisch-strategische Überlegungen die Entscheidungen der britischen Politik während des «scramble for Africa» bestimmt hätten.

den wirtschaftlichen Tatbeständen überzeugend fertig zu werden. Untersucht man, welche konkreten Gruppen, sei es der Unternehmerschaft, sei es des Finanzkapitals, hinter bestimmten imperialistischen Aktionen oder Zielsetzungen standen, so ergibt sich ein durchaus uneinheitliches Bild. Neben Wirtschaftssektoren, die an imperialistischer Politik unmittelbar interessiert waren, standen andere, die sich davon nur Nachteile ausrechneten. Insbesondere die Haltung des von Hilferding beschworenen «Finanzkapitals» war durchaus unterschiedlich. Die ökonomischen Interessen der Eigentümerklasse einer kapitalistisch organisierten Wirtschaft sind als solche nicht notwendig imperialistisch; jedoch können sie in bestimmten politischen oder gesellschaftlichen Konstellationen unmittelbar zu einer entscheidenden Antriebskraft imperialistischer Tendenzen werden.

Dies aber war während der Endphase des «Hochimperialismus» in zunehmendem Maße der Fall. Unmittelbar vor und während des Ersten Weltkrieges läßt sich das Hinüberwechseln der Wirtschaft in das Lager des extremen Imperialismus besonders gut beobachten. Die Zunahme der nationalen Rivalitäten in den letzten Jahren vor dem Kriege hatte auch die wirtschaftlichen Beziehungen der europäischen Mächte nicht unberührt gelassen; nach Kriegsausbruch fielen die wirtschaftlichen Interessen der Großindustrie dann vollends mit den Zielen der radikalen imperialistischen Gruppen zusammen. Aber auch in dieser Situation war das Interesse an der Erhaltung der überkommenen gesellschaftlichen und politischen Strukturen weit stärker als der Wunsch nach Förderung der unmittelbar ökonomischen Interessen. Ersteres bedingte nicht nur eine siegreiche Beendigung des Krieges, sondern auch einen völligen Triumph über die Gegner, denen man die ungeheuren Kosten der Kriegführung auferlegen wollte, wohl wissend, daß die Volksmassen des eigenen Staates nur um den Preis erheblicher innenpolitischer Konzessionen dazu gebracht werden könnten, diese Last auch nach Kriegsende auf sich zu nehmen. Nicht zuletzt aus diesen Gründen wurde der Erste Weltkrieg zur Kulminationsphase des «klassischen» Imperialismus. Alle Hemmungen wurden nun beiseite geworfen; der Imperialismus zeigte unverhüllt sein brutales Antlitz.

Besonders direkt, und in bemerkenswerter Breite, gelangten die imperialistischen Tendenzen im Deutschen Reich zum Durchbruch. Was bisher Gegenstand der imperialistischen Wunschträume von meist nur marginalen Gruppen der deutschen Gesellschaft gewesen war, wurde nun zur Zielvorstellung offizieller Politik, und die Mitteleuropapläne Bethmann Hollwegs, die auf eine teils direkte, teils indirekte Beherrschung des gesamten europäischen Kontinents des Deutschen Reiches hinausliefen, durften gegenüber der schier grenzenlosen Annexionswut der bürgerlichen und konservativen Schichten noch als maßvolles Programm gelten[15]. Als dann im Verlaufe des Krieges immer deutlicher wurde, daß Kriegsziele dieser Größenordnung ohne einen vollständigen Sieg über alle Gegner nicht erreichbar sein würden, dieser selbst aber in weite Ferne gerückt war, drängten die konservativen und die großbürgerlichen Schichten, statt zurückzustecken, auf eine möglichst intensive Kriegsführung, in der Hoffnung, bei äußerster Zusammenballung aller Kräfte den Gegnern doch noch den deutschen Weltmachtwillen vorschreiben zu können. Teils bewußt reflektierte, teils instinktive Einsicht, daß nur im Falle eines «Siegfriedens» das Andrängen der Arbeiterschaft und der Kräfte der bürgerlichen Linken abgefangen und die überkommene politische und soziale Ordnung im Deutschen Reiche aufrechterhalten werden könne, ließ sie nunmehr alles auf eine Karte setzen. Nur wenn ein voller Sieg errungen würde, der das angeschlagene politische Prestige der Führungsschichten noch einmal restauriert hätte, und es darüber hinaus erlaubt hätte, die Kosten des Krieges auf die Gegner abzuwälzen, war daran zu denken, das bisherige politische und gesellschaftliche System ohne wesentliche Konzessionen an die auf Emanzipation drängenden breiten Massen zu erhalten.

Vielleicht noch deutlicher trat der Zusammenhang zwischen einem glücklichen Kriegsausgang und der Chance für eine Restauration des politischen und gesellschaftlichen Systems im Falle Österreich-Ungarns hervor; er war den Führungsschichten der innerlich schon schwer erschütterten Donaumonarchie vollauf bewußt. Schon der Entschluß zum Kriege war unter dem Gesichtspunkt gefaßt worden, daß Österreich-Ungarn seine Vorherrschaft auf dem Balkan zurückgewinnen und möglicherweise noch weiter ausbauen müsse, nicht allein um den Ansturm des südslawischen Nationalismus erfolgreich abzublocken, sondern auch, um den Nationalitäten der Monarchie noch einmal wieder Respekt vor dem Staatsapparat und der Staatsautorität einzuflößen. Spätestens seit 1916 stand die traditionelle Vorrangstellung der österreichisch-ungarischen Hocharistokratie ebenso wie das Übergewicht der vorwiegend deutschbestimmten Bürokratie in Staat und Gesellschaft endgültig auf dem Spiele, und mit ihnen die Monarchie in ihrer überkommenen Form.

15 So jetzt auch, in Abweichung von früheren Interpretationen, Fritz Fischer, Der Krieg der Illusionen, Düsseldorf 1969, S. 760f.

Auf seiten der Alliierten Mächte liegen die Dinge nicht ganz so eindeutig, führten sie doch den Krieg ostentativ im Namen der Demokratie und des Nationalitätsprinzips. Das hinderte sie freilich nicht daran, ebenfalls ihren imperialistischen Begierden zu frönen. Großbritannien erstrebte eine Abrundung des Empire auf Kosten des deutschen Kolonialbesitzes und eine Aufteilung des Osmanischen Reiches, übrigens nicht zuletzt auf Drängen der großen weißen Dominien, die im Grunde imperialistischer waren als das Mutterland selbst[16]. Die Konsolidierung des British Empire durfte als wichtiger Faktor der Stabilisierung auch des politischen und des gesellschaftlichen Systems im Mutterland gelten. Der neuartige plebiszitäre Regierungsstil, den Lloyd George seit 1917 praktizierte, verlangte in gesteigertem Maße sichtbare nationale Erfolge. Lloyd Georges Entscheidung für die Politik des «knock out» gegenüber Deutschland war im hohen Grade innenpolitisch bedingt, und ebenso seine Bemühungen, wesentliche Teile der deutschen Kolonien in den Verband des British Empire einzugliedern; diese Bestrebungen, die sich der Sache nach nur wenig vom herkömmlichen Imperialismus unterschieden, wußte der große Walliser allerdings in ein populäres demokratisches Gewand zu kleiden. In noch höherem Grade bedurfte das Regime Clemenceaus in Frankreich nationaler Erfolge, um sich gegenüber der Kritik der radikaldemokratischen und der sozialistischen Linken als Sachwalter der Gesamtinteressen der Nation präsentieren zu können. Die massiv nationalistischen Zielsetzungen Clemenceaus in der deutschen Frage sind freilich erst nach dem Siege über die Mittelmächte deutlich hervorgetreten; ihre größte Reichweite erreichten sie mit der Ruhrbesetzung im Januar 1923.

Vergleichsweise undeutlicher sind die Konturen der imperialistischen Politik des Zarismus während des Ersten Weltkrieges, zumindest hinsichtlich ihrer innenpolitischen Dimension[17]. Die zahlenmäßig schwache großrussische Oberschicht, die dank der pseudokonstitutionellen Verfassung von 1906 die Duma vollständig beherrschte, übertraf die zaristische Staatsbürokratie an kriegerischem Eifer noch beträchtlich, wohl wissend, daß nur ein Triumph der russischen Waffen über das Deutsche Reich und Österreich-Ungarn ihre Vorrangstellung innerhalb der russischen Gesellschaft und darüber hinaus die

16 Vgl. W.M. Roger Louis, Great Britain and Germany's Lost Colonies, Oxford 1967.

17 Vgl. C. Jay Smith, A Study of Russian Foreign Policy during the First World War, New York 1956.

Vorherrschaft des Großrussentums über die nichtrussischen Nationalitäten würde erhalten können. Nicht zufällig überlebte der großrussische Imperialismus den Sturz des Zarentums, bis ihm dann die Oktoberrevolution ein Ende setzte.

Am krassesten freilich von allen Mächten des alliierten Lagers traten imperialistische Begehrlichkeiten in Italien hervor. Nur mithilfe der Entfachung eines hektischen Nationalismus, bei dem eben jene Gruppen, die schon den Erwerb Lybiens als Mission Italiens propagiert hatten, eine Schlüsselrolle gespielt hatten, war Italien in den Ersten Weltkrieg hineingetrieben worden. Es ist symptomatisch, daß die Nichterfüllung der vergleichsweise gewaltigen imperialistischen Ansprüche, deren Anerkennung Italien, die beiden kriegführenden Gruppen gegeneinander ausspielend, den Alliierten abgerungen hatte, eine wesentliche politische Voraussetzung für den Aufstieg des Faschismus in der unmittelbaren Nachkriegszeit werden sollte. Auch hier war eine expansive Politik nach außen das Korrelat einer repressiven Politik im Innern, die sich in erster Linie gegen die Ansprüche der Arbeiterschaft richtete.

Auf der anderen Seite bahnte sich schon während des Ersten Weltkrieges eine entgegengesetzte Entwicklung an, die dann nach 1918 auf breiter Front zum Durchbruch gelangte, nämlich der Abbau der bisherigen Formen des offenen Imperialismus. Die Vereinigten Staaten weigerten sich, die Kriegszielverträge der Alliierten zur Kenntnis zu nehmen, und versagten einer Fortsetzung der bisherigen Politik der Ausweitung kolonialer Imperien ihre Unterstützung. Lenin aber proklamierte in seinem *Dekret über den Frieden* vom 26. Oktober 1917 nicht nur die Befreiung aller europäischen Nationen vom Joch des Imperialismus, sondern auch die Beseitigung des bisherigen Systems kolonialer Herrschaft, indem er das Nationalitätsprinzip auch auf die kolonialen Völker ausdehnte. Er betonte die Gemeinsamkeit des jungen Sowjetstaates mit den Völkern der dritten Welt in ihrem Emanzipationskampf gegen den Imperialismus.

Der Ausgang des Ersten Weltkrieges setzte dergestalt nicht nur den überkommenen Formen politischer Führung durch relativ exklusive Eliten ein Ende, sondern zwang auch zu einer Modifizierung der bisherigen Praxis imperialistischer Herrschaft. Der Triumph der Demokratie und die Ablösung der alten politischen Eliten, die teils der Aristokratie, teils der schmalen Schicht des Honoratiorenbürgertums entstammten, durch den neuen Typ des plebiszitären Politikers blieben für die imperialistischen Strukturen nicht ohne Folgen. In industriellen Gesellschaften, die mindestens dem Prinzip nach auf der Grundlage des Selbstbestimmungsrechts organisiert waren, war es nicht möglich, im alten Sinne imperialistische Politik zu treiben. Wir beobachten zwar in der Periode von 1919–1945 vielerorts ein zähes Festhalten an überkommenen kolonialen Positionen, insbesondere sofern diese politische oder wirtschaftlich von großer Bedeutung waren. Doch bestand bereits 1919 weitgehend Einverständnis darüber, daß Kolonialherrschaft hinfort nicht mehr in den bisherigen Formen betrieben werden könne. Als Italien 1919 an die britische Regierung mit dem Ersuchen herantrat, einen Kolonialerwerbsvertrag nach dem Muster des deutsch-englischen Angola-Vertrages von 1913 abzuschließen, bemerkte das Foreign Office, der Imperialismus sei «tot»; demgemäß könne an den Abschluß eines solchen Vertrages nicht gedacht werden[18].

Jedoch fanden die Großmächte Mittel und Wege, um den Fortbestand, ja die Erweiterung der bisherigen kolonialen Imperien in verschleierten Formen politisch zu rechtfertigen. Unter dem Einfluß der insbesondere in Oxford beheimateten Ideologie, der zufolge die weißen Staaten der Welt als Treuhänder für die unterentwickelten Völker des Erdballs handeln müßten, entstand das Mandatssystem des Völkerbundes, als eine Alternative zu offener Kolonialherrschaft. Es bot sich der Pariser Friedenskonferenz als Kompromiß an, das es erlaubte, nicht nur die deutschen Kolonien den Siegern des Ersten Weltkrieges zur Verfügung zu überlassen, sondern auch große Teile des ehemaligen Osmanischen Reiches unter europäische Kontrolle zu bringen.

Im öffentlichen Bewußtsein setzte sich in den zwanziger Jahren überwiegend die Ansicht durch, daß koloniale Herrschaft nur dann noch zu rechtfertigen sei, wenn sie dem Ziel diene, die Eingeborenen stufenweise auf die Emanzipation vorzubereiten. So wurde das British Empire zum Commonwealth of Nations und das französische Kolonialimperium zur Union Française. Selbst diejenigen Gruppen, die bisher überwiegend zu den Gegnern imperialer Herrschaft gehört hatten, wie beispielsweise die britische Labour Party, verschlossen sich dem Argument nicht, daß eine abrupte Beendigung imperialer Herrschaft unter Zerreißung der bestehenden wirtschaftlichen und kulturellen Bindungen zwischen Kolonien und Mutterland nicht im Interesse der beherrschten Kolonialvölker selbst liegen würde. Der Imperialismus verlor nach und nach die Popularität, die er eine Generation zuvor be-

18 W. M. Roger Louis, Great Britain, S. 152f. In dem Kommentar des Foreign Office hieß es weiter: «Such an arrangement in the present altered state of the world would be quite unthinkable.»

sessen hatte, und wurde vielfach als lästige, aber unvermeidliche Bürde angesehen, die man im Interesse sowohl der eigenen Nation wie auch der jeweiligen kolonialen Völker tragen müsse.

Obgleich also die öffentliche Meinung imperialistischer Politik entgegenstand, kam der Prozeß der Umstrukturierung imperialistischer Herrschaft nur sehr schleppend voran, und zwar vor allem wegen des Fortbestehens massiver materieller und politischer Interessen der großen Industrienationen in den Regionen der Dritten Welt. Die Strukturkrise der europäischen Demokratien, die ihrerseits mit den chronischen Störungen der internationalen Handels- und Finanzbeziehungen in Zusammenhang stand, die selbst ein Restprodukt des Imperialismus der Periode des Ersten Weltkrieges waren, hat diesen Prozeß dann noch stärker abgebremst. Im Zuge des Aufstiegs der faschistischen Bewegungen, die die konstitutionelle Demokratie in großen Teilen Europas in die Defensive drängten, kam es stellenweise gar zu neuen Eruptionen eines offenen Imperialismus von außerordentlich brutalem Zuschnitt. Dazu müssen insbesondere die Versuche des italienischen Faschismus gezählt werden, ein neues Kolonialreich in Äthiopien zu begründen; aber auch Hitlers weitreichende Pläne sowohl hinsichtlich der Beherrschung eines weit nach Osten ausgreifenden europäischen Großraums wie auch hinsichtlich einer Restauration des ehemaligen deutschen Kolonialreichs, die dann infolge des Ausgangs des Zweiten Weltkrieges auf dem Papier blieben, gehören in diesen Zusammenhang[19]. Die faschistischen Imperialismen waren ebenso wie der japanische Imperialismus, der zeitweilig eine beherrschende Stellung im Fernen Osten zu erringen vermochte, freilich eigentlich nur mehr anachronistische Reflexe des offenen Imperialismus vor 1914, was insofern nicht erstaunlich ist, als die faschistischen Bewegungen in erster Linie von eben jenen sozialen Gruppen getragen wurden, die schon vor dem Ersten Weltkrieg die Hauptmasse der Anhänger, wenn auch nicht unbedingt die eigentlichen Drahtzieher, einer imperialistischen Weltpolitik, gestellt haben. Ebenso wie die Faschismen den Zustand der «unbegrenzten Souveränität der autonomen

19 Eine umfassende Darstellung des nationalsozialistischen Imperialismus gibt Klaus Hildebrandt, Vom Reich zum Weltreich. Hitler, NSDAP und koloniale Frage 1919–1945, München 1969. Hildebrandt zeigt, daß der Kolonialbewegung der zwanziger Jahre, wenngleich ihr ein bedeutender Teil der deutschen Elite angehörte oder ihr doch Unterstützung zuteil werden ließ (was nach Gewicht und Bedeutung hier allerdings etwas zu hoch angesetzt wird), jede Massenbasis fehlte und nur der Nationalsozialismus noch einmal eine solche zu bieten vermochte.

kriegerischen Gruppe» (Nolte) in einer Zeit zunehmenden Internationalismus aufrechtzuerhalten bestrebt waren, so hegten sie auch den illusionären Glauben, daß es möglich sei, zu den Methoden offener imperialistischer Herrschaft zurückkehren zu können, zu einem Zeitpunkt, an dem sich diese bereits überlebt hatten.

Es wäre jedoch irreführend, wenn man von dem Trend dieser Periode des «rückläufigen» oder – soweit man den Akzent stärker auf die Formen indirekter Abhängigkeit legt – des «verschleierten Imperialismus» unmittelbar auf die politischen Gegebenheiten in den Regionen der Dritten Welt schließen wollte. Zwar war die moralische Basis des Imperialismus, namentlich soweit dieser in den Formen offener politischer Herrschaft ausgeübt wurde, angeschlagen, doch die politischen und vor allem aber die wirtschaftlichen und finanziellen Bindungen der unterentwickelten Länder an die großen Industrienationen Europas und der Vereinigten Staaten bestanden vorerst unverändert fort und bestimmten in weitem Umfang die gesellschaftliche Wirklichkeit. In Gestalt zahlreicher wirtschaftlicher Korporationen und Unternehmungen, deren Recht und Privilegien sich in aller Regel noch aus den Zeiten des klassischen Imperialismus herleiteten, blieben imperialistische Abhängigkeiten mehr oder minder informeller Art in zahllosen Varianten erhalten und standen einer vollen Emanzipation hindernd im Wege.

Im Zweiten Weltkrieg sahen sich die Alliierten Mächte gezwungen, in erheblichem Umfang auf die wirtschaftlichen Ressourcen ihrer kolonialen Territorien zurückzugreifen; dies ging indes nicht mehr ohne erhebliche Konzessionen an die kolonialen Führungseliten ab. Insofern beschleunigte der Zweite Weltkrieg die Tendenzen zum Abbau offener imperialer Herrschaft außerordentlich. Diese Entwicklung wurde bestärkt durch die Politik der Vereinigten Staaten, die sich nunmehr ganz und gar als eine antikolonialistische Macht fühlten und nicht bereit waren, die nach ihrer Ansicht obsoleten Kolonialimperien Frankreichs und Großbritanniens insbesondere im Fernen Osten noch weiterhin zu stützen. Es ist kein Zufall, daß der letzte Ausläufer dieser Periode des «verschleierten Imperialismus», der Suez-Krieg von 1956, der die britischen Restpositionen am Suez-Kanal vor Nassers Zugriff behaupten sollte, von den USA gemeinsam mit der UdSSR zum Scheitern gebracht wurde. Freilich wird man fragen müssen, ob dies nicht eher als ein Versuch der konsequenten Ablösung der veralteten Formen direkter Herrschaft durch die moderneren Formen rein wirtschaftlichen und indirekt auch politischen und kulturellen Einflusses bezeichnet werden muß. Der Vietnamkrieg beispielsweise kann als

Folge eines verunglückten Versuchs gedeutet werden, eben einen solchen Austausch der Methoden vorzunehmen.

Der Abbau der traditionellen Formen imperialer Herrschaft, wie er sich seit den zwanziger Jahren vollzog, kann als Projektion der inneren Entwicklung in der westlichen Staatenwelt, die ja durch eine weitgehende Restituierung der «konstitutionellen Demokratie» und des kapitalistischen Systems gekennzeichnet ist, auf ihre äußeren Beziehungen gedeutet werden. In demokratischen Gesellschaften läßt sich für imperialistische Politik, sofern diese sich klar als solche zu erkennen gibt, nur noch schwer eine Massenbasis finden. Nur informelle Herrschaft, die die formalen Regeln des Marktes ausnutzt und zumeist ohne direkten politischen Zwang auskommt, vermag, da das kapitalistische System des internationalen Austauschs als solches sanktioniert erscheint, in den westlichen Industriestaaten noch eine ausreichende politische Absicherung zu finden.

Aber auch die letzgenannten Formen indirekter Vorherrschaft gemäß den Gesetzen des kapitalistischen Marktes sind neuerdings vielerorts unter Beschuß gekommen, und so wird es gerechtfertigt sein, nach 1945 von einer qualitativ neuen historischen Formation zu sprechen, die man wohl am besten als «nachimperialistisch» bezeichnen kann, obwohl wir natürlich an vielen Stellen noch Restpositionen des «verschleierten Imperialismus» finden. Seit den fünfziger Jahren kam es zur konsequenten Liquidierung europäischer Kolonialherrschaft in Übersee, einmal deshalb, weil sich diese in den Ländern der Dritten Welt immer weniger durchsetzen ließ, vor allem aber, weil sie mit dem politischen Selbstverständnis der konstitutionellen Demokratie nicht vereinbar ist. Unter diesem Gesichtspunkt hat man mit einigem Recht von einer Periode der «Dekolonisation» gesprochen[20]. Allerdings wa-

20 Vgl. Rudolf v. Albertinis grundlegende Darstellung: Dekolonisation. Die Diskussion über Verwaltung und Zukunft der Kolonien 1919 bis 1960, Köln 1966. Es ist Albertini zuzustimmen, wenn er den Beginn des Prozesses der Dekolonisation, aus der Perspektive der Kolonialherren gesehen, bereits gegen Ende des Ersten Weltkrieges ansetzt. Doch änderte sich der Charakter der europäischen Kolonialherrschaft, zumindest was die unmittelbar Betroffenen angeht, in der Zwischenkriegszeit noch nicht so grundlegend, daß man schon vor 1945 von Dekolonisation als beherrschenden Phänomen sprechen kann. Die Überzeugung, daß koloniale Herrschaft im Zeitalter der demokratischen Industriegesellschaft nicht mehr stattfinden dürfe, bestimmte die kolonialpolitische Praxis der Großmächte bis zum II. Weltkrieg nur in begrenztem Maße. Der Übergang zu indirekteren, elastischeren Formen imperialer Herrschaft stand noch nicht unter dem Gesichtspunkt der Vorbereitung auf die Unabhängigkeit, sondern war weit

ren die ehemaligen Kolonialherren durchweg bemüht, die politischen und wirtschaftlichen Beziehungen zu den neuentstehenden Nachfolgestaaten nach Möglichkeit aufrechtzuerhalten. Doch ist bemerkenswert, wie rasch diese verbleibenden Bindungen in der gegenwärtigen nachkolonialistischen Welt an Bedeutung verloren haben.

Heute ist der Prozeß der «Dekolonisation», von wenigen Relikten älterer imperialistischer Strukturen abgesehen, im wesentlichen zum Abschluß gekommen. An die Stelle kolonialer Abhängigkeit ist, wenigstens der Idee nach, das Prinzip der Partnerschaft getreten. Aber dies trifft nur eine Seite der Sache. Dem steht gegenüber, daß der wirtschaftliche und technologische Entwicklungsstand der Länder der Dritten Welt immer noch weit hinter jenem der Industrieländer zurückgeblieben ist, und daß die letzteren ihren marktstrategischen und technologischen Vorsprung nach wie vor zu ihren Gunsten ausnutzen können. In diesem Zusammenhang verdient Kwame Nkrumahs These Beachtung, daß der «Neokolonialismus, das letzte Stadium des Imperialismus», der die wirtschaftliche Ausbeutung unterentwickelter Länder unter formeller Beachtung der Regeln des Marktes und unter Einschaltung einheimischer Führungsschichten betreibt, noch viel bösartiger sei als die Formen offener kolonialer Herrschaft, weil unter diesen Bedingungen eine politische Kontrolle der Agenten des Imperialismus wesentlich schwieriger sei[21]. Man wird in der Tat fragen müssen, ob mit der Gewährung formeller Unabhängigkeit an die ehemals kolonialen Länder das imperialistische Schuldkonto des Westens wirklich vollauf beglichen ist. Der Vorwurf, daß die Armen immer ärmer, die Reichen aber immer reicher werden, ist nicht aus der Luft gegriffen. Jedoch sollte man sich darüber im klaren sein, daß dieser Zustand zum wenigsten auf politische Eingriffe gleichviel welcher Art zurückzuführen ist, sondern auf die Bedingungen des Weltmarktes, die den Industrieländern immer noch Vorteile gegenüber den Entwicklungsländern verschaffen. Sowohl die Struktur der aus Ländern des Westens stammenden Investitionen in den Entwicklungsländern wie auch die «terms of trade» behindern die Umwandlungen der Entwick-

mehr beeinflußt von der Erwägung, daß man allein auf solche Weise das bestehende koloniale System in die Zukunft hinüber retten könne. Erst nach dem Zweiten Weltkrieg brach dann der Gedanke, daß es mit der «trusteeship» ein Ende haben und daher die gesamte innere Politik in den Kolonien auf die Vorbereitung der Unabhängigkeit ausgerichtet werden müsse, sich endgültig Bahn.

21 Kwame Nkrumah, Neo-Colonialism. The Last Stage of Imperialism, London 1965, S. XI.

lungsländer in moderne Industriestaaten. Jedoch ist es nicht möglich, für diese Verhältnisse unmittelbar Verantwortliche zu finden. Es ist eine bloße Phrase, von einem fortbestehenden Komplott des «internationalen Finanzkapitals» zu sprechen, das dafür sorge, daß die Entwicklungsländer den Industrieländern nicht ernstlich Konkurrenz bereiten könnten. Die Wirtschaft des Westens ist mittlerweile so stark miteinander verflochten, daß es unmöglich wäre, anzugeben, auf wessen Betreiben hin die wirtschaftlichen Startbedingungen der Entwicklungsländer vergleichsweise ungünstiger sind als jene der großen Industriestaaten. Vielmehr sind es die Strukturen des industriellen Systems selbst, die diese Situation bedingen, und insofern ist es nicht erstaunlich, daß die neomarxistische Imperialismuskritik die Beseitigung des kaptalistischen Systems zur Voraussetzung einer befriedigenden Regelung des Verhältnisses zur Dritten Welt erklärt[22].

An diesem Punkt stoßen wir wieder auf die Frage der innergesellschaftlichen Bedingtheit imperialistischer oder, wie wir hier sagen würden, nachimperialistischer (d.h. durch die voraufgegangenen imperialistischen Formationen geprägter und begründeter) Abhängigkeitsverhältnisse. Das eigentlich große Problem der Gegenwart sowohl in den westlichen Industrieländern wie auch im kommunistischen Lager besteht darin, geeignete effektive, gesamtgesellschaftlich kontrollierbare Steuerungsmechanismen für ein dynamisches, zugleich aber störungsfreies internationales Wirtschaftswachstum zu finden. Die komplexen Strukturen der heutigen Industriegesellschaft lassen eine glatte Lösung dieses Problems nicht ohne weiteres zu, und die Frage des formellen Eigentums an den Produktionsmitteln scheint dabei eine untergeordnete Rolle zu spielen. Weder das westliche System einer kapitalistischen Verkehrswirtschaft mit erheblichen staatsinterventionistischen Elementen, noch die planwirtschaftlichen Systeme der kommunistischen Welt haben bis jetzt wirklich befriedigende Erfolge in dieser Richtung aufzuweisen. Aber nur derartige rationale Steuerungsmechanismen könnten die Disproportionalitäten im Wirtschaftswachstum der Industrieländer einerseits, der Länder der Dritten Welt andererseits wirksam bekämpfen.

Angesichts solcher Umstände erscheint es nicht zweckmäßig, das heutige Verhältnis der Industrieländer zu den Entwicklungsländern mit traditionellen imperialistischen Kategorien beschreiben zu wollen.

22 So z.B. Paul A. Baran, Politische Ökonomie des wirtschaftlichen Wachstums, Neuwied 1966 und Frantz Fanon, Die Verdammten dieser Erde, Frankfurt 1966.

Auf wirtschaftlichem und gesellschaftlichem Gebiet sind wir auf absehbare Zukunft den immanenten Tendenzen des industriellen Wirtschaftssystems unterworfen, im Osten wie im Westen, und ebenso in den Ländern der Dritten Welt. Nirgends ist das Problem einer rationalen Steuerung dieses komplex gewordenen Riesenmechanismus zufriedenstellend gelöst, und es wird nicht besser damit, wenn man seine Fehlerquellen jeweils mit dem Plakat Imperialismus beschildert, ohne sich darüber Rechenschaft zu geben, daß wir es hier mit einer historischen Erbschaft zu tun haben, die man nicht über Nacht in ein Nichts auflösen kann.

Bismarck und der Imperialismus*

Zu Hans-Ulrich Wehlers gleichnamigem Buch[1]

Als im Jahre 1871 nationalistische Heißsporne Otto von Bismarck drängten, französische Kolonien als wohlverdiente Beute zu annektieren, erklärte er: «Ich will auch gar keine Kolonien. Die sind bloß zu Versorgungsposten gut. (...) Diese Koloniegeschichte wäre für uns genau so wie der seidne Zobelpelz in polnischen Adelsfamilien, die keine Hemden haben»[2]. Dann erwarb Bismarck, einer plötzlichen Entscheidung folgend, zwischen 1883 und 1885 den Großteil der deutschen Kolonien: Deutsch Süd-Westafrika, Kamerun, Togo, Deutsch Ost-Afrika – also wesentlich mehr, als die sogenannten «Weltpolitiker», Marschall, Bülow, Kiderlen-Wächter und Bethmann-Hollweg zusammen für Deutschland gewinnen konnten. Doch bereits nach wenigen Jahre sollte Bismarck seine eigene Kolonialpolitik bedauern; das deutsche Reich war gezwungen, sich politisch, finanziell und militärisch in den neugewonnenen Kolonien in einem nicht vorhersehbaren Ausmaß zu engagieren. Folgerichtig wollte Bismarck von einer weiteren kolonialen Expansion nichts wissen; stattdessen konzentrierte er seine sämtlichen diplomatischen Bemühungen auf die Sicherung des Reiches in Europa und erklärte ausdrücklich, es sei «saturiert». Voller Herablassung kritisierte er die schwankende Weltpolitik der Hohenlohe-Ära als ein Ergebnis der Absicht Wilhelm II, seine Gegenwart auf der ganzen Welt spüren zu lassen.

Generationen deutscher Nationalisten beschuldigten den Reichsgründer, dem Deutschen Reich nicht energisch genug das so begehrte Kolonialreich geschaffen zu haben, zu einer Zeit, als es noch genügend «freies Land» auf der Erde gab. Seit dem Anfang des 20. Jahrhunderts haben Historiker nach einer Erklärung für des Kanzlers offensichtlichen Sinneswandel gesucht und sich gefragt, welche Motive wirklich hinter der Politik der kolonialen Expansion der Achtziger Jahre standen. Niemand bezweifelt, daß Bismarcks Afrikakarte, wie er selbst

* Aus dem Englischen übersetzt von Sibylle Hirschfeld.

1 H.-U. Wehler, Bismarck und der Imperialismus, Köln 1969[1].

2 Moritz Busch, Tagebuchblätter, 2 Bde., Leipzig 1899, Bd. II, S. 157.

einmal sagte, in Europa lag – warum dann eine solch riskante und, wie das Ergebnis zeigte, letztenendes teure Expansionspolitik? A.J.P. Taylors These, derzufolge Bismarck die Kolonien erwarb, um die notwendige Grundlage für eine koloniale Entente mit Frankreich zu schaffen und es damit zugleich von seiner «offenen Wunde» in den Vogesen abzulenken, ist gründlich widerlegt worden; die Ansicht, Bismarck habe einen permanenten Interessengegensatz zwischen England und Deutschland schaffen wollen, um der drohenden englandfreundlichen Regierung des Kronprinzen Friedrich Wilhelm vorzubeugen, bleibt unbefriedigend; die Erklärung, Bismarck habe dem Druck der öffentlichen Meinung nach Kolonien nachgegeben, hält einer näheren Prüfung nicht stand. Die marxistischen Theorien, die kapitalistische Kreise und ihre materiellen Interessen für die deutsche Expansion in Übersee verantwortlich machen wollen, sind genauso wenig überzeugend; die zahlreichen Interessengruppen, die angeblich Bismarck als Werkzeug zur Erreichung ihrer eigenen Ziele benutzten, lassen sich einfach nicht nachweisen. Lüderitz war eher Abenteurer als Geschäftsmann und Peters sicher alles andere als ein Cecil Rhodes; die deutsche Ostafrika-Gesellschaft war innerhalb von fünf Jahren bankrott und mußte vom deutschen Reich übernommen werden.

Offensichtlich ist eine befriedigende Erklärung der deutschen Kolonialpolitik der Achtziger Jahre nicht leicht zu finden. Hans-Ulrich Wehler hat es dennoch gewagt, dieses dornenreiche Problem in seiner umfassenden Studie «Bismarck und der Imperialismus» wieder aufzugreifen. Da er den Gegenstand mit einem weitaus gründlicheren theoretischen Rahmen und wesentlich offenerer Definition als seine Vorgänger angeht, kommt er zu neuen Antworten von weitreichender Bedeutung. Einige frühere Ansätze werden von Wehler widerlegt, die meisten jedoch in sein Erklärungsmodell einbezogen – das, wie man mit Gewißheit sagen darf, in jeder Hinsicht sehr kompliziert und vielschichtig ist. Bevor wir fragen, wie dieses aussieht und welches seine Vorzüge sind, muß eine Bemerkung vorausgeschickt werden. Wehlers Arbeit zeichnet sich durch eine beängstigende Materialfülle aus, die, jedenfalls auf den ersten Blick, den Fachmann wie den interessierten Laien zu überwältigen droht. Das Buch ist eine unerschöpfliche Quelle sehr interessanter Informationen aller Art und gleichzeitig ein Führer durch die gesamte neuere historische Literatur, die niemand, der sich mit der europäischen Geschichte des 19. und 20. Jahrhunderts beschäftigt, außer acht lassen sollte. Ohne das Verdienst des Autors zu schmälern, sollte jedoch festgestellt werden, daß gerade diese Materialfülle gravierende Nachteile mit sich bringt. Eine komprimiertere

Darstellung und das Weglassen von Randproblemen, seien sie auch noch so interessant, hätten das Buch verbessert. Die Schlüssigkeit der Argumentation wäre deutlicher geworden und die Thesen überzeugender. Aus der Perspektive seines zentralen Ansatzes ist Wehlers Analyse überladen mit Betrachtungen, z.B. über Konjunkturtheorien, Antisemitismus, die Entwicklung der modernen Geschichtswissenschaft, besonders des Historismus, die seinen Gedankengang eher unterbrechen als stützen. Auch die Fußnoten sind einfach zu überladen, und der Hauptgedanke ist oft unter anderen, auch wichtigen Dingen begraben. Wenn man bestimmte Punkte in den langen Anmerkungsapparaten suchen will, ist man stets in der Gefahr, den Wald vor lauter Bäumen nicht zu sehen. Weil zu viele und verschiedene Publikationen in einem Atemzuge genannt sind, wird der Leser verwirrt und unsicher.

Das sollte jedoch niemanden davon abhalten, sich ernsthaft mit Wehlers Buch zu beschäftigen. Denn es ist nicht sein Materialreichtum, der das Werk zu einer großen Leistung macht, sondern seine neuen Problemstellungen und die von ihm herangezogenen Erklärungsmodelle, die die traditionelle Geschichtsschreibung herausfordern, indem sie von der Politik-Geschichte alten Stils Abschied nehmen und auf ein breites Spektrum soziologischer und sozialpsychologischer Theorien zurückgreifen. Allerdings scheint es, daß der Autor selbst sich oft etwas mühevoll seinen Weg aus den Tiefen der reinen Fakten in die Höhen theoretischer Erklärungen bahnen mußte; zeitweilig stehen Theorie und Interpretation der Tatsachen unkoordiniert nebeneinander.

Im Gegensatz zu seinen vielen Vorgängern versucht Wehler zu zeigen, daß Bismarcks kolonialpolitische Intentionen einer stringenten Leitidee verpflichtet waren. In diesem Zusammenhang greift er die These Robinsons und Gallaghers auf, daß es nur einen graduellen, aber keinen prinzipiellen Unterschied zwischen dem indirekten Imperialismus der Freihandels-Ära, der sich im großen und ganzen auf die Methoden ökonomischer Durchdringung mit nur geringem staatlichen Engagement beschränkte, und dem offenen und direkten Imperialismus des späten 19. und frühen 20. Jahrhunderts gegeben habe. (Es sollte jedoch festgehalten werden, daß Robinson und Gallagher inzwischen diese These, die in einigen neueren Studien starker Kritik unterworfen wurde, selbst wieder eingeschränkt haben). Wehler zählt Bismarck zu den Imperialisten älterer Spielart, die den Formen der informellen und möglichst indirekten Herrschaft den Vorzug gaben, die Ausweitung des deutschen Exports und die Aktivitäten deutscher

Staatsbürger in den Kolonialgebieten im gleichen Maße förderten wie die klassischen Imperialisten, es jedoch andererseits vorzogen, dem Handel die Initiative zu überlassen und das politische, militärische und finanzielle Engagement des Staates so gering wie möglich zu halten. Nur gelegentlich, und dann widerwillig, erwog Bismarck die Notwendigkeit staatlicher Initiativen zum Erwerb kolonialen Territoriums, besonders in den Jahren 1883/85; späterhin zog er sich fast völlig auf seine frühere Position zurück.

Wehler sucht die Ursachen für diesen Wandel in den Methoden (wenn auch nicht in den grundsätzlichen gesellschaftspolitischen Zielsetzungen) von Bismarcks «imperialistischer» Politik auf ökonomischer und gesellschaftspolitischer Ebene. Unter souveräner Handhabung des reichhaltigen methodischen Angebots der modernen Konjunkturtheorie vertritt Wehler die These, daß Bismarcks koloniale Erwerbungen der achtziger Jahre als Ergebnis der großen ökonomischen Wachstumskrise seit 1873 und besonders der erneuten Rezession der Jahre von 1883/86 zu verstehen sind. Wehler zufolge entwikkelte sich in dieser Periode ein «ideologischer Konsens» (warum eigentlich «ideologisch»?) über die Notwendigkeit, Überseemärkte zu erwerben und zu erschließen. Dementsprechend sei man sich in dieser Zeit darüber einig gewesen, daß es keine andere Möglichkeit gäbe, dem Problem der «Überproduktion» zu begegnen; anderenfalls bestehe die Gefahr sozialrevolutionärer Entwicklungen. Der «ideologische Konsens» spielt eine Schlüsselrolle in Wehlers Interpretation. Er ist gewissermaßen das Bindeglied zwischen der ökonomischen und der eigentlich politischen Sphäre. Die Bedeutung der emotionalen Einstellung des Volkes, erworben in einer Phase ökonomischer Depression, gewinnt bei Wehler gegenüber der ökonomisch Entwicklung als solcher eine Art Übergewicht; an diesem Punkt erweist sich seine Imperialismustheorie als eine eher sozialpsychologische denn eine ökonomische, trotz des enormen Aufwandes an wirtschaftlichen Daten. Man darf fragen, wozu letztere wirklich dienen, wenn es letztenendes nur auf die subjektive Bewußtseinslage der Bevölkerung ankommt. Es ist jedoch von enormer Wichtigkeit, daß dieses Konzept eines «ideologischen Konsens», als Bindeglied zwischen Wirtschaft und Politik, ziemlich vage gehalten ist. Es ist, meiner Meinung nach, der schwächste Punkt in Wehlers konzeptionellem Modell. Es sollte festgehalten werden, daß dieser Konsens über die Notwendigkeit einer imperialistischen Politik kaum so universell verbreitet war, wie Wehler behauptet. Wichtiger noch ist, daß sich der «ideologische Konsens» bei genauer Betrachtung als eine ziemlich allgemeine, wenn nicht sogar inhaltsleere Formel erweist. Sie umfaßt die unterschiedensten Konzeptionen und Ansichten darüber, welche Wege ökonomischer Expansion einzuschlagen seien. Zumindest gab es keinesfalls eine einheitliche Meinung hinsichtlich der Frage, ob der Staat als solcher eine aktive Kolonialpolitik betreiben oder die Initiative der Wirtschaft überlassen sollte. Wichtige Gruppen der deutschen Gesellschaft einschließlich von Teilen ihrer Eliten standen noch Mitte der Achtziger Jahre einer Politik des systematischen Erwerbs von Kolonien ablehnend gegenüber. So läßt sich durchaus bezweifeln, ob sich dieses Konzept zur Erklärung von Bismarcks Kolonialpolitik wirklich als so tragfähig erweist, wie er behauptet. Tatsächlich versucht Wehler selbst nicht, Bismarcks Politik des überseeischen Kolonialerwerbs als direkte Konsequenz des Druckes maßgeblicher Gruppen der Gesellschaft zu erklären. Der von ihm behauptete Zusammenhang ist wesentlich direkter. Seiner Meinung nach gehört der Beginn der Kolonialpolitik in den Kontext von Bismarcks politischer Hinwendung zum Protektionismus in den Jahren seit 1879. Sie sei hauptsächlich eine Form antizyklischer Wirtschaftspolitik gewesen. Bismarck habe, wenn auch nur im begrenzten Rahmen gehofft, durch den Erwerb von Kolonien die Entwicklung der deutschen Wirtschaft zu fördern und sie zu weiterer Expansion zu veranlassen. Mit Wehlers Worten: «Was man herkömmlicherweise Bismarcks ‹Kolonialpolitik› genannt hat, umfaßt ... nur einen Ausschnitt aus diesen zielstrebigen konjunkturpolitischen Bemühungen, der deutschen Industrie gesicherte Absatzmärkte zu verschaffen»[3].

Allerdings bestehen an dieser These beträchtliche Zweifel. Die deutschen Kolonien waren nie mehr als ein ephemerer Faktor im deutschen Außenhandel; der Sache nach stellten sie, gesamtwirtschaftlich betrachtet, sogar eine Verlustquelle dar. Zugegebenermaßen waren Zeitgenossen gerade in diesen Fragen keineswegs übereinstimmender Meinung. Aber Bismarck glaubte selbst nicht, daß die Kolonien in absehbarer Zeit große Profite abwerfen würden; keinesfalls hätten sie der krisengeschüttelte Wirtschaft unmittelbar Erleichterung bringen können. Demgemäß ist es kein Zufall, daß Wehler nicht konsequent an dieser These festhält. Er räumt vielmehr ein, daß es nicht nachzuweisen sei, daß Bismarck solche Absichten in direktem Zusammenhang mit den politisch-diplomatischen Entscheidungen des Spätherbst 1883 und des Frühjahr 1884 gehegt habe. Auch seine konkrete Beschreibung der Überseepolitik Bismarcks folgt nicht immer dem von

3 Wehler, Bismarck und der Imperialismus, S. 186.

ihm vorgegebenen Erklärungsmodell. Wehler beschreibt Bismarck zutreffend als einen «pragmatischen Expansionisten», der die Schutzgebiete sozusagen nur als «Versuchsstationen für deutsche überseeische Unternehmungen» errichtete, in der Absicht, dann zunächst einmal deren weitere Entwicklung abzuwarten.

Auch angesichts der Ergebnisse Wehlers läßt sich durchaus die These aufrecht erhalten, daß Bismarck zu dieser Politik erst durch die Habgier anderer Mächte veranlasst worden ist. Der direkte Anstoß für Bismarcks Vorgehen waren die unerwartet weitreichenden und ungewöhnlich scharf formulierten Ansprüche Englands auf das zukünftige Deutsch-Südwest-Afrika. Ein gewisser Einschlag außenpolitischer Motive scheint also durchaus vorhanden gewesen zu sein. Dennoch weist Wehler mit äußerster Entschiedenheit die Ansicht zurück, daß bei Bismarcks Entscheidung zugunsten einer Politik direkter kolonialer Erwerbungen in Übersee außenpolitische Überlegungen irgendeine entscheidende Rolle gespielt hätten. Im Gegenteil, er versucht wiederholt zu zeigen, daß Bismarcks Imperialismus durchgehend «unter dem Primat der Innenpolitik» gestanden habe. Bismarck nutzte seine Kolonialpolitik sowohl für wahltaktische Manöver, besonders als Trumpfkarte gegenüber dem demokratischen Liberalismus, wie auch, um die Opposition gegen eine politische Wiederannäherung an England (und gleichzeitig gegen eine mögliche liberale Ära unter Kronprinz Friedrich Wilhelm) zu schüren. Darüberhinaus müsse Bismarcks Kolonialpolitik in letzter Konsequenz als «manipulierter Sozialimperialismus» verstanden werden, der darauf abzielte, die bestehende konservative und autoritäre Gesellschaftsordnung, nicht zuletzt aber Bismarcks eigene «bonapartistische Diktatur», aufrechtzuerhalten. Mit anderen Worten: sie sollte die Spannungen innerhalb der politischen und sozialen Strukturen des deutschen Reiches nach außen hin ableiten.

Man wird dieser Deutung der Vorgänge in ihrer Tendenz zustimmen können. Auch den Zeitgenossen war es niemals zweifelhaft, daß Bismarcks Kolonialpolitik zum großen Teil ein innenpolitisches Manöver war. Gleichwohl schießt Wehlers Interpretation um einiges über das Ziel hinaus, wenn er die Kolonialpolitik Bismarcks im wesentlichen als ein Mittel zur Erhaltung seiner «bonapartistischen Diktatur» deutet. Hier wird der Stellenwert des Imperialismus im Rahmen der Gesamtpolitik Bismarcks reichlich hoch angesetzt. Wenn der «manipulierte Sozialimperialismus» wirklich eine so wirkungsvolle Waffe im Kampf für die Erhaltung einer traditionalistischen Sozialstruktur darstellte, warum, so fragt man sich, betrieb Bismarck die Sache dann mit so geringer Energie und im Grunde mit halbem Herzen? Warum griff er nicht entschlossener nach «kolonialen Territorien» in Übersee, und warum ließ er schon so bald wieder die Finger davon? An äußeren Gründen kann es nicht eigentlich gelegen haben. Entsprechende Machtmittel standen dem Reiche durchaus zur Verfügung, und die diplomatische Situation war in den späten 80er Jahren für koloniale Erwerbungen so günstig wie nie zuvor und niemals wieder. In diesem Punkte erweist sich die Deutung Wehlers als ungleichgewichtig und ungenügend proportioniert.

Darüberhinaus fällt Wehlers vielschichtiges Erklärungsmodell am Ende wieder in einzelne Bestandteile auseinander. Denn statt der einheitlichen Theorie des Imperialismus, die wir eingangs versprochen erhielten, finden wir hier eine Addition der verschiedensten Erklärungsmodelle, bei der eine höhere Summe herauskommt, als sich mit der Wirklichkeit verträgt. Jedes dieser Erklärungsmodelle ist für sich genommen zu gewichtig, als daß es neben den anderen in vollem Maße bestehen könnte. Zusammengehalten werden diese Erklärungen eigentlich nur dadurch, daß sie alle in der Person Bismarcks ihren gemeinsamen Schnittpunkt haben.

Man kann sich demgemäß nach Belieben die Deutung heraussuchen, die jeweils am meisten behagt. Wenn man die Frage beantworten soll, wie denn Bismarcks Kolonialpolitik letzten Endes wirklich zu beschreiben sei, so fühlt man sich ein wenig überfordert. Handelte es sich um eine Form antizyklischer Konjunkturpolitik, um eine Politik stetiger Förderung der wirtschaftlichen Expansion Deutschlands, um eine Politik der Stimmungsmache und der skrupellosen Wahlmanöver, sowie der Ableitung innerer Spannungen an die Peripherie? War diese Politik pragmatischer Expansionismus oder «manipulierter Sozialimperialismus»? Uns will es scheinen, daß hier, wie auch sonst in diesem Buche, gewissermaßen ein ‹embarras de richesse› vorliegt, ein Übermaß von nicht mit letzter Klarheit miteinander kombinierten Erklärungsmodellen, die eher zur Verwirrung denn zu klarerem Verständnis führen.

Noch ein weiteres sollte erwähnt werden. Wehler ist durchgängig bemüht, die gesellschaftlichen Faktoren aufzudecken, die Bismarcks imperialistischer Politik zu Grunde lagen. Ungewollt aber schreibt er Bismarck dennoch die Rolle eines allgegenwärtigen «Manipulators» zu der stets wußte, was er tat. Sollte Bismarck nicht zumindest streckenweise ein Gefangener der von ihm und den Zeitgenossen propagierten nationalen und imperialistischen Ideale gewesen sein? Im Widerspruch zu seiner eigenen Ausgangsposition neigt Wehler dazu, das

Problem des Bismarckschen Imperialismus als Frage der Herrschaftstechnik des Reichsgründers zu behandeln. Ich jedenfalls vermag den Gedanken nicht ganz akzeptieren, daß das Deutsche Reich sein Kolonialreich ausschließlich oder auch nur überwiegend Bismarck verdankt – übrigens ein zweifelhaftes Geschenk, wie bescheiden es auch immer, gemessen an den Standards des 19. Jahrhunderts, gewesen sein mag. Wie dem auch sei, die Untersuchung Hans-Ulrich Wehlers hat eine Fülle neuartiger Probleme aufgerissen und neue Methoden der Erklärung historischer Phänomene angewandt, die in der deutschen Historiographie künftig eine wichtige Rolle spielen werden. Sein Buch ist eine Herausforderung an die weithin noch mit traditionalistischen Methoden arbeitende deutsche Geschichtsschreibung.

Europäischer Finanzimperialismus vor 1914

Ein Beitrag zu einer pluralistischen Theorie des Imperialismus

In der gegenwärtigen Diskussion über den Imperialismus spielen vor allem zwei Argumente eine wesentliche Rolle; zum einen die These, daß es seit den Anfängen des modernen Imperialismus im früheren 19. Jh. bis in unsere Gegenwart hinein eine Kontinuität imperialistischer Expansion bzw. imperialistischer Herrschaft gebe, sei es in den Formen offener Kolonialherrschaft, sei es in den elastischeren Formen eines «informellen Imperialismus», der sich wechselnder Methoden bediene, um die Abhängigkeit der überseeischen Regionen der Erde von den europäischen Industriestaaten zu begründen, bzw. zu erhalten. Namentlich von Seiten des Marxismus-Leninismus und ebenso auch des westlichen Neomarxismus wird durchweg die Ansicht vertreten, daß auch heute noch, nach dem Ende des formellen Kolonialismus, die in der Epoche des Hochimperialismus begründeten Abhängigkeitsverhältnisse fortbestehen, wenngleich in der vergleichsweise weniger augenfälligen Form «abhängiger Reproduktion aufgrund struktureller Gewalt»[1]. Gelegentlich stößt man gar auf die These, daß die Errichtung formeller Kolonialherrschaft nicht nur nicht die einzige, sondern sogar keineswegs die effektivste Form der Begründung imperialistischer Abhängigkeitsverhältnisse gewesen sei. Demgemäß kommt heute den verschiedenen Formen eines «informellen Imperialismus», die sich indirekter, zumeist ökonomischer Strategien bedienten, um periphere Regionen des Erdballs den Interessen der industriellen Metropolen in Europa bzw. der USA zu unterwerfen, besondere Bedeutung zu; sie werden nicht ohne Grund heute vielfach als wichtiger angesehen als die mehr oder minder direkten Herrschaftsmethoden des «formellen Imperialismus».

Der Begriff des «informellen Imperialismus», der erstmals 1953 von Robinson und Gallagher, übrigens in Anlehnung an zeitgenössische linksliberale Kritiker des Imperialismus vor 1914, in die wissen-

1 Vgl. D. Senghaas, Hg., Imperialismus und strukturelle Gewalt. Analysen über abhängige Reproduktion. Frankfurt 1973², S. 20.

schaftliche Diskussion eingeführt worden ist[2], ist heute allgemein akzeptiert, auch wenn es an kritischen Einwänden dagegen nicht gefehlt hat[3]. Die Ablösung des Begriffs Imperialismus von territorialer Kontrolle und seine Ausweitung auf ein breites Spektrum von Formen der Abhängigkeit unterentwickelter Regionen von den Industriestaaten des Westens ist prinzipiell ein Fortschritt. Fraglos waren die älteren, primär politischen Imperialismuskonzeptionen viel zu eng gefaßt, um

2 R. Robinson und J. Gallagher, The Imperialism of Free Trade, in: Economic History Review, Bd. 6, 1953; vgl. den Artikel in Contemporary Review, Bd. 76, 1899 «The Imperialism of British Trade», S. 145: «Our Imperial Interests actually pervade the whole world. The whole world, therefore, . . . forms the true basis of our Empire. We are no longer a small and isolated industrial nation which exports and imports, and with its commodities commands and buys the produce of other nations; we are fast becoming an imperial nation, which by its capital and investments commands the productive forces themselves of other nations. We develop or help to develop them; we draw them into our orbit, and bind up their interests inseparably with our own. It is thus that the British Empire takes form and substance.»

3 Siehe D. C. M. Platt, The Imperialism of Free Trade: Some Reservations, in: Economic History Review, 2nd series, Bd. 21, 1968; ders., Further Objections to an «Imperialism of Free Trade», 1830–1860, ebd. Bd 23, 1970; B. A. Knox, Reconsidering Mid-Victorian Imperialism, in: Journal of Imperial and Commonwealth History, Jg. 1, 1972/73, S. 155 ff. Ähnlich auch Winfried Baumgart, Der Imperialismus. Idee und Wirklichkeit der englischen und französischen Kolonialexpansion 1880–1914, Wiesbaden 1975, S. 3 ff. Baumgart lehnt den Begriff des «informellen Imperialismus» ausdrücklich ab, weil ihm die notwendige Präzision fehle; doch scheint die Tatsache, daß diese den gegenwärtigen Theorien des Neokolonialismus Vorschub zu leisten geeignet ist, für diese seine Einstellung wichtiger zu sein als die Probleme der Handhabung desselben. Baumgart übersieht dabei, daß die politische Intervention der Kolonialmächte in vielen Fällen erst die Folge informeller Penetration gewesen ist und häufig, wie die von ihm zustimmend zitierten Autoren Gallagher und Robinson gezeigt haben, eher wider Willen erfolgt ist. Die Rückkehr zu einer rein politisch-strategischen Interpretation des Hochimperialismus, wie sie Baumgart statt dessen empfiehlt, muß als ausgesprochener Rückschritt hinter den heute erreichten Forschungsstand gelten. Wie wenig tauglich der bloße Rückgriff auf traditionelle Erklärungsmuster des modernen Imperialismus ist, verrät Baumgart selbst, wenn er statt dessen auf den noch ungleich umpräziseren, nun wirklich «schwammigen» Begriff der «Vorformen» des Imperialismus zurückzugreifen sich gezwungen sieht. In diesem Zusammenhang kann nur mit Verwunderung vermerkt werden, daß ausgerechnet David S. Landes, der zu den nachdrücklichsten Kritikern einer ökonomischen Imperialismustheorie marxistischer Observanz gehört, in die Nähe marxistischer Positionen gerückt wird, ein Indiz für die Schwäche dieser eigentlich eher rückwärtsgewandten Imperialismusinterpretation, die sich nur durch Kritik an den neueren Ansätzen zu profilieren weiß, nicht durch ein eigenes Interpretationsmuster.

der Vielfalt der Phänomene gerecht zu werden und die ökonomischen und gesellschaftlichen Antriebe voll zu erfassen, die den imperialistischen Expansionsprozessen ihre spezifische Dynamik verliehen haben. Die westliche Forschung hat in dieser Hinsicht nunmehr gegenüber der marxistisch-leninistischen Imperialismustheorie nachgezogen, die Imperialismus immer schon mit einer bestimmten Phase der Expansion des industriellen Systems über den Erdball gleichgesetzt hat, gleichviel ob diese sich in der Form formeller Kolonialherrschaft vollzog oder sich indirekter Methoden bediente, die den jeweiligen Territorien zwar formell ihre politische Selbständigkeit beließen, sie aber faktisch zu «Halbkolonien» degradierten. Auch in der westlichen Forschung spricht man heute von diversen Formen imperialistischer Abhängigkeit kraft technologischer, militärischer, geistiger und kultureller Überlegenheit, von dem Phänomen der Abhängigkeit kraft eines ungleich höheren ökonomischen Potentials ganz zu schweigen[4].

Allerdings wirft der Gegriff des «informellen Imperialismus» Probleme auf, die nur deshalb bis jetzt noch nicht deutlich hervorgetreten sind, weil dieser bislang noch nirgends mit äußerster Rigidität angewandt worden ist. Es läßt sich nämlich nicht übersehen, daß dieser Begriff häufig so weit gefaßt wird, daß seine Konturen gänzlich zu verschwimmen drohen. Spezifisch imperialistische Phänomene werden vielfach von ökonomischen Transaktionen zwischen Staaten verschiedenen ökonomischen Potentials oder verschiedener Rangstellung innerhalb des internationalen Systems kaum noch unterschieden. Ist tatsächlich jede exportorientierte Wirtschaft *eo ipso* imperialistisch? Ist es wirklich sinnvoll, beispielsweise die Bemühungen der deutschen Wirtschaft, durch Gründung von Filialen und Tochterfirmen in den westeuropäischen Märkten Fuß zu fassen, als «informellen Imperia-

4 Vgl. beispielsweise Hans-Ulrich Wehlers Definition: «Unter Imperialismus wird ... diejenige direkte-formelle und indirekte-informelle Herrschaft verstanden, welche die okzidentalen Industriestaaten unter dem Druck der Industrialisierung mit ihren spezifischen ökonomischen, sozialen und politischen Problemen und dank ihrer vielseitigen Überlegenheit über die weniger entwickelten Regionen der Erde ausgebreitet haben». (Bismarck und der Imperialismus, Köln 1971[2], S. 23). J. Galtung unterscheidet ausdrücklich fünf Grundformen von Imperialismus: ökonomischen Imperialismus, politischen Imperialismus, militärischen Imperialismus, Kommunikationsimperialismus und kulturellen Imperialismus. (Eine strukturelle Typologie des Imperialismus, in: Senghaas, Imperialismus, S. 57ff.) Ähnlich auch trotz höchst unterschiedlichem Standpunkt: D.S. Landes, Some Thought on the Nature of Economic Imperialism, in: Journal of Economic History, Bd. 21, 1961.

lismus» zu bezeichnen[5]? Sobald man die Expansion industrieller Unternehmungen über nationale Grenzen hinweg als normale Operationen innerhalb kapitalistischer Systeme betrachtet, wird eine solche Argumentation widersinnig, es sei denn, es würden bestimmte Kriterien angegeben, die den fraglichen Prozeß als imperialistisch erscheinen lassen. Im vorliegenden Fall wäre es immerhin möglich, sich auf bestimmte strukturelle Faktoren zu berufen; beispielsweise die, verglichen mit ihren französischen Konkurrenten, höhere Konzentration der deutschen Unternehmen bzw. deren günstigere Ausgangslage, verfügten diese doch über eine monopolistische Marktposition im deutschen Binnenmarkt, die ihnen eine Politik des dumping in anderen Märkten ermöglichte. Mit einer solchen Interpretation würde man sich heute gängigen Auffassungen nähern, die die Großbetriebsstrukturen der *multinational corporations* als solche für Imperialismus verantwortlich machen.

Allein, wir möchten hier für eine restriktivere Verwendung des Begriffs des «informellen Imperialismus» plädieren, gerade auch im Hinblick auf die finanzimperialistischen Prozesse, die dem Hochimperialismus ein gut Teil seiner spezifischen Dynamik verliehen haben. Denn keineswegs nur die großen Monopole und Großbanken waren Träger finanzimperialistischer Operationen, sondern gerade auch kleine Privatbanken und zahllose namenlose kleine Anleger. Das gleiche gilt für die vielfältigen Formen des «Freihandelsimperialismus» oder die zahlreichen Varianten von monopolistischen Handelsbeziehungen mit Ländern der unterentwickelten Welt. Von «informellem Imperialismus» wirtschaftlicher Art sollte man vielmehr nur dann sprechen, wenn erstens ein erhebliches Ungleichgewicht des ökonomischen Potentials zwischen Metropole und Peripherie bestand und zweitens politische Randbedingungen vorhanden waren, die die Nutzung ökonomischer Chancen in dem betreffenden Land zu ungleich günstigeren Konditionen ermöglichten, als sie auf dem freien Welt-

5 So Gilbert Ziebura in seinem höchst beachtenswerten Aufsatz «Sozialökonomische Grundfragen des deutschen Imperialismus vor 1914», in: Hans-Ulrich Wehler, Hg., Sozialgeschichte Heute. Festschrift für Hans Rosenberg, Göttingen 1974, S. 506ff., ungeachtet eigener Einschränkungen ebd. S. 499. Man möge bedenken, daß bei einer rigorosen Anwendung dieses Begriffs äußerst schwierige Abgrenzungsprobleme entstehen. Es wird im Grenzfall unmöglich, normale Handelsbeziehungen zwischen Staaten unterschiedlichen wirtschaftlichen Potentials von imperialistischen Beziehungen im eigentlichen Sinne zu unterscheiden. Dann aber würde der Begriff seine Operationalität einbüßen.

markt bei formal gleichen Chancen vorhanden gewesen wären. Erst günstige politische Randbedingungen, insbesondere die privilegierte Rechtsposition der europäischen Händler und Agenten in den unentwickelten Regionen, ermöglichten die wirtschaftliche und kulturelle Penetration kolonialer Gebiete, die dem Prozeß imperialistischer Landnahme meist vorausgelaufen ist.

Namentlich seitens der jüngeren englischen Forschung ist darüber hinaus auf die eigenständige Bedeutung der Prozesse an der Peripherie hingewiesen worden. Jede Theorie des Imperialismus, die die imperialistischen Expansionsprozesse ausschließlich aus den Veränderungen innerhalb der gesellschaftlichen Systeme der westlichen Industriestaaten abzuleiten suche, sei, wie Robinson jüngst geurteilt hat, «einäugig» und europazentrisch[6]. Vielmehr hätten die «indigenen» Kollaborationsregime und die gegen diese gerichteten politischen Protestbewegungen an der Peripherie eine eigenständige Rolle innerhalb dieser imperialistischen Prozesse gespielt; insbesondere Zeitpunkt, Art und Umfang der Errichtung formeller imperialistischer Herrschaft seitens der europäischen Mächte seien davon durchgängig abhängig gewesen[7]. Dies gilt insbesondere für jene Fälle europäischen Finanzimperialismus, die uns hier besonders beschäftigen sollen; sie alle tasteten die formelle politische Souveränität der betreffenden Territorien zunächst nicht an. Vielmehr wurde die «informelle» Penetration durch europäisches Kapital, die sich dann in verschieden großem Umfang zu förmlicher Abhängigkeit verdichtete oder gar in offene imperialistische Herrschaft umschlug, erst durch die Kollaboration der «indigenen» Regierungen ermöglicht, ja geradezu initiiert[8].

In einem Nachtrag zum III. Band des «Kapitals» hat Friedrich Engels erstmals auf das Phänomen des Finanzimperialismus hingewiesen und die Ansicht vertreten, daß die imperialistische Expansion der europäischen Industriestaaten, insbesondere aber die Aufteilung Afrikas unter die Großmächte, in erster Linie im Interesse des Finanzkapitals erfolgt sei: «Dann die Kolonisation. Diese ist heute rein Sukkurs-

6 R. Robinson, Non-European Foundations of European Imperialism, in: R. Owen und B. Sutcliffe, Studies in the Theory of Imperialism, London 1972, S. 118f.

7 Neben Robinson hat besonders D.K. Fieldhouse, Economics and Empire 1830–1914, London 1973, mit Recht nachdrücklich auf die Rolle peripherer Faktoren und indigener Kollaborationsregime hingewiesen.

8 Vgl. A. Schölch, Wirtschaftliche Durchdringung und politische Kontrolle durch die europäischen Mächte im Osmanischen Reich (Konstantinopel, Kairo, Tunis), in: Geschichte und Gesellschaft, Jg. 1, 1975, S. 443.

ale der Börse, in deren Interesse die europäischen Mächte vor ein paar Jahren Afrika geteilt, die Franzosen Tunis und Tonkin erobert haben. Afrika direkt an Kompagnien verpachtet (Niger, Süd-Afrika, Deutsch-Südwest- und Ost-Afrika) und Maschuanaland und Natalland für die Börse von Rhodes in Besitz genommen.»[9].

In Verfolgung eines derartigen Interpretationsschemas sind dann sowohl im bürgerlichen wie im marxistischen Lager diverse Theorien des Imperialismus entwickelt worden, die – wenngleich in erheblichen Varianten – das «Finanzkapital», d. h. die in den Großbanken geballte finanzielle Kraft des zur Reife gediehenen Kapitalismus, als die Antriebskraft des modernen Imperialismus angesehen haben. Die These, daß das Finanzkapital der eigentliche Träger der imperialistischen Expansionsprozesse sei, ist so alt wie alle ernsthafte Erforschung der Wurzeln des Imperialismus. Es ist nicht notwendig, hier näher auf John Atkinson Hobsons «Imperialism. A Study» vom Jahre 1902, oder auf Rudolf Hilferdings eindrucksvolles Werk «Das Finanzkapital» näher einzugehen, von Lenins berühmter Abhandlung über den «Imperialismus als das höchste Stadium des Kapitalismus» ganz zu schweigen[10]. Stattdessen sei hier F. W. Hirst zitiert, der 1900 die internationale Hochfinanz für die britische Burenpolitik verantwortlich machte: «How is a democracy to know or even to suspect that its ministers are a row of puppets, and that a board of international financiers sitting in Paris or Berlin or London pulls the wires, especially if the same board controls a great part of the press?»[11]

Gleichwohl ist die Frage, ob die Hochfinanz wirklich der Hauptschuldige an den imperialistischen Prozessen der Epoche des Hochkapitalismus gewesen ist, bis heute durchaus offen, und verständlicherweise heftig umstritten. Schon die Zeitgenossen waren in dieser Hinsicht keineswegs so einheitlicher Meinung, wie man im Nachhinein vielfach anzunehmen geneigt ist. Sehr häufig wurde der Hochfinanz umgekehrt vorgeworfen, daß sie die nationalen Interessen ihres jeweiligen Landes gröblich mißachte und internationale Finanzgeschäfte betreibe, die den Interessen der eigenen Nation ganz und gar abträglich seien. Emile Berquié beispielsweise beklagte 1912: «Le pacifisme financier apparaît comme une conception particulièrement dangereu-

9 MEW Bd. 25, S. 919.

10 Vgl. dazu W. J. Mommsen, Nationale und ökonomische Faktoren im britischen Imperialismus vor 1914, in diesem Band S. 25–29.

11 J. L. Hammond und F. W. Hirst, Liberalism and the Empire, London 1900, S. 59.

se, si l'on envisage les conséquences qu'il implique, et les tentatives qu'il peut masquer[12].»

Heute, nachdem durch die Einführung des Begriffs des «informellen Imperialismus» der Kreis der Phänomene, die wir als imperialistisch bezeichnen, erheblich erweitert worden ist, ist es noch bedeutsamer geworden, die Rolle der Hochfinanz im Rahmen der imperialistischen Prozesse präzis zu bestimmen. War das in den großen Banken organisierte Finanzkapital tatsächlich der Hauptmotor des Imperialismus, oder waren die Bankiers vielmehr eine Sozialgruppe, die primär an einer möglichst kosmopolitischen Weltordnung und der Erhaltung des Friedens interessiert waren? Wie immer dem sei, eine pauschale Verurteilung der internationalen Hochfinanz und ihrer Klientel wäre sicher verfehlt. In dieser Hinsicht sagt David S. Landes, einer der besten Kenner der europäischen Bankgeschichte, mit Recht: «The great international bankers – Hobsons villains – . . . have always understood that prosperous independent states are the best clients[13].» Doch darf man nicht übersehen, daß finanzimperialistische Operationen großen Stils, die in erster Linie von auf internationale Anleihen spezialisierten Banken durchgeführt wurden, in zahlreichen Fällen zur Aushöhlung der politischen Stabilität der betreffenden Länder und schließlich zur Errichtung formeller imperialistischer Herrschaft geführt haben.

Hier soll jedoch nicht die Debatte fortgeführt werden, ob auf der Grundlage der Theorie des «Finanzkapitals» sei es im Sinne der Ansichten Hobsons, denen Lenin weitgehend Folge leistete, oder jenen Hilferdings, eine allgemeine Erklärung des modernen Imperialismus durchführbar ist oder nicht. Vielmehr soll hier von Finanzimperialismus in einem begrenzteren, jedoch präziser faßbaren Sinne die Rede sein, nämlich von finanziellen Transaktionen und der Emittierung von Anleihen für und auf Rechnung von Regierungen in unentwickelten Regionen der Erde, und zwar vornehmlich von solchen Ländern, die sich zunächst ihre politische Souveränität zu erhalten wußten. Massierte Kapitalinvestitionen, sei es in Staatspapieren und Staatsanleihen, sei es in monopolistischen Unternehmungen und Konzessionen öffentlichen oder privaten Charakters, haben in vielen Fällen die Einbruchstellen für formelle europäische Kolonialherrschaft geschaffen. So hat Gallagher mit einigem Recht die britische Okkupation Ägyptens im Jahre 1882, im Gefolge des Zusammenbruchs der *Dual Con-*

12 L'Internationalisation des capitaux, Montpellier 1912, S. 409.
13 Economic Imperialism, S. 505.

trol im Interesse der europäischen Gläubiger, als Wendepunkt der allgemeinen Entwicklung und als Startzeichen für den Beginn des Hochimperialismus bezeichnet[14]. In zahlreichen anderen Fällen wurden durch das Einströmen europäischen Kapitals informelle imperialistische Abhängigkeitsverhältnisse begründet, die sich dann nach Art eines akkumulativen Prozesses zu einem immer dichteren Netz gestalteten und schließlich zu einer weitgehenden Aushöhlung der staatlichen Souveränität des jeweiligen Landes führten, mochten die Großmächte es auch aus Gründen des Mächtegleichgewichts zuweilen für nützlich halten, diesen Schein von Souveränität weiterhin aufrechtzuerhalten.

Den Ansatzpunkt für solche finanzkapitalistischen Geschäfte großen Stils bildete das enorme Kapitalbedürfnis dieser Länder, sei es für Rüstungen und für die luxuriöse Lebenshaltung der schmalen traditionellen Eliten, sei es für Zwecke der Modernisierung. Imperialistischen Charakter gewannen diese Transaktionen zumeist erst dadurch, daß die betreffenden Banken und ihre Agenten über eine außerordentliche starke Verhandlungsposition verfügten, die es ihnen erlaubte, den betroffenen Regierungen oder indigenen Wirtschaftsgruppen äußerst ungünstige Konditionen und extrem hohe Zinsen aufzuerlegen und ihnen darüber hinaus die enormen Risiken, die in aller Regel mit solchen Geschäften verbunden waren, überwiegend, wenn nicht gar ausschließlich aufzubürden. Letzteres war freilich nur möglich, weil die internationalen Banken angesichts des gewaltigen wirtschaftlichen Ungleichgewichts zwischen unentwickelten und entwickelten Ländern ohnehin in der Position des Stärkeren waren; es waren ja in der Regel nicht sie, die den indigenen Regierungen Kredite aufzwangen, sondern umgekehrt die Regierungen, die um diese Kredite nachsuchten. Ferner verfügten die europäischen Bankiers zumeist über eine privilegierte Rechtsposition, sei es, daß sie für sich und ihre Agenten die Rechte der Exterritorialität und einer besonderen Gerichtsbarkeit in Anspruch nehmen konnten, wie in sämtlichen islamischen Staaten und in China, sei es, daß sie auf die informelle oder formelle Unterstützung der Großmächte oder doch ihrer Repräsentanten an der Peripherie zählen konnten. Schließlich war es ein untrügliches Indiz für den imperialistischen Charakter solcher Anleihegeschäfte, daß den Gläubigern und deren Beauftragten in aller Regel bestimmte Steuern, Zölle oder sonstige staatliche Einnahmequellen verpfändet

14 R. Robinson, J. Gallagher, A. Denny, Africa and the Victorians. The climax of imperialism. Garden City, N.Y. 1968, S. 162, 465.

wurden, mit der Möglichkeit, deren Eintreibung und Verwaltung gegebenenfalls in eigene Regie zu nehmen.

Neben diese historisch zunächst wichtigste Form finanzimperialistischer Penetration unentwickelter oder relativ unentwickelter Länder trat dann zunehmend die Form der Kapitalinvestition in monopolistische Unternehmungen aller Art, vornehmlich im Bereich des Eisenbahnbaus und des Bergbaus, gleichviel ob diese von staatlichen oder kommunalen Instanzen direkt betrieben wurden, oder, wie dies zumeist der Fall war, von privaten Gesellschaften auf der Basis von staatlichen Konzessionen meist exklusiven Charakters, verbunden mit speziellen Garantien für den Fall eines eventuellen Fehlschlags. Dieser letzteren Art eines an monopolistische Konzessionen geknüpften «Beutekapitalismus», wie ihn schon Max Weber als charakteristische Begleiterscheinung des modernen Imperialismus bezeichnet hat[15], begegnen wir insbesondere in den formellen Kolonien und Protektoraten ebenso wie in den «Halbkolonien»; allerdings gilt hier, daß die höhere Sicherheit der Unternehmungen, die durch die Existenz einer europäischen Kolonialverwaltung gegeben war, durch vergleichsweise geringere Garantieleistungen seitens der öffentlichen Hand aufgewogen wurde. Demgegenüber spielen Investitionen in landwirtschaftlichen Unternehmungen und vor allem in industriellen Produktionsanlagen gleichviel welcher Art, ohne daß dergleichen Garantien und Sicherheiten gegeben waren, in der Periode des Hochimperialismus zumeist noch eine relativ nachgeordnete Rolle, fraglos zum Nachteil der betreffenden Völker, wurde doch dadurch eine effektive Modernisierung, verbunden mit der allmählichen Heranbildung einer indigenen Schicht von Unternehmern und Managern, die der Konkurrenz der Industrie der Metropolen gewachsen waren, lange aufgehalten.

Eine derart restriktive Verwendung des Begriffs des Finanzimperialismus ist freilich nur innerhalb eines generelleren Bezugsrahmens sinnvoll, der zwischen verschiedenen Typen von ökonomischem Imperialismus unterscheidet, und diese wiederum abgrenzt gegenüber den verschiedenen Typen eines primär politisch motivierten Imperialismus, wie wir sie zumindest in der Periode des Hochimperialismus von 1881 bis 1918[16] nebeneinander am Werke finden. Dies be-

15 Wirtschaft und Gesellschaft, Tübingen 1956[4], Bd. 2, S. 525f. Zu Max Webers Imperialismusbegriff vgl. W.J. Mommsen, The Age of Bureaucracy. Perspectives on the Political Sociology of Max Weber, Oxford 1974, S. 41ff.

16 Zur Periodisierung des modernen Imperialismus vgl. W.J. Mommsen, Der

dingt zunächst, daß der seit Hilferding und Lenin nahezu kanonisch gewordene Begriff des «Finanzkapitals» aus rein methodischen Gründen wieder in seine Bestandteile aufgelöst werden muß. Denn es ist unübersehbar, daß die enge Verflechtung von Industrie- und Finanzkapital, wie sie Hilferding, und in einer etwas anderen Perspektive auch Lenin, als wesentliches Signum des modernen Imperialismus angesehen haben[17], zumindest in der Epoche des Früh- und Hochkapitalismus – also der Periode, in der die Grundlagen für die ökonomischen Penetration nahezu sämtlicher unentwickelter Territorien des Erdballs gelegt wurden und zugleich nahezu der größte Teil der kolonialen Reiche erworben wurde – keineswegs der Regelfall, sondern eher der Ausnahmefall gewesen ist. In Großbritannien und Frankreich, also den eigentlich führenden imperialistischen Nationen, war die Verbindung von Industrie und Großbanken im ganzen eher schwach und nur sektoral ausgebildet; allein bei den Nachkömmlingen des imperialistischen Konkurrenzkampfes um Territorien und ökonomische Einflußsphären in Übersee, nämlich dem Deutschen Reich, Österreich-Ungarn, dem zaristischen Rußland und Italien kann man von einer Herrschaft des Finanzkapitals über den industriellen Sektor sprechen, und auch dort keineswegs in solchem Ausmaß, daß automatisch auf eine durchgängige Parallelität der Interessen von Großbanken und Großindustrie geschlossen werden darf[18]. Damit soll keinesfalls bestritten

moderne Imperialismus als innergesellschaftliches Phänomen. Versuch einer universalgeschichtlichen Einordnung, in diesem Band S. 58ff.

17 Vgl. Rudolf Hilferding, Das Finanzkapital, Neudruck Berlin 1955, S. 507: «Das Finanzkapital in seiner Vollendung bedeutet die höchste Stufe ökonomischer und politischer Machtvollkommenheit in der Hand der Kapitaloligarchie.» Hilferding hatte bei seiner Analyse in erster Linie die monopolistischen Praktiken der Großindustrie im Auge und sah hier und nicht bei den Banken im engeren Sinne den eigentlichen Schwerpunkt kapitalistischer Machtausübung in der Periode des Imperialismus. Lenin hingegen war stärker von Hobson beeinflußt, wie auch seine umfangreichen Notizen zu Hobsons «Imperialism. A Study» zeigen (Lenin, Werke, Bd. 39, S. 406ff.). Er betonte statt dessen die «Entstehung einer Finanzoligarchie» als Folge der «Verschmelzung des Bankkapitals mit dem Industriekapital» (zit. nach W.I. Lenin, Ausgewählte Werke, Berlin 1955, Bd. 1, S. 839f.).

18 Der deutsche Typ der Universalbank, der namentlich in Österreich-Ungarn und Italien Nachfolge gefunden hat, verband zwar die im klassischen Bankgeschäft meist getrennten Funktionen des Depositen- und Anlagengeschäfts und war daher direkt daran interessiert, sich die Großunternehmen, deren Gründung bzw. Aufbau man durch Großkredite ermöglicht bzw. erleichtert hatte, als Dauerkunden zu erhalten. Darüber hinaus betrachteten es die deutschen Großbanken selbst als ihre Hauptaufgabe, den

werden, daß es in vielen Fällen zu einer engen Verflechtung von industriellen und Bankinteressen gekommen ist, die in imperialistischen Operationen sowohl formeller wie – zumeist – informeller Art ihren Niederschlag fanden; wohl aber ist zu bezweifeln, daß damit schon der Schlüssel für die Erklärung der imperialistischen Prozesse gefunden sei.

Als Bezugsrahmen der folgenden Darlegungen sei daher ein Mehrebenenmodell vorgeschlagen, in dem zwischen Finanzimperialismus und merkantilem Imperialismus als wichtigsten Varianten des sog. Freihandelsimperialismus einerseits und verschiedenen Formen des politischen Imperialismus anderseits unterschieden wird, unbeschadet der Frage, ob sich diese Varianten imperialistischer Expansion bzw. imperialistischer Herrschaft in letzter Instanz auf eine einheitliche Theorie des Imperialismus reduzieren lassen oder nicht[19]. Zumindest

Außenhandel zu fördern (vgl. dazu den § 2 des Statuts der Deutschen Bank: «Der Zweck der Gesellschaft ist der Betrieb von Bankgeschäften aller Art, insbesondere Förderung und Erleichterung der Handelsbeziehungen zwischen Deutschland, den übrigen europäischen Ländern und überseeischen Märkten», zit. bei L. Riesser, Die deutschen Großbanken, Jena 1912, S. 318). Demgemäß engagierten sich die deutschen Großbanken mit Vorliebe in ausländischen Töchtern deutscher Großunternehmen, in Elektro- und Kraftwerksanlagen, in Eisenbahnprojekten, in Bergwerken und dergleichen (vgl. Riesser, Großbanken, S. 397). Jedoch übten sie in der Regel keineswegs eine dauernde Kontrolle über diese Unternehmungen aus. Im Gegenteil, sie suchten ihre Beteiligungen sobald als möglich an das allgemeine Bankenpublikum abzustoßen, sobald die betreffenden Gründungen weit genug stabilisiert waren, um für ihre Obligationen bzw. Aktien einen aufnahmebereiten Markt zu finden. Nur in Ausnahmefällen behielten sie die betreffenden Papiere bzw. Obligationen in größerem Umfang in ihrem Portefeuille. Statt bestimmte Industriezweige direkt zu beherrschen bzw. zu dirigieren, waren sie zumeist primär daran interessiert, ihre Kapitalien so schnell wie möglich für neue, erfolgversprechende Anlagen freizubekommen. Ungeachtet ihrer engen Geschäftsbeziehungen gerade mit den Großindustrien der zweiten Welle der industriellen Revolution waren sie primär Geschäftsbanken und als solche keineswegs ohne weiteres bereit, im Interesse einheimischer Kunden ausländische Kapitalinteressen oder Unternehmungen schlechter zu stellen, sondern vielmehr in hohem Grade an der Zusammenarbeit mit ausländischen Banken und der Erschließung der ausländischen Kapitalmärkte interessiert. Nicht selten wurden zum Zweck der Heranziehung ausländischen Kapitals ohnedies Holdinggesellschaften, die oft in der Schweiz domizilierten, zwischengeschaltet. Vgl. auch K. Strasser, Die deutschen Banken im Ausland, München 1925[2].

19 Eine solche einheitliche Theorie läßt sich beim gegenwärtigen Stande der Forschung nicht erstellen, wenn man nicht auf fundamentalistische Argumente zurückgreifen und einen Teil der vielgestaltigen Phänomene außer

auf der Ebene phänotypischer Analyse läßt sich unschwer zeigen, daß diese verschiedenen Typen des Imperialismus keineswegs immer gleichläufig nebeneinander herliefen oder einander ablösten, sondern sich überlagerten und zuweilen sogar miteinander in Konflikt gerieten. Nur ein pluralistisches Modell des Imperialismus vermag, mit anderen Worten, die Vielfalt der Phänomene in einer empirisch befriedigenden Weise zu erfassen; dabei bleibt offen, ob sich in künftigen Schritten dann wieder ein einheitliches Erklärungsmodell wird finden lassen, das alle diese Varianten (einschließlich des so wichtigen «Subimperialismus» der weißen Siedler und Militärs an der Peripherie[20]) einbeschließt und auf einen einheitlichen Nenner bringt.

Freihandelsimperialismus sei hier verstanden als spezifische Form der Penetration unterentwickelter Regionen und Länder durch die westlichen industriellen Wirtschaftssysteme, die sich in erster Linie auf die eigene ökonomische und technologische Überlegenheit stützt und demgemäß auf den Einsatz politischer Machtmittel und die Errichtung formeller Kolonialherrschaft in der Regel verzichten kann[21]. Dabei geht es in erster Linie um die Erschließung überseeischer Territorien für den europäischen Handel, d.h. den Absatz von europäischen Massengütern, und zugleich um den Import von Rohstoffen und Gütern

Acht lassen will. Die herrschenden marxistisch-leninistischen Theorien jedenfalls greifen zu kurz, wenn sie den Imperialismus bündig als Bedingung der Existenz des kapitalistischen Systems deuten. Dieses hat sich vielmehr als äußerst wandlungsfähig erwiesen und vermag ohne Imperialismus zu existieren. Es bedürfte einer Theorie, die die vielfältigen ökonomischen Interessen in ihrer Brechung durch die jeweilig spezifisch gestalteten sozialen Systeme und politischen Herrschaftsformen erfaßt, statt vorgängig einer Gleichgerichtetheit von ökonomischem und politischem System das Wort zu reden.

20 Vgl. insbesondere Fieldhouse, Economics and Empire, S. 79f., der mit Recht auf die außerordentliche Bedeutung des kolonialen Subimperialismus für die imperialistischen Expansionsprozesse aufmerksam gemacht hat.

21 Zum Begriff «Freihandeslimperialismus» vgl. Robinson und Gallagher, The Imperialism of Free Trade, sowie B. Semmel, The Rise of Free Trade Imperialism: classical political economy, the empire of Free Trade and Imperialism, 1750–1850, Cambridge 1970, und für einen besonders signifikanten Teilbereich P. Harnetty, Imperialism and Free Trade, Lancashire and India in the Mid-Nineteenth Century, Manchester 1973, ferner, mit kritischen Einwänden, Oliver McDonagh, The Anti-Imperialism of Free Trade, in: Economic History Review, 2nd series, Band 14, 1962, der sich allerdings wesentlich auf eine Analyse der Haltung Cobdens beschränkt, sowie D.C.M. Platt, Finance, Trade and Politics in British Foreign Policy, 1815–1914, Oxford 1968.

des Primärbereichs in die Industriestaaten; späterhin auch um den Export von Investitionsgütern, z. B. Materialien für den Aufbau eines Transportwesens. Daneben tritt dann seit der Mitte des 19. Jh.s der Kapitalexport. Für den Freihandelsimperialismus, wie er insbesondere die ersten sieben Dekaden des 19. Jh.s bestimmte (in allerdings nur allmählicher Ablösung der älteren merkantilistischen Systeme), ist typisch, daß er von der Politik meist nur die Öffnung der Märkte sowie ein gewisses Maß an Schutz für die jeweiligen konnationalen Handelsposten und Handelsunternehmungen sowohl gegenüber den Eingeborenen wie gegebenenfalls gegenüber dritten Mächten erwartete, zumal er sich in der Regel mit extensiven Formen der wirtschaftlichen Ausbeutung der überseeischen Territorien begnügte. Die Errichtung formeller Kolonialherrschaft, geschweige denn moderner Kolonialverwaltungen, wurde dagegen nicht selten sogar ausdrücklich abgelehnt, allein schon deshalb, weil die dafür notwendigen Steuern und Abgaben zumindest vorerst in erster Linie von den europäischen Siedlern und Kaufleuten selbst hätten aufgebracht werden müssen. Die typische Organisationsform des Freihandelsimperialismus, besonders aber seines zunächst bedeutsamsten Subtyps, des merkantilen Imperialismus, war die Chartered Company, die, ausgestattet mit höchst vage definierten Souveränitätsrechten, an der Peripherie ein System extensiver Herrschaft auf privatkapitalistischer Grundlage errichtete, das zumeist um die – freilich oft mit direkter oder indirekter Gewalt erzwungene – Kooperation der indigenen Regime und Stammessysteme bemüht war. In den Metropolen hingegen waren die Träger des merkantilen Imperialismus in erster Linie bestimmte, auf Überseehandel spezialisierte Handelshäuser mit zuweilen bis weit ins 18. Jh. zurückreichender Tradition. Sie hatten meist keine oder nur geringe Verbindungen zu den auf internationale Finanzgeschäfte spezialisierten Bankhäusern, geschweige denn mit den Großbanken oder der Großindustrie[22]. Der Natur ihrer Geschäfte nach waren sie ebenfalls nicht an einer institutionellen Ausweitung territorialer Herrschaft in Übersee interessiert, sondern nur an der Etablierung von politisch gesicherten Ausgangsbasen für den Binnenhandel, den sie vielfach unter Einschaltung einheimischer «middle men» relativ kostengünstig abwickelten[23].

22 Ein summarischer, aber instruktiver Überblick über die neueren *chartered companies* bei E. Staley, War and the Private Investor. A Study in the Relations of International Politics and International Private Investment, New York 1935, S. 304ff.

23 Eine gute Analyse der Struktur der ökonomischen Interessenten gibt für

Finanzimperialismus im oben beschriebenen Sinne trat zumeist im Gefolge oder gemeinsam mit Handelsimperialismus auf. Er bedurfte freilich in noch höherem Maße der Kooperation von Seiten indigener Kollaborationsregime. In der großen Mehrzahl der Fälle gaben diese Regime selbst den Anstoß für das Einströmen europäischen Kapitals, und sie allein bildeten die Garanten für die Einhaltung der meist überaus profitablen Konditionen, die die beteiligten Bankhäuser auszuhandeln verstanden. David S. Landes hat schon 1959 eindrucksvoll die sinistre Zusammenarbeit einer schmalen Turko-Cirkassischen Herrschaftselite um den Khediven Ismail und einer Gruppe rücksichtsloser und profitgieriger europäischer Bankiers als die eigentliche Ursache der ungeheuren Verschuldung Ägyptens beschrieben, die ursächlich für die britische Okkupation des Landes im Jahre 1882 wurde[24]. Dem Finanzimperialismus ging es in erster Linie um Kapitalinvestitionen unter Bedingungen, die vergleichsweise erheblich günstigere Renditen bzw. Ermittierungsgewinne erwarten ließen, als in den Binnenmärkten der Industriestaaten normalerweise zu erwarten waren. Dabei wurde stillschweigend vorausgesetzt, daß die beträchtlichen Risi-

den französischen Fall G. Ziebura, Interne Faktoren des französischen Hochimperialismus 1871–1914, in: W.J. Mommsen, Hg., Der moderne Imperialismus, Stuttgart 1971, S. 98ff., ferner H. Brunschwig, Mythes et réalités de l'impérialisme colonial français, 1871–1914, Paris 1960. Im englischen Falle liegt es noch klarer zutage, daß die auf kolonialen Handel spezialisierten Firmen mit der City so gut wie keine Beziehungen unterhielten, mit Ausnahme der British East India Company. Vgl. als eine von vielen einschlägigen case studies: A. Redford, Manchester Merchants and Foreign Trade, 2 Bde., Manchester 1934/56. Für das Deutsche Reich fehlt es an einer entsprechenden systematischen Untersuchung, wenn man von G.W. Hallgarten, Imperialismus vor 1914, 2 Bde., München 1951², absieht, der allerdings keinerlei Differenzierungen hinsichtlich der ökonomischen Interessenten auf imperialistischem Felde vornimmt. Für Kamerun neuerdings K. Hausen, Deutsche Kolonialherrschaft in Afrika, Wirtschaftsinteressen und Kolonialverwaltung in Kamerun vor 1914, Zürich 1970, S. 208ff. Die hier vorgenommene Differenzierung zwischen Handels- und Finanzimperilismus wird hingegen verbannt bzw. explizit bestritten von H. Nußbaum, Vom «Kolonialenthusiasmus» zur Kolonialpolitik der Monopole. Zur deutschen Kolonialpolitik unter Bismarck, Caprivi, Hohenlohe, Berlin 1962.

24 D.S. Landes, Bankers and Pashas. International Finance and Economic Imperialism in Egypt, New York 1969², S. 87ff. W.J. Mommsen, Imperialismus in Ägypten. Der Aufstieg der ägyptischen nationalen Bewegung 1805–1956, München 1961, S. 21ff., und aufgrund eines reichen Quellenmaterials unter Berücksichtigung auch der ägyptischen Seite A. Schölch, Ägypten den Ägyptern! Die politische und gesellschaftliche Krise der Jahre 1878–1882 in Ägypten, Zürich 1973, S. 23ff., 51ff.

ken solcher Transaktionen dank günstiger politischer Randbedingungen und gegebenenfalls mit der Unterstützung der Vertreter der Gläubigerländer einseitig den einheimischen Kreditnehmern (und in zweiter Linie dem Heer der kleinen Anteilseigner) würden aufgehalst werden können. Darüber hinaus ging man davon aus, daß im ungünstigsten Falle finanzielle Zusammenbrüche durch direktes Eingreifen der an diesen Regionen aus politischen Gründen interessierten Großmächte abgefangen werden würden. Gleichwohl implizierte diese Spielart von Finanzimperialismus keineswegs zwangsläufig die Etablierung formeller imperialistischer Herrschaft. Im Gegenteil, häufig war man vielmehr gerade an der Erhaltung und äußerlichen Respektierung der Souveränität indigener Regime interessiert, sofern diese nur zu entsprechender Zusammenarbeit bereit waren, wie beispielsweise in den Fällen des Osmanischen Reiches, zahlreicher lateinamerikanischer Staaten und anfänglich auch des Khedivialen Regimes in Ägypten unter Ismail und Taufiq. Nur dort, wo es keinerlei zentralisierte Herrschaftsgebilde indigenen Charakters von einiger Effizienz gab und selbst die notwendigsten rechtlichen und politischen Vorbedingungen für die Penetration europäischen Kapitals fehlten, war die Etablierung formeller Kolonialherrschaft die Voraussetzung für die Vergabe und Ausbeutung monopolistischer Konzessionen, z.B. den Bau von Eisenbahnen, Hafen- und Telegraphenkonzessionen, oder die Nutzung von Erzvorkommen und dergleichen.

Gegenüber diesen Formen eines wirtschaftlichen Imperialismus, die sich allerdings von Fall zu Fall günstige politische Randbedingungen zunutze machten und in Ausnahmefällen auch direkt auf das Eingreifen der Großmächte rekurrierten, muß an der relativen Eigenständigkeit der politischen Imperialismen in ihren verschiedenen Spielarten festgehalten werden, selbst wenn letztere in gesamtgesellschaftlicher Perspektive unter Zuhilfenahme bestimmter Gesellschaftsmodelle wiederum auf ökonomische Faktoren zurückgeführt werden können. Gleichviel ob man den Staat mit Friedrich Engels als «ideellen Gesamtkapitalisten» oder mit Max Weber als autonomes Machtgebilde ansieht, dem gegenüber alle anderen Sphären sozialen Handelns als gesellschaftliche Subsysteme zu gelten haben, das Eigengewicht politischer Faktoren innerhalb imperialistischer Expansionsprozesse, zumal solcher formellen Charakters, läßt sich vernünftigerweise nicht leugnen. Mächtepolitische Motive traditioneller Art treten uns im «official mind» des Imperialismus[25] mit solcher Massivität und solcher

25 Dazu Robinson, Gallagher, Denny, Africa, S. 21ff., und Fieldhouse, Economics and Empire, S. 66ff.

Regelmäßigkeit entgegen, daß man sie nicht einfach als bloße Reflexe gruppenspezifischer Interessenkonstellationen ökonomischer Art abtun kann. Gleiches gilt für die verschiedenen Spielarten des Sozialimperialismus, die zum Zwecke der Machterhaltung traditioneller Führungseliten in sich rasch modernisierenden Gesellschaften eine Politik imperialistischen Territorialerwerbs oder gelegentlich gar nur, wie im Falle der von Fürst Bülow inaugurierten deutschen «Weltpolitik», eine Politik der «imperialistischen Phrase» betrieben[26]. Ebenso wenig läßt sich die imperialistische Gesinnung der aufsteigenden Mittelschichten in den europäischen Industriestaaten ausschließlich auf deren ökonomische Interessen zurückführen; der wirklichen ökonomischen Nutznießer imperialistischer Expansion gab es zu wenige, als daß man deren Interessen mit den Interessen der Mittelschichten bzw. der Bourgeoisie als solcher in ihrer Gesamtheit gleichsetzen könnte. Schließlich läßt sich das seit der Mitte der 80er Jahre gesteigert auftretende Phänomen der Präventivannexionen[27] in der Hoffnung, daß die betreffenden Territorien künftig einmal ökonomisch nutzbringend entwickelt werden könnten, wiewohl deren wirtschaftlicher Wert im gegebenen Augenblick gleich Null oder gar negativ war[28], keinesfalls

26 Vgl. Hans-Ulrich Wehler, Bismarck und der Imperialismus, Köln 1971², S. 454ff., ders., Sozialimperialismus in: ders, Hg., Imperialismus, Köln 1970, S. 83ff., H. Böhme, Thesen zur Beurteilung der gesellschaftlichen, wirtschaftlichen und politischen Ursachen des deutschen Imperialismus, in: Mommsen, Hg., Der moderne Imperialismus, S. 31ff., Volker Berghahn, Zu den Zielen des deutschen Flottenbaus unter Wilhelm II., in: Historische Zeitschrift, Bd. 210, 1970. Für Bülows Imperialismus siehe W. J. Mommsen, Domestic Factors in German Foreign Policy before 1914, in: Central European History, Bd. 6, 1973, S. 18f.

27 Die klassische Begründung für diese Art von Annexionen, wie sie seit Ende der 80er Jahre gängig wurden, stammt von Lord Rosebery, der 1893 erklärte, daß es darauf ankomme, «to peg out claims for posterity», ein Slogan, den Joseph Chamberlain sich umgehend zu eigen machte. Vgl. R. R. James, Rosebery. A Biography, London 1963, S. 153.

28 Schon 1936 hat Grover Clark in einer großangelegten Untersuchung, The Balance Sheets of Imperialism, Facts and Figures on Colonies (Neudruck New York 1967) das krasse Mißverhältnis zwischen staatlichen Ausgaben für die Kolonien und deren tatsächlichem Wert für die jeweilige nationale Volkswirtschaft demonstriert. Zahlreiche Einzeluntersuchungen, die im übrigen dem zeitgenössischen Schlachtruf des «mis au valeur des colonies» Unterstützung geben, haben diese Befunde, wenn man von den bereits entwickelteren Gebieten wie bespielsweise Indien oder weißen Siedlugnskolonien wie den Dominions, Südafrika und Algerien absieht, durchgängig bestätigt. Das heißt natürlich nicht, daß einzelne Wirtschaftsgruppen nicht gleichwohl hohe Gewinne gemacht haben.

auf konkrete ökonomische Interessen primärer Natur zurückführen. Vielmehr haben wir es hier mit einem in der Regel nationalistisch legitimierten Imperialismus zu tun, der auf ökonomischen Erwartungen, nicht auf ökonomischen Realitäten beruhte. Der Sache nach handelte es sich um eine politische Strategie, die sich sowohl in gesellschaftlich repressiver Weise gegen die aufsteigenden Unterschichten einsetzen ließ, als auch als emanzipatorische Waffe des industriellen Bürgertums gegenüber dem politischen Führungsanspruch traditioneller, meist aristokratischer Eliten dienen konnte[29].

Wie die anderen Formen ökonomischen Imperialismus muß auch der Finanzimperialismus prinzipiell als eine eigenständige Form imperialistischer Expansion angesehen werden. Seine Interessen korrespondierten keineswegs durchgängig mit den gleichzeitigen politischen Expansionsbestrebungen der europäischen Staaten, auch wenn er diese in der Praxis vielfach ausgelöst oder beschleunigt hat. Es bedeutet dies natürlich, daß das Finanzkapital zumindest auf phänotypischer Ebene nicht als einzige treibende Kraft des modernen Imperialismus angesehen werden darf. Ganz abgesehen davon, daß die so vielfach behauptete durchgängige Verbindung des Finanzkapitals mit den politischen Machteliten bisher niemals schlüssig hat nachgewiesen werden können, sprechen auch makroökonomische Gesichtspunkte gegen die Annahme einer engen Verflechtung von finanzkapitalistischen Interessen und staatlicher Expansionspolitik. Die Struktur und insbesondere die geographische Verteilung der Auslandsinvestitionen der europäischen Industriestaaten falsifizieren die These von einer direkten Korrelation von Außeninvestitionen und territorialer Expansion[30].

29 Zu diesem Sachverhalt W.J. Mommsen, Der moderne Imperialismus, in diesem Band S. 64.

30 Für die Entwicklung der Auslandsinvestitionen Großbritanniens siehe neben den älteren Arbeiten von C. K. Hobson, The Export of Capital, London 1914, und L. K. Jenks, The Migration of British Capital to 1875, London 1938, vor allem A. H. Imlah, Economic Elements in the «Pax Britannica», London 1958, S. 73ff., sowie insbesondere bezüglich ihrer geographischen und politischen Verteilung, M. Simon, The Pattern of New British Portfolio Investment, 1865–1914 in: A. R. Hall Hg., The Export of Capital from Britain 1870–1914, London 1968. Einen Überblick über die Diskussion und die verschiedenen Schätzungen gibt P. L. Cottrell, British Overseas Investment in the Nineteenth Century, London 1975. Für Frankreich siehe H. D. White, The French International Accounts 1880–1913, Cambridge 1933; R.E. Cameron, France and the Economic Development of Europe, 1800–1914, Princeton 1961; C.A. Michelet, Les placements des épargnants français de 1814 à nos jours, Paris 1968, S. 142f.; ferner R. Poidevin, Les relations économiques et financières entre la France et l'Alle-

Schon gegen Hobson ist mit Recht eingewandt worden, daß entgegen seinen Annahmen nur ein vergleichsweise geringer Teil der seit der Mitte der 90er Jahre dramatisch ansteigenden überseeischen Investitionen Großbritanniens in die während der Periode des Hochimperialismus neu erworbenen Territorien des abhängigen Empire geflossen waren[31]. Zwar stiegen, wie schon Cairncross gezeigt hat, während der Periode von 1870 bis 1914 die Investitionen in den Gebieten des Empire im ganzen schneller als die Investitionen in der restlichen Welt (übrigens, dies sei zu Hobsons Ehrenrettung angedeutet, besonders stark im letzten Jahrzehnt des 19. Jh.s), doch war das *dependent Empire* (also eben jene Gebiete, um deren Besitz sich immer schärfere internationale Konflikte entspannen) daran nur in bescheidenem Um-

magne de 1898 à 1914, Paris 1969, S. 36ff. Für Deutschland liegen vergleichsweise unsichere Daten vor. Neben W. G. Hoffmann, Das Wachstum der deutschen Wirtschaft im 19. Jahrhundert, Göttingen 1964, S. 262, sind die älteren Schätzungen bei W. Steinmetz, Die deutschen Großbanken im Dienste des Kapitalexports, Heidelberg 1913, und S. v. Waltershausen, Das volkswirtschaftliche System der Kapitalanlagen im Ausland, Berlin 1907, immer noch von einer gewissen Bedeutung. Beste Übersicht bei J. Ducruet, Les capiteaux européennes au Proche-Orient, Paris 1964, S. 6. Vgl. auch K. Nehls, Kapitalexporte des deutschen Imperialismus, in: Jahrbuch für Wirtschaftsgeschichte, 1963, Teil 3, S. 67f., dessen Schätzung von 31 Milliarden freilich viel zu hoch und dessen Angaben über deren geographische Verteilung irreführend sind. Ähnlich überhöhte Schätzungen bei F. Lenz, Wesen und Struktur des deutschen Kapitalexports vor 1914, in: Weltwirtschaftliches Archiv, Bd. 18, 1922, S. 48f. In den statistischen Daten teilweise überholt, aber immer noch grundlegend H. Feis, Europe, the World's Banker, New York 1965², S. 23ff., 47, 51 72ff. Für das Stichjahr 1914 siehe die Angaben in: United Nations, International Capital Movements during the Inter-War Period, Lake Success 1949, S. 2. Die Analyse von B. Thomas, The Historical Record of International Capital Movements to 1913, in: J. H. Adler und P. W. Kuszets, Capital Movements and Economic Development, New York 1967, S. 3ff., beruht ausschließlich auf Feis' Angaben und ist insofern veraltet. Vgl. ferner C. Iversen, International Capital Movements, London 1936, und The Royal Institute of International Affairs, The Problem of International Investment, London 1937. Die Abhandlung von D. C. North, International Capital Movements in Historical Perspective, in: R. F. Mikesell, Hg., U. S. Private and Government Investment Abroad, Eugene, Oregon 1962, war mir nicht erreichbar.

31 D. K. Fieldhouse, Imperialism: An Historiographical Revision, in: Economic History Review, Bd. 14,2, 1961; Eric Stokes, Late Nineteenth Century Colonial Expansion and the Attack on the Theory of Economic Imperialism: A Case of Mistaken Identity? in: Historical Journal, Bd. 12, 1969, S. 285f.; Mommsen, Nationale und ökonomische Faktoren im britischen Imperialismus vor 1914, in diesem Band S. 45f.

fang beteiligt; der weit überwiegende Teil ging in die großen weißen Siedlungskolonien. Von den britischen Außeninvestitionen in der stattlichen Gesamthöhe von nicht ganz 4 Mrd. Pfund Sterling waren 1913 ca. 37,6% in Gebieten des britischen Empire investiert; von dieser letzteren Summe aber waren 68% in den weißen Siedlungskolonien placiert[32], und nur ein Bruchteil in den tropischen Gebieten, in denen ausnahmslos die Neuerwerbungen der Zeit des Hochimperialismus lagen.

Eine Analyse auf internationaler Ebene demonstriert diesen Sachverhalt noch viel eindeutiger. Insbesondere Frankreich und das Deutsche Reich hatten nur einen vergleichsweise unwesentlichen Teil ihrer langfristigen Auslandskapitalien in ihren eigenen Kolonien angelegt. Der Anteil der französischen Kolonien am französischen Kapitalexport betrug im Jahre 1900 ganze 5,3% und stieg bis 1914 auf 8,8%, nach anderen Angaben auf 9,0%[33], eine angesichts des enormen territorialen Umfangs des französischen Kolonialreichs sehr mäßige Summe. Das Deutsche Reich, ein klassisches Warenexportland, hatte 1906 ganze 229 Mill. Mk. in seinen Kolonien angelegt, ein bei einer Gesamtsumme von ca. 20 Mrd. Mk. Auslandsinvestitionen vergleichsweise unerheblicher Betrag[34]. Dies zeigt deutlich, daß die politische Konnexion für die Placierung von Auslandsinvestitionen im allgemeinen von nachrangiger Bedeutung gewesen ist. Insgesamt läßt sich sagen, soweit die sowohl wenig zuverlässigen wie auch für solche Zwecke ungenügend aufgeschlüsselten Statistiken über die regionale Verteilung der Auslandskapitalien der europäischen Mächte exakte Angaben zulassen, daß 1914 knapp ein Drittel der gesamten Auslandsinvestitionen Europas und der USA in der Dritten Welt placiert war; sofern man sich jedoch auf jene Gebiete beschränkt, die im eigentlichen Sinne des Wortes als sowohl abhängig wie unentwickelt gelten durften, also die Länder Südamerikas und die britischen Dominions sowie die bereits ökonomisch fortgeschrittenen sonstigen Siedlungskolonien außer Acht läßt, verringert sich diese Summe auf weit weniger als ein Sechstel.

Aus der Perspektive der internationalen Banken und des von ihnen

32 Siehe die Angaben bei A.K. Cairncross, Home and Foreign Investment, 1870–1913, London 1953, S. 232ff., und Simon, Portfolio Investment, S. 23, 39–43.

33 G. Ziebura, Interne Faktoren, S. 112; Cameron, Economic Development, S. 486.

34 Nach Karin Hausen, Deutsche Kolonialherrschaft, S. 19, sowie Hoffmann, Wachstum, S. 262.

repräsentierten Finanzkapitals bestand eine eindeutige Rangfolge hinsichtlich der Empfängerländer von Investitionen. Während die europäischen Länder und die Vereinigten Staaten sich bei tendentiellem Rückgang bis 1914 als Hauptempfänger von Auslandskapital behaupteten (allerdings aus Gründen, die teilweise außerhalb des hier angesprochenen Problemfeldes liegen), standen die weißen Siedlungskolonien und neben ihnen gleichrangig politisch autonome Länder, die bereits einen relativ hohen Grad ökonomischer Entwicklung erreicht hatten, eindeutig an der Spitze der Prioritätenskala, während politisch instabilere und ökonomisch vergleichsweise unentwickelte autonome Länder den zweiten Rang einnahmen. Die abhängigen Territorien und Kolonien im engeren Sinne, insbesondere solche in den tropischen Regionen des Erdballs, standen eindeutig weit tiefer in der Gunst der Kapitalanleger, und dies, obwohl Investitionen in solchen Gebieten meist weit weniger risikoreich waren als Investitionen in Südamerika oder im Nahen Osten. Vom Standpunkt des Finanzimperialismus waren Territorien und Länder, die noch nicht oder nur indirekt von formeller imperialistischer Herrschaft erfaßt waren, wie die südamerikanischen Staaten oder die islamischen Länder des Mittelmeerraums und des Nahen Ostens, zumeist weit interessanter als formelle Kolonien.

Dies wird im übrigen durch eine Analyse der Struktur der Außeninvestitionen bestätigt. Mehr als die Hälfte des gesamten Auslandskapitals war in Staatsanleihen oder staatlichen Monopolen investiert, und von dem Rest ein ganz überwiegender Teil in Eisenbahnbauprojekten, während Investitionen in industriellen Unternehmungen gleichviel welcher Art eine vergleichsweise geringe, wenngleich seit der Jahrhundertwende deutlich ansteigende Rolle spielten[35]. Gewiß, auch zahlreiche Kolonialregierungen traten für Projekte verschiedenster Art an die internationalen Kapitalmärkte heran und boten für ihre Papiere vergleichsweise hohe Zinssätze. Aber das große Geld konnte man in der Regel nur bei Anleihen mit formell souveränen Ländern verdienen, zumindest soweit dies die an der Emittierung dieser Anleihen unmittelbar beteiligten Banken und ihre Agenten betraf.

Diese Beobachtungen aus makroökonomischer Perspektive sprechen nicht dafür, daß das Finanzkapital die Regierungen der europäischen Mächte zu formeller imperialistischer Expansion zwecks Erschließung von Investitionsfeldern gedrängt habe. Vielmehr bestätigen sie, daß die Zielrichtungen finanzimperialistischer Operationen

35 Vgl. Feis, Europe, S. 23ff., 51ff.

und des politischen Imperialismus zumeist erheblich von einander abwichen. Dies wird auch durch die Tatsache erhärtet, daß die Regierungen vielfach Schwierigkeiten hatten, die «Haute Finance» dazu zu bewegen, in solchen Gebieten zu investieren, in denen aus politischen Gründen ein verstärktes wirtschaftliches Engagement wünschenswert schien, gleichviel ob es darum ging, erworbene koloniale Territorien wirtschaftlich zu entwickeln, oder vielmehr auf diese Weise die Anwartschaft auf den künftigen Erwerb bestimmter Regionen zu begründen. Die deutsche Regierung hatte beispielsweise große Mühe, die deutschen Großbanken dazu zu gewinnen, in der in dem deutschbritischen Abkommen über die portugiesischen Kolonien in Afrika dem Deutschen Reich als Interessenzone zugesprochenen Gebiet zu investieren, es sei denn, daß die Risiken durch eine entsprechende Reichsgarantie auf den Staat abgewälzt würden[36], und auch hinsichtlich der deutschen Kolonien stand es damit nicht viel besser.

Desgleichen ist es notwendig, von der in den orthodoxen marxistischen Imperialismusinterpretationen verbreiteten Vorstellung Abschied zu nehmen, als ob ein Überschuß an Kapital, für das in den Binnenmärkten der europäischen Industriestaaten keine Möglichkeit zu profitabler Anlage bestanden habe, das Finanzkapital dazu veranlaßt habe, sich mit Hilfe der Staatsmacht neue profitable Investitionsfelder in Übersee zu erschließen. Dies ist unter makroökonomischen Gesichtspunkten schon deshalb kaum haltbar, weil die enorme Zunahme der Auslandsinvestitionen der Industriestaaten im wesentlichen auf Reinvestitionen in Übersee selbst beruhte, und, auch wenn nur ein kleiner Teil der Renditen effektiv in die Mutterländer zurückströmte, eine substantielle Verlangsamung des sog. »tendentiellen Falls der Profitrate» dadurch keinesfalls bewirkt wurde, sondern, zumindest mittelfristig, eher das Gegenteil. Auch Bouvier, der sich bemüht hat, die Gültigkeit dieses Konzepts zumindest für den französischen Fall zu verteidigen, räumt ein, daß die Konzeption einer »Überproduktion» von Kapital nur in «relativem Sinne» aufrechterhalten werden könnte, insofern als dieses nicht immer Beschäftigung zu angemessenen Renditen habe finden können[37]. Diese Formulierung läßt viele Deutungen zu; gleichviel bleibt es fraglich, ob man die These vom Kapitalüber-

36 A. Vagts, M.M. Warburg & Co. Ein Bankhaus in der deutschen Weltpolitik, in: Vierteljahresschrift für Sozial- und Wirtschaftsgeschichte, Bd. 54, 1958, S. 344ff.

37 Jean Bouvier, Les traits majeurs de l'impérialisme français avant 1914, in: Le mouvement social, No. 86, 1974, S. 13f.

schuß selbst in dieser eingeschränkten Form wird gelten lassen können. Es ist zwar unbestritten, daß namentlich in der Periode des Hochimperialismus die nicht unbeachtlichen Differenzen des Zinsniveaus in den Binnenmärkten der Industriestaaten einerseits, der überseeischen Gebiete andererseits einen entscheidenden Anreiz für Auslandsinvestitionen abgegeben haben. Auch hat es unzweifelhaft wiederholt Konjunkturperioden gegeben, in denen bestimmte Typen von Investivkapital mit Macht in sich in Übersee bietende Gelegenheiten drängte – dies gilt z. B. für die enormen Kapitalien, die in dem großen Eisenbahnboom der Periode von 1850 bis 1873 engagiert gewesen waren und seit dessen Ende nach analogen Verwertungsmöglichkeiten in überseeischen Gebieten, zunächst vornehmlich in den USA und den weißen Dominions des britischen Empire, suchten[38]. Insgesamt aber begegnet uns in den Quellen immer wieder Kapitalknappheit, nicht Kapitalüberfluß als entscheidender Faktor, der der imperialistischen Expansion sowohl Schranken setzte wie deren Stoßrichtung wesentlich mitbestimmte. Wenn die Regierungen «halbkolonialer» Länder häufig nur zu exorbitanten Zinssätzen und höchst unvorteilhaften Bedingungen Anleihen zu erhalten vermochten, so lag dies nicht zuletzt auch daran, daß die meist sehr hohen Kapitalsummen vielfach nur bei Anbietung günstiger Renditen, die das jedermann bewußte Risiko wettmachten, aufzutreiben waren.

Der Umstand, daß es keineswegs immer leicht war, für die risikorei-

38 Es läßt sich zeigen, daß der Kapitalexport in bestimmten spezifischen Fällen auf die Wachstumskrisen des kapitalistischen Systems mildernd eingewirkt hat. Allerdings ist diese These keinesfalls generalisierbar, wie makroökonomische Untersuchungen zeigen (vgl. A. I. Bloomfield, Patterns of Fluctuation in International Investment before 1914, Princeton 1968). Nur im Falle Großbritanniens zeigt sich sowohl *in the short and in the long swing* eine nicht sehr ausgeprägte inverse Korrelation zwischen Binneninvestitionen und Kapitalexport, die den Schluß zuläßt, daß Auslandsinvestitionen mittelbar, indem dadurch neue Exportaufträge induziert wurden, zu neuen Auslandsinvestitionen den Anstoß gaben und so zur Milderung von Krisensituationen beitrugen. (Vgl. dazu auch Cairncross, Home and Foreign Investments, S. 195 f. und Saul, Studies, S. 229 f.) Aber dieses Phänomen darf keinesfalls überbewertet werden, zum einen, weil die Außeninvestitionen prinzipiell mit der allgemeinen Konjunkturentwicklung korrelierten, zum anderen, weil nur ein Bruchteil der jeweils in Übersee neu angelegten Kapitalien aus im Binnenmarkt erwirtschafteten Ersparnissen stammte (vgl. auch Mommsen, Nationale und ökonomische Faktoren, in diesem Band S. 43 ff.) Manches spricht vielmehr für die entgegengesetzte These, daß die hohen Außeninvestitionen nicht unwesentlich zur Stagnation der britischen Binnenwirtschaft seit der Jahrhundertwende beigetragen haben.

chen Operationen finanzimperialistischer Natur, insbesondere für das Anleihegeschäft an halbkoloniale Länder, die erforderlichen Kapitalsummen aufzutreiben, verstärkte die Bereitschaft der Banken und Finanzkorporationen zu übernationaler Zusammenarbeit. Überhaupt ist es notwendig, sich bei der Analyse finanzimperialistischer Prozesse von dem Bezugsrahmen einer Vielzahl rivalisierender nationaler Imperialismen zu lösen. Es ist zwar unübersehbar, daß die internationalen Banken und Finanzgruppen, die sich seit der Mitte des 19. Jh.s den angeblich oder tatsächlich vielversprechenden Investitionsmöglichkeiten und Bankgeschäften in überseeischen Gebieten zuwandten, innerhalb eines von nationalen Interessen beherrschten Systems zu operieren hatten. Dessen ungeachtet dachten die Bankiers und ihre Klienten primär in den Maßstäben des internationalen kapitalistischen Systems und hielten daher die Zusammenarbeit von Kapitalinteressen der verschiedensten Länder prinzipiell für begrüßenswert. Auf den internationalen Börsenplätzen, an denen vornehmlich Auslandswerte gehandelt wurden, war eine Unterscheidung von Kunden verschiedener Nationalität ohnehin unüblich und auch unmöglich.

Natürlich begegnen wir immer wieder rivalisierenden Finanzgruppen, aber sehr oft deckten sich diese keineswegs mit verschiedenen Nationalitäten. In der Marokkofrage beispielsweise standen sich 1909 zwei rivalisierende Gruppen gegenüber, einerseits die mit Friedrich Krupp (der seinerseits über gute Beziehungen zu Wilhelm II. verfügte) verschwisterte, von französischen Banken getragene Union Minière und andererseits die Gebrüder Mannesmann, die dann vergeblich die «deutschen Nationalinteressen» für sich zu mobilisieren suchten[39]. Wenn es in der Periode vor 1914 dennoch nur in beschränktem Umfang zu institutionalisierter Zusammenarbeit von Finanzgruppen verschiedenster Nationalität zwecks Ausbeutung von ökonomischen Chancen imperialistischen Ursprungs und zur Ausbildung von multinationalen Unternehmungen im eigentlichen Sinne gekommen ist, so war dies in erster Linie in den vorwaltenden politischen Bedingungen begründet, unter denen das Finanzkapital zu operieren hatte[40].

39 Vgl. dazu H. Pogge von Strandmann, Rathenau, die Gebrüder Mannesmann und die Vorgeschichte der zweiten Marokkokrise, in: I. Geiss und B.J. Wendt, Deutschland in der Weltpolitik des 19. und 20. Jahrhunderts, Düsseldorf 1974², S. 251ff; Fieldhouse, Economics and Empire, S. 309f., und Poidevin, Relations economiques, S. 458f.

40 Poidevin hat ebd. S. 640ff. den Verfall der deutsch-französischen wirtschaftlichen Kooperation in einem Klima zunehmenden Nationalismus seit 1909 aufgrund eines überwältigenden Materials überzeugend dargestellt.

Wenn hier also von einer beiderseitigen relativen Eigenständigkeit der Politik der Regierungen und der Operationen der an imperialistischen Projekten interessierten Hochfinanz die Rede ist, so soll damit freilich nicht in Zweifel gezogen werden, daß es zwischen den Regierungen und den sie tragenden Führungsschichten einerseits und der in internationalen Geschäften engagierten Hochfinanz andererseits vielfach äußerst enge Verflechtungen gegeben hat. Systematische, durchgängig abgesicherte Aussagen sind in diesem Punkt jedoch vielfach schon deshalb nicht möglich, weil die Fühlungnahmen bzw. Verbindungen zwischen beiden Partnern überwiegend in der informellen Form rein persönlicher Kontakte erfolgt sind und selten einen aktenmäßigen Niederschlag gefunden haben[41]. Überdies haben wir es auf der Seite der Hochfinanz regelmäßig mit rivalisierenden Gruppierungen zu tun, die aus ganz unterschiedlichen Interessen heraus und in unterschiedlichem Maße an staatlicher Unterstützung interessiert waren. Der Aufweis personeller Beziehungen als solcher, auf den beispielsweise Hallgarten seine bekannte Analyse des «Imperialismus vor 1914» aufgebaut hat, kann leicht zu falschen Schlüssen führen, wenn es um die Einschätzung der wirklichen Interessenlage geht; vielfach suchten sich die Politiker eben jene Finanzgruppen aus, die ihnen in der konkreten Situation am willfährigsten schienen; dies waren nicht immer jene mit den besten Beziehungen zu Regierungskreisen.

Man wird allerdings generell davon ausgehen können, daß die Bankiers stets daran interessiert waren, für ihre finanziellen Transaktionen das Wohlwollen der politischen Instanzen zu gewinnen. Dies war schon deshalb ratsam, weil die Möglichkeit, auch nur höchst indirekt auf die Unterstützungsbereitschaft der Regierungen verweisen zu können, gegenüber dem allgemeinen Publikum höchst wertvoll war; sofern man in Emissionsprospekten auf entsprechende politische Gönnerschaft verweisen konnte, verbesserte dies schlagartig die Absatzchancen der betreffenden Papiere, während die Kapitalmärkte umgekehrt auf ungünstige politische Konstellationen meist höchst unfreundlich reagierten. Dies hieß freilich nicht, daß sich die Bankiers mit Vorliebe auf politisch geförderte Projekte stürzten. In dieser Beziehung ist Jakob Viner zuzustimmen, wenn er urteilt: «What the ban-

41 Es fehlt weitgehend an systematischen Untersuchungen dieses Verhältnisses. Selbst die spärlichen Dokumente, die die Editoren der diplomatischen Akten der Großmächte für aufnahmewürdig erachtet haben, sind bislang unzureichend ausgewertet. Einen Überblick findet man bei Feis, Europe, S. 83ff., in ihrer Qualität wie ihrer Dichte wechselnde Angaben bei Staley, Private Investors, S. 109ff.

kers wanted primarily were profits, and they were willing to engage in any transactions which promised good financial returns, but not in the face of either clearly expressed governmental disapproval or of hostile public opinion[42].» Andererseits waren sich die Bankiers im klaren, daß sie gegebenenfalls politische Unterstützung nicht würden entbehren können, und dies begründete eine grundsätzliche Bereitschaft, dringenden Wünschen oder Richtlinien der Regierungen nach Maßgabe des Möglichen zu entsprechen. Insgesamt läßt sich feststellen, daß sich keiner der beiden Partner willfährig als Instrument des anderen benutzen ließ, wenngleich es beiden darauf ankam, sich der Unterstützung des anderen für die eigenen Projekte zu versichern.

Am engsten dürften die Beziehungen zwischen der Hochfinanz und den Regierungen im Frankreich des Kaiserreichs und der Dritten Republik gewesen sein. Wenn Ziebura davon gesprochen hat, daß «strategische Cliquen» die vornehmlichen Träger des französischen Imperialismus vor 1914 gewesen seien, so gilt dies in gewissem Sinne unter Einschluß auch der führenden Bankenkreise[43]. Angesichts des Umstandes, daß die Außenpolitik namentlich während der Dritten Republik von kleinen Gruppen von Politikern und Diplomaten, ohne sonderlich effektive Kontrolle seitens der Kammern und der Parteien, betrieben wurde, boten sich hier vergleichsweise gute Chancen für die Einflußnahme interessierter Finanzkreise auf politische Entscheidungen. Von allen Großmächten ist Frankreich während des hier interessierenden Zeitraums am raschesten und am unbedenklichsten bereit gewesen, Ansprüche französischer Gläubiger gegenüber Regierungen, die in Zahlungsverzug oder an den Rand eines Staatsbankrotts geraten waren, mit politischen Mitteln zu vertreten. Sowohl in Tunesien wie in Ägypten und im Osmanischen Reich stand Frankreich in der vordersten Linie der Mächte, die auf die strikte Einhaltung internationaler Zahlungsverpflichtungen pochten. Notorisch ist das französische Verhalten in Südamerika; in aller Regel bildete hier Frankreich die Speerspitze europäischer Interventionen zugunsten der jeweiligen Gläubiger, beispielsweise in Mexiko 1850/51, in Peru 1884, in Santo Domingo 1894[44]. Dies dürfte freilich in erheblichem Maße dem Um-

42 Jakob Viner, International Finance and Balance of Power Diplomacy 1880–1914, in: The Southwestern Political and Social Science Quarterly, Bd. IX, 1928/29, S. 450. Allerdings geht Viner in der Betonung der Distanz der Hochfinanz gegenüber der Politik seinerseits zu weit.

43 Vgl. Ziebura, Interne Faktoren, S. 98ff.

44 Vgl. dazu W.H. Wynne, State Insolvency and Foreign Bondholders II. Selected Case Histories of Governmental Bond Defaults and Dept Readjustments, New Haven 1951, S. 25ff., 147f., 217ff.

stand zuzuschreiben sein, daß sich die betreffenden Obligationen nicht bloß im Besitz einer kleinen Kapitalistengruppe befanden, sondern dank der Beteiligung der großen französischen Depositenbanken zumindest zum Teil einer breiten Schicht von mittelständischen Rentiers gehörten, deren Interessen zu vernachlässigen politisch nicht ratsam war.

An einzelnen kritischen Wendepunkten hat die neuere Forschung darüber hinaus enge personelle und materielle Verflechtungen zwischen den jeweiligen Finanzgruppen und den politisch Verantwortlichen aufdecken können, so Ganiage für die französische Interventionspolitik in Tunesien 1881 und Bouvier für die französische Ägyptenpolitik am Ende der 70er Jahre[45]. Doch waren auch in diesen Fällen die Interessen der beteiligten Kapitalgruppen keineswegs gleichgerichtet; wenn sich die Regierung auf eine bestimmte Seite schlug, so bedeutete dies noch keine Unterwerfung unter die Interessen der Hochfinanz. Im übrigen spielte der Subimperialismus der französischen «Ausländerkolonien» in Tunis und in Kairo und das streckenweise eigenmächtige Handeln der Konsuln «on the spot» eine vergleichsweise weit bedeutsamere Rolle als alles «wire pulling» in Paris.

Umgekehrt hat die französische Politik niemals gezögert, sich die Macht des französischen Finanzkapitals für ihre politischen Ziele dienstbar zu machen. Als ein geeignetes Instrument stand ihr dabei zunächst die virtuos angewandte Waffe zur Verfügung, den Handel bestimmter Papiere an der Pariser Börse zu verbieten und diese damit effektiv vom französischen Kapitalmarkt zu verbannen. Auch an direkten Interventionen fehlte es nicht, so beispielsweise im Falle der türkischen Anleihe im Jahre 1910[46]. Die Gleichläufigkeit von politi-

45 J. Ganiage, Les origines du protectorat français en Tunésie (1861–1881) Paris 1959, S. 518ff.; L.J. Bouvier, Les intérèts financiers et la question dEgypte (1875–1876), in: Revue Historique, Bd. 224, 1960, S. 89f.

46 Siehe J. Thobie, Finance et politique: Le refus en France de l'emprunt Ottoman 1910, in: Revue Historique, Bd. 237, 1968, S. 347ff. Vgl. allerdings die interessante Stellungnahme des russischen Botschafters in Paris, Iswolski, vom 1./14. August 1914 (Der Diplomatische Schriftwechsel Iswolskis, 1911–1914, hg. Friedrich Stieve, Berlin 1924, Bd. 3., Nr. 1009, s. 239): «Ich habe mehrmals darauf hinzuweisen Gelegenheit gehabt, daß die Finanzinstitute in Frankreich manchmal mehr Einfluß auf die Regierung haben, als die Regierung auf sie. Es muß in Betracht gezogen werden, daß die Regierung im Grunde genommen nur das Recht hat, die Kotierung der einen oder anderen Werte an der Börse zu verbieten, und daß dies nicht immer genügt, um das Zustandekommen eines für Geldleute vorteilhaften Geschäftes zu verhindern. Und endlich: selbst wenn es der Regierung ge-

schen und finanzkapitalistischen Interessen war natürlich besonders ausgeprägt hinsichtlich der Investitionen in Rußland, das seit Anfang der 90er Jahre zum bevorzugten Investitionsfeld des französischen Finanzkapitals wurde. In diesem Raum war das französische Bankkapital in besonderem Maße von dem Wohlwollen und der politischen und diplomatischen Unterstützung der französischen Regierung abhängig, hatte man es doch in sehr vielen Fällen unmittelbar mit der russischen Regierung als Partner zu tun. Darüber hinaus zögerte die französische Regierung nicht, die Gewährung von Kapitalanleihen direkt zur Durchsetzung bestimmter politischer und militärischer Wünsche einzusetzen, so in einem besonders notorischen Fall 1913, als Frankreich die Gewährung von Anleihen für Eisenbahnbauten an Rußland davon abhängig machte, daß ein Teil derselben für den Bau bestimmter strategisch wichtiger Bahnen verwendet würde, obgleich der russische Partner einwandte, daß diese Bahnen keinesfalls rentabel sein würden und unter wirtschaftspolitischen Gesichtspunkten eine andere Prioritätensetzung geboten sei[47]. Die Harmonie zwischen Politik und Finanzkapital war freilich auch in Frankreich nicht ganz ungetrübt. So hat Poidevin neuerdings gezeigt, daß sich die französischen Finanzinteressen keineswegs davon abhalten ließen, sich im Gegensatz zu den Zielen der französischen Politik an finanzimperialistischen Projekten der deutschen «Weltpolitik» zu beteiligen und in einzelnen Fällen dadurch deren Zustandekommen erst zu ermöglichen[48].

länge, die unmittelbare Beteiligung der französischen Kapitalisten an Finanzgeschäften mit der Türkei zu verhindern, so würden diese Kapitalien zweifellos auf Umwegen, durch Vermittlung deutscher oder österreichischer Finanzinstitute, den Weg dorthin finden. In dieser Beziehung ist das Beispiel der türkischen Anleihe von 1910 sehr lehrreich. Die Begebung dieser Anleihe durch die Pariser Börse kam infolge Einspruchs der französischen Regierung nicht zustande, wurde aber bald nachher unter mittelbarer Beteiligung französischer Bankiers in Deutschland abgeschlossen.»

47 Vgl. Schreiben des russischen Finanzministers Kokowzow an den Außenminister Sasonow vom 14./27. Juni 1913, in: Der Diplomatische Schriftwechsel Iswolskis 1911–1914, hg. v. Friedrich Stieve, Bd. 3, Berlin 1924, Nr. 936, S. 187f; vergleiche ferner Nr. 938, S. 189f., Nr. 1030, S. 261f. und insbesondere das Schreiben Kokowzows vom 24. August/6. September 1913, Nr. 1043, S. 278f., in dem die Forderungen der französischen Regierung hinsichtlich der strategischen Bahnen abgebogen werden; vgl. auch Gerd Krumeich, Der Kampf um die dreijährige Dienstpflicht in Frankreich 1913/14, phil. Diss. Düsseldorf 1975 (demnächst Mainz 1979), S. 261ff.

48 Weltpolitik Allemande et Capitaux Français (1898–1914), in: I. Geiss und B.J. Wendt, Hg., Deutschland und die Weltpolitik des 19. und 20. Jahrhunderts, Düsseldorf 1973, S. 237ff.; vgl. auch Ziebura, Interne Faktoren, S. 117.

Für Großbritannien hat Platt hingegen im ganzen überzeugend nachgewiesen, daß die britische Regierung den Finanzinteressen gegenüber große Reserve an den Tag gelegt hat, insbesondere soweit es sich um Anleihen an Regierungen der unentwickelten Welt handelte. Prinzipiell galt die Regel, daß die britische Regierung nicht bereit sei, für die Interessen britischer Gläubiger einzutreten, sofern solche Länder in Zahlungsschwierigkeiten geraten sollten. Wiederholt haben britische Staatsmänner verschiedenster politischer Observanz die von Palmerston anläßlich des Don-Pacifico-Zwischenfalls von 1838 erstmals formulierte politische Maxime bekräftigt, daß die britische Regierung sich nicht zum Erfüllungsgehilfen englischer oder gar französischer *bondholders* werde machen lassen[49]. Andererseits hielten es die britischen Staatsmänner nicht nur für legitim, sondern sogar für geboten, nachdrücklich für eine *gleichberechtigte* Berücksichtigung der ökonomischen Interessen oder Zahlungsansprüche von britischen Staatsbürgern in Drittländern einzutreten; und mit zunehmender internationaler Konkurrenz in einst von Großbritannien einsam beherrschten überseeischen Märkten fühlten sich die britischen Konsuln mehr und mehr dazu verpflichtet, sog. legitime Interessen britischer Staatsangehöriger nach Kräften zu unterstützen. Dies reichte nun allerdings vollauf, um Großbritannien und seine diplomatischen Vertreter in zahlreiche finanzimperialistische Operationen größten Ausmasses zu verstricken.

Im Unterschied zu Frankreich haben sich die britischen Regierungen jedoch stets auf informelle Mittel beschränkt, wenn es darum ging, bestimmte Finanzoperationen der City in politisch erwünschte Bahnen zu lenken oder umgekehrt mißliebige internationale Finanzprojekte zu unterbinden. Die britischen Regierungen verfügten über reichliche informelle Kontakte, um die City zu einem ihren jeweiligen politischen Wünschen entsprechenden Verhalten zu bewegen, wie beispielsweise die Geschichte des Bagdadbahnprojekts zeigt. Freilich griff die Methode des informellen Einflusses nicht immer. So versuchte das britische Foreign Office im Sommer 1912, eine britische Bankengruppe namens Crisp & Co. davon abzubringen, der chinesischen Regierung unter Umgehung des internationalen Konsortiums, das zu diesem Zeitpunkt im Auftrage Frankreichs, Großbritanniens,

49 Dazu vor allem Platt, Finance, Trade and Politics, insbesondere S. 166f., 203ff. und passim, der freilich ersichtlich in dieser Richtung um einiges zu weit geht. Auch er führt Fälle massiver Intervention zugunsten britischer Gläubiger an, z.B. S. 198.

Deutschlands, Rußlands, Japans und der USA über eine mit zahlreichen politischen Auflagen verbundenen Anleihe an China verhandelte, zu einem freien Kredit zu verhelfen, obwohl man schließlich erklärte: «His Majesty's Government were not in a position to put pressure on the syndicate interested in the loan», jedoch «they could put considerable pressure on the Chinese government and would not hesitate to do so at once.» Allerdings war der Anleihe unter diesen Bedingungen am Ende kein voller Erfolg auf dem Markt beschieden, wenn auch nicht zum Nachteil der betreffenden Bankengruppe[50]. Auch die britischen Bankiers konnten es trotz ihrer außerordentlich starken Position innerhalb des internationalen Bankensystems normalerweise nicht wagen, den Wünschen der Regierung direkt zuwiderzuhandeln. Anders war dies mit positiven Forderungen von politischer Seite. Kapital für politische Zwecke war auch in Großbritannien in der Regel nur dann zu haben, wenn dafür entsprechende staatliche Garantien eingeräumt wurden[51].

Weit weniger erforscht und zugleich in der Forschung ungleich kontroverser sind die Beziehungen zwischen Politik und Hochfinanz im Deutschen Reich. Bismarck verfügte via Bleichröder über gute Beziehungen zu den internationalen Finanzgruppen, die umfangreiche Anlagegeschäfte besonders im Nahen Osten und in Südamerika betrieben. Bleichröder war Rothschilds Repräsentant in Berlin; er war Vorsitzender jenes Bankenkonsortiums, welches die deutschen Vertreter in die Administration de la Dette Publique des Osmanischen Reiches entsandte, und hatte auch seine Hand bei der Wahl des deutschen Vertreters bei der ägyptischen Schuldenverwaltung im Spiel, die Bismarck gelegentlich als Druckmittel gegenüber Großbritannien zu verwenden gewußt hat[52]. Dennoch hat dies für die deutsche imperialistische Politik der Zeit Bismarcks offenbar eine nur geringe Rolle gespielt. Übrigens war auch Ludwig Bamberger, Bismarcks großer Gegenspieler in kolonialpolitischen Fragen, seinerseits an einer französischen Ban-

50 Vgl. C.F. Remer, Foreign Investments in China, New York 1933, S. 128.
51 Vgl. Platt, Finance, Trade and Politics, S. 26.
52 Zu Bleichröder siehe F. Stern, Gold and Iron. The Collaboration and Friendship of Gerson Bleichröder and Otto von Bismarck, in: American Historical Review, Bd. 75, 1969, S. 37ff., sowie neuerdings, für Bleichröders Rolle im Zusammenhang der informellen finanz-imperialistischen Operationen des Deutschen Reiches, ders., Gold and Iron. Bismarck, Bleichröder, and the Building of a German Empire, London 1977, S. 318, 417ff. Zu Bleichröders finanzimperialistischen Engagements vgl. auch C.D. Blaisdell, European Financial Control in the Ottoman Empire, New York 1929 (Neudruck 1966), S. 225.

kengruppe beteiligt, die finanzimperialistische Operationen großen Stils in Tunesien betrieb![53] B. Schulze hat in seiner Leipziger Dissertation von 1965 den Nachweis zu führen gesucht, daß hinter der deutschen Kolonialpolitik der Bismarck-Zeit der sog. «Diskonto-Ring» gestanden habe, und daß diese Politik im Interesse des «werdenden deutschen Finanzkapitals» betrieben worden sei. Doch läßt sich das in dieser Form wohl kaum aufrechterhalten, und ebenso wenig Hallgartens Versuch, die kolonialen Annexionen der 80er Jahre auf das direkte Betreiben einzelner kapitalistischer Interessenten zurückzuführen[54]. Vielmehr dürfte es heute feststehen, daß der «Imperialismus» Bismarcks primär auf innenpolitische Zielsetzungen, vor dem Hintergrund der sog. großen Depression von 1873 bis 1894, und zugleich auf mächtepolitische Erwägungen traditioneller Art zurückgeführt werden muß. Soweit dabei ökonomische Interessenten von nennenswerter Größenordnung eine direkte Rolle gespielt haben, waren diese Nutznießer, nicht Urheber dieser wesentlich in sozialdefensiver Absicht betriebenen Expansionspolitik[55]. An dem wichtigsten Projekt des deutschen Finanzimperialismus vor 1914, dem Bau der Anatolischen und späterhin der Bagdadbahn, zeigte sich Bismarck hingegen ganz uninteressiert; er warnte von vornherein, daß es vom Deutschen Reich nicht erwartet werden könne, für die eventuellen Risiken dieses Unternehmens politisch gerade zu stehen[56]. Später hingegen begrün-

53 Ludwig Bamberger war Mitglied des Mainzer Bankhauses Bamberger, das eng mit den Bischoffsheims zusammenarbeitete, die führend an der Begebung der tunesischen Anleihen von 1863, 1865 und 1867 durch eine von Erlanger repräsentierte Frankfurter Finanzgruppe beteiligt waren und auch die ägyptische Anleihe von 1870 vermittelt hatten. Vgl. Ganiage, Les origines, S. 271f.

54 B. Schulze, Der Diskonto-Ring und die deutsche Expansion 1871–1890, phil. Diss. Leipzig 1965 (Masch. Schr.); Hallgarten, Imperialismus vor 1914, Bd. 1, S. 208ff. Dazu die Auseinandersetzung zwischen Hallgarten und Wehler in: Geschichte in Wissenschaft und Unterricht, Jg. 22, 1971, und Jg. 23, 1972.

55 Dazu zusammenfassend Wehler, Bismarck und der Imperialismus, S. 412ff. Trotz des berechtigten Hinweises, daß außenpolitische Faktoren in Bismarcks Kolonialpolitik ebenfalls erhebliches Gewicht haben, ist die Kritik von W. Baumgart, Eine neue Imperialismustheorie? Bemerkungen zu dem Buche von Hans-Ulrich Wehler über Bismarcks Imperialismus, in: Militärgeschichtliche Mitteilungen, Jg. 2, 1971, S. 197, im wesentlichen verfehlt, zumal sie grundlos behauptet, daß es sich bei Wehler um eine marxistische Interpretation handele und dieser einem ökonomischen Determinismus das Wort rede.

56 Vgl. Fritz Seidenzahl, Hundert Jahre Deutsche Bank 1870–1970, Frankfurt 1970, S. 67, der den Erlaß Bismarcks vom 2. September 1888 zur An-

deten die kaiserlichen Regierungen relativ enge Beziehungen zu den deutschen Groß-, aber auch den Handelsbanken, zur Diskonto-Bank ebenso wie zur Deutschen Bank. Die guten Beziehungen eines Paul von Schwabach zum Auswärtigen Amt und Max Warburgs sowohl zur Reichskanzlei wie zu Wilhelm II. persönlich hat die deutsche Regierung vielfach politisch zu nutzen verstanden[57]. Ebenso symbolisiert der Wechsel Helfferichs aus dem Reichskolonialdienst in die Direktion der Deutschen Bank und dann nach Kriegsausbruch zurück in das Reichsschatzamt und späterhin in das Reichsamt des Innern eine gewisse Interessenharmonie zwischen beiden Gruppen.

In der Tat waren die deutschen Regierungen im allgemeinen stets bereit, deutschen Finanzgruppen Hilfestellung zu leisten, wie beispielsweise das massive Vorgehen des Deutschen Reiches gemeinsam mit Großbritannien gegen das seine Verpflichtungen vernachlässigende Venezuela vom Jahre 1902 lehrt. Jedoch war es in zunehmendem Maße die Politik, die Wünsche und Forderungen an die Finanzwelt herantrug, und nicht umgekehrt, wesentlich im Zusammenhang der wirtschaftlichen Fundamentierung der deutschen «Weltpolitik». Hier aber kam es zu argen Enttäuschungen, denn angesichts der relativ ununterbrochenen Hochkonjunktur seit 1896 und der wesentlich mit dadurch bedingten hohen Kapitalnachfrage im Binnenmarkt hatten die Banken nicht allzu viel Lust, sich in risikoreichen Projekten in Übersee, beispielsweise in den deutschen Interessenzonen in Angola, zu engagieren; selbst für die deutschen Kolonien waren größere Kapitalanlagen nur gegen entsprechende Reichsgarantien für Kapital und Zinsen zu realisieren. Immerhin gelang es mithilfe des Appells an die nationale Gesinnung zumindest jene Kapitalien verfügbar zu machen, die man für notwendig hielt, um die deutsche Position auf dem Balkan und in der Türkei mithilfe politischer Anleihen einigermaßen zu stabilisieren.

Rußland kann in unserem Zusammenhang übergangen werden, da

frage der Deutschen Bank betr. des anatolischen Bahnprojekts wiedergibt, in dem jede Haftung des Reiches für evtl. Risiken von «Kapitalsanlagen in anatolischen Eisenbahnbauten» ausdrücklich abgelehnt wird.

57 Vgl. Vagts, M. M. Warburg, S. 330f.; Friedrich Rosen, Aus einem diplomatischen Wanderleben, Leipzig 1931, S. 23f., 339. Vgl. auch die freilich eher unergiebige Untersuchung von E. Rohrmann, Max v. Schinkel. Ein Hanseatischer Bankkaufmann im Wilhelminischen Deutschland, Hamburg 1971, S. 93ff. F. Thimme, Auswärtige Politik und Hochfinanz. Aus den Papieren P. H. von Schwabachs, in: Europäische Gespräche, Bd. 7, 1929, S. 288ff.; Carl Fürstenberg, Die Lebensgeschichte eines deutschen Bankiers 1870–1914, hg. v. H. Fürstenberg, Berlin 1931, S. 93ff.

es bis 1901 ganz überwiegend als Kapitalnehmer auftrat und ohne französische Finanzhilfe niemals zu nennenswerten finanzimperialistischen Operationen imstande gewesen wäre. Ökonomisch gesehen war das zaristische Rußland das Objekt eines französischen «informellen Finanzimperialismus», ohne daß dies allerdings eine Beeinträchtigung der politischen Handlungsfreiheit des Landes mit sich gebracht hat[58]. Angesichts der dominierenden Rolle des Staates in der Entwicklung der russischen Wirtschaft in den letzten Jahrzehnten vor 1914 war es der russischen Regierung mehr noch als der französischen möglich, den eigenen Bankiers weitgehend ihre politischen Wünsche zu oktroyieren.

Auch wenn die Regierungen der europäischen Großmächte im ganzen über Mittel und Wege verfügten, um das Finanzkapital des jeweiligen Landes in ihrem Sinne zu beeinflussen, muß an der Eigenständigkeit der großen finanzimperialistischen Prozesse, die wir seit der Mitte des 19. Jh.s beobachten, festgehalten werden. Zwar wurden diese in nicht wenigen Fällen erst durch politische Aktionen der Mächte in Gang gesetzt – z. B. waren es die Westmächte, die die Türkei dazu veranlaßten, sich zwecks Finanzierung der Schulden aus dem Krimkrieg auf die schiefe Ebene internationaler Kapitalaufnahme zu begeben –, doch liefen diese in der Folge nach dem Muster eines Schneeballsystems ab; die Politiker trugen daran nur insofern Mitschuld, als sie den europäischen Bankiers und deren Agenten bei ihren Anleiheverhandlungen in der Regel diplomatische Unterstützung hatten zuteil werden lassen.

Vor allem in vier Regionen der unentwickelten Welt beobachten wir vor 1914 finanzimperialistische Operationen wirklich großen Stils: in Tunesien, im Osmanischen Reich, in Ägypten und seit der Entdekkung der Goldvorkommen an der Rand in Südafrika. Daneben muß Marokko genannt werden, dem es vornehmlich dank einer partiellen

58 Siehe dazu die umfassende Analyse von Dietrich Geyer, Rußland als Problem der vergleichenden Imperialismusforschung, in: Das Vergangene und die Geschichte. Festschrift für Reinhard Wittram, Hg. v. R. V. Thadden, G. v. Pistohlkors und H. Weiss, Göttingen 1973, S. 337ff., sowie vor allem die jüngst erschienene, großangelegte Untersuchung von R. Girault, Emprunts Russes et investissements français en Russie 1887–1914, Paris 1973, die eindrucksvoll das gewaltige Ausmaß französischen Engagements demonstriert und zeigt, daß Rußland für die französische Wirtschaft gleichsam die Rolle eines «Fernen Westens» gespielt habe. Vgl. ferner J. McKay, Pioneers for Profit Foreign Entrepreneurship and Russian Industrialisation 1885. 1913, Chicago 1970, und J. Mai, Das deutsche Kapital in Rußland 1850–1894, Berlin 1970.

Neutralisierung auf der Grundlage des Prinzips der «offenen Tür», wie sie im Madrider Vertrag von 1880 von den Großmächten unter Einschluß der Vereinigten Staaten festgelegt wurde, bis 1911 gelang, dem unmittelbaren politischen und wirtschaftlichen Zugriff einer einzigen europäischen Macht auszuweichen. Auch China wurde seit dem Ende der 90er Jahre zu einem bevorzugten Ziel finanzimperialistischer Operationen weitreichenden Charakters. Doch nahmen hier die Großmächte dann selbst die Zügel in die Hand und suchten den Bankiers das Gesetz des Handelns vorzuschreiben.

Eine Sonderstellung nimmt in unserem Zusammenhang Südamerika ein. Es bildete bereits seit den Anfängen des 19. Jh.s ein bevorzugtes Feld internationalen finanzkapitalistischen Engagements, in erster Linie seitens englischer und französischer Handelsbanken, späterhin auch der deutschen Großbanken. Seit dem Ende der 50er Jahre wurde es dann zum wichtigsten Objekt der amerikanischen «Dollar-Diplomatie». Schon Robinson und Gallagher haben Südamerika wegen des dominierenden Einflusses des englischen Kapitals zum britischen «informal empire» rechnen wollen[59]. Doch fehlten hier zumeist die besonderen politischen Randbedingungen, die das europäische Kapital und die europäischen Unternehmer privilegierten; ungeachtet der labilen politischen Verhältnisse war die Stellung der europäischen Gläubiger niemals so stark, daß sie von sich aus in den Schuldendienst der einzelnen Staaten hätten eingreifen können. Desgleichen kam es bis zum Ende des Jahrhunderts nur in vergleichsweise wenigen Fällen zu direkten politischen Interventionen oder gar zur Anwendung politischer Gewaltmittel zur Wahrung von europäischen Kapital- oder Handelsinteressen. Insofern ist es im Hinblick auf Südamerika nur begrenzt sinnvoll, von einem europäischen Finanzimperialismus zu sprechen[60].

59 The Imperialism of Free Trade, S. 10f.

60 Vgl. insbesondere die bereits zitierten Publikationen Platts, die sehr dezidiert gegen Robinson und Gallaghers These polemisieren und zeigen, daß Interventionen der britischen Politik in diesem Raum (wenn man von der besonderen Rolle Britisch-Guayanas absieht) eher Ausnahme als Regelfall gewesen sind. Obwohl große Teile der umfangreichen britischen Kapitalanlagen insbesondere in südamerikanischen Staatspapieren zumindest zeitweilig notleidend wurden, kam es nur in Ausnahmefällen zu Interventionen, denen man imperialistische Qualität zusprechen kann. Insgesamt waren die Investitionen vor allem auch in industriellen Unternehmungen trotz höchst instabiler politischer und sozialer Verhältnisse, die sich von außen kaum entscheidend beeinflussen ließen, durchaus rentabel. Die jüngste umfassende statistische Analyse des britischen Kapitalexports bei I. Stone,

Wenn die Entwicklung in Südamerika einen vergleichsweise weniger dramatischen Verlauf nahm und extrem ausbeuterische Formen von Anleihen und Kapitalkonzessionen weniger häufig auftraten, so ist dies zum Teil auch auf die besondere politische Situation Südamerikas zurückzuführen. Das Prinzip der Monroe-Doktrin ließ eine restriktive Anwendung politischer Machtmittel durch die europäischen Großmächte angeraten sein und schloß eine direkte oder indirekte Rekolonisierung, wie sie ja in anderen Teilen der Welt häufig die Folge von zusammenbrechenden Schuldenbergen gewesen ist, allemal aus. Allerdings sahen sich die Vereinigten Staaten, um der Gefahr einer Intervention seitens europäischer Mächte in zahlungsunwilligen oder bankrotten Schuldnerländern vorzubeugen, mehrfach von sich aus veranlaßt, in die inneren Verhältnisse einzelner Länder einzugreifen und für eine angemessene Schuldenabwicklung zu sorgen, wie zum Beispiel in Santo Domingo im Jahre 1893, und erneut im Jahre 1905. Die Monroe-Doktrin gewährte demnach einerseits einen gewissen Schutz gegenüber europäischen Gläubigern, aber andererseits schuf sie selbst die Voraussetzungen für die amerikanische «Dollar-Diplomatie» der Ära Taft[61]. Im übrigen haben die europäischen Kapitalinteressen, wie Ziebura an deutschen Beispielen zeigen konnte, die indirekte Beschützerrolle der Vereinigten Staaten hinsichtlich Kapitals ausländischen Ursprungs erfolgreich zu ökonomischer Expansion in

British Long Term Investment in Latin America, 1865–1913, in: Business History Review, Bd. 92, 1968, S. 313ff. Siehe ferner J. Fred Rippy, British Investments in Latin America, 1822–1949, University of Minnesota Press 1959; und speziell für Argentinien, das von britischem Kapital am stärksten geprägte südamerikanische Land, H. S. Ferns, Britain and Argentina in the Nineteenth Century, Oxford 1960; Ferns kommt ebd. S. 488 zu dem Schluß, daß man das britisch-argentinische Verhältnis nicht als ein imperialistisches bezeichnen könne: «The British Government has never had the power to oblige Argentina to pay a debt, to pay a dividend, or to export or import a commodity whatever.»

61 Vgl. H.-U. Wehler, Der Aufstieg des amerikanischen Imperialismus, Göttingen 1974, S. 108f. für einen dieser Fälle. Allgemein S. Nearing und J. Freeman, Dollar Diplomacy, New York 1966². Die Grundhaltung der Vereinigten Staaten kommt gut zum Ausdruck in dem Erlaß des State Department an den amerikanischen Botschafter in Santo Domingo vom 25. 1. 1905 (Foreign Relations of the United States, 1905, S. 312f.), in dem eine amerikanische Finanzkontrolle und die Regulierung der ausländischen Zahlungsansprüche durch die USA ausdrücklich mit dem Argument gerechtfertigt wird, daß man einer sonst möglichen Intervention europäischer Mächte, die die USA als unfreundlichen Akt bezeichnen würden, vorbeugen müsse. Platts Abweisung der hier vorgetragenen These vermögen wir nicht zu folgen.

Anlehnung an amerikanische Finanzgruppen ausgenutzt[62]. Doch soll dieses Problem hier nicht weiter verfolgt werden. Stattdessen wollen wir uns einer etwas genaueren Analyse der finanzimperialistischen Prozesse im Nahen Osten und in Nord- und Südafrika zuwenden.

In Tunesien, Ägypten und den Kernlanden des einstmals mächtigen, im 19. Jh. freilich in eine diffuse Föderation von weitgehend autonomen Territorien zerfallenen Osmanischen Reiches bot das Bedürfnis der indigenen Herrscher, ihre Machtstellung durch eine Modernisierung ihrer militärischen Machtmittel gemäß europäischen Vorbildern zu steigern sowie einen Prozeß der Modernisierung, insbesondere der Infrastruktur und der im Zusammenhang mit militärischen Bedürfnissen stehenden Produktionsanlagen in die Wege zu leiten, den Ansatzpunkt für die finanzimperialistische Penetration durch mächtige europäische Wirtschaftsinteressen. Hinzu kam die rasch wachsende Nachfrage der nach europäischen Maßstäben korrupten einheimischen Herrenschichten nach europäischen Konsumgütern. Da sich die europäische wirtschaftliche Penetration anders als im Falle der zahlreichen weißen Siedlungskolonien nicht oder nur sehr begrenzt auf eine ansässige europäische Bevölkerungsschicht stützen konnte und ein einheimisches Bürgertum noch nicht einmal ansatzweise bestand, wuchs den indigenen Kollaborationsregimen und nicht zuletzt den autokratisch regierenden Herrschern zwangsläufig die Funktion von Initiatoren wirtschaftlicher Modernisierung zu. Nur der Staat kam vorderhand als Träger des Modernisierungsprozesses in Frage, und demgemäß richteten sich die Interessen des europäischen Kapitals anfänglich ganz überwiegend auf staatliche Konzessionen, gleichviel, ob diese im Bereich der Entwicklung der Infrastruktur, der Ausbeutung natürlicher Bodenschätze, oder der Entwicklung der Landwirtschaft lagen. Diese Konzessionen wiederum, die zumeist zu allzu großzügigen, wenn nicht von vornherein ruinösen Bedingungen gewährt worden waren, führten zwangsläufig zu einer völligen Überforderung des Staatsfinanzen dieser noch ganz nach mittelalterlichen, feudalen Prinzipien verwalteten und regierten Staaten, und, wenn dann noch, wie im Falle des Osmanischen Reiches und Ägyptens, große Belastungen durch kriegerische Verwicklungen hinzukamen, blieb unvermeidlich nur der Weg der Auflegung von Staatsanleihen in Europa.

62 Sozialökonomische Grundfragen des deutschen Imperialismus vor 1914, S. 507f. Vgl. A. Vagts, Deutschland und die Vereinigten Staaten in der Weltpolitik, New York 1935, S. 1018f.

Im Osmanischen Reich waren es die Folgen des Krimkrieges und die Verschwendungssucht des Sultans, die 1854 die endlose, sich bald von selbst fortbewegende Schraube auswärtiger Anleihen zu zunehmend schlechteren Bedingungen in Gang setzte. In Ägypten waren es die rücksichtslose Leidenschaft des Khediven Ismail, das an sich reiche Land, koste es, was es wolle, binnen weniger Jahrzehnte auf europäisches Niveau zu heben, und dann die unglückseligen finanziellen Belastungen, die das Land für den Bau des Suezkanals auf sich nehmen mußte, zu ruinösen Bedingungen, die übrigens durch den Gegensatz des französischen und des englischen Imperialismus in der Kanalfrage noch erheblich verschlimmert wurden[63]. In Tunesien war es, neben der Begehrlichkeit des Beys von Tunis Mohammed Saddok, die von den jeweiligen Konsuln unterstützte Jagd französischer, englischer und späterhin besonders italienischer Gesellschaften nach Konzessionen, die den Verschuldungsprozeß auslösten[64]. In allen drei Fällen entstanden binnen weniger Jahre gewaltige Schuldentürme, die sich selbst perpetuierten, da der Ertrag der jeweils letzten Anleihe zumeist hauptsächlich zur Tilgung der inzwischen aufgelaufenen Zins- und Tilgungsverpflichtungen der vorangehenden Anleihen verwendet wurde[65]. Diese Anleihen wurden in der Regel von europäischen Privatbanken vermittelt, die auf internationale Finanzgeschäfte spezialisiert waren. Doch beteiligten sich bald auch die großen französischen Depositenbanken, ungeachtet ihres besonderen Status, an diesen finanzimperialistischen Operationen. Daneben aber entwickelte sich ein neuer Typ von europäischen Banken, die ihren Sitz in den jeweiligen peripheren Metropolen nahmen, ihrer Struktur nach jedoch multinationale Unternehmungen darstellten. Sie nutzten ihre besondere Rechtsstellung zu finanzkapitalistischen Operationen größten Umfangs zumeist mit den jeweiligen Regierungen. Ihre Erstlinge waren die Bank of Egypt (1855) in Kairo und die Ottoman Bank, späterhin Imperial Ottoman Bank (1856) in Konstantinopel. Sie fungierten als

63 Vgl. dazu J. Ducruet, Les capitaux européennes au Proche-Orient, Paris 1964; D.C. Blaisdell, European Financial Control; J. Thobie, Intérèts et imperialisme français dans l'empire Ottoman 1895–1914, Paris 1977; Schölch, Wirtschaftliche Durchdringung; Landes, Bankers and Pashas; W.J. Mommsen, Imperialismus in Ägypten.

64 Ganiage, Origines, S. 159 ff.; G. Gehring, Les relations entre la Tunésie et l'Allemagne, Paris 1971.

65 Vgl. die S. 122f. abgedruckte Übersicht über die Anleihen an das Osmanische Reich, Tunesien und Ägypten bis 1874, aus der die katastrophalen Konditionen ersichtlich sind, zu denen diese kontraktiert wurden.

«Transmissionsriemen» des internationalen Kapitals an der Peripherie; in Einzelfällen beteiligten sie sich darüber hinaus selbst an der Vermittlung internationaler Anleihen.

Die Konditionen, zu denen die europäische Hochfinanz diese Anleihen gewährte, waren fast durchweg so miserabel, um nicht zu sagen, wucherisch, daß von vornherein nicht erwartet werden konnte, daß der Zinsendienst durch produktive Investitionen gleichviel welcher Art hätte verdient werden können, ganz abgesehen davon, daß nur vergleichsweise kleine Teile der Erträge dieser Anleihen überhaupt produktiv investiert worden sind. Die an diesen Anleihegeschäften und den sie umrahmenden Finanzoperationen mit hochverzinslichen kurzfristigen Schatzanweisungen beteiligten europäischen Finanziers gehörten fraglos nicht zu den reputierlichsten ihres Gewerbes, aber dies vermag die Vorgänge nicht ausreichend zu erklären. Die europäischen Bankiers betrachteten das Geschäft mit türkischen, ägyptischen und tunesischen Staatsanleihen im Prinzip als normale Transaktion des internationalen Bankgeschäfts, wenn auch unter zuweilen dschungelartigen Bedingungen und mit sehr hohen Risiken, die sie sich freilich in Form exorbitanter Kommissionen und indirekt in Gestalt äußerst ungünstiger Emissionskurse, die die Realzinssätze nicht selten über die damals exorbitant hohe 10%-Marge hinaufdrückten, teuer bezahlen ließen. Mag man auch die Vorgänge formal nicht wesentlich anders bewerten als die Gewährung von Staatsanleihen an europäische Regierungen, so weist allein die Tatsache der durchgängigen Sicherung dieser Anleihen durch Verpfändung staatlicher Einkommens- und Steuerquellen auf deren imperialistischen Charakter hin; letzteres implizierte zwangsläufig die Ausbeutung breiter Schichten zugunsten der indigenen Oberschichten und indirekt zugunsten der europäischen Gläubiger und setzte im Grunde die Erhaltung der bestehenden autoritären Herrschaftsverhältnisse voraus. Die Frage, mit welchen Sanktionen man denn im Fall der Zahlungsunfähigkeit die Ansprüche der Gläubiger werde realisieren können, stellten sich die Bankiers zunächst nicht; sie konnten aber zumeist von vornherein auf die Unterstützung der europäischen Konsuln zählen, und dies bedeutete unter den an der Peripherie obwaltenden politischen Verhältnissen sehr viel. Entscheidend war jedoch die Tatsache – und dies vor allem erlaubt es, diese Vorgänge als finanzimperialistische Phänomene zu bezeichnen –. daß die europäischen Finanzgruppen und deren Agenten dank des Kapitulationenrechts und der extensiven Auslegung, die dieses unter dem Druck der europäischen Mächte im 19. Jh. erfahren hatte, eine privilegierte Rechtsstellung besaßen, die ihnen

I. Auslandsanleihen des Osmanischen Reiches bis 1874 in 1000 türk. £ (nach Hamza und Ducruet)

Jahr der Anleihe	Nominal-betrag	Emissions-kurs	Effektiv-ertrag	Ende der Amorti-sierungsperiode	Nomineller Zinssatz	Jahres-zahlung	Emittierende Bank
1854 (brit.-frz. Garantie)	3000	80	2400	–	6%	270	Dent, Palmer & Co.
1855	5000	$97^3/_8$	4881	–	4%	250	Rothschild
1858	5500	76	4180	1893	6%	385	Dent, Palmer
1860	2241	52,5	1401	1896	6%	152	Mirès
1862	8800	68	5984	1886	6%	704	Ottoman Bank
1863	8800	71	6248	1887	6%	704	Imperial Ottoman Bank
1865 a	6600	66	4356	1887	6%	557	Imperial Ottoman Bank
1865 b	40000	50	20000	1898	5%	1960	Brit. Bankengruppe
1869	24444	61	14911	1902	6%	1711	Comptoir d'Escompte
1870	34848	32,125	11915	1969	3%	1232	Hirsch
1872 (brit. Garantie)	12239	98,5	12055	1878	9%	1101	Austro-Ottoman Bank
1873	30555	59,5	18180	1903	6%	2139	Crédit Général
1874	44000	43,5	19140	–	5%	2200	Imperial Ottoman Bank

II. Auslandsanleihen und innere Verschuldung der Regentschaft in Tunesien 1862–1867
in 1000 franz. Francs (nach Ganiage)

Jahr der Anleihe	Nominal-betrag	Emissions-kurs	Effektiv-ertrag	Ende der Amorti-sierungsperiode	Nomineller Zinssatz	Jahres-zahlung	Emittierende Bank
a) innere Staatsschuld							
bis 1862	28027				12–13%		
1862	10000				12%		Prinz Nessim
b) Auslandsanleihen							
1863	39346	96 (7% Kommission)	29925	1874	7%	4200	Erlanger
1865	15000	72 (7% Kommission)	10 365	1876	7%	1800	Erlanger
1867	100000	73	–	1897	7% die letzte Anle	–	Erlanger

III. Ägyptische Auslandsanleihen 1862–1873 in 1000 £ Sterlin (nach Ducruet und Blaisdell)

1862	3293	$82^1/_2$ bzw. $84^1/_2$	2500	1892	7%	265	Frühling & Goschen
1864	5704	93	4864	1879	7%	620	Frühling & Goschen
1865	3387	90	2750	1881	7%	368	Anglo-Egyptian Bank
1866	3000	92	2640	1874	7%	710	Frühling & Goschen
1867	2080	90	1700	1881	9%	258	Imperial Ottoman Bank
1868	11890	75	7193	1898	7%	953	Oppenheim
1870	7143	75	5000	1890	7%	668	Bischoffsheim
1873/74	32000	$84^1/_2$ bzw. 70	19974	1903	7%	2566	Oppenheim

Exterritorialität und das Recht sicherte, nur vor den jeweiligen konsularischen Gerichtshöfen verklagt werden zu können. Unter diesen Umständen konnten sie es jederzeit auf juristische Auseinandersetzungen mit den indigenen Regierungen ankommen lassen; nicht sie, sondern die einheimischen Herrscher mußten Prozesse vor diesen von vornherein den Europäern wohlgesinnten Gerichten fürchten. Infolgedessen war es den europäischen Bankiers und deren Agenten in der Regel möglich, die Risiken ihrer Finanztransaktionen ganz oder zumindest zu erheblichen Teilen einseitig dem Sultan, dem ägyptischen Khediven oder dem Bey von Tunis zuzuschieben, wie etwa im Falle der ägyptischen Anleihe von 1865, deren Obligationen nicht voll hatten abgesetzt werden können, oder der letzten tunesischen Anleihe von 1867, die vollkommen fehlschlug, was den Bankier Erlanger veranlaßte, sogleich den Bey von Tunis vor den konsularischen Gerichten auf Schadenersatz zu verklagen[66]. Ohne die Tatsache, daß es in den mohammedanischen Staaten zweierlei Recht für Europäer und deren Protéges einerseits, für Eingeborene andererseits gab, und erstere zudem auf die rechtliche und diplomatische Unterstützung durch ihre Konsuln zählen konnten – oft, ohne daß sich die betreffenden Regierungen überhaupt Rechenschaft über die Auswirkungen solcher konsularischen Praktiken gaben –. hätte es zu solchen Auswüchsen europäischen Finanzimperialismus nie kommen können. Darüber hinaus aber waren die Bankiers ohnehin in einer starken «bargaining position», weil die jeweiligen Regierungen sich die Gefahr eines Verlustes künftigen Staatskredits einhandelten, wenn sie sich mit ihnen anlegten; lieber schoben sie das Debakel eines Staatsbankrotts mit zweifelhaften Finanzierungsmethoden immer wieder hinaus, als ein für alle Mal den Zugang zu den internationalen Finanzmärkten zu verlieren.

In allen drei Fällen kam es infolgedessen zum unvermeidlichen Zusammenbruch der Schuldentürme und als Folge davon zu Formen indirekter finanzimperialistischer Herrschaft im Namen der europäischen Gläubiger. Dies wäre freilich ohne die direkte Hilfestellung der Großmächte nicht möglich gewesen. Im Falle Tunesiens stellte sich die französische Regierung massiv hinter die Interessen einer Finanzgruppe, an deren Spitze bemerkenswerter Weise der «preußische» (!) Privatbankier Erlanger stand, teils, weil die Interessen einer großen Zahl französischer Sparer tangiert waren, was der französischen Regierung nicht gleichgültig sein konnte, zum anderen, weil sie damit weitreichendere politische Ambitionen verband, die allerdings dann

66 Ganiage, Origines, S. 258.

infolge der Intervention Großbritanniens und Italiens zunächst zunichte gemacht wurden. Immerhin waren es hier die Mächte selbst, die wegen der sonst zu befürchtenden politischen Komplikationen dem Bey von Tunis eine internationale Kontrollkommission aufzwangen. Im Fall des Osmanischen Reiches, das 1875 seine Zahlungsunfähigkeit erklärt hatte, genügte die «Empfehlung» des Berliner Kongresses, eine entsprechende Kommission einzusetzen, um die Pforte zu veranlassen, sich mit den europäischen Gläubigern direkt zu arrangieren, in Form der Errichtung der *Administration de la Dette Publique Ottomane,* (A.D.P.O.), die von Vertretern der Gläubiger geleitet und der die Verwaltung aller übereigneten Pfänder, mehr als ein Drittel der türkischen Staatseinnahmen, einschließlich deren Eintreibung, direkt übertragen wurde. In Ägypten kam es zur Einsetzung der sog. «Dual Control», d.h. der Verwaltung der ägyptischen Staatsfinanzen durch je einen französischen und einen englischen Repräsentanten, sowie zur Errichtung einer *Caisse de la Dette Publique,* die alle für die Anleihen verpfändeten Steuerquellen, Ländereien etc. in direkte Eigenverwaltung übernahm. Die weitere Entwicklung sei nur kurz angedeutet; in Tunesien und in Ägypten führten politische Protestbewegungen gegen die Kollaborationsregime, die sich auf eine derartige partielle Abdikation der nationalen Souveränität zugunsten europäischer Gläubiger eingelassen hatten, 1881 bzw. 1882 zur Okkupation und damit zur Errichtung formeller, wenn auch rechtlich weiterhin im Namen des bisherigen Souveräns ausgeübter imperialistischer Herrschaft. Dagegen wirkte sich das gemeinsame Interesse der West- und der Zentralmächte an der Erhaltung des Osmanischen Reiches zugunsten der Stabilisierung der Nebenregierung der A. D. P. O. aus. In allen Fällen wurden zwar die Schuldenlasten durch eine Konversion der Anleihen erheblich reduziert und damit die Ansprüche der Gläubiger drastisch beschnitten; jedoch wurden ihre Einlagen gerettet und eine Verzinsung zu mäßigen Sätzen garantiert, die allerdings teilweise unter der Marge der Verzinsung vergleichbarer Obligationen in den europäischen Binnenmärkten lagen.

Die Harmonie zwischen dem politischen Imperialismus der europäischen Großmächte und dem Finanzimperialismus der internationalen Syndikate in Paris, London und Frankfurt, war freilich weniger weitreichend, als man angesichts dieser Entwicklungen auf den ersten Blick annehmen sollte. Nur im Falle Frankreichs stellte sich die Politik uneingeschränkt hinter die unmittelbar beteiligten Finanzgruppen und Gläubiger; mit der Proklamation des Protektorats waren zunächst die Kapitaleinlagen der europäischen Gläubiger gerettet. Aber dies geschah um den Preis einer Aufgabe der «informellen» Herrschaft des Finanzkapitals in Form der Kontrolle der tunesischen Staatsfinanzen. Denn nun würde ein Fortbestehen der Internationalen Finanzkommission die formelle, wenn auch in indirekten Formen auszuübende imperialistische Herrschaft beeinträchtigt und Großbritannien und Italien einen geeigneten Hebel zu politischen Interventionen geboten haben! Also wurden die Gläubiger 1884 mithilfe einer neuen Anleihe, deren Risiko allerdings den französischen Steuerzahlern aufgebürdet wurde, zu erträglichen, wenn auch, gemessen an den Aussichten der Anfangszeit, mageren Konditionen abgefunden. In Ägypten nahmen die Dinge nach der britischen Okkupation einen ähnlichen, freilich keineswegs ebenso gradlinigen Verlauf. Mit der Restitution des Marionettenregimes Taufiq, bei tatsächlicher Machtausübung durch den britischen Generalkonsul Lord Cromer, war der Staatskredit Ägyptens zunächst gerettet, und der Kurswert ägyptischer Papiere schnellte wieder nach oben. Aber die Glanzzeit indirekter Herrschaft des Finanzkapitals war ebenfalls vorüber; neuen lukrativen Ermittierungen wurde ein Riegel vorgeschoben. Doch ließ sich in diesem Falle die Nebenregierung der Caisse de la Dette Publique nicht so rasch wieder loswerden, da die anderen Mächte aus politischen wie aus wirtschaftlichen Gründen an deren Erhaltung interessiert waren. Großbritannien hat seit 1882 wiederholt versucht, die britische Administration in Ägypten von den innen- wie außenpolitisch gleich bedeutsamen Fesseln der *Caisse de la Dette Publique* zu befreien, waren dieser doch alle ägyptischen Staatseinkünfte oberhalb einer Summe von 4,5 Mill. £ ein für allemal für den Schuldendienst zugesprochen worden. Damit war einer fortschrittlichen Wirtschaftspolitik von vornherein der Weg verlegt. Die Interessen des Finanzimperialismus, dem es in erster Linie um eine möglichst vollständige Schuldentilgung zu tun war, mochten auch die Fellahin noch so sehr unter der Schuldenlast stöhnen, und der politische Imperialismus Großbritanniens, dem es darum gehen mußte, die Ansprüche der Gläubiger herabzuschrauben, traten nunmehr wieder deutlich auseinander. Die Caisse de la Dette Publique als Instrument des Finanzimperialismus namentlich der französischen Banken blieb zumindest bis 1904 ein Pfahl im Fleische des englischen Imperialismus in Ägypten. Die Etablierung der politischen Herrschaft Großbritanniens in allerdings verschleierter Form bedeutete im übrigen keineswegs ein Ende des multinationalen Finanzengagements in Ägypten. Auch unter britischer Herrschaft strömte weiterhin viel französisches Kapital ins Land, insbesondere in die zahlreichen Hypothekengesellschaften, die an dem großen Boom im Anbau ägyptischer

Baumwolle profitierten. 1914 waren in ägyptischen Gesellschaften ca. 92 Mill. ägypt. £ ausländischen Ursprungs investiert, davon 30,25 Mill. aus Großbritannien und 46,27 Mill. (also ein Drittel mehr) französischen Ursprungs, ungeachtet der politischen Alleinherrschaft Großbritanniens[67].

Höchst interessant hingegen gestaltete sich die künftige Entwicklung der A.D.P.O., die sich faktisch zu einer «Drehscheibe aller osmanisch-europäischen Finanz- und Investitionsgeschäfte» entwickelte[68]. Denn sie beschränkte sich in der Folge keineswegs auf die Eintreibung der Zölle, Steuern und sonstigen Einnahmequellen, die ihr im Interesse der Verzinsung und Tilgung der konsolidierten Schulden übertragen worden waren, sondern wurde in zunehmendem Maße zur Basis für die umfangreichen Operationen des europäischen Finanzkapitals in der Türkei in den letzten Jahrzehnten vor 1914. Sie begann selbst Entwicklungspolitik zu betreiben, beispielsweise durch Förderung der Seidenraupenzucht, der Salzproduktion oder des Tabakplantagenbaus, übrigens mit großen Erfolgen; darüber hinaus übernahm sie die Verwaltung des Zinsendienstes der großen Mehrzahl der seit 1886 neu kontraktierten Anleihen bzw. Konzessionen des Osmanischen Reiches, sowie die Erhebung der dafür jeweils zweckgebundenen Steuern, Zölle und Einkünfte. Dies geschah mit ausdrücklicher Billigung des Sultans, der selbst erkannte, daß durch die Einschaltung der A.D.P.O. europäisches Kapital zu weit günstigeren Konditionen interessiert werden konnte[69]. Die enge personelle Verflechtung der Vertreter der A.D.P.O. mit den unmittelbar beteiligten Großbanken, insbesondere der Imperial Ottoman Bank, dann aber auch den großen monopolistischen Gesellschaften wie der Anatolischen Eisenbahngesellschaft und später der Bagdadbahngesellschaft zeigt ebenfalls die große Bedeutung, die diese Institution, die zwar formell eine türkische Verwaltungseinrichtung, faktisch eine multinationale Finanzkorporation mit halbstaatlichen Rechten war, für die wirtschaftliche Durchdringung und Entwicklung des Osmanischen Reiches gehabt hat. Die Mehrzahl der großen Bahnbauprojekte von deutscher, französischer und englischer Seite, um nur ein Beispiel zu nennen, hätte ohne die

67 R.L. Tignor, Modernization and British Colonial Rule in Egypt 1882–1914, Princeton N.J. 1966, S. 362; vgl. A.E. Crouchley, The Economic Development of Modern Egypt, London 1938, S. 179, ferner E.R.J. Owen, Cotton and the Egyptian Economy 1820–1914. A study in Trade and Development, Oxford 1969.

68 Schölch, Wirtschaftliche Durchdringung, S. 436.

69 Vgl. Blaisdell, European Financial Control, S. 108ff., 152f.

teils direkte, teils flankierende Unterstützung der A. D. P. O. schwerlich in Angriff genommen werden können[70]. Seit der Jahrhundertwende gerieten diese ihrer Struktur wie ihrer personellen Zusammensetzung nach multinationalen Finanzkorporationen dann allerdings zunehmend in das Fahrwasser der imperialistischen Rivalitäten der Großmächte. Diese suchten nach Wegen, um ihren Einfluß auf die A. D. P. O. zu steigern, und sie zugleich zur Förderung ihrer jeweiligen politischen und wirtschaftlichen Zielsetzungen zu gewinnen, was allerdings vor 1914 nie wirklich gelungen ist; obgleich in beiden Institutionen französisches Kapital beherrschenden Einfluß besaß, haben sowohl die A. D. P. O. wie die Ottoman Bank bis 1914 ihren wesentlich multinationalen Charakter behaupten können.

Welche Bedeutung kommt diesen spezifisch finanzimperialistischen Prozessen unter dem Gesichtspunkt einer allgemeinen Imperialismustheorie zu? Zunächst läßt sich feststellen, daß die durch schmale indigene Oberschichten im Bunde mit den internationalen Banken, oder genau genommen zumeist deren weniger respektierlichen Repräsentanten, in Gang gesetzte Modernisierung ein Fiasko gewesen ist. Es kam nur in geringem Maße zu wirklich produktiven Investitionen, noch dazu unter Bedingungen, die es ausschlossen, daß die betreffenden Regierungen oder Völker wenigstens in absehbarer Zeit an den daraus erwirtschafteten Erträgen partizipieren würden, hingegen zu schweren dauernden finanziellen Belastungen, die zumeist die breiten Massen zu tragen hatten, zuweilen, wie im Fall Ägyptens, bis zur Grenze des Unerträglichen. Vielleicht noch bedeutsamer war, daß durch die Einsetzung von Nebenregierungen der Gläubiger die bestehenden Herrschaftsstrukturen zumindest der Tendenz nach festgeschrieben wurden, einmal weil die Rechtsgrundlage des Systems von der formalen Erhaltung der Legitimität des jeweiligen Herrschers abhing (was freilich die faktische Aushöhlung seiner Machtstellung nicht ausschloß), zum anderen, weil die Verpfändung von staatlichen Einnahmequellen, mochten diese auch noch so altertümlich sein wie die «Zehnten» im Osmanischen Reich, eine Änderung des Steuersystems zur faktischen Unmöglichkeit machte. Die wenigen Ansätze zu einer Modernisierung im ökonomischen Bereich, die durch das Einströmen europäischen Kapitals initiiert worden waren, wurden dergestalt im politisch-gesellschaftlichen Bereich ins Gegenteil verkehrt. Hinzu

70 Vgl. H. Mejcher, Die Bagdadbahn als Instrument deutschen wirtschaftlichen Einflusses im Osmanischen Reich, in: Geschichte und Gesellschaft, 1. Jg. 1975, S. 457ff; Blaisdell, ebd. S. 3f., 141ff.

kam, daß durch die finanziellen Belastungen und die finanziellen Bindungen, die mit der Einrichtung von Schuldenverwaltungen verbunden waren, der wirtschaftlichen Entwicklung dieser Länder vielfach schwere Fesseln auferlegt wurden, gleichviel ob diese, wie im Falle Tunesiens oder Ägyptens, späterhin zugunsten direkter imperialistischer Herrschaft abgelöst wurden oder, wie im Falle des Osmanischen Reiches, erhalten blieben.

Die Frage, wer eigentlich die Gewinner in diesen krassen Fällen europäischen Finanzimperialismus gewesen sind, läßt sich weniger eindeutig beantworten. Fest steht, daß die an der Emittierung von Anleihen oder der Placierung von Krediten für bestimmte Konzessionen unmittelbar beteiligten Banken und Finanzgruppen riesige Gewinne gemacht haben und ihre Schäfchen zumeist ins Trockene bringen konnten. Ob aber die Gläubiger in ihrer Gesamtheit, insbesondere aber die kleinen Sparer, die derartige Obligationen anstelle von langfristigen Rentenpapieren erworben hatten, dabei nennenswert profitiert haben, dürfte zweifelhaft sein. Da im Zuge der Konsolidierung der Schuldentürme mehrfach Konversionen der Schuldtitel vorgenommen wurden, die eine drastische Zurückschneidung der noch bestehenden Kapitalansprüche, eine Absenkung der Zinssätze und eine Verlängerung der Rückzahlungsfristen z.T. bis in die 40er Jahre des 20. Jh.s hinein mit sich brachten, wurden die Gläubiger, soweit sie sich nicht rechtzeitig genug von ihren Papieren getrennt hatten, wenn nicht eines Teils ihres eingesetzten Kapitals, so doch zumindest der erhofften Gewinne beraubt. Ein wenig überspitzt könnte man diese komplizierten Operationen, die unter dem Druck verschiedenster politischer und wirtschaftlicher Interessen zustande kamen, als gigantische Kapitalvernichtungsaktionen (freilich von zu erheblichen Teilen bloß fiktivem Kapital!) bezeichnen, die die Masse der Gläubiger zu tragen hatte. Die Verlierer waren in erster Linie kleine Sparer und Rentiers, weniger die Banken und die großen Kapitaleigner. Immerhin wird man festhalten müssen, daß deren Verluste, soweit sie überhaupt großen Umfang angenommen haben, gegenüber den Lasten, die die betroffenen Völker zu tragen hatten, bescheiden gewesen sind.

Das einzige Land dieser Staatengruppe, das die Periode des ungehemmten Finanzimperialismus einigermaßen glimpflich überstanden hat, war Marokko. Dies war darin begründet, daß in Marokko auch nach der stufenweisen Öffnung des Landes für den europäischen Handelsimperialismus seit dem britischen Handelsvertrag von 1856 eine starke Resistenz gegen alle europäische Einmischung fortbestand. Erst 1902 wurde hier erstmals der verderbliche Weg von Anleihen in den europäischen Kapitalmärkten beschritten, gleichfalls mit ruinösen Konditionen. Andererseits bot die partielle politische Neutralisierung des Landes aufgrund des Madrider Vertrages vom Jahre 1880, obwohl dieser den europäischen Residenten und ihren Protégés nicht ganz die gleichen Vorrechte einräumte wie in anderen islamischen Ländern, die besten Voraussetzungen für eine friedliche Durchdringung seitens europäischer Unternehmen und Finanzgruppen. Seit 1904 geriet Marokko dann direkt in den Strudel der imperialistischen Rivalitäten der Großmächte; weniger aus ökonomischen, als aus politischen Erwägungen heraus versuchte das Deutsche Reich nunmehr der wachsenden Vorrangstellung Frankreichs in Marokko Einhalt zu gebieten. Freilich fand sich die deutsche Politik nach der Konferenz von Algeçiras, die Frankreich und Spanien eine informelle Vormachtstellung zugesprochen hatte, mit den gegebenen Verhältnissen ab, zumal dies auch den vorwaltenden Interessen der deutschen Banken und der deutschen Unternehmungen, vornehmlich der Firma Krupp, entsprach. Letztere sahen ihre wirtschaftlichen Interessen im Rahmen einer internationalen Gesellschaft durchaus zureichend gewahrt. Doch führte die zunehmende informelle Penetration europäischen Kapitals und europäischer Unternehmungen am Ende zur Untergrabung der Autorität des Sultans Mulay Hafid, was einer unmittelbaren Gefährdung des bisherigen Systems informeller ökonomischer Kontrolle gleichkam. Infolgedessen sah sich Frankreich im April 1910 veranlaßt, zum Zweck der Restituierung der Herrschaft des Sultans einzugreifen, da an dieser das komplizierte Gebäude von Konzessionen und Privilegien aller Art hing, die sich zahlreiche Gesellschaften und Unternehmer hatten verleihen lassen. Dies führte dann zur Agadirkrise von 1911, und damit zum heftigsten Zusammenstoß zweier europäischer Mächte über imperialistische Fragen vor dem Ersten Weltkrieg, wobei die beiderseitigen ökonomischen Interessen eine nur zweitrangige Bedeutung hatten[71].

Diese Entwicklung war signifikant für eine allgemeine Strukturveränderung der imperialistischen Prozesse seit der Jahrhundertwende. Es kam nun zu einer immer stärkeren Akzentverschiebung zugunsten national gebundener Politik, während die älteren Formen des Freihandelsimperialismus, und mit ihnen auch der Typ des internationalistisch orientierten Finanzimperialismus, allgemein zurückgedrängt und, soweit sie fortbestanden, zunehmend in den Dienst der jeweiligen

71 P. Guillen, L'Allemagne et le Maroc de 1870–1905, Paris 1963; Fieldhouse, Economics and Empire, S. 296; Pogge v. Strandman, Rathenau, S. 169f.

nationalen politischen Imperialismen genommen wurden. Zum ersten Male war dieser neue Trend in den Auseinandersetzungen über die Zukunft der Burenrepubliken in Südafrika zutage getreten. Dies mag auf den ersten Blick paradox erscheinen, denn die Zeitgenossen haben die Auseinandersetzungen zwischen dem britischen Empire und dem Transvaal, die mit der sog. Jameson-Raid von 1896 in ihr kritisches Stadium eintraten und dann im Burenkrieg einen spektakulären Höhepunkt erreichten, ganz im Gegenteil als typischen Fall von «Börsenjobber-Imperialismus» betrachtet. John Atkinson Hobson ist vor allem aufgrund der Erfahrungen des Burenkrieges zu seiner bekannten Theorie angeregt worden, derzufolge der «territorial grab» wesentlich auf das Drängen von unterbeschäftigtem Kapital auf profitable Investitionsmöglichkeiten in noch unterentwickelten überseeischen Ländern zurückzuführen sei[72]. Allein, uns will scheinen, daß diese Vorgänge eher eine entgegengesetzte Deutung nahelegen, nämlich einer zunehmenden Einhegung der auf der Basis des Diamantbergbaus und dann insbesondere des Goldbergbaus an der Rand begründeten finanzkapitalistischen Imperien in ein von britischen Interessen determiniertes System eines politischen Subimperialismus, mit dem Zentrum in der Kap-Kolonie. Die treibende Figur war dabei Cecil Rhodes, der in seiner Doppelfunktion als einer der führenden Repräsentanten des Finanzkapitals und als Chef der British South African Company, sowie als damaliger Ministerpräsident der Kap-Kolonie, eine ausschlaggebende Rolle gespielt hat, deren Bewertung bis heute ein umstrittenes Problem der Forschung darstellt[73].

Ursprünglich spielte internationales Kapital, von der Staatsschuld der Kap-Kolonie einmal abgesehen, die unter den gegebenen Umständen kein erstklassiges Spekulationsobjekt darstellte, in Südafrika keine große Rolle. Die in den Diamantminen in Kimberley investierten beachtlichen Kapitalien waren im wesentlichen durch Selbstfinanzierung zusammengekommen. Es blieb Rhodes, zusammen mit seinen Partnern in der de Beers & Co., Beit und Wernher, beides Geschäftsleute deutscher Abkunft, vorbehalten, die südafrikanischen Diamantenminen zu einem Großobjekt internationaler Börsenspekulation zu machen. Mit Hilfe von Anleihen bei Rothschild und bei einer Hamburger Bankengruppe gelang es Rhodes, die einzige ausländische Ge-

72 Vgl. die Belege bei Mommsen, Nationale und ökonomische Faktoren, in diesem Band S. 25, Anm. 38.

73 J.G. Lockhard und C.M. Woodhouse, Cecil Rhodes, London 1963; John Marlowe, Cecil Rhodes. The Anatomy of Empire, S. 172ff.

sellschaft von einiger Bedeutung, die Compagnie Française de Mines de Diamant du Cap de Bon Espérance, aufzukaufen und seinen großen Rivalen Barnato in seine eigene zu diesem Zweck umgegründete Holding-Gesellschaft, die de Beers Consolidated, hineinzuzwingen. Auf diese Weise verschaffte Rhodes sich zusammen mit seinen Partnern Beit und Wernher eine finanzielle Machtbasis, die dann nach der Entdeckung von Gold an der Rand durch eine systematische Expansionspolitik, verbunden mit der Gründung neuer Gesellschaften, insbesondere der Consolidated Gold Fields of South Africa Ltd., immer weiter ausgebaut worden ist. Seine Beteiligung an diesen Gesellschaften verschaffte Rhodes ein solides finanzielles Rückgrat für seine Politik des Empire-Building, wie er sie insbesondere mit Hilfe der British South Africa Company betrieb, die er faktisch als Alleinherrscher kontrollierte. Finanziell war letztere, trotz oder vielmehr gerade wegen ihrer systematischen Expansion nach Süden, ein Faß ohne Boden, obgleich es Rhodes durch den beständigen Appell an die nationalen Gefühle seiner englischen *shareholders*, sowie durch geschickte Börsenmanipulationen gelang, die Aktien der B.S.A.C. zeitweilig auf über 300% ihres Nennwertes zu steigern[74].

Mit den Goldfunden an der Rand setzte dann ein Run des internationalen Kapitals auf Südafrika ein, der sich unter höchst spekulativen Begleitumständen vollzog. Die Finanzierungsmethoden der wie Pilze aus dem Boden schießenden Goldbergwerksunternehmen waren höchst zweifelhafter Natur, insbesondere was die verbreitete Praxis anging, den jeweiligen Prospektoren mit Hilfe von Vorzugsaktien, die diese dann jeweils im richtigen Augenblick auf den Markt warfen, gewaltige unverdiente Kapitalgewinne zuzuschanzen. Damit ging einher die Methode, die Börsenkurse der entsprechenden Papiere auf Kosten der ordinären Anteilseigner systematisch zu manipulieren. Um 1895 waren nicht weniger als 210 Mill. £ in Minenwerten an der Rand investiert; eine Summe, die übrigens den realen Gegenwert der Goldminen beträchtlich überstieg. Die teilweise spektakulären Dividenden, die natürlich das Interesse des allgemeinen Börsenpublikums auf südafrikanische Werte zogen, waren zumeist nur durch geschickte Aktienspekulationen erzielt worden! Obgleich der größte Teil dieser Kapitalien über die Londoner City vermittelt worden war, waren doch

74 Vgl. die extrem negative Position des Economist vom 3, Dez. 1892: »It is becoming more and more evident, that the British South Africa Company, as a centre of a series of stock-jobbing concerns, ist not the sort of undertaking to which the privilege of a Royal Charter schould habe been given.»

nahezu alle großen internationalen Finanzzentren daran beteiligt. Französische Banken waren in erheblichem Maße engagiert, und selbst die Ottoman Bank, die man hier nicht vermuten sollte, hatte über eine Beteiligung bei Barnato an dem Goldboom zu partizipieren versucht. Über die Gesellschaft Goerz & Co. waren auch die Deutsche Bank und die Berliner Handelsgesellschaft, über die General Mining und Finance Corporation des geborenen Berliners George Albu die Dresdner Bank in Südafrika präsent[75].

Infolge der sprunghaften Entwicklung des Goldbergbaus in Johannisburg begann sich das Zentrum wirtschaftlicher Aktivitäten schlagartig von der Kap-Kolonie zum Transvaal hin zu verlagern. Dies war insbesondere vom Standpunkt der Kap-Kolonie besorgniserregend, zumal die Bemühungen, den Transvaal und die Burenrepublik Natal zum Abschluß einer gemeinsamen südafrikanischen Wirtschaftsunion zu bewegen, fehlgeschlagen waren, und Versuche, dem mit der für 1895 zu erwartenden Fertigstellung der Bahnlinie von Johannisburg zur Delago-Bucht (die übrigens von einer holländischen Gesellschaft mit Hilfe einer Anleihe des Londoner Bankhauses Rothschild, das sich also hier durchaus im antibritischen Sinne engagierte, gebaut wurde) zu erwartenden Verlust eines erheblichen Teils des Verkehrsaufkommens der Kap-Bahnen entgegenzuwirken, auf den hartnäckigen Widerstand des Transvaal stießen. Die Tarifpolitik der Delagoa-Bahn, an der die Regierung des Transvaal in hohem Maße beteiligt war, ebenso wie der Natal-Bahn nach Durban, welche der Oranje-Freistaat, soweit sie durch sein Territorium lief, verstaatlicht hatte, waren den Wirtschaftsinteressen der Kap-Kolonie höchst abträglich, aber auch die Unternehmer in Johannesburg waren darüber nicht sonderlich glücklich, sahen sie sich doch hier wie auch in Sachen des staatlichen Dynamitmonopols des Transvaal ungebührlich zur Ader gelassen[76]. Die tendentiell industriefeindliche Politik der noch ganz an den Vorstellungen eines patriarchalischen Agrarstaats orientierten Regierung des Transvaal tat ein übriges, um in Johannisburg die sog. Uitlanderfrage,

75 Grundlegend: S.H. Frankel, Capital Investment in Afrika, London 1938; B. Roberts, The Diamond Magnates, London 1972; P.E. Emden, The Randlords, London 1935; A.P. Cartwright, Gold Paved the Way, London 1967. Neuester Forschungsstand bei R.V. Kubicek, The Randlords in 1895: A Reassessment, in: The Journal of British Studies, Bd. 11, 1972, S. 84ff.; die Belege über Beteiligung deutscher Finanzgruppen ebendort S. 101.

76 Dazu allgemein J. Van der Poel, Railway and Customs Policies in South Africa 1885–1910, Cape Town 1933.

d. h. die Forderung nach politischer, nicht bloß rechtlicher Gleichstellung der zahlreichen nichtburischen Einwanderer, akut werden zu lassen.

Auf diesen begrenzten Beschwernissen baute dann Cecil Rhodes, indirekt unterstützt durch den britischen Hochkommissar Robinson, seinen Plan auf, einen Aufstand in Johannisburg zu inszenieren und damit den Anstoß zur Annexion der Burenrepubliken durch Großbritannien, d. h. faktisch durch die Kap-Kolonie, zu geben. Er hatte sich übrigens dazu erst entschlossen, nachdem Versuche fehlgeschlagen waren, durch Erwerb der Delagoa-Bay von den Portugiesen die Burenrepubliken zu umzingeln und ihnen den Zugang zum Meer abzuschneiden. Diese Politik, die dann infolge des Fiaskos des sog. Jameson-Raid zunächst scheiterte, um dann vier Jahre später von Lord Milner unter ausgesprochen nationalistisch-rassischen Gesichtspunkten in einem blutigen Kriege verwirklicht zu werden, ist schon damals allgemein den Kapitalinteressen der Rand zur Last gelegt worden. Entrüstet schrieb beispielsweise der radikale «Investor's Review», der vornehmlich das Sprachrohr der Interessen der kleinen, politisch meist liberalen Kapitaleigner war, nach der Raid: «Rhodes ... does he think that the British nation would have allowed the independence that we have solemnly garantied to the South African Republic to be wrestled from it by the force and treachery of a gang of money-grabbing financiers who talk about political grievances when their only objects are monopolies, concessions, and royalties[77]?» Demgegenüber dürfte heute unbestritten sein, daß nur ein Teil der Johannesburger «Randlords», und zwar vornehmlich die Cecil Rhodes nahestehenden Gruppen, an dem Coup oder der dahinterstehenden politischen Strategie ein aktives Interesse gezeigt, geschweige denn unmittelbar daran teilgenommen haben.

Mehr als eine kühne Präventivoperation Rhodes' in Verbindung mit einem Teil der Goldminenindustrie in Johannesburg ist der Jameson Raid nicht gewesen, obschon dieser mit dem Wissen und der Konnivenz der britischen Behörden, insbesondere Joseph Chamberlains, in die Wege geleitet worden ist. Nicht so sehr der Teilhaber an den Consolidated Gold Fields Rhodes, der übrigens, wie Kubicek gezeigt hat, an den geschäftlichen Vorgängen dieser Gesellschaft kaum aktiven Anteil genommen hat[78], sondern der ehrgeizige Imperialist Rhodes war der Hauptmotor dieser Politik. Diese galt in erster Linie dem Ziel,

77 The Investors Review, Bd. 7, 1896, S. 121f.
78 Randlords, S. 93f.

der mit der Gravitation des Zentrums der Wirtschaftskraft Südafrikas nach Johannisburg drohenden Gefahr, daß die Buren und nicht die Engländer in Südafrika die Oberhand bekommen würden, beizeiten vorzubeugen. Dies war allerdings nur möglich, weil sich die British South African Company auf Rhodes' enorme finanzielle Ressourcen aus dem Goldboomgeschäft zu stützen vermochte.

Die zahlreichen Versuche, die Handlungsweise Rhodes und der beteiligten Randlords aus deren unmittelbaren ökonomischen Interessen abzuleiten, sind hingegen im wesentlichen gescheitert. Die *gravamina* der Unternehmerschaft hinsichtlich der industriefeindlichen Gesetzgebung des Transvaal sind nicht zureichend, um das Verhalten der wenigen militanten Unternehmer zu erklären. Neuerdings ist stattdessen auf den Umstand hingewiesen worden, daß der Goldbergbau an der Rand um 1895 vor der Aufgabe stand, zum Tieftagebau überzugehen, der vermehrte Investitionen (und u.a. auch vermehrten Dynamitverbrauch) notwendig machte. Die betreffenden Unternehmen hätten sich daher dazu veranlaßt gesehen, in verstärktem Maße gegen das Regime des Präsidenten Krüger Stellung zu beziehen. Doch hat sich eine reinliche Scheidung der «Randlords» in solche, die «outcrops» und solche, die «deep-level mines» betrieben, wobei letztere mit der Rhodes-Partei identisch gewesen seien, nicht aufrechterhalten lassen; vielmehr sind «keinerlei finanzielle Faktoren zu finden, die jene Randlords, die der subversiven Politik von Rhodes zuneigten, von jenen anderen unterschieden, sie sich davon fernhielten»[79].

Man wird demnach daran festhalten müssen, daß es sich hier in erster Linie um eine von Cecil Rhodes als informellem Beherrscher des späteren Rhodesien und Exponenten der Kap-Kolonie betriebene Politik handelte, die das Ziel hatte, eine Region, die dank der ungewöhnlich erfolgreichen Operationen des europäischen Finanzkapitals im Begriff stand, zum ökonomischen Mittelpunkt ganz Südafrikas zu werden, unter die Kontrolle des britischen Empire zu bringen. Der Mehrheit der «Randlords» war es hingegen ziemlich gleichgültig, unter welchen politischen Verhältnissen sie ihre Geschäfte betrieben; in

79 Zur «outcrop-deep level-These»: D.N.J. Denoon, A Grand Illusion. London 1973; ders.; Capitalist Influence' and the Transvaal Government during the Crown Colony Period 1900–1906, in: Historical Journal, Bd. 11, 1968; G. Blainey, Lost Causes in the Jameson Raid, in: Economic History Review, 2nd. series, Bd. 18, 1965, S. 301ff.; Widerlegung durch A.A. Mawby, Capital Government and Politics in the Transvaal 1900–1907. A Revision and a Reversion, in: Historical Journal, Bd. 17, 1974; das Zitat nach Kubicek, Randlords, S. 102.

einem entscheidenden Punkte, nämlich der Politik gegenüber den Eingeborenen, waren sie bei den Buren ohnehin besser aufgehoben als bei den Briten. Jene «Randlords», die sich auf die Seite Rhodes' schlugen, taten dies primär aus Gründen der politischen Opportunität; sie hätten wohl nie dazu gebracht werden können, mitzutun, wenn man nicht allgemein fest mit einem aktiven Eingreifen der britischen Regierung gerechnet hätte. Im übrigen haben sich der Burenkrieg und die Etablierung britischer Herrschaft im Transvaal, welcher freilich schon 1909 die Gewährung der Selbstverwaltung an Südafrika – dies hieß aber die Wiederherstellung des Übergewichts der Buren – folgte, für die «Randlords» keineswegs günstig ausgewirkt; die finanziellen Auflagen und die steuerliche Belastung der Goldminen nahmen unter dem Regime Lord Milner beträchtlich zu, und von einer Begünstigung des Goldbergbaus kann auch sonst schwerlich die Rede sein[80].

Auf das Verhalten des internationalen Finanzkapitals hatte diese Entwicklung übrigens bemerkenswert geringe Auswirkungen; während südafrikanische Werte nach dem Burenkrieg in der Gunst des britischen Börsenpublikums erheblich sanken, zögerten namentlich französische Kapitalanleger nicht, erhebliche Summen in profitablen ebenso wie in windigen Kapitalgesellschaften Südafrikas zu investieren, und auch das deutsche Bankenpublikum dachte nicht daran, sein Geld unter nationalen Gesichtspunkten zu placieren und nach der Machtergreifung der Briten den südafrikanischen Werten den Rücken zu kehren. Langfristig gesehen hat das multinationale Finanzkapital, das in Südafrika nicht nur ungewöhnlich reichhaltige Bodenschätze, sondern auch billige afrikanische Arbeitskräfte vorfand, die britische ebenso wie die burische Herrschaft überdauert; es operierte unter gleichviel welchen politischen Umständen mit den gleichen Methoden und dem gleichen Erfolg.

Wie in Südafrika, so gerieten die finanzimperialistischen Projekte ungeachtet ihres prinzipiell multinationalen Charakters auch anderwärts zunehmend in den Strudel der jeweiligen nationalen Imperialismen. Die Großmächte zeigten sich in den letzten beiden Dezennien vor 1914 allgemein bestrebt, die mit Hilfe des Finanzimperialismus gewonnenen Positionen in ihre jeweiligen nationalen imperialistischen Strategien einzubeziehen, sei es, um dadurch bestehende Formen informeller politischer Hegemonie zusätzlich mit ökonomischen Mitteln abzustützen, sei es, um sie als Ansatzpunkte für die Stabilisierung, Errichtung oder Erweiterung formeller imperialistischer Herr-

80 Mawby, Capital Covernment, S. 398f.

schaft auszunutzen. In zwei Regionen vor allem gerieten die teilweise schon weit vorangetriebenen und vielfach wirtschaftlich höchst aussichtsreichen Operationen des europäischen und nun auch des amerikanischen Finanzimperialismus zunehmend in ein eindeutig politisches Fahrwasser, im Iran und in China.

Im Iran stießen britische und russische imperiale Interessen schon seit der Mitte des 19. Jh.s direkt aufeinander, und so erhielten die gleichzeitigen Bemühungen um die Erschließung des Landes unter handelspolitischen Gesichtspunkten von vornherein einen politischen Aspekt. Während das zaristische Rußland die Vorrangposition des eigenen Handels im Norden des Iran mit allen Mitteln zu verteidigen suchte (dazu gehörte nicht zuletzt die Verhinderung des Aufbaus eines modernen Verkehrswesens), bemühte sich die britische Politik, mit Hilfe einer «gesteuerten Pentration durch das Finanzkapital» die wankende Stellung des britischen Handels im Lande wieder zu stabilisieren[81]. Die auf britische Regierungsinitiative 1899 gegründete, durch eine königliche Charter offiziell privilegierte, Imperial Bank of Persia und die seit 1899 vom russischen Staat kontrollierte Banque d'Escompte de Perse lieferten sich in der Folge harte Positionskämpfe auf dem iranischen Markt, bei gleichzeitiger Ausschaltung möglicher Konkurrenten aus den Kreisen des internationalen Finanzkapitals. In diesem Zusammenhang setzte Rußland 1897 erstmals die Waffe einer politischen Anleihe ein, die an die Erfüllung bestimmter politischer Bedingungen geknüpft war. Dem Iran wurde fortan der Appell an die internationalen Kapitalmärkte formell verlegt und dergestalt das dualistische Kondominium des Zarismus und des britischen Empire mit ökonomischen Mitteln festgeschrieben. Hier entwickelte sich ein finanzimperialistisches System gleichsam als direktes Subsystem eines informellen politischen Imperialismus, zwar zu finanziellen Bedingungen, die im internationalen Maßstab als relativ maßvoll gelten durften, jedoch mit dem Effekt, daß eine wirkliche Modernisierung des Landes nicht in Gang kam. Auch hier galt die Regel, daß die europäische informelle Herrschaft unmittelbar an der Erhaltung der anachronistischen Herrschaftsstrukturen interessiert war. Seit 1903 trat dann als zusätzliches Moment das Interesse der britischen Regierung an einer gesicherten Ölversorgung der britischen Flotte auf, das zu

81 P. Luft, Strategische Interessen und Anleihenpolitik Rußlands im Iran, in: Geschichte und Gesellschaft, Jg. 1, 1975, S. 505 ff.; F. Kazemzadeh, Russia and Britain in Persia 1864–1914. A Study in Imperialism, New Haven 1968, insbes. S. 202 ff.

massiver Unterstützung der Anglo-Persian Oil Company auf Kosten möglicher Konkurrenten seitens der britischen Regierung Anlaß gab[82].

In China wiederholte sich das gleiche Spiel, nur mit ungleich größerem Einsatz und der Beteiligung einer Vielzahl von Großmächten, in erster Linie Rußland, Japan, Großbritannien, Frankreich, dem Deutschen Reich und den USA. Hier bestanden an sich besonders günstige Voraussetzungen für die Ausbildung finanzimperialistischer Strukturen, besaßen doch die Ausländerkolonien in den «Vertragshäfen» das Recht der Exterritorialität und dergestalt die Möglichkeit, trotz der Resistenz der einheimischen Bevölkerung gegenüber der europäischen Penetration als Brückenköpfe des westlichen Industrialismus zu operieren, umso mehr als die chinesischen Gesellschaften durch rechtliche und faktische Barrieren an der Aufnahme von Bankgeschäften nach westlichem Vorbild gehindert wurden. Die Auslandsinvestitionen in China beliefen sich bereits im Jahre 1902 auf die beachtliche Summe von 787,8 Mill. $; nur ein knappes Drittel davon entfiel auf staatliche oder halbstaatliche Anleihewerte, der Rest auf Aktien und Obligationen industrieller und kommerzieller Gesellschaften europäischen Rechts, insbesondere von Eisenbahngesellschaften[83].

Dieser Prozeß informeller ökonomischer Durchdringung des Chinesischen Reiches wurde jedoch spätestens seit der Mitte der 90er Jahre überlagert von den politischen Interessen der Großmächte, allen voran Rußlands, welches insbesondere das Ziel verfolgte, sein fernöstliches Empire durch die formelle Durchdringung der Mandschurei und den Bau einer Eisenbahnverbindung nach Port Arthur abzurunden. Ausgelöst wurde die Aktivität der Großmächte durch den japanisch-chinesischen Krieg von 1895, in dem Japan seine Herrschaft über Korea zu sanktionieren trachtete. Damit nahm die Serie der chinesischen Staatsanleihen ihren Anfang; China wurde von den Großmächten gezwungen, zur Ablösung der im Frieden von Schimonoseki oktroyierten Kriegsentschädigung an Japan eine internationale Anleihe aufzunehmen. Damit war zugleich ein erster Ansatzpunkt für die Versuche Rußlands geschaffen, in der Mandschurei wirtschaftlich wie politisch Fuß zu fassen. 1895 wurde zu diesem Zweck die Russisch-Chinesische Bank gegründet; sie war formell eine selbständige Institution, stand

82 Vgl. S.H. Longrigg, Oil in the Middle East, Oxford 1968^3; S.H. Shwadran, The Middle East, Oil and the Great Powers, New York 1955.

83 Remer, Foreign Investments, S. 69, ferner Chi-Ming Hou, Foreign Investment and Economic Development in China 1840–1937, Cambridge 1965.

aber faktisch unter Kontrolle der russischen Regierung, obgleich die notwendigen Kapitalien ganz überwiegend aus französischen Quellen stammten[84].

Bei den Verhandlungen über die französisch-russische Goldanleihe an China von 1895 hatte die zaristische Regierung von vornherein beabsichtigt, einen Hebel für die Durchsetzung einer besonderen russischen Interessensphäre in der Mandschurei zu gewinnen; auch wenn zunächst nur die Schiffahrtszölle als Sicherheit für die Zins- und Tilgungsleistungen verpfändet wurden, wurden Rußland für den Fall, daß die russische Garantie der Anleihe effektiv zum Tragen käme, zusätzliche effektive Sicherheiten zugesagt, über die in einem zweiseitigen Abkommen befunden werden sollte[85]. Die anderen Mächte beobachteten diese Entwicklung jedoch mit eifersüchtigem Mißtrauen, und wesentlich unter diesen Gesichtspunkten gewährte ein englisch-deutsches Konsortium, dem auf deutscher Seite die Deutsch-Asiatische Bank, eine Tochtergründung der Deutschen Bank angehörte, China 1896 und dann noch einmal 1898 Anleihen von jeweils 16 Mill. £, die allerdings mit der freihandelsimperialistischen Auflage verbunden wurden, daß China an den bestehenden Zollsätzen von sich aus nichts ändern dürfe. Diesen ersten Kapitalaufnahmen, die zu einer schweren, völlig unproduktiven Belastung des chinesischen Staatshaushalts führten, folgte dann die Begründung vom imperialistischen Außenpositionen auf dem chinesischen Festland durch Rußland, das Deutsche Reich und Großbritannien, als einem ersten Schritt hin zur Abstekkung jeweils besonderer nationaler Interessensphären, die dem eigenen Finanz- und Handelskapital zu exklusiver Nutzung vorbehalten bleiben sollten. Das massive europäische Eingreifen anläßlich der sog. Boxer-Unruhen, einer freilich chaotischen Protestbewegung gegen den wachsenden europäischen Einfluß, und die Oktroyierung einer in ihrer Höhe völlig unangemessenen Entschädigungsverpflichtung stellten den einstweiligen Höhepunkt dieses Prozesses dar, den man als eine mit politischen Methoden forcierte wirtschaftliche Durchdringung des Landes entlang jeweiliger nationaler Interessenlinien bezeichnen darf. Der Ausgang des russisch-japanischen Krieges von

84 Vgl. dazu Romanov, Russia in Manchuria 1892–1906, Ann Arbor 1952, S. 68. Witte stellte der russisch-chinesischen Bank die Aufgabe des «strengthening of Russian economic influence in China to Counterbalance the enormous importance that the English had achieved there, thanks chiefly to their having virtually taken over the administration of the maritime customs». Siehe auch Girault, Emprunts Russes, S. 305f.

85 Remer, Foreign Investments, S. 122.

1905, der wesentlich über der Frage der endgültigen Kontrolle der Mandschurei geführt wurde, brachte freilich einen ernsten Rückschlag dieser Politik, den die Vereinigten Staaten zum Anlaß nahmen, nunmehr mit Nachdruck «freien Zugang und gleiche wirtschaftliche Chancen» für alle Nationen im chinesischen Raum zu fordern[86]. So wurde das Steuer zeitweilig wieder zugunsten der elastischeren Methoden eines internationalistischen Finanzimperialismus herumgerissen.

Allein, die schwere innere Krise, in die China 1911 geriet, weckte dann bei den Politikern erneut die Neigung, dem Finanzimperialismus die Hand zu führen. Seit 1911 verhandelte ein internationales Bankenkonsortium, dem Vertreter Rußlands, Großbritanniens, Frankreichs, des Deutschen Reiches, Japans und der USA angehörten, im Auftrag der Großmächte über eine «Reorganisationsanleihe», die China instandsetzen sollte, sein zerrüttetes Finanzsystem wieder auf eine stabile Grundlage zu stellen. Doch wurde die Anleihe zugleich mit weitreichenden politischen und ökonomischen Bedingungen verknüpft, die tief in die chinesische Souveränität eingriffen; insbesondere war die Kontrolle der Chinesischen Staatsausgaben durch Repräsentanten der Mächte vorgesehen. Die Versuche Chinas, den drükkenden Bedingungen dieser Anleihe durch Aufnahme von Anleihen am internationalen Kapitalmarkt zu entgehen, wurden durch die Mächte und die den Regierungen gegenüber loyalen Großbanken vereitelt. Doch wurde der Vertrag dann infolge des Rückzugs der Vertreter der Vereinigten Staaten aus dem Konsortium, veranlaßt durch den Regierungsantritt des neuen Präsidenten Wilson, der nicht Partner eines so offen imperialistischen Abkommens sein wollte, nur in abgeschwächter Form verwirklicht. Als Instrument indirekter politischer Kontrolle in China erwies sich die «Reorganisationsanleihe» vom 8. April 1913 bald als ungeeignet; doch trug sie dazu bei, die ökonomische Vorherrschaft des westlichen Kapitals in China zu befestigen. In dieser Hinsicht war das Finanzkapital nicht erfolglos geblieben; zwischen 1902 und 1914 hatte sich die Summe ausländischer Kapitalanlagen in China verdoppelt und einen Betrag von 1650 Mill. $ erreicht;

86 Vgl. die Zirkularnote des amerikanischen Staatssekretärs Hay vom 13. Januar 1905 an die Großmächte betreffend die Stärkung und Fortsetzung der «broad policy of maintaining the integrity of China and the ‹open door› in the orient, whereby equality of commercial opportunity and access shall be enjoyed by all nations», unter Verzicht auf «any thought of reserved territorial rights or control in the Chineses Empire» (Foreign Relations of the United States, 1905, S. 1).

daran waren Großbritannien mit 37,7%, Rußland mit 16,7% und das Deutsche Reich mit 16,4% beteiligt; der Anteil der USA, der künftigen ökonomischen Vormacht in diesem Raum, der im Jahre 1902 noch ganze 2,8% der ausländischen Investitionen betragen hatte, belief sich nun auf 49,3%[87]!

Ähnliche Entwicklungen finden wir im gleichen Zeitraum auch im Nahen Osten, allerdings noch weit unmittelbarer mit politischen Faktoren verknüpft. Hier versuchten die Mächte in noch massiverer Weise, die Früchte des Finanzimperialismus für ihre nationalen Imperialismen in Anspruch zu nehmen, sowie dort, wo sich aus allgemeinen politischen Gründen eine direkte politische Einflußnahme verbot, finanzimperialistische Strategien als Instrument ihrer Politik einzusetzen. Die deutsche Regierung reklamierte jetzt das unter Führung der Deutschen Bank, aber doch mit indirekter internationaler Beteiligung unter Flankenschutz der *Administration de la Dette Publique Ottomane* in Angriff genommene Bagdadbahn-Unternehmen uneingeschränkt als Projekt der deutschen Weltpolitik und die Deutsche Bank sah sich, wenn auch mit einigem Widerstreben, veranlaßt, dabei mitzuspielen, obgleich diese Wendung der Dinge die Durchführung des Projekts außerordentlich erschweren mußte. Im Widerspruch zu den Absichten der Deutschen Bank sah die deutsche Öffentlichkeit im Bau der Bagdadbahn ein Projekt, das formell, und nicht nur indirekt der wirtschaftlichen Durchdringung des Osmanischen Reiches dienen sollte; alldeutsche Heißsporne träumten gar von der Gründung deutscher Siedlungskolonien entlang der Trasse der Bagdadbahn. Aus politischen Gründen legte Großbritannien dem Bagdadbahnprojekt jedoch bis 1913 alle nur denkbaren Hindernisse in den Weg und verhinderte eine effektive Beteiligung englischer Finanzgruppen, wie sie Siemens angestrebt hatte. Ebenso blockierte die französische Regierung, indem sie den Obligationen der Sociète de Chemin du Fer de Bagdad den französischen Kapitalmarkt versperrte, eine Aktivierung der 30%igen Beteiligung der Ottoman Bank. Selbst die Regierung Bethmann Hollweg betrachtete das Bagdadbahnunternehmen primär als eine Trumpfkarte im mächtepolitischen Spiel, mit der Großbritannien zu einer Modifizierung seiner Gesamtpolitik zugunsten der Mittelmächte veranlaßt werden sollte, und erst in zweiter Linie als größtes Objekt des deutschen «informellen» Imperialismus vor 1914.

Gleichwohl hat sich die Deutsche Bank beständig und im ganzen erfolgreich um die Abstützung des Bagdadbahnprojekts seitens der mul-

87 Remer, Foreign Investments, S. 79f.

tinationalen Finanzinstitutionen im Osmanischen Reich bemüht, unter bewußter Hintanstellung der Exportinteressen der deutschen Industrie. Sie hat dieses, wie Mejcher jüngst überzeugend nachgewiesen hat, stets primär als ein finanzkapitalistisches Projekt angesehen und wollte es daher nicht mit spezifischen Exportinteressen verquickt sehen, und ebenso wenig mit den politischen Zielen, die hinter der Gewährung von Staatsanleihen an die Türkei standen[88]. Doch ließ das politische Milieu, wie es sich seit der Jahrhundertwende entwickelte, eine ungestörte Durchführung des ursprünglichen, auf multinationaler Kapitalbasis beruhenden Konzepts immer weniger zu; die Kapitalknappheit auf dem deutschen Binnenmarkt machte stattdessen eine finanzpolitische Abstützung durch indirekte Beteiligung der Reichsbank ratsam, allein schon um die deutschen Anleger leichter erreichen zu können.

Die hier auftretenden Konflikte zwischen den Strategien eines im Ansatz multinational ausgerichteten Finanzimperialismus, der auf die Unterstützung der internationalen Finanzinstitutionen innerhalb des Osmanischen Reiches und die Mitwirkung ausländischen Kapitals nicht verzichten konnte und wollte, und dem politischen Imperialismus des Deutschen Reiches, der durch die weit direkter politisch vermittelten Interessen der Exportindustrien, insbesondere der Schwerindustrie, zusätzliche Schubkraft erhielt, sind signifikant für die substantielle Veränderung der internationalen Beziehungen im letzten Jahrzehnt vor dem Ersten Weltkrieg.

Überall kam es nunmehr zum Zerfall der bisherigen finanzkapitalistischen Ententen in unentwickelten Regionen[89]. In elastischer Anpassung an die sich rasch verändernde politische Lage nahmen die betroffenen multinationalen Finanzgruppen eine Umgruppierung ihrer Investitionszonen unter Berücksichtigung der jeweiligen nationalen Interessensphären vor. Schon in China ließ sich dergleichen beobach-

88 Mejcher, Bagdadbahn, S. 455ff. Bekanntlich kam es 1914 dieserhalb zu ernstlichen Differenzen mit der deutschen Regierung, der die Überlassung der anstehenden türkischen Staatsanleihe an die Ottoman Bank und damit an den französischen Kapitalmarkt aus politischen Gründen höchst unliebsam war. Ebenso mißbilligte die Fa. Krupp die Strategie der Deutschen Bank aus Gründen ihrer mit der Anleihe verknüpften Exportinteressen. Vgl. Fritz Fischer, Der Krieg der Illusionen, Düsseldorf 1968, S. 424ff., bes. 441f., der aus diesem Sachverhalt freilich, befangen in seiner verfehlten Konzeption von der «Sackgasse», in die die deutsche informelle Weltpolitik 1914 im Nahen Osten geraten sei, allerdings ganz irreführende Schlußfolgerungen zieht.

89 Dazu Poidevin, Relations économiques, S. 654ff.

ten. Im Jahre 1913 verständigten sich die im Osmanischen Reich operierenden französischen Finanzgruppen mit ihren deutschen Konkurrenten über eine säuberliche Trennung und genaue territoriale Abgrenzung der beiderseitigen finanzimperialistischen Projekte und Operationsgebiete. Ebenso gelang es 1914 der Deutschen Bank, unter Hilfestellung der politischen Instanzen, ein derartiges Arrangement mit Großbritannien zustandezubringen, das den Verzicht auf den Bau des letzten Abschnitts der Bagdadbahn von Basra nach Bagdad, sowie der Hafenanlagen am Persischen Golf und deren Durchführung durch ein britisches Konsortium vorsah. Auch andere Mächte begannen damals, untereinander spezielle Zonen wirtschaftlichen Interesses im Osmanischen Reich auszuhandeln, die die späteren Teilungsverträge während des Ersten Weltkrieges und teilweise sogar die Mandatsverteilung auf der Pariser Friedenskonferenz vorwegnahmen. Die politischen Imperialismen der Großmächte, so läßt sich zusammenfassend feststellen, zwangen die beteiligten Finanzgruppen, ihre ökonomischen Ziele nunmehr ganz überwiegend im Rahmen der durch die jeweilige nationale Politik gesetzten Bedingungen zu verfolgen und auf die bisher weitgehend übliche Form multinationaler Kooperation weitgehend zu verzichten, sofern diese den jeweiligen nationalen Interessen zuwiderlief.

Dies hing freilich teilweise mit den Strukturwandlungen innerhalb der industriellen Systeme zusammen. Das zunehmende Gewicht der ihrer Natur nach exportorientierten Schwerindustrien und speziell der Rüstungskonzerne, machte sich auch in den internationalen Finanzgeschäften fühlbar. Gerade die deutschen Banken, die ihrer Struktur nach Universalbanken waren, hatten in der Förderung des Exports neben dem internationalen Finanzgeschäft stets eine ihrer Hauptaufgaben gesehen; durch die Finanzierung bestimmter, überschaubarer Projekte hatten sie beide Ziele in der Regel geschickt miteinander zu verknüpfen verstanden, ohne sich doch zu bloßen Erfüllungsgehilfen der Schwerindustrie zu machen. In nationalistischer Perspektive aber schien das herkömmliche Muster internationaler Kooperation bei finanzimperialistischen Projekten größeren Umfangs nunmehr insofern nachteilig zu sein, als es nicht mit Gewißheit eine direkte Exportförderung des eigenen Landes nach sich zog. In einer Situation, in der man mehr und mehr zu exklusiver monopolistischer Abneignung bestimmter überseeischer Märkte neigte, gewann das Argument, daß das Finanzkapital ausschließlich die Exportinteressen der eigenen Wirtschaft zu fördern berufen sei, zunehmend an Gewicht. Bezeichnend dafür ist, daß seit der Jahrhundertwende verbreitet die Forderung nach Bindung internationaler Anleihen an Exportaufträge für das eigene Land aufkam. Hatten «tied loans» bislang eher zur Ausnahme gehört, so wurden sie nunmehr nahezu zum Regelfall, und zwar interessanterweise häufig auf Verlangen der politischen Instanzen, die die Vernachlässigung der nationalen Exportinteressen durch das Finanzkapital monierten. Dies galt insbesondere für die an Drittländer gewährten Staatsanleihen. So widersetzte sich die französische Regierung der Zulassung der Obligationen der durch die Ottoman Bank emittierten türkischen Anleihe von 1905 an der Pariser Börse, sofern nicht ein Drittel des davon zu kaufenden Rüstungsmaterials in Frankreich bestellt werde. In eben diesem Sinne schreib der französische Botschafter in Konstantinopel Bompard am 24. März 1911 an sein Außenministerium: «Il n'est pas mauvais qu'on se persuade bien à l'étranger, en Turkie allieurs, que la France n'est pas un simple maison de banque où chacun peut emprunter d'argent dont il a besoin pour ses entreprises, tandis que les Français occupés uniquement à détacher des coupons, se tienent satisfaits ...[90]» Nur Großbritannien nahm angesichts einer langen freihänderischen Tradition von solchen direkten Verknüpfungen von Krediten mit Exporten, die ja den Interessen der Kapitalanleger als solchen keinesfalls immer entsprachen, in aller Regel Abstand[91].

Ganz aus den herkömmlichen Formen des internationalen Finanzgeschäfts heraus fielen hingegen die Praktiken bei Vergabe von politischen Anleihen, die insbesondere in den letzten Jahren vor 1914 allgemein zu einem wichtigen Instrument der internationalen Politik wurden. Mehr und mehr gingen die Regierungen der europäischen Großstaaten dazu über, Anleihen an andere Staaten, gleichviel ob es sich um solche in den unentwickelten Regionen der Welt oder um kleinere europäische Nationeen handelte, an weitreichende politische Bedingungen zu binden; umgekehrt betrachteten sie deren Placierung zu welchen Bedingungen auch immer als politische Notwendigkeit, der die Banken unter allen Umständen Rechnung zu tragen hätten. Die Verknüpfung vieler dieser Anleihen mit der Lieferung von Rüstungsgütern hatte zusätzlich den Vorteil, die betreffenden Länder indirekt an das eigene Mächtesystem zu binden. Diese Anleihen waren, gemessen an den Maßstäben des klassischen internationalen Finanzgeschäftes, eine Anomalie und wurden von den beteiligten Banken oft nur mit Murren und einigem Widerstreben übernommen; nationales

90 Zit. bei Thobie, Finance et Politique, S. 347f.
91 Platt, Finance, Trade and Politics, S. 28.

Pflichtgefühl siegte dabei nicht selten über kaufmännische Vernunft. Dies fiel allerdings dann leicht, wenn sich die Risiken den verantwortlichen Staatsmännern zuschieben ließen. Obwohl hier neben politischen Gesichtspunkten nicht selten mächtige ökonomische Interessen sektoraler Natur eine erhebliche Rolle spielten, kam den beteiligten Finanzgruppen dabei primär eine dienende Funktion zu.

Dies führt uns zurück zu dem Ausgangspunkt unserer Betrachtungen, der Frage nach dem Wesen und dem Stellenwert des internationalen Finanzimperialismus in der Periode des klassischen Imperialismus. Der Finanzimperialismus trat zunächst im Gefolge des historisch älteren merkantilen Imperialismus auf. Obwohl er seine eigenen Strategien entwickelte, beförderte er dessen Intentionen indirekt, nicht selten auch direkt, zumal Kapitalinvestitionen in aller Regel auf mittlere Frist angelegt waren, entsprechende Exportaufträge, wenn auch nicht immer an das eigene Land, nach sich zogen. Die Stoßkraft des Finanzimperialismus war überall dort, wo er kooperationsbereite indigene Partner und günstige politische Randbedingungen vorfand, außerordentlich groß; allerdings führte er nur in Ausnahmefällen zu stabilen wirtschaftlichen und sozialen Verhältnissen. Vielfach kam es angesichts der Zahlungsschwierigkeiten der betroffenen Länder zur Errichtung von formalisierten finanzimperialistischen Nebenregierungen im Interesse und für Rechnung der Gläubiger. Doch zog dies häufig den Zusammenbruch der überkommenen politischen Ordnungen nach sich. Die Großmächte sahen sich infolgedessen veranlaßt, entweder eine Restauration der traditionellen Ordnungen zu versuchen, oder, wenn dies mißlang, in Ablösung der älteren Formen indirekter Herrschaft ihrerseits Formen mehr oder minder formeller imperialistischer Herrschaft einzurichten, selbst dort, wo sie dies, wie Großbritannien im Falle Ägyptens, ursprünglich gerade hatten vermeiden wollen. Die Regierungen handelten dabei keineswegs einfach als Handlanger der Gläubiger, obgleich sie objektiv deren meist höchst fragwürdige finanzielle Ansprüche retteten. Zwar gab es Interessenverflechtungen auf allen Ebenen, nicht zu letzt zwischen den Konsuln und den Agenten der Finanzgruppen an der Peripherie, doch läßt sich das Verhalten der Regierungen damit allein nicht erklären. Vielmehr waren die Regierungen fast immer primär an der Stabilisierung der bestehenden Ordnungen interessiert und griffen meist nur dann direkt ein, wenn sie mit rivalisierenden Schritten anderer Mächte rechnen zu müssen glaubten. Die imperialistischen Expansionsprozesse waren demnach das Resultat von höchst unterschiedlichen, wenngleich streckenweise konvergierenden imperialistischen Strategien, die in höchst unterschiedlichem Maße national gebunden waren. Allerdings waren auch die politischen Imperialismen in letzter Instanz rückgekoppelt an die Vorstellung, daß es im Interesse des eigenen Landes liege, die wirtschaftlichen Bestrebungen konnationaler Kaufleute, Bankiers und Unternehmer in unentwickelten Regionen nach Möglichkeit zu unterstützen. Doch waren die Verfahrensweisen ebenso wie die dahinterstehenden Interessenstrukturen höchst unterschiedlich. Der Finanzimperialismus operierte zumeist geschmeidiger; ihm lag in der Regel wenig an der Etablierung formeller imperialistischer Herrschaft, zumal diese die Quellen der finanzimperialistischen Extraprofite, wie sie in so reichem Maße aus den indigenen Oberschichten insbesondere der islamischen Länder herauszupressen waren, im Interesse der eigenen Machterhaltung weitgehend zu verstopfen pflegte. In einzelnen Fällen trug der Finanzimperialismus sogar in einem nicht unbeachtlichen Maße zur Modernisierung der betreffenden Länder, insbesondere ihrer Infrastruktur bei; doch wurde dieser Vorteil durch die Festschreibung der traditionellen Sozialstrukturen guteils wieder aufgehoben. Den politischen Imperalismen hingegen mußte zu ihrer eigenen Rechtfertigung daran gelegen sein, die erworbenen Territorien und Einflußzonen «mettre en valeur», wie die Franzosen zu sagen pflegten, d. h. zum Vorteil der eigenen nationalen Wirtschaft und speziell deren Handels- und Exportinteressen zu nutzen; demgemäß wandten sich sich vielfach gegen die kosmopolitische Strategie der auf internationale Geschäfte spezialisierten Bankgruppen. Stattdessen suchten die politischen Imperialismen, wo immer möglich, den Finanzimperialismus in ihre Dienste zu nehmen, fast stets allerdings mit dem Erfolg, daß dessen Effizienz und Rentabilität dabei Einbußen erlitten. Im übrigen stand der Handelsimperialismus, der unmittelbar mit den Exportinteressen bestimmter Industriezweige, späterhin vor allem auch der Schwerindustrie verknüpft war, den politischen Imperialismen in vieler Hinsicht näher, eröffneten diese doch vielfach Chancen für die Erlangung von Monopolen oder exklusiven Gewinnchancen bzw. der Privilegierung des Handels in abhängigen Territorien, während die Großbanken eine ihrer wesentlichen Aufgaben in der Exportförderung auf der Basis des Freihandels sahen.

Die internationalen Banken praktizierten, verglichen mit den politischen Imperialismen, eine weit unreflektiertere Strategie der unmittelbaren Realisierung materieller Gewinnschancen. Gleichwohl beruhte auch der Finanzimperialismus auf durchaus uneinheitlichen Grundlagen; fast immer bestanden massive Interessendivergenzen zwischen den Promoters der Anleihen oder Konzessionen und dem großen Heer der Kapitaleigner, die es oft nur auf eine möglichst einträgliche Anlage ihrer Spargelder abgesehen hatten. Schon deshalb kann der Finanzimperialismus in dem hier gemeinten Sinne nicht als direktes Produkt des monopolistischen «Finanzkapitals» angesehen werden. Vielmehr sind dabei gerade solche Finanzgruppen führend beteiligt gewesen, denen primär an spekulativen Gewinnen, nicht aber an der Förderung industrieller Expansion und des Exports bestimmter Güter gelegen war. Obgleich in Frankreich die monopolistischen Verflechtungen zwischen Bankkapital und Großindustrie erst in den Anfängen standen, waren französische Banken und französisches Kapital stärker in finanzimperialistischen Operationen engagiert als die Hochfinanz aller anderen Länder. Wenn das französische Kapital am Aufbau einer Großbetriebsstruktur in Rußland, gleichsam auf sekundärem Felde[92], führend beteiligt war, so waren dabei Rentabilitätsgesichtspunkte entscheidend, nicht Rücksichtnahme auf die Exportinteressen der französischen Industrie, auch wenn es an solcher natürlich nicht ganz gefehlt hat. Vielmehr mußte die französische Regierung dem Bankkapital wiederholt eine angemessene Berücksichtigung der französischen Exportinteressen nahelegen. In gewisser Weise könnte man, in Anlehnung an Ziebura, sagen, daß die französische Spielart des Finanzimperialismus als spezielle Variante eines Sozialimperialismus zu gelten hat, insofern als er die Erhaltung der vorindustriellen bürgerlichen Sozialstruktur Frankreichs begünstigte; statt industrielles Wachstum und die Begründung von Großbetrieben und industriellen Kombinaten im französischen Binnenmarkt zu fördern, produzierte er vornehmlich Renteneinkommen, was die ökonomische Basis des herkömmlichen Honoratiorenbürgertums stabilisierte[93]. Deutschland hingegen war das klassische Land des monopolistischen oder wie man neuerdings mit einem allerdings unpräzisen Begriff zu sagen beliebt, des «organisierten» Kapitalismus. Hier bestand größere Harmonie zwischen dem Bankkapital und den industriellen Interessen und demnach waren die Ansätze zu finanzimperialistischen Unternehmungen dort vergleichsweise schwächer ausgebildet. Gleichwohl sollte man die Interessendivergenzen zwischen dem exportorientierten Handelsimperialismus und dem Finanzimperialismus, wie sie auch hier bestanden, nicht übersehen.

Insgesamt sind die langfristigen Auswirkungen des Finanzimperialismus auf die Verhältnisse der Dritten Welt wesentlich bedeutsamer

92 Vgl. Girault, Emprunts Russes, S. 389f.
93 Ziebura, Interne Faktoren, S. 117f.

gewesen als jene der politischen Imperialismen, trugen sie doch entscheidend zur Revolutionierung der politischen und sozialen Verhältnisse an der Peripherie bei. Nach Lage der Dinge ist jedoch wenig damit gewonnen, wenn man das Finanzkapital im engeren Sinne des Wortes zum Hauptschuldigen des Imperialismus macht. Der Finanzimperialismus der Ära vor 1914 war keineswegs ein notwendiges Produkt des kapitalistischen Systems in einer bestimmten Phase seiner Entwicklung, mochten auch insbesondere nach dem Ende des Booms im Eisenbahnbau die Finanziers und Promotoren nach entsprechenden Möglichkeiten in Regionen Ausschau halten, die dem industriellen System noch nicht erschlossen waren, sondern vielmehr ein spekulatives Nebenprodukt der säkularen Entwicklung industrieller Gesellschaften. Finanzimperialistische Projekte haben zwar zeitweilig den betroffenen Bankiers, Kaufleuten und Industriellen aus konjunkturell bedingten Schwierigkeiten herausgeholfen, aber man wandte sich diesen nicht deshalb zu, weil man unter einem Überfluß an brachliegendem Kapital oder fehlenden Investitionsmöglichkeiten litt, sondern weil man hier leicht und mühelos phantastische Gewinne machen zu können glaubte. Es steht auf einem anderen Blatt, daß keineswegs alle, die den vielversprechenden Prospekten der internationalen Banken Glauben schenkten, dabei auf ihre Kosten gekommen sind. Vom Standpunkt der Dritten Welt hingegen ist die Bilanz des europäischen Finanzimperialismus vor 1914 düster, wenngleich nicht ganz ohne positive Aspekte. Nur wenigen Völkern blieb auf ihrem beschwerlichen Weg der Modernisierung finanzimperialistische Ausbeutung oder koloniale Herrschaft oder gar beides gänzlich erspart.

Der Hochimperialismus als historischer Prozeß

Eine Fallstudie zum Sinn der Verwendung des Prozeßbegriffs in der Geschichtswissenschaft[1]

Die Rede von «Geschichte als Prozeß, womöglich gar von «der Geschichte als Prozeß», ist insofern mißverständlich, als man denken könnte, daß damit der Ablauf der historischen Ereignisse in ihrer Totalität gemeint sei, der sich nach einem sei es deterministischen, sei es teleologischen Muster vollziehe. Mit solchen Formulierungen würde man sich in die Nähe der holistischen Geschichtsphilosophien des 19. Jahrhunderts zurückbegeben, deren wissenschaftliche Unhaltbarkeit spätestens seit Max Weber und Karl Popper allgemein anerkannt ist. Vielmehr ist es allein sinnvoll, von Geschichte als einer Menge von Prozessen innerhalb von abgrenzbaren historischen Strukturen von relativer Dauer (im Sinne von Fernand Braudels Begriff der «longue durée») zu sprechen. Denn die Geschichte als Summe aller historischen Prozesse und Ereignisse überhaupt ist von uns bestenfalls als regulative Idee denkbar, aber nicht erfaßbar; und wenn dies gelänge, würde dies das Ende von Geschichtswissenschaft im herkömmlichen Sinne bedeuten. Innerhalb einer historischen Formation, die sich unter bestimmten, in beschränktem Sinne beliebigen Gesichtspunkten aus der Unendlichkeit historischer Wirklichkeit in Zeit und Raum ausgrenzen läßt, lassen sich hingegen in aller Regel zahlreiche Sequenzen von Ereignissen ausmachen, die prozessualen Charakter tragen.

Doch zuvor sei gesagt, in welcher Weise hier von Prozessen bzw. prozessualen Abläufen die Rede sein soll. Es erscheint uns nur dann sinnvoll, von «Prozessen» zu sprechen, wenn es sich um Abläufe handelt, die sich prinzipiell einer Steuerung in beliebigem Sinne entziehen, mögen sie auch bis zu einem gewissen Grade beeinflußbar sein. Wesentlich ist, daß prozessuale Abläufe eine Gerichtetheit besitzen, die als solche dem steuernden Handeln von Einzelnen oder Gruppen

1 Angesichts der skizzenhaften Charakters der nachfolgenden Ausführungen, die nicht mehr als ein Entwurf einer möglichen Interpretation von Imperialismus unter dem Gesichtspunkt der Anwendung des Prozeßbegriffs zu sein beanspruchen (sie sind aus einem Diskussionsbeitrag hervorgegangen), wird im folgenden so gut wie ganz auf Literaturnachweise verzichtet.

entzogen ist; nicht ihre Tendenz, sondern allenfalls ihre Geschwindigkeit und ihre Auswirkungen können durch politisches oder gesellschaftliches Handeln verändert werden. Mit anderen Worten, Prozesse lassen sich zwar abbremsen oder beschleunigen, nicht aber anhalten; ihre Auswirkungen lassen sich abmildern oder auch intensivieren, aber sie selbst entziehen sich allem subjektiv gewollten individuellen Einwirken; sie stehen insofern diesseits der Sphäre der personenbezogenen Ereignisse oder, mit Braudel gesprochen, der «histoire d'événements». Dies bedeutet, daß historische Prozesse eine relative Notwendigkeit besitzen; sie tragen autogenerativen Charakter und reproduzieren innerhalb bestimmter Randbedingungen, die der jeweiligen historischen Formation schlechthin eigentümlich und daher in aller Regel relativ konstant sind, selbst die sozialen Bedingungen ihres Voranschreitens.

Ein gutes Beispiel für Prozesse im hier gemeinten Sinne bildet die Industrialisierung, nach Max Weber ein Prozeß, der mit Notwendigkeit zur Zerstörung sämtlicher älteren historischen Strukturen und zur Herstellung eines einheitlichen industriellen Weltsystems führen muß. Ursprünglich durch individuell motivierte soziale Aktionen initiiert, verwandelt sich die Industrialisierung in einen prinzipiell irreversiblen Prozeß, der von einem bestimmten Punkt an seine ursprünglichen, gutenteils religiösen Antriebskräfte entbehren kann und sich die soziale Mentalität, die zu seiner Entfaltung notwendig ist, durch die materielle Gewalt der von ihm produzierten ökonomischen Zwänge selber schafft[2]. Ein weiteres Beispiel, auf das im folgenden näher eingegangen werden soll, bildet der Hochimperialismus. Auch hier wurde durch eine Menge von isolierten Aktionen von seiten einer Vielzahl von Individuen und Gruppen, die sowohl ideologischen wie materiellen Interessenmustern folgten, ein Prozeß der Expansion in die unentwickelten Regionen des Erdballs ausgelöst, der zunehmend irreversible Züge annahm. Nachdem einmal die indigenen Herrschaftssy-

2 Vgl. Max Weber, Gesammelte Aufsätze zur Religionssoziologie. Bd. 1, Tübingen 1920: «Der Puritaner *wollte* Berufsmensch sein, – wir *müssen* es sein. Denn indem die Askese aus den Mönchszellen heraus in das Berufsleben übertragen wurde und die innerweltliche Sittlichkeit zu beherrschen begann, half sie an ihrem Teile mit daran, jenen mächtigen Kosmos der modernen, an die technischen und ökonomischen Voraussetzungen mechanisch-maschineller Produktion gebundenen, Wirtschaftsordnung erbauen, der heute den Lebensstil aller einzelnen, die in dies Triebwerk hineingeboren werden . . .mit überwältigendem Zwange bestimmt . . .» Siehe für nähere Nachweise Wolfgang J. Mommsen, Max Weber. Gesellschaft, Politik und Geschichte. Frankfurt a.M. 1974, S. 125f.

steme der Dritten Welt durch das Eindringen westlicher Kultur, Zivilisation und Herrschaft erschüttert worden waren, nahm die Ausdehnung der westlichen Zivilisation über den gesamten Erdball, verbunden mit dem Aufbau von kolonialer Herrschaft in vielfältigen Formen, mit einer gleichsam naturgesetzlichen Notwendigkeit ihren Lauf. Vielfach stemmten sich die Regierungen in den Metropolen vergebens gegen eine allzu rasche Gangart an der Peripherie, weil die finanziellen und politischen Folgekosten in einem ungünstigen Verhältnis zu den zumindest vorerst zu erwartenden Erträgen standen. Binnen eines Zeitraums von kaum einem halben Jahrhundert wurden nahezu sämtliche noch unentwickelten Territorien des Erdballs in einem sich akzelerierenden Prozeß unter die direkte oder indirekte Kontrolle der westlichen Industrienationen gebracht, ohne daß die Akteure, weder in den Metropolen noch an der Peripherie, im Positiven wie im Negativen Herr dieser sich überstürzenden Vorgänge gewesen wären.

Doch bevor wir näher auf diese Deutung des Hochimperialismus eingehen, die zugestandenermaßen mit einigen liebgewordenen Vorstellungen über das Wesen des Imperialismus bricht und dem herkömmlichen Moralisieren im Dienste bestimmter politischer Positionen teilweise den Boden entzieht, sei der Bezugsrahmen angegeben, innerhalb dessen es allein sinnvoll ist, von Hochimperialismus oder Industrialisierung als historischen Prozessen zu sprechen, die sich oberhalb der Ebene individuell verantworteten Entscheidungshandelns vollziehen, aber gleichwohl nicht ohne weiteres die Qualität gesetzmäßiger Abläufe im Sinne herkömmlicher materialer Geschichtstheorien beanspruchen können.

Angesichts der Tatsache, daß wir nicht über einen archimedischen Punkt in der Ereignisse Flucht verfügen, sondern im Sinne Jacob Burckhardts selbst in einer Zeit «beschleunigter Prozesse» leben, ist es prinzipiell unmöglich, von historischen Ereignissen, Prozessen und Strukturen in einem wie immer objektiven Sinne zu sprechen; vielmehr erschließen sie alle sich in ihrer jeweiligen spezifischen Eigenart nur unter bestimmten, vom fragenden und forschenden Historiker, gleichviel ob bewußt oder unbewußt, entwickelten Perspektiven, die ihrerseits stets auf ein bestimmtes Erkenntnisinteresse zurückgeführt werden können (dessen historisch-gesellschaftliche Verwurzelung uns hier nicht zu beschäftigen braucht)[3]. Gleiches gilt auch für die Abgren-

3 Dieses Problem ist vom Verfasser an anderer Stelle, in: Objektivität und Parteilichkeit in der Geschichtswissenschaft, hrsg. von R. Koselleck, W.J. Mommsen und J. Rüsen, München 1977, behandelt worden.

zung von Ereignissen, Prozessen und Strukturen gegeneinander; hier sind nur Aussagen von Näherungscharakter möglich. Historische Strukturen von absoluter oder auch nur relativ absoluter Stabilität gibt es nicht; Talcott Parsons' in einem Zustand inneren Gleichgewichts befindliche Systeme lassen sich in der historischen Realität nicht in reiner Form auffinden; allenfalls stoßen wir auf Versteinerungen, die dann aber in der Regel von außen her zerstört werden, wie das spätrömische Reich. Es gibt nur Strukturen von relativer Dauer, wie beispielsweise die europäischen Gesellschaften des 19. und frühen 20. Jahrhunderts, die man in einem nichtmarxistischen Sinne als bürgerliche Gesellschaften wird bezeichnen können, denen die aufsteigenden Mittelschichten im Rahmen traditioneller politischer Systeme materiell und ideell ihren Stempel aufprägten. Ebenso besitzen Prozesse im oben beschriebenen Sinne nur innerhalb des Bezugsrahmens einer bestimmten Struktur von relativer Dauer die Eigenschaften der Irreversibilität und der Gerichtetheit, und auch nur in diesen Grenzen wird man ihnen die Qualität relativer Notwendigkeit zuerkennen können. Es gilt nur, daß, sofern prozessuale Abläufe dennoch abreißen – aufgrund exogener Ereignisse oder aufgrund intern verursachter Transformationen radikaler Natur –, die betreffende Struktur bzw. historische Formation selbst zugrunde geht oder doch durch eine neue abgelöst wird, und umgekehrt, daß mit der Zerstörung der betreffenden Strukturen auch die prozessualen Zwangsläufigkeiten durchbrochen werden. Auf diese Tatsache stützen sich ja bekanntlich auch die Erwartungen des Marxismus, daß es möglich sei, durch Beseitigung der bürgerlichen Gesellschaft zugleich die Prozesse zu unterbrechen, die dieser eigentümlich sind und angeblich unvermeidlich zur «Entfremdung» der Menschen führen (was freilich die fatale Eigenschaft hat, daß dadurch neue Prozesse von relativer Zwangsläufigkeit initiiert zu werden pflegen, die der Freiheit des Individuums auf andere, und möglicherweise noch viel weitergehende Weise Abbruch tun). Im Fall des Imperialismus wurde der Prozeß der Expansion der Industrienationen des Westens erst als Folge einer grundlegenden Transformation der westlichen Gesellschaften selbst abgestoppt und durch ein System von wechselseitigen Abhängigkeiten der Industrienationen und der Länder der Dritten Welt abgelöst, dem eine eindeutige Gerichtetheit nicht im gleichen Maße zugesprochen werden kann und in dem neue Determinanten, in erster Linie solche der Peripherie, eine zunehmend bedeutsame Rolle spielen.

Schließlich läßt sich auch die Sphäre intentionalen Handelns nicht mit letzter Eindeutigkeit von der Sphäre prozessualer Abläufe trennen. Je mehr Einsicht in die relative Irreversibilität bestimmter historischer Prozesse auf seiten der beteiligten Individuen und Gruppen vorhanden ist, desto stärker werden sie sich an diesen Prozessen selbst orientieren und diese entweder als vorgegebene Determinanten des eigenen Sozialverhaltens betrachten oder aber sich in revolutionärem Bemühen gegen den Fortbestand der gesamten gesellschaftlichen Formation als solcher wenden, weil anders die eigenen Ziele und Werthaltungen nicht mehr realisierbar scheinen. In beiden Fällen verliert individuelles intentionales Handeln die Qualität prinzipieller Eigenbestimmtheit bzw. Innengeleitetheit und nimmt zumindest äußerlich mehr oder minder weitgehend den Charakter bloß reaktiven Verhaltens an, bezogen auf die relative Unabwendbarkeit der Prozesse, mit denen man sich konfrontiert sieht.

Gleichwohl erscheint es uns erforderlich, diese drei Ebenen historischer Wirklichkeit theoretisch voneinander zu unterscheiden, nämlich 1. die Ebene von Strukturen von relativer Dauer, 2. die Ebene von Prozessen von eindeutiger Zielgerichtetheit und hochgradiger Irreversibilität, sowie schließlich 3. die Ebene intentionalen sozialen Handelns, gleichviel ob dieses von einzelnen Individuen oder von in beliebiger Weise korporativ einander verbundenen Gruppen von Individuen ausgeht.

Die Bestimmung und Erforschung historischer Prozesse hat vor allem den Sinn, die Strukturen von relativer Dauer und die sie tragenden gesellschaftlichen Formationen genauer in den Blick zu bekommen, insbesondere aber zu Näherungsaussagen über das relative Gewicht intentionalen Handelns in der Konfrontation mit überindividuellen, auf den ersten Blick unbeeinflußbaren, Prozessen der verschiedensten Art zu gelangen. Am Ende eines solchen Weges würde dann eine Theorie des historischen Wandels stehen, die die beständige Interaktion von individuellem Handeln einerseits und von durch das individuelle Handeln früherer Generationen initiierten, unmittelbarer Steuerung entzogenen Prozessen der verschiedensten Art andererseits systematisch thematisiert.

Dies kann in der hier vorgelegten Skizze naturgemäß nicht geleistet werden. Vielmehr soll ausschließlich gezeigt werden, daß ein solcher theoretischer Ansatz für die Erfassung der imperialistischen Prozesse der Periode des Hochimperialismus von großem Wert ist. Dies mag zugleich als ein erster Ansatz zur Beantwortung der Frage dienen, welcher Erkenntniswert dem Begriff des historischen Prozesses überhaupt zukommt.

Gemeinhin pflegt man den modernen Imperialismus, oder doch

zumindest seine hochimperialistische Phase von 1882 bis 1918, in erster Linie als ein endogenes Phänomen der sich entwickelnden Industriestaaten der westlichen Welt zu deuten, während die Peripherie einfach nur als wehrloses, passives Opfer inperialistischer Machenschaften gesehen wird. Imperialistische Expansion, zumeist mit dem Ziel der Errichtung von Kolonialreichen, aber gelegentlich durchaus auch mit ökonomischer Penetration und politischem Einfluß sich begnügend, wird als Niederschlag der ökonomischen Bedürfnisse der expandierenden industriellen Systeme angesehen; gelegentlich auch unter Abhebung auf die innerhalb der kapitalistischen Wirtschaft gegebenen starken Konjunkturschwankungen, die zum Ausweichen auf jungfräuliche Märkte Anlaß gegeben hätten. Die nationalistische Einstellung vornehmlich der bürgerlichen Schichten, die in hektischer Begeisterung für imperialistische Politik kulminierte, wird als komplementäres Phänomen, als Ausdruck der in imperialistischer Expansion wirksam werdenden ökonomischen Interessen gedeutet. Daneben wird auf die machtpolitischen Prozesse als solche verwiesen; die Ausweitung des europäischen Staatensystems zum Weltstaatensystem, verbunden mit dem Aufbau von Weltreichen seitens derjenigen Mächte, die die notwendigen vitalen Energien und ökonomischen Ressourcen dafür aufzubringen in der Lage waren, erschien bereits den Neu-Rankeanern als eine Art von autogenerativem Prozeß.

Alle diese Paradigmata können auf wichtige Tatsachen zu ihrer Stützung verweisen. Jedoch hat die neuere Forschung mit ständig zunehmender Deutlichkeit gezeigt, daß die tatsächlichen Abläufe an der Peripherie damit nur höchst unzureichend erfaßt, geschweige denn erklärt werden können. Denn nicht nur lassen die Argumente und Daten, die einen direkten Zusammenhang zwischen der Entwicklung des kapitalistischen Systems und imperialistischer Expansion erweisen wollen, an Schlüssigkeit zu wünschen übrig. Ebenso finden sich die großen imperialistischen Prokonsuln und Staatsmänner, die gemäß älterer Ansicht dem imperialistischen Prozeß Ziel und Richtung setzten, nur in spärlicher Zahl; stattdessen erwiesen sich die handelnden Staatsmänner in aller Regel wenn überhaupt, dann zumeist nur als «reluctant imperialists» (Lowe). Und ebenso haben sich die großen wirtschaftlichen Interessengruppen, die im Zentrum der neuen industriellen Systeme standen, nur in seltenen Fällen wirklich als unmittelbare Agenten imperialistischer Aktion dingfest machen lassen.

Angesichts dieser Befunde ist die soziologische Imperialismustheorie, wie sie in bedeutsamen Ansätzen bereits Schumpeter und Max

Weber formuliert haben, neuerdings wieder außerordentlich beliebt geworden. Danach dient imperialistische Politik, d.h. «gewaltsame Expansion ohne angebbare Grenze», primär innenpolitischen Bedürfnissen, insbesondere der Statuserhaltung traditioneller Führungseliten in einer Zeit beschleunigten sozialen Wandels und zunehmender Demokratisierung. Sozialimperialismus als eine Politik der Ableitung innenpolitischer und sozialer Spannungen an die Peripherie, verbunden mit dem Bestreben nach Systemerhaltung im gesellschaftlichen wie im ökonomischen Bereich, läßt sich mit den oben genannten Befunden allerdings eher vereinbaren als die älteren einlinearen Imperialismustheorien, spielt dabei doch die Frage, welche effektiven materiellen oder auch immateriellen Vorteile eine Politik überseeischer Erwerbungen dem eigenen Nationalstaat tatsächlich einzubringen imstande war, eine nachgeordnete Rolle. In der Tat sind diese Konzeptionen in der Lage, an und für sich widersprechende Befunde ökonomischer, politischer und sozialer Art zwanglos miteinander zu verbinden, und bilden dergestalt einen geeigneten Ansatzpunkt, um die innenpolitischen Voraussetzungen inperialistischer Politik erschöpfend auszuleuchten. Aber es kann kein Zweifel darüber bestehen, daß diese Interpretationen dennoch zu kurz greifen, wenn sie die tatsächlichen Prozesse territorialer Landnahme oder ökonomischer Durchdringung in Übersee erklären wollen. Denn viel mehr als den Nachweis, daß zu bestimmten Zeiten eine generelle Disposition zu imperialistischer Expansion seitens einflußreicher gesellschaftlicher Gruppen oder an der Erhaltung ihrer Machtstellung interessierter Staatsmänner bestand, vermögen auch diese Interpretationen nicht zu erbringen. Schwerlich läßt sich damit erklären, weshalb beispielsweise Gladstone 1882 gegen seine eigene Neigung in Ägypten interveniert hat und damit eine gewaltige Akzeleration der imperialistischen Bestrebungen der europäischen Mächte mit einer – wie wir hier schon sagen dürfen – fast notwendigen Konsequenz auslöste. Am ehesten mag dies noch mit Bismarcks Entscheidung vom Jahr 1883 angehen, zu einer aktiven Kolonialpolitik überzugehen; aber gerade in diesem Fall läßt sich zeigen, daß Bismarck binnen weniger Jahre weit über sein ursprünglich höchst maßvolles Programm einer bloß indirekten Herrschaft mit Hilfe von privaten Kolonialgesellschaften hinausgetragen wurde – sehr zu seinem eigenen Mißbehagen.

Insbesondere die neuere englische Forschung hat demgegenüber überzeugend geltend gemacht, daß alle diese Imperialismusinterpretationen «einäugige Analysen» seien, weil sie die Vorgänge an der Peripherie, d.h. in den kolonialen oder halbkolonialen Regionen der

Welt, völlig vernachlässigten[4]. Erst die Krisen an der Peripherie – teils infolge der Resistenz der eingeborenen Bevölkerung gegen europäische Vorherrschaft, teils infolge des Zusammenbruchs der indigenen Kollaborationsregime, die mit den europäischen Kolonialisten der ersten Generationen mehr oder minder freiwillig zusammengearbeitet hatten – hätten die beständige Ausweitung direkter europäischer Herrschaft in den weiten Regionen der unentwickelten Welt unvermeidlich gemacht[5].

Eine Gesamtanalyse der imperialistischen Epoche unter Einbeziehung der Peripherie führt in der Tat zu einem wesentlich stärker differenzierten Gesamtbild. Zum einen läßt sich eine scharfe Grenzlinie zwischen den älteren Formen des Kolonialismus und der jüngeren Form des – kapitalistisch bestimmten – Imperialismus etwa seit der Mitte des 19. Jahrhunderts nicht aufrechterhalten. Vielmehr stellt sich der Imperialismus aus der Perspektive der Peripherie als die Endphase einer langen Entwicklung dar, nämlich eines fast kontinuierlichen Vordringens europäischer Einflüsse aller Art auf Kosten der traditionellen gesellschaftlichen Ordnungen. Besonders massiv machten sich diese im ökonomischen und politischen Bereich geltend, aber im Grunde erfaßten sie alle Ebenen des gesellschaftlichen Lebens.

Dies will nicht recht zu der Beobachtung passen, daß in der europäischen Staatenwelt erhebliche Schwankungen hinsichtlich der Bereitschaft zu aktiver kolonialer bzw. imperialer Politik festgestellt werden können. Bis in die Mitte des 19. Jahrhunderts hinein hatte sich der Prozeß der Ausbreitung der europäischen Zivilisation über den Erdball beständig in ziemlich erratischen Formen vollzogen, ohne daß die Masse der europäischen Völker daran nennenswert Anteil genommen oder diesen auch nur bewußt wahrgenommen hätte. Gewiß, die älteren Kolonialreiche des 18. Jahrhunderts waren in vielfach zielbewußter Politik zusammengebracht worden, aber weder hatte man ihnen große Bedeutung zugemessen, noch hatte man sie einer intensiven di-

4 So Ronald Robinson, Non-European foundations of European imperialism. Sketch for a theory of collaboration, in: Studies in the theory of imperialism. Hrsg. von R. Owen und B. Suttcliffe, London 1972, S. 123. Zum Gesamtzusammenhang und für nähere Nachweise sei auf die Studie des Verfassers: Imperialismustheorien. Ein Überblick über die neueren Imperialismusinterpretationen. Göttingen 1977, S. 80ff. verwiesen.

5 Vor allem von Ronald Robinson, I. Gallagher und A. Denny, Africa and the Victorians. The official mind of imperialism. London 1968^{2}, und mit besonderem Nachdruck von David K. Fieldhouse, Economics and Empire. London 1973.

rekten Beherrschung nach europäischem Muster für würdig erachtet. John Seeley hat 1883 mit einigem Recht gemeint, daß die Engländer ihr gewaltiges Kolonialreich in «a fit of absense of mind» erworben hätten; heute läßt sich leicht zeigen, daß selbst Seeley ziemlich irrige Vorstellungen über den wahren Charakter des British Empire gehabt hat, das er für ein «Greater Britain» zuzüglich des Sonderfalls Indien hielt.

Bis in die frühen achtziger Jahre hinein praktizierte nicht nur die englische Politik, sondern auch die Politik anderer europäischer Staaten, sofern sie sich nicht überhaupt von jeglicher Kolonialpolitik fernhielten, durchweg Methoden informeller Herrschaft mit einem Minimum an militärischer und politischer Gewaltanwendung. Von einem kontinuierlichen Prozeß imperialistischer Expansion kann demnach bis in die frühen achtziger Jahre hinein nicht gesprochen werden; vielmehr vollzog sich die Expansion in Schüben, die von Faktoren ausgelöst wurden, die für die jeweilige metropolitane Gesellschaft zumeist nur marginale Bedeutung besaßen, und begnügte sich überwiegend mit höchst extensiven Formen der Herrschaftsausübung, unter Einschaltung von indigenen Kollaborationsregimen der verschiedensten Art. Fast noch größere Bedeutung hatten demgegenüber rein finanzimperialistische Anleiheoperationen großen Stils von seiten einer Reihe europäischer Außenhandelsbanken, die zur Unterminierung der Herrschaftsverhältnisse in einer ganzen Reihe von formell souveränen Staaten, wie Ägypten, Marokko und dem Osmanischen Reich, führten.

Teilweise unter dem Einfluß dieser Vorgänge kam es um 1880 zu einer tiefgreifenden Veränderung der bislang höchst vielgestaltigen Formen europäischer Expansion in den unentwickelten Regionen der Erde. Der stufenweise Zusammenbruch der indigenen Kollaborationsregime, deren Legitimitätsgrundlagen durch das langsame, aber beständige Vordringen westlichen kulturellen und ökonomischen Einflusses erschüttert worden waren, zwang nun die europäischen Mächte zu direkter Intervention, um die eigenen Interessen zu wahren und, was im Zusammenhang der konkreten Entscheidungsprozesse wichtiger war, die Intervention rivalisierender Mächte zu verhüten. Anfänglich bestand vielfach die Neigung, sich mit der Restauration indirekter Herrschaft zu begnügen, wie dies Großbritannien im Fall Ägyptens 1882 versuchte und die Großmächte im Fall Marokkos bis 1910 praktizierten. Aber dies ließ sich immer weniger bewerkstelligen infolge des Ineinandergreifens von vier verschiedenen Gruppen von Faktoren, nämlich

1. des Zusammenbruchs der älteren Formen informeller oder extensiver Herrschaft an der Peripherie, die zur Errichtung formeller Herrschaft zwangen;

2. der sich zunehmend steigernden Rivalität der Großmächte, die ihrerseits eine Politik des Zuwartens immer weniger durchführbar erscheinen ließ;

3. der Aktivität der «men on the spot», nicht selten im Bunde mit sektoralen ökonomischen Interessen im Mutterland;

4. der teilweise durch sozialdefensive Strategien der Herrschaftserhaltung geschürten nationalistischen Gesinnung breiter Schichten der Bevölkerung in den Metropolen, die zwar an imperialistischer Landnahme, wenn überhaupt, so einstweilen unmittelbar noch kaum Interesse nahmen, aber eine kraftvolle Politik auch außerhalb Europas als Ausdruck der gesteigerten Selbstachtung der eigenen Nation (und zuvörderst der jeweiligen eigenen Sozialschicht) begrüßten und verlangten.

Das Zusammenwirken dieser vier Faktoren, zusammen mit vielfältigen sektoralen Interessen ökonomischer, politischer oder kulturimperialistischer Art, die nicht selten von einflußreichen «strategischen Cliquen»[6] propagiert wurden, veränderte die Qualität der säkularen Expansion der westlichen Zivilisation über den Erdball in grundlegender Weise. Was zuvor ein Gewirr von parallel laufenden Vorgängen von höchst unterschiedlichem Charakter gewesen war, die nur durch die großen Unterschiede im Kräftepotential zwischen den westeuropäischen und den überseeischen Ländern ein eindeutiges Gefälle zuungunsten der letzteren aufwiesen, wurde nun zu einem *historischen Prozeß* mit irreversibler Zielrichtung und unwiderstehlicher Gewalt. Der Zusammenbruch informeller Herrschaftsformen einerseits, die Rivalität der Mächte andererseits, dazu die an Stärke zunehmende Aktivität interessierter Gruppen, machte es den Staatsmännern nunmehr unmöglich, sich der imperialistischen Flut entgegenzustemmen. Vielmehr wurden sie nun gezwungen, auf dem einmal mit halbem Herzen eingeschlagenen Wege konsequent weiter voranzuschreiten. Dies hieß: Liquidierung aller privaten Kolonialgesellschaften alten Stils, unmittelbare Herrschaft unter Aufbau von flächendeckenden Kolonialverwaltungen, verkehrstechnische Erschließung auch des bislang zumeist vernachlässigten und, wie dies unter ökonomischen Ge-

6 Dieser äußerst angemessene Begriff bei Gilbert Ziebura, Interne Faktoren des französischen Hochimperialismus 1871–1914, in: Der moderne Imperialismus. Hrsg. von W.J. Mommsen, Stuttgart 1971, S. 98.

sichtspunkten ebenso wie aus politischen Zweckmäßigkeitserwägungen geboten gewesen war, nur extensiv genutzten Hinterlandes, ökonomische Erschließung der betreffenden Territorien unter Einsatz von erheblichen öffentlichen Mitteln, während die Gewinne zumeist in die Hände einiger weniger privater Gesellschaften flossen. Darüber hinaus aber sahen die Mächte sich nun veranlaßt, zum Mittel der Präventivannexion zu greifen, um möglichen Zugriffen anderer Mächte von vornherein zuvorzukommen.

Dabei spielten in den meisten Fällen unmittelbare ökonomische Bedürfnisse oder der mittelbare Einfluß partikularer ökonomischer Interessengruppen eine nur geringe oder doch nur eine vorgeschobene Rolle. Nicht gegenwärtige ökonomische Interessen galt es zu befriedigen, sondern «to peg out claims for posterity», das heißt, dem eigenen Staate Territorien zu sichern, deren ökonomische Erschließung einstweilen noch in einer mehr oder minder fernen Zukunft lag. Mächtepolitische Konflikte übten dabei eine zusätzliche, akzelerierende Werkung aus; man annektierte Territorien, um dem Rivalen zuvorzukommen, obwohl man keinerlei konkrete Vorstellungen vom Wert der betreffenden Territorien besaß. Möglich war das nur, weil einstweilen Landnahme noch mit verschwindend geringen militärischen Kräften und papierenen Verträgen höchst dubiosen Rechtscharakters mit eingeborenen Häuptlingen möglich war. Bald freilich trat eine zusätzliche Absicherung durch ein vielfältiges Gewirr bilateraler internationaler Grenzverträge und Kolonialabkommen an die Stelle dieser älteren Kolonialdiplomatie. Am Ende stand dann die Errichtung von formellen Kolonialreichen pathetischer Gebärde, die freilich von vornherein politisch, militärisch und vor allem auch ökonomisch auf weit schwächeren Füßen standen, als der enthusiastische Zeitgeist damals hat wahrhaben wollen. Die beständig wiederkehrende Forderung der französischen Kolonialpolitiker, daß es darum gehen müsse, die Kolonien «mettre en valeur», d.h. endlich wirtschaftlich zu entwickeln und aus den roten Zahlen herauszuführen, in denen sie sich unter gesamtvolkswirtschaftlichen Gesichtspunkten befanden, sind hier ebenso aufschlußreich wie die beredten Klagen der deutschen Regierungen, daß ihre kolonialpolitischen Aspirationen von seiten der deutschen Bankenwelt und der deutschen Wirtschaft allgemein nicht genügend Unterstützung fänden. Gesamtvolkswirtschaftlich gesehen war der Hochimperialismus, im Unterschied zu den vielfältigen Formen eines vornehmlich extensiv, d.h. mit geringen eigenen Investitionskosten öffentlicher wie privater Art betriebenen Kolonialismus, fraglos zumeist kein gutes, und nicht selten sogar ein Verlustgeschäft, von einzelnen Ausnahmen wie Indien abgesehen (auch wenn bestimmte Wirtschaftsgruppen und «strategische Cliquen» in aller Regel ihr Schäfchen ins Trockene zu bringen verstanden haben).

Die Erklärung dieser offenbaren Diskrepanzen zwischen gesamtvolkswirtschaftlichen und sektoralen Interessen, die die Geschichte des modernen Imperialismus durchziehen, ist gemeinhin vor allem darin gesucht worden, daß man den betreffenden Wirtschaftsgruppen – oder gar dem Finanzkapital allgemein – einen prädominanten Einfluß auch auf die politischen Entscheidungsprozesse in den imperialistischen Staaten zumaß – die bekannten Theoreme der sozialistischen und der marxistisch-leninistischen Imperialismustheorie bedürfen hier keiner expliziten Erwähnung. Doch haben sich die entsprechenden empirischen Nachweise nicht recht erbringen lassen. Trotz intensiver Suche nach Nutznießern imperialistischer Politik auch im wirtschaftlichen Bereich waren es zumeist marginale Gruppen und nicht selten gerade ökonomische Außenseiter, die als die eigentlichen Drahtzieher imperialistischer Aktionen auftraten, während die Masse der Unternehmerschaft und der Bankiers an imperialistischer Politik kaum sonderlich viel Anteil genommen hat, vielfach – wie gesagt – zum Kummer der Politiker, die um eine ökonomische Abstützung ihrer Strategien bemüht waren.

Eine Lösung dieses Problems muß vielmehr in anderer Richtung gesucht werden, und dabei vermag die Erkenntnis weiterzuhelfen, daß der Hochimperialismus seit etwa 1880 die Qualität eines irreversiblen Prozesses angenommen hatte, der sich infolge struktureller Bedingungen zunehmend beschleunigte: vor allem auf Grund des Ungleichgewichts im Potential der Industriestaaten einerseits, der kolonialen Völker andererseits, aber auch dank des sich steigernden Nationalismus innerhalb der europäischen Gesellschaften, der erst sekundär mit imperialistischen Zielsetzungen besetzt wurde. Die Neigung der traditionellen Führungsschichten, imperialistische Politik als Mittel «sekundärer Integration» einzusetzen, und die Versuche der aufsteigenden Mittelschichten und der sie tragenden Parteien, die imperialistische Ideologie als Vehikel einer gegen die traditionellen Führungsschichten gerichteten Politik der inneren Modernisierung zu nutzen, verliehen diesem Prozeß zusätzliche Schubkraft von großem Gewicht. Dies alles schuf Bedingungen, unter denen marginale Gruppen an der Peripherie und in den Metropolen, die aus den verschiedenartigsten Gründen materiell oder ideell an imperialistischer Politik interessiert waren, dazu instand gesetzt wurden, auf die imperialistischen Entscheidungsprozesse ein Maß von Einfluß zu nehmen, das ihre jeweiligen Positionen innerhalb der eigenen Gesellschaft weit überstieg. Sie vermochten deshalb so stark zu wirken, weil sie nur der konsequenten Verstärkung eines irreversiblen Prozesses das Wort redeten, der auf die Aufsaugung und Kontrolle sämtlicher noch unentwickelter Regionen der Erde durch die westlichen Industriestaaten hindrängte und dessen Zielrichtung längst nicht mehr steuerbar war. Die infolge des Zusammenbruchs der überkommenen indigenen Herrschaftsformen mehr oder minder primitiver Art entstehenden Machtvakuen an der Peripherie erforderten eine politische Auffüllung. Nach den Grundsätzen europäischer Machtpolitik vor 1918 war ein anderer Weg als jener der Etablierung direkter Herrschaft von seiten europäischer Mächte kaum gangbar. Die Resultate der älteren Phasen des Imperialismus schlugen sich nun in Form unabweisbarer Ausweitung imperialer Kontrolle nieder, mochten die betreffenden Regierungen dies begrüßen oder auch nicht. Nur in bestimmten Zonen, in denen die vitalen Interessen der Großmächte direkt aufeinanderstießen, wurde im Interesse der Erhaltung des Mächtegleichgewichts von einer förmlichen Aufteilung unter die Mächte und der Errichtung offener Kolonialherrschaft Abstand genommen, wie in China oder im Osmanischen Reich, aber auch dort nur um den Preis weitgehender Privilegierung der Wirtschaftsinteressen der westlichen Industriestaaten einschließlich jener der Vereinigten Staaten und Japans, das nunmehr seinerseits als imperialistische Macht auftrat.

Die ambitiösen Kriegszielplanungen der Großmächte während des Ersten Weltkrieges dürfen als Höhepunkt imperialistischer Bestrebungen betrachtet werden. Gegen Ende des Ersten Weltkrieges erreichte der Prozeß imperialistischer Expansion seiner Kulminationspunkt. Mit dem Sieg des demokratischen Staatsgedankens in Europa und des Kommunismus in der UdSSR setzten dann grundlegende Transformationen der europäischen Gesellschaften ein, die zwar erst in unseren Tagen zum Abschluß gekommen sind, welche aber die Randbedingungen imperialistischer Politik gegenüber den Ländern der Peripherie grundlegend verschoben haben. Die «naturhafte» Schubkraft des Prozesses imperialistischer Expansion war gebrochen, mochten auch die faschistischen Regime in den dreißiger Jahren ihrerseits noch einmal den Versuch unternehmen, das Rad der Geschichte zurückzudrehen. Formelle Kolonialherrschaft bedurfte hinfort der moralischen Legitimierung. Zugleich wurde diese von den betroffenen Völkern zunehmend offen angegriffen, mochten auch die in den Tiefen der jeweiligen kolonialen Gesellschaften eingepflanzten politischen und ökonomischen Strukturen einstweilen noch unbeeinträchtigt fortbestehen. Was bislang als irreversibler Prozeß galt und tatsächlich ein solcher gewesen war, wurde nun angesichts veränderter Randbedingungen reversibel: der Imperialismus geriet in die Defensive.

Heute läßt sich das Verhältnis zwischen den Industriestaaten und der Dritten Welt nicht mehr in den Begriffen eines eindeutigen, zielgerichteten Prozesses deuten, sondern hat die Qualität eines komplexen Interaktionsprozesses von gegenläufigen Prozessen angenommen, die einerseits auf die Erhaltung der in der imperialistischen Zeit eingefahrenen gesellschaftlichen und ökonomischen Strukturen hinwirken und insofern die «strukturelle Herrschaft» der Metropolen über die Peripherie über das Ende der imperialistischen Herrschaft hinaus festschreiben, die andererseits mit Macht auf die Emanzipation von bisheriger Abhängigkeit, unter Ausspielung der strategischen Vorteile der Länder der Dritten Welt im internationalen politischen und ökonomischen Kräftespiel, hindrängen, allein schon aus Gründen der Machterhaltung der jeweils herrschenden Eliten.

Abschließend sei versucht, die hier vorgestellten Befunde unter den eingangs erörterten theoretischen Gesichtspunkten zusammenzufassen und – sei es auch um den Preis einer gewissen Verkürzung der Komplexität der Vorgänge – systematisch zu formulieren. Zunächst wären eine Reihe von strukturellen Voraussetzungen zu nennen, die den Hochimperialismus im strengen Wortsinn erst möglich gemacht haben und zugleich notwendige Bedingungen dafür waren, daß die Expansion der westlichen Zivilisation etwa 1882 endgültig den Charakter eines irreversiblen, sich selbst vorantreibenden Prozesses angenommen hat.

Hier ist an erster Stelle das außerordentliche, beständig zunehmende Mißverhältnis in den ökonomischen, militärischen und geistigen Potentialen der europäischen Staaten einerseits, der Völker der unentwickelten Welt andererseits zu nennen. Dieser Umstand hat es überhaupt erst ermöglicht, daß säkulare Prozesse imperialistischer Landnahme oder auch weitreichender ökonomischer Penetration direkt oder indirekt von kleinen, innerhalb der europäischen Gesellschaften bloß marginalen Gruppen mit höchst beschränkten militärischen Machtmitteln und begrenzten ökonomischen Ressourcen in Gang gesetzt werden konnten. Auch wenn man einräumt, daß die Aktionen dieser Gruppen nicht selten von seiten der Diplomatie des eigenen Mutterlandes flankierende Abstützung erfuhren, läßt sich doch nicht übersehen, daß sie oft mit äußerst geringem Einsatz in der Lage waren, sich ganze Gesellschaften der Dritten Welt gefügig zu machen. Eine weitere wichtige Grundvoraussetzung bildet die politische Rivalität der europäischen Industriestaaten, die es – zumal in einem Zeitalter des Nationalismus – den Regierungen als nationale Pflicht erscheinen ließ, die Aktivität ihrer Staatsangehörigen und deren Agenten in Ländern der unentwickelten Welt nach Möglichkeit zu unterstützen. Schließlich setzte die wirtschaftliche Entwicklung in den Industriestaaten ein beständig wachsendes ökonomisches Potenial frei, das die Integration der noch unentwickelten Regionen des Erdballs in das sich ausbildende Weltwirtschaftssystem gleichsam als natürliches Ziel erscheinen ließ. Dem entsprach komplementär, daß ein beträchtlicher Teil der Mittel- und Oberschichten in den westlichen Staaten eine Ausdehnung des Einflußbereiches des eigenen Staates nach Übersee aus den verschiedensten Gründen zunehmend positiv bewertete, ja schließlich stürmisch verlangte, zumeist ohne jede Kenntnis der tatsächlichen ökonomischen und politischen Verhältnisse an der Peripherie.

Diese strukturellen Randbedingungen begünstigten die Aktionen der in erster Linie an imperialistischer Expansion formeller und informeller Art interessierten Gruppen weit über das Maß ihrer tatsächlichen gesellschaftlichen Machtstellung hinaus. Die auf vielen Ebenen, oft noch ohne daß dies seitens der Öffentlichkeit bemerkt wurde, sich vollziehende Infiltration europäischer Interessen, deren Speerspitze weniger die Politiker als vielmehr partikulare wirtschaftliche und ideelle Interessenten bildeten, hatte darüber hinaus eine weitere, höchst bedeutsame Konsequenz, nämlich die allmähliche Unterminierung der älteren Formen eines informellen Imperialismus, der sich auf einheimische Kollaborationsregime aller Art stützte. Vielfach haben, wie oben dargestellt, europäische Regierungen versucht, wankende Kollaborationsregime, beispielsweise in Ägypten, in Marokko und im Osmanischen Reich, durch entsprechende politische Interventionen zu restaurieren, um dem Dilemma der Errichtung formeller Herrschaft zu entgehen. Nur in einigen wenigen Fällen gelang dies, und auch dort zumeist nur auf Zeit. Vielmehr trat in der Regel das Gegenteil ein; die Krisen an der Peripherie, die zum Zusammenbruch der älteren Formen informeller oder halbformeller imperialistischer Herrschaft bzw. Penetration führten, zwangen zur Ausfüllung dieser Vakuen und zur Errichtung formeller Kolonialherrschaft, mit der sekundären Wirkung, daß die bestehenden Mächtegegensätze mit einer innerhalb des Systems unabwendbaren Notwendigkeit angeheizt wurden.

Hinzu kam noch, daß sich an der Peripherie formelle und informelle Formen imperialistischer Expansion, die jeweils unter verschiedenen

Zielsetzungen agierten, in vielfältiger Form kreuzten. Notorisch sind in dieser Hinsicht die finanzimperialistischen Operationen der internationalen Banken in den islamischen Ländern und in China, die zu höchst komplizierten Verwerfungen zwischen den politischen Interessen der betroffenen Industriestaaten und dem internationalen Kundenkreis dieser Banken führten. Gerade die Interaktion von imperialistischen Prozessen verschiedenster Natur, wie des Finanzimperialismus[7] der französischen und englischen internationalen Banken, des Exportimperialismus partikularer industrieller Interessen (vornehmlich der Schwer- und Rüstungsindustrie) der politischen Expansionsbestrebungen der Großmächte – bzw. ihrer Bemühungen um die Wahrung ihres kolonialen Besitzstandes – und des imperialistischen Nationalismus der aufsteigenden bürgerlichen Schichten, verlieh den imperialistischen Expansionsprozessen ihre enorme Schubkraft.

Zugleich wird deutlich, wieso innerhalb eines solchen Systems die für sich genommen begrenzten Aktionen der «men on the spot» eine so große Dynamik haben auslösen können. Sie trieben die Dinge an der Peripherie jeweils bis zu dem Punkt, an dem die Staatsmänner der Metropolen einzugreifen genötigt waren. Sie halfen dabei, jene lokalen Vakuen an der Peripherie entstehen zu lassen, in die dann die Kolonialmächte ihrerseits hineinstießen. Die Bedingungen, unter denen die Politiker standen, erlaubten es nicht, diesen Prozeß an irgendeinem Punkte anzuhalten. Hinzu kam, daß allein schon der Rechtfertigungszwang für erfolgte koloniale Erwerbungen zu Propagandaanstrengungen imperialistischen Tenors Anlaß gab, die den Nährboden für künftige imperialistische Forderungen schufen und ein Klima entstehen ließen, in dem schließlich von Staate Präventivannektionen ohne Rücksicht auf die Kosten und politischen Konsequenzen gefordert wurden. Der Nationalismus der aufsteigenden bürgerlichen Schichten, der eine wichtige ideologische Stütze des imperialistischen Denkens gewesen ist, läßt sich zwar gutenteils aus innenpolitischen Bedingtheiten herleiten; seine beständige Steigerung in den letzten Jahrzehnten vor 1914 ist jedoch mit Sicherheit auch eine Folge eines derartigen, zu immer massiveren imperialistischen Begehrlichkeiten anreizenden, akkumulativen Rückkopplungsprozesses gewesen, bis dann 1918 die Ernüchterung kam – zumindest teilweise.

7 Für eine Rechtfertigung dieses Terminus und der damit gemeinten Vorgänge, unter Rückgriff auf die reiche Literatur zum Gegenstand, vgl. den Beitrag des Verfassers: Europäischer Finanzimperialismus vor 1914. Ein Beitrag zu einer pluralistischen Imperialismustheorie, in diesem Band, S. 85–148.

Unter diesen Umständen ist es nicht sinnvoll, die imperialistischen Vorgänge der Zeit des Hochimperialismus primär auf das intentionale Handeln einzelner Staatsmänner oder auf die artikulierten Interessen bestimmter Gruppen der Gesellschaft zurückzuführen. Einmal abgesehen von den äußerst komplexen Verwerfungen, die imperialistische Motivationen bis zu ihrer Realisierung zu erfahren pflegten, nicht zuletzt, weil die Reaktionen an der Peripherie unvorhersehbar waren, sind die Erwartungshorizonte der beteiligten Personen und Gruppen zumeist erheblich bescheidener gewesen, als man im nachhinein anzunehmen geneigt ist, obwohl es natürlich grandiose imperialistische Programme gegeben hat. Die konkreten Abläufe an der Peripherie sind damit kaum in Verbindung zu bringen. Charakteristisch ist gerade das Gegenteil, nämlich die Disparität von Erwartungen und tatsächlichen Auswirkungen. Das gilt insbesondere für die phantastischen Vorteile, die sich gerade die nicht unmittelbar ökonomisch Interessierten in wirtschaftlicher Hinsicht von kolonialen Erwerbungen versprachen. Nicht anders verhielt sich dies für die Politiker, teilweise allerdings auch aufgrund von höchst mangelhaften Informationen über die tatsächlichen Verhältnisse in den betreffenden Regionen. Klassisches Beispiel bleibt in dieser Hinsicht Gladstones Ägyptenpolitik vom Jahre 1882, die eine Flutwelle imperialistischer Aktionen provoziert hat. Er wollte im Namen des «europäischen Rechts» möglichst gemeinsam mit Frankreich eine Polizeiaktion in Ägypten vornehmen, um den Status quo ante unter dem Khediven Taufig, der eine Nebenregierung europäischer Fachleute im Interesse der europäischen Gläubiger geduldet hatte, wiederherzustellen; stattdessen wurde Großbritannien für nahezu ein Jahrhundert tief in die Angelegenheiten Ägyptens verstrickt; faktisch hat es bis zum Ende des Zweiten Weltkrieges die Rolle der imperialistischen Vormacht in Ägypten gespielt. Ähnliches gilt auch für die Kolonialpolitik Bismarcks. Bismarck wollte 1882 eine Reihe deutscher Schutzgebiete gegründet sehen, die von privaten Kolonialgesellschaften im Auftrag des Reiches, aber ohne dessen direktes Engagement verwaltet und genutzt werden sollten. Schon Ende der achtziger Jahre sah sich das Deutsche Reich dann zur verlustreichen Liquidierung dieser Gesellschaften und dem konfliktreichen Aufbau staatlicher Kolonialverwaltungen gezwungen, für die Bismarck die preußisch-deutsche Beamtenschaft bekanntlich für ungeeignet hielt. Auch hier fällt die Inkongruenz zwischen Zielsetzung und Ergebnis ins Auge.

Diese Beispiele bestätigen erneut, daß die Akkumulation von imperialistischen Vorgängen um 1880 eine solche Größenordnung erreicht hatte, daß eine Formverwandlung der allgemeinen Politik gegenüber der unentwickelten Welt eintrat. Die vorangegangenen informellen und halbformellen Expansionsprozesse, welche «vested interests» etabliert hatten, die Krisen an der Peripherie, welche zum direkten Eingreifen zwangen, der Rückkopplungseffekt der Rechtfertigung kolonialer Politik auf das politische Bewußtsein der Völker der Metropolen, die Versuchung, imperialistische Politik zur Stabilisierung der Vormacht traditioneller Eliten, zu stärkerer Berücksichtigung der politischen Interessen der aufsteigenden Mittelschichten oder zur Unterdrückung oder doch zur politischen Isolierung der Arbeiterschaft zu nutzen, dies alles machte die imperialistische Expansion der westlichen Industriestaaten nicht nur irreversibel, sondern verlieh ihr jenen quasi zwangsläufigen Charakter, der historischen Prozessen eigentümlich ist.

Wandlungen der liberalen Idee im Zeitalter des Imperialismus

Die liberale Idee hat im Laufe ihrer wechselvollen Geschichte eine ganze Reihe krisenhafter Wandlungen durchgemacht, die ihre Substanz nicht unberührt gelassen und ihre Wirkkraft auf die moderne Welt nicht unerheblich geschwächt haben. Dazu gehört die Konfrontation der im klassenmäßigen Sinne bürgerlich-individualistischen Gesellschaftstheorie des älteren Liberalismus mit der gesellschaftlichen Wirklichkeit der entwickelten industriellen Massengesellschaft, die zweitweilige Überfremdung der liberalen Idee durch Aufnahme von Elementen imperialistischen Denkens und die Hilflosigkeit, ja Anfälligkeit des Liberalismus der 20er und 30er Jahre gegenüber dem Faschismus. Nicht zufällig sprechen moderne Autoren vom «Elend des Liberalismus»[1] oder gar, in einer freilich auf die amerikanischen Verhältnisse zugeschnittenen Argumentation, vom «Ende des Liberalismus»[2]. Diese Krisen liberalen Denkens, die wir eben genannt haben, sind stärker miteinander vermittelt, als es auf den ersten Blick wohl erscheinen mag. Die imperialistische Ideologie erwuchs auf dem Boden strukturell bedingter Wachstumskrisen des industriellen Kapitalismus und hatte das enorme technologische Übergewicht der Industriestaaten gegenüber der Dritten Welt zur Voraussetzung. Ohne die krassen Differenzen im technologischen, wirtschaftlichen und militärischen Potential der europäischen Industriestaaten einerseits, der kolonialen Welt andererseits, wäre das Phänomen des Imperialismus unerklärbar, auch wenn man es nicht, mit Lüthy, allein auf eben diesen Faktor zurückführen kann. Die imperialistische Ideologie bildete, wie Hannah Arendt überzeugend gezeigt hat, den Nährboden für die Ausbildung rassistischer Lehren, und hat insofern dem Faschismus die Wege gebahnt. Zugleich beförderte der Imperialismus die Tendenz zur äußersten Machtzusammenballung im Rahmen moderner Großstaaten, welche die Bedingung der Möglichkeit faschistischer Gewaltpolitik gewesen ist. Die mangelnde Resistenz des Liberalismus gegenüber den Faschismen, wie sich dies im italienischen Falle besonders

1 Vgl. Robert Paul Wolff, Das Elend des Liberalismus, Frankfurt 1969².
2 Vgl. T.J. Lowi, The End of Liberalism, New York 1969.

deutlich, aber auch in der deutschen Entwicklung gezeigt hat, hängt wesentlich damit zusammen, daß die traditionelle liberale Theorie gegenüber den neuen Problemen der industriellen Massengesellschaft auf weiten Strecken ratlos war und daher in liberalen Kreisen die Neigung weckte, die antimodernistischen Tendenzen des Faschismus mit einer gewissen Sympathie zu betrachten, ohne sich die Unvereinbarkeit des eigenen Ethos mit eben dieser Postion voll einzugestehen. Insofern verdient die Frage, wie die politische Bewegung des Liberalismus auf die seit den 80er Jahren des 19. Jahrhunderts zu dominanter Tonart aufsteigende imperialistische Ideologie reagiert habe, auch heute noch unser Interesse. Die Verfremdung der liberalen Idee durch die imperialistische Ideologie ist ein Phänomen, das sich seit den 80er Jahren des 19. Jahrhunderts in allen modernen Industrienationen beobachten läßt; doch ist sie nirgends so eklatant hervorgetreten wie gerade in Deutschland, und nirgends hat sie so verhängnisvolle Auswirkungen gehabt.

Unsere Eingangsthese lautet, daß das Sicheinlassen mit dem Imperialismus gleichsam der wohl schwerwiegendste Sündenfall des Liberalismus in seiner wechselvollen Geschichte gewesen ist. Das Aufgreifen imperialistischer Tendenzen hat nicht nur eine verhängnisvolle Diskreditierung der Glaubwürdigkeit des liberalen Denkens zur Folge gehabt, sondern auch zur Entstehung der Katastrophen zweier Weltkriege wesentlich beigetragen. Prinzipiell kann keinerlei Zweifel darüber bestehen, daß eine imperialistische Politik, die in Ländern mit vergleichsweise weniger entwickelter Kultur Abhängigkeits- und Ausbeutungsverhältnisse mit dem Ziel begründet, daraus politische und wirtschaftliche Vorteile zu ziehen, mit der liberalen Auffassung von der Würde des Menschen, der prinzipiell nicht der Fremdbestimmung durch gleich welche Macht auch immer unterworfen werden darf, nicht vereinbar ist. Das gilt in besonderem Maße für jene Varianten des imperialistischen Denkens, die von unüberbrückbaren, ewig vorgegebenen rassischen und kulturellen Differenzen zwischen Weissen und Eingeborenen ausgingen, eine Auffassung, der wir freilich in den letzten Dekaden des 19. Jahrhunderts fast überall begegnen[3]. Diese These wird uns als Leitfaden für eine Analyse der Wandlungen der liberalen Idee in der Epoche des klassischen Imperialismus zu die-

3 So im Bereich des liberalen Denkens beispielsweise bei Paul Rohrbach. Vgl. Rohrbach, Der deutsche Gedanke in der Welt, Düsseldorf 1912, S. 136: Es verstehe sich von selbst, daß in den deutschen Kolonien «der Schwarze die dienende Masse, der Weiße die soziale Oberschicht bilden» müsse.

nen haben; sie darf uns freilich nicht dazu verleiten, dem älteren Liberalismus in Sachen Imperialismus unversehens den Status der Unschuld zu bescheinigen.

Eine herkömmliche, bis vor kurzem in der Forschung herrschende Auffassung will es, daß der klassische, individualistische Liberalismus, der im politischen Bereich die möglichste Beschränkung der Staatsmacht zum Ziel hatte und von der Freisetzung des Individuums im Rahmen einer von politischen Eingriffen weitgehend freien, nur den natürlichen Gesetzen des Marktes unterworfenen Wirtschaftsordnung des *laissez-faire* und des Freihandels die Entwicklung einer neuen besseren Gesellschaftsordnung erwartete, mit Imperialismus nichts gemein gehabt habe[4]. Diese Ansicht kann sich darauf berufen, daß die Liberalen bis weit über die Mitte des 19. Jahrhunderts hinaus den Abbau der alten, auf merkantilistischer Basis etablierten, Kolonialreiche begrüßten und darüber hinaus durchweg expansive Machtpolitik in überseeische Räume ablehnten, zumindest soweit dort nicht wirklich bedeutende wirtschaftliche Interessen von europäischen Unternehmern oder Firmen in unmittelbare Bedrohung geraten waren. Imperialistische Politik, die mit militärischen Gewaltmitteln und extensiver Anwendung staatlicher Herrschaftsmethoden überseeische Gebiete in die Botmäßigkeit weniger Weißer zwingt, doch dazu unter Einsatz enormer Steuergelder, war in der Tat mit dem Credo des älteren Liberalismus unvereinbar, und demgemäß haben die Liberalen in Deutschland ebenso wie in England und auch in Frankreich zunächst alle ambitiösen staatlichen Kolonialprojekte mit großem Mißtrauen betrachtet und häufig die diesbezüglichen Absichten der Regierungen durchkreuzt.

Doch kann dies nicht ohne weiteres als die ganze Wahrheit gelten. Bereits 1953 haben Robinson und Gallagher in einem vielbeachteten Aufsatz «The Imperialism of Free Trade» diese These als eine Halbwahrheit entlarvt[5]. Die traditionelle Periodisierung der Geschichte der Ausbreitung der großen Industrienationen über die Welt, derzufolge einer Periode der Dekomposition der alten Kolonialreiche im Zeichen eines freihändlerischen Liberalismus, die ihren präzisesten Ausdruck in der Gewährung der Selbstregierung an erhebliche Teile ehemaliger kolonialer Territorien gefunden habe, eine neue Periode

4 Eine dezidierte Verteidigung dieser Auffassung am Beispiel Cobdens bei Oliver MacDonald, The Anti-Imperialism of Free Trade, in: The Economic History Review, 2nd. Series, Bd. 14, 1962, S. 492ff.

5 The Economic History Review, 2nd. Series, Bd. 6, 1953, S. 1ff.; dt. Übersetzung in: Hans-Ulrich Wehler, Hg., Imperialismus, Köln 1970, S. 183ff.

des Imperialismus gefolgt sei, eröffnet mit Disraelis feierlichem Bekenntnis von 1874 zu einem neuen Imperialismus, wurde von Robinson und Gallagher prinzipiell in Frage gestellt. Das Selbstverständnis des älteren Liberalismus, wonach freier Handelsaustausch mit Völkern der kolonialen Welt gemäß den Prinzipien des Marktes nichts mit imperialistischer Politik, geschweige denn mit imperialistischer Herrschaft zu tun habe, wird hier als partielle Selbsttäuschung aufgewiesen. Vielmehr habe es sich um einen «Free Trade Imperialism» gehandelt, der sich auf die technologische Überlegenheit der eigenen Wirtschaft zu stützen vermochte. Der frühviktorianische Imperialismus habe stets der Aktivität privater Kolonialgesellschaften den Vorzug vor dem direkten Engagement des Staates gegeben, gleichwohl aber immer dann, wenn diese auf ernste Schwierigkeiten gestoßen seien, sei es von Seiten der betroffenen Völkerschaften, sei es von Seiten rivalisierender europäischer Mächte, an die Macht des eigenen Staates appelliert. Sein Grundsatz habe gelautet, die eigene imperialistische Herrschaft soweit möglich mit informellen Methoden, sobald nötig aber mit den Mitteln formeller imperialistischer Herrschaft auszudehnen. Die in einer solchen Deutung der imperialistischen Prozesse im 19. Jahrhundert implizierte Erosion der Differenz zwischen imperialistischer Herrschaft im eigentlichen Sinne und «normalen» wirtschaftlichen Beziehungen kapitalistischen Charakters ist keineswegs unproblematisch[6]. In der Tat vermag die Theorie des «informellen Imperialismus» zwischen Formen wirtschaftlicher Expansion, die sich ohne Ausnutzung politischer Vorteile gemäß den Bedingungen des internationalen Wirtschaftssystems vollziehen, und monopolistischer Expansion unter Zuhilfenahme politischer Gewalt nicht eigentlich zu unterscheiden. Dennoch hat die Theorie des «informal imperialism» vielerorts Nachfolge gefunden, in Deutschland vielleicht am prononciertesten bei Hans-Ulrich Wehler, der allerdings im einzelnen dann wieder Unterschiede zwischen «laissez-faire-Expansion» und politisch-territorialer Expansion gelten läßt[7]. Hier wird diese Begrifflichkeit zugleich benutzt, um, unter Hintanstellung der Differenzen im Detail, einen alle bürgerlichen Schichten – die Liberalen verschiedener Richtungen inbegriffen – umfassenden «ideologischen Konsensus» hinsichtlich der

6 Siehe u. a. D. C. M. Platt, The Imperialism of Free Trade. Some Reservations, in: The Economic History Review, 2nd. Series, Bd. 21, 1968, S. 304ff.; ders., Further Objections to an ‹Imperialism of Free Trade›, 1830–1860, ebd. Bd. 26, 1973, S. 77ff., 87f.

7 Bismarck und der Imperialismus, Köln 1969.

Notwendigkeit imperialistischer Expansion zu postulieren[8]. Mag die Begrifflichkeit der Theorie des «Freihandelsimperialismus» auch in mancher Hinsicht zu diffusen Folgerungen führen, so liegt ihr Vorteil doch darin, daß sie das traditionalistische Modell entzaubert, das zwischen der Nutzung von Handels- und Investitionschancen gemäß den Gesetzen des kapitalistischen Marktes auf der Grundlage des Freihandels einerseits, und monopolistischer Gewaltpolitik, die extraordinäre Gewinne nach sich zieht, andererseits eine scharfe Grenze zog. In ersterem sah man eine zivilisatorische Mission, dank welcher auch die unterentwickelten Völker der Güter der westlichen technologischen Kultur teilhaftig würden, mochten auch die terms of trade noch so ungünstig sein. Letzteres aber war schon deshalb nicht ratsam, weil es zu monopolistischen Verzerrungen des Marktes, hohen Steuern und unzuträglicher Ausweitung des Staatsapparates Anlaß gab. Ein Zustand der Unschuld des liberalen Denkens in imperialistischer Beziehung bestand also auch vor dem Eintritt in die eigentliche Phase des modernen Imperialismus keineswegs, auch wenn dies den deutschen Liberalismus in geringerem Maße trifft als seinen englischen Vetter.

Das klassische liberale Denken war auf den Grundsatz der freien Selbstbestimmung des autonomen Individuums innerhalb der Grenzen des Rechts, und seinem Anspruch auf freie wirtschaftliche Betätigung im Rahmen eines rechtlich garantierten Wirtschaftssystems eingeschworen; zugleich faßte es als eigentliches Ziel der geschichtlichen Entwicklung die Schaffung einer möglichst herrschaftsfreien Gesellschaft ins Auge, in der die ideellen, kulturellen und insbesondere die ökonomischen Interessen aller einzelnen auf der Grundlage eines Systems freier, rechtlich geregelter Konkurrenz eine optimale Form des Ausgleichs finden würden. Die Ausdehnung des Systems des freien Wettbewerbs, sowohl im wirtschaftlichen wie auch im kulturell-geistigen Bereich, auf den ganzen Erdball wurde vom älteren Liberalismus als eine zivilisatorische Aufgabe empfunden, und es kam den Liberalen zumeist gar nicht zum Bewußtsein, daß dieser Prozeß für Völker und Nationen mit einem wesentlich niedrigeren Kultur- und Lebensniveau ein zwiespältiges Glück sein könnte. Vielmehr verband sich die Idee einer kosmopolitischen Wirtschaftsgesellschaft, die prinzipiell allen die Chance zur optimalen Verwertung ihrer Fähigkeiten bieten werde, mit einem naiven Fortschrittsoptimismus, der «das größte

8 Vgl. meine Rezension des genannten Buches in diesem Band S. 77–84, wo auf die Verschleifung der Differenzen über die Notwendigkeit imperialistischer Politik im bürgerlichen Lager hingewiesen wird.

Glück der größten Zahl» (Bentham) auf seine Fahnen schrieb und dabei verkannte, daß dieses Glück auf absehbare Zeit nur den aufsteigenden Mittelschichten zuteil werden würde. Insofern war der Antiimperialismus des frühen Liberalismus, soweit er bestand, in mancher Hinsicht oberflächlich und naiv. Der frühe Liberalismus war zwar primär internationalistisch gesinnt, insofern als er für die wirtschaftliche und kulturelle Zusammenarbeit aller Individuen über die nationalen Grenzen hinaus eintrat, aber faktisch lief dieser Internationalismus auf die Bildung einer Internationale der industriellen Staaten gegenüber der Dritten Welt hinaus, ja mehr noch, zu einer Internationale, von der einstweilen die eigenen Unterschichten weitgehend ausgeschlossen blieben.

Hinzu kam, daß das liberale Selbstverständnis eine Politik des «opening up» von Ländern, die sich nicht freiwillig dem Einfluß der westlichen Industrie- und Kulturgüter öffneten, prinzipiell positiv wertete, auch wenn dies mit Formen diplomatischen Drucks oder gar offener Gewalt bewerkstelligt wurde. Gleiches galt dort, wo europäische Mächte, direkt oder indirekt, auf den Plan traten, um die Einhaltung von finanziellen oder anderen wirtschaftlichen Verpflichtungen zu erzwingen, die unterentwickelte Länder nach den Grundsätzen der kapitalistischen Wirtschaftsordnung formell korrekt eingegangen waren. All dies schien dem Zeitbewußtsein, wie dies Gladstone einmal ausgedrückt hat, unter die Rubrik der «Wahrung des europäischen Rechtes» zu fallen. Es kann zugestanden werden, daß der ältere Liberalismus in aller Regel dem Prinzip «the flag follows the trade» huldigte und damit dem internationalen Austausch, der jedenfalls im Prinzip auch für die jeweiligen eingeborenen Bevölkerungsgruppen von Vorteil sein konnte (was nicht heißen soll, daß dies stets so gewesen ist), vor ökonomischer Expansion mit mehr oder minder gewaltsamen politischen Mitteln, zwecks Erschließung wirtschaftlicher Ressourcen, Absatzmärkte und Investitionsgelegenheiten den Vorrang gab.

Diese Politik freihändlerischer Expansion war zwar keinesfalls uneigennützig und läßt sich ideologisch «entzaubern», aber dennoch unterschied sie sich qualitativ von offenem, monopolistischen Imperialismus; hätte der Liberalismus konsequent auf dieser Linie bestanden, so wäre der Welt, und insbesondere den ehemals kolonialen Völkern, viel Unheil erspart geblieben. Man sollte sich im übrigen ohnehin davor hüten, die imperialistische Bilanz des 19. Jahrhunderts ausschließlich negativ zu bewerten. In dieser Hinsicht ist Herbert Lüthys Argument, daß die Kolonisierung der Dritten Welt ein notwendiger Prozeß gewesen sei, der nicht hätte aufgehalten werden können, obgleich er mit der Zerstörung der indigenen Kulturen und Gesellschaften verbunden war, keineswegs ohne weiteres von der Hand zu weisen. Die Integration der Dritten Welt in die moderne industrielle Kultur des Westens war, auch vom Standpunkt der Betroffenen, kein einfach nur zu nachteiligen Auswirkungen führender Vorgang. Die zivilisatorische Mission, die namentlich die Liberalen unter den Kolonisatoren in sich fühlten, war nicht immer bloßer Vorwand für eigensüchtige Interessen. In der insgesamt trüben Bilanz der imperialistischen Expansion der großen Industriestaaten lassen sich doch einige Positiva finden, die zumindest ihrem Ursprung nach auf liberales Gedankengut zurückgeführt werden können. Hier wäre beispielsweise die französische Kolonialtheorie der «Assimilation» zu nennen, die prinzipiell keinen Unterschied zwischen Staatsbürgern der Kolonien gleich welcher Farbe und Staatsbürgern des Mutterlandes gelten ließ und so, auch wenn sie höchst beschränkt praktiziert wurde, doch vergleichsweise günstige Voraussetzungen für die spätere Emanzipation der Kolonialvölker schuf[9]. Gleiches gilt für die Unterdrückung des Sklavenhandels, die zwar von Großbritannien und Frankreich vor allem betrieben wurde, um die Kritik humanitärer Kreise an imperialistischer Expansion zu unterlaufen, aber gleichwohl objektiv ein Fortschritt gewesen ist. Besondere Bedeutung aber kommt in diesem Zusammenhang der Idee der «Treuhänderschaft» der fortgeschritteneren weißen Nationen gegenüber den farbigen Völkern zu, die späterhin zur Grundlage einer Politik der stufenweisen Dekolonisation gemacht worden ist, die zwar nur begrenzte Erfolge gehabt hat, der aber Rationalität und Aufrichtigkeit nicht generell abgesprochen werden könne[10].

Fast alle diese aus humanitärem Gedankengut gespeisten Auffassungen wurden freilich in der eigentlichen Phase des klassischen Imperialismus, die insbesondere durch den «scramble for Africa» charakte-

9 Vgl. M. D. Lewis, The Assimilation Theory in French Colonial Policy, in: Comparative Studies in Society and History, Bd. 4, 2, 1962.

10 Eine behutsame Verteidigung des Systems des «indirect rule» bei Margery Perham, Bilanz des Kolonialismus, Stuttgart 1963, S. 52ff.; vgl. ferner F. D. Lugard, The Dual Mandate in British Tropical Africa, London 1922. Zum Problem, wie weit die Kolonialherren eine spezielle treuhänderschaftliche Verpflichtung gegenüber den indigenen Völkern haben, siehe Rita Hinden, Empire and After, London 1949, und Kenneth Robinson, Das Dilemma der Treuhandschaft, in: Rudolf von Albertini, Hg., Moderne Kolonialgeschichte, Köln 1970, S. 230. Dem deutschen Liberalismus hat sich dieses Problem stets nur in sehr begrenzter Weise gestellt. Vgl. aber Werner Schiefel, Bernhard von Dernburg, phil. Diss. Münster (Maschschr.), S. 212ff.

risiert war, über Bord geworfen, und dies gilt auch für den deutschen Liberalismus, zumindest für die große Mehrheit seiner Richtungen. Die geringe Resistenz des deutschen Liberalismus gegenüber der imperialistischen Ideologie war zunächst darin begründet, daß dieser immer schon eng mit der nationalen Idee verbunden gewesen war. Nur im Rahmen eines starken, selbständigen Nationalstaates hatten die deutschen Liberalen die Durchsetzung eines freiheitlichen Verfassungssystems und einer an liberalen Grundsätzen ausgerichteten, dynamischen Wirtschaftsordnung für möglich gehalten. Nationales Pathos bildete auch dann noch einen wesentlichen Bestandteil des deutschen liberalen Denkens, nachdem sich dieses von der ursprünglichen Idee einer in einem Nationalstaate geeinten freien Nation entfernt hatte, wie sie klassisch von Giuseppe Mazzini formuliert worden ist. Gerade die deutsche Nationalstaatsidee nahm – bereits seit den 60er Jahren – in zunehmendem Maße machtstaatliche und konservative Elemente in sich auf, eine Entwicklung, die eine enge Verbindung des Nationalgedankens mit der liberalen Idee eigentlich nicht mehr rechtfertigte. Schon Jakob Burkhardt hat im Hinblick auf die Begründung des deutschen Kaiserreiches mit dem scharfen Blick eines Altkonservativen vorhergesehen, daß die Nationalidee im Begriff sei, sich von ihren ursprünglichen kulturellen Grundlagen abzulösen und zu einem Kult der Machtpolitik zu degenerieren: «Allein in erster Linie will die Nation (scheinbar oder wirklich) vor allem Macht. Das kleinbürgerliche Dasein wird wie eine bisherige Schande perhorresziert; alle Tätigkeit für dasselbe genügt den treibenden Individuen nicht; man will nur zu etwas Großem gehören und verrät dadurch, daß die Macht das erste, die Kultur höchstens ein ganz sekundäres Ziel ist»[11]. In der Tat kann kaum ein Zweifel darüber bestehen, daß gerade der deutsche Liberalismus in seinem Bestreben, an seiner nationalen Zuverlässigkeit keinen Zweifel aufkommen zu lassen, sich immer stärker mit Tendenzen einließ, die sich mit der eigenen geistigen und politischen Position im Grunde nicht vertrugen. Insbesondere die Nationalliberalen leiteten ihren Anspruch, die führende Partei des neuen Deutschen Reiches

11 Weltgeschichtliche Betrachtungen, Über geschichtliches Studium. Darmstadt 1956, S. 70. Vgl. auch Burckhardts skeptische Äußerung in einem Brief an Friedrich v. Preen, Sylvester 1872, daß nun ja wohl «die ganze Weltgeschichte von Adam an siegesdeutsch angestrichen und auf 1870/1871 orientiert sein» werde! «Den nächsten Krieg gewinnt man ohnehin gewiß auch noch, nur die nationalliberale Grundlage der Anschauung möchte inzwischen etliche bedenkliche Risse bekommen haben.» Briefe, hrsg. v. Max Burckhardt, Bremen 1965, S. 321.

zu sein, in erster Linie daraus ab, daß sie für Bismarcks große Außenpolitik die solide innenpolitische Basis geschaffen hätten, und widerstanden demnach nicht der Versuchung, den trügerischen militärischen Glanz des neuen Reiches auch für sich zu beanspruchen. Heinrich v. Treitschke wurde zu einem der wirkungsvollsten Propheten der neudeutschen Nationalidee, die das Prinzip der Macht ganz bewußt dem Postulat der Freiheit des Einzelnen voranstellte und den Staat, nicht das Individuum, als das Zentrum des modernen Kulturlebens betrachtete. Angesichts einer solchen Ausgangslage kann es nicht verwundern, daß sich die Liberalen gegenüber der imperialistischen Ideologie schon deshalb relativ wenig immun zeigten, weil diese im Gewande eines gesteigerten, eines konsequenten Nationalismus auftrat. In Wahrheit waren es nicht so sehr die Konservativen, als vielmehr die Liberalen, die einen deutschen Imperialismus als die Erfüllung und logische Fortführung der Politik der Reichsgründung betrachteten. Max Weber beispielsweise erklärte in seiner Freiburger Antrittsrede von 1895 in Formulierungen, die im liberalen Lager weithin Anklang und Resonanz fanden: «Wir müssen begreifen, daß die Einigung Deutschlands ein Jugendstreich war, den die Nation auf ihre alten Tage beging und seiner Kostspieligkeit halber besser unterlassen hätte, wenn sie der Abschluß und nicht der Ausgangspunkt einer deutschen Weltmachtpolitik sein sollte»[12].

Es kann kein Zweifel darüber bestehen, daß sich der deutsche Liberalismus, im europäischen Vergleich betrachtet, dem imperialistischen Denken in besonders hohem Maße verschrieben hat. Belege dafür gibt es in Hülle und Fülle. Nicht zufällig spielten Miquel und Bennigsen, die führenden Männer des deutschen Nationalliberalismus der Bismarckzeit, in der «Deutschen Kolonialgesellschaft», dem ältesten der großen imperialistischen Agitationsvereine, eine führende Rolle. Und die sogenannten «liberalen Imperialisten», wie sie Ludwig Dehio genannt hat, haben die imperialistische Idee erst gesellschaftsfähig gemacht und die gebildeten Schichten, zumindest soweit sie dem protestantischen Volksteil Deutschlands angehörten, in übergroßer Mehrheit dafür gewonnen[13]. Friedrich Naumann gründete 1896 den «Nationalsozialen Verein» ausdrücklich zu dem Zweck, die breiten Massen auch der Arbeiterschaft für eine deutsche Weltpolitik zu gewin-

12 Gesammelte Politische Schriften, hrsg. v. J. Winckelmann, ^{3}Tübingen 1958, S. 23.

13 Gedanken über die deutsche Sendung 1900–1918, in: Deutschland und die Weltpolitik im 20. Jahrhundert, Frankfurt 1955, S. 72ff.

nen; allerdings blieb der «Nationalsoziale Verein» in den wenigen Jahren seines Bestehens eine Art geistiger Generalstab der Gebildeten, dem es nie gelang, in die Arbeiterschaft einzudringen[14]. Auch späterhin gab Friedrich Naumann in seiner Wochenschrift «Die Hilfe», die in mancher Hinsicht das soziale Gewissen der deutschen protestantischen Bildungsschicht gewesen ist, imperialistischem Denken weiten Raum. Insbesondere Paul Rohrbach bemühte sich im letzten Jahrzehnt vor 1914, in zahllosen Artikeln in der «Hilfe» und ebenso in vielgelesenen Büchern, die schwindelerregende Auflagenhöhen erreichten – hier sei nur das 1903 erstmalig erschienene Buch «Deutschland unter den Weltvölkern» genannt –, die deutschen Bildungsschichten für die imperialistische Idee zu begeistern[15]. Die Nationalliberalen suchten seit den 90er Jahren ausdrücklich, zur eigentlichen Partei eines neudeutschen Imperialismus zu werden und durch konsequentes Eintreten für eine kraftvolle imperialistische Politik auch gegenüber der Reichsregierung alle anderen imperialistischen Gruppen entweder ins eigene Lager zu ziehen oder aber auszustechen. Schon in der Berliner Erklärung der Nationalliberalen Partei vom 5. Oktober 1896, also ganz am Anfang der Bülowschen «Weltpolitik», die die zweite Welle des deutschen Imperialismus einleitete, heißt es: «Die Nationalliberale Partei wird die Regierung auf dem eingeschlagenen Wege einer kräftigen und zielbewußten Handhabung der Kolonialpolitik unterstützen»[16]. In der Folgezeit verfochten die Nationalliberalen im Reichstag am energischsten ein Programm weltpolitischer Expansion auch gegenüber dem Auswärtigen Amt, wie sich beispielsweise an der Haltung der Nationalliberalen Partei in der Marokkofrage zeigen läßt.

Die Gründe für die bereitwillige Aufnahme imperialistischer Ideale im liberalen Lager sind mannigfacher Art. Zunächst einmal läßt sich darauf hinweisen, daß die liberalen Ideen in Deutschland immer schon nur eine sehr schwache Verankerung gehabt hatten. Schon in den Anfängen seiner Entwicklung akzentuierte der deutsche Liberalismus den Gedanken der Autonomie des Individuums und die Idee der Selbstverwaltung, nicht aber das Prinzip der Selbstregierung der Bür-

14 Vgl. dazu neuerdings Dieter Düding, Der Nationalsoziale Verein 1896–1903, München/Wien 1972, besonders S. 63ff.

15 Vgl. dazu Walter Mogk, Paul Rohrbach und das «Größere Deutschland». Ethischer Imperialismus im Welhelminischen Zeitalter, München 1972, S. 169f.

16 Abgedruckt bei Wilhelm Mommsen, Deutsche Parteiprogramme, München 1960, S. 166.

ger. Mit der Idee der Volkssouveränität wollte er im Grunde nichts zu tun haben. Das deutsche liberale Denken war vielmehr eingebettet in eine historische Kontinuitätsideologie, die die Ursprünge der Freiheit der Deutschen in die frühmittelalterliche Vergangenheit und in die ständischen Vertretungen des 17./18. Jahrhunderts zurückspiegelte, während sie gegenüber der westlichen Naturrechtslehre immer Distanz hielt[17]. Zwar war der deutsche Liberalismus insbesondere hinsichtlich seiner konstitutionellen Theorie weitgehend von Westeuropa, insbesondere von England abhängig, doch hat er das liberale Ideengut, das er dort fand, nur unvollständig und, wie Lamar gezeigt hat, nicht ohne erhebliche Mißverständnisse in deutsche Verhältnisse übersetzt[18].

Es kommt hinzu, daß auch die Idee des Freihandels in der deutschen liberalen Bewegung nicht sonderlich tiefe Wurzeln faßte. Die Freihandelslehren eines John Prince-Smith haben zwar zunächst auf das deutsche Bürgertum starke Wirkungen gehabt, und der «Kongreß deutscher Volkswirte» wurde in den 50er Jahren zu einem wirkungsvollen Forum für die Ausbreitung freihänderlischer Doktrinen. Doch blieben die Schutzzollideen eines Friedrich List durchaus in Erinnerung, und es erwies sich nur zu leicht als möglich, diese Ende der 70er Jahre wieder aus der Schublade zu holen. Anders als im englischen Fall gab es in Deutschland unter der Ägide des Freihandels keine lange Periode raschen wirtschaftlichen Wachstums, und demgemäß hat sich die Idee, daß das kapitalistische Wirtschaftssystem grundsätzlich kosmopolitisch und auf freien Austausch im internationalen Rahmen ausgerichtet sein müsse und demgemäß keiner monopolistischen, durch staatliche Aktionen künstlich gesicherten oder erworbenen Märkte bedürfe, im deutschen bürgerlichen Denken keineswegs scharf eingegraben. Hinzu kam – es ist dies schon erwähnt worden – die enge Assoziierung des Liberalismus mit der nationalen Idee, die eine spezifische Bereitschaft schuf, liberale Grundprinzipien ganz oder teilweise zu opfern, sofern und soweit diese mit nationalen Interessen in Widerstreit gerieten. Der alte Streit, ob Einheit den Vorrang vor der Freiheit

17 Wir unterscheiden uns hier im Ansatz von Lothar Gall, der geneigt ist, die Wirklichkeit des frühen süddeutschen Liberalismus zum Maßstab eines allgemeinen Liberalismusbegriffs zu machen. Vgl. Lothar Gall, Liberalismus und bürgerliche Gesellschaft. Zu Charakter und Entwicklung der liberalen Bewegung in Deutschland, in: Historische Zeitschrift, Bd. 220, 1955, S. 324–356.

18 Reinhard J. Lamer, Der englische Parlamentarismus in der deutschen politischen Theorie im Zeitalter Bismarcks (1867–1890), Lübeck 1963, S. 81ff.

oder Freiheit den Vorrang vor der Einheit der Nation verdiene, ist für diese Situation symptomatisch. Eine wirkliche Harmonie zwischen nationalem Staatsgedanken und liberalem Freiheitsgedanken hat sich in der deutschen Entwicklung niemals eingestellt, zum Schaden des Einlebens liberaler Ideale.

Die schwache Verankerung des spezifisch liberalen Denkens im deutschen politischen Bewußtsein hatte seine soziologische Entsprechung in der geringen Geschlossenheit der Sozialgruppe des Bürgertums. Man sprach in Deutschland charakteristischerweise stets von den Schichten von «Bildung und Besitz», ein Terminus, der andeutet, daß das deutsche Bürgertum niemals ein wirklich einheitliches Ethos entwickelt hat[19]. Entscheidend dafür ist gewesen, daß die liberalen Ideen erst spät zum Zuge kamen, zu einem Zeitpunkt, als das Bürgertum bereits den Anfängen des großen Dekompositionsprozesses ausgesetzt war, der mit der Entwicklung einer pluralistischen Industriegesellschaft mit stark differenzierten Einkommen einherging[20]. Aus dieser Tatsache erklärt sich auch die vergleichsweise große Bereitschaft der Spitzen des Bürgertums, ihre gesellschaftlichen Ideale an jenen der adligen Oberschicht zu orientieren und, sofern sich dies ermöglichen ließ, womöglich gar auf dem Wege der Feudalisierung in diese aufzusteigen. Männer wie Hugo Preuß und Max Weber haben wiederholt das mangelnde Klassenbewußtsein des deutschen Bürgertums beklagt, welches in solchen schmählichem Übergang in das Lager einer eigentlich von der historischen Entwicklung bereits in ihrem Führungsanspruch überholten Sozialschicht zum Ausdruck komme[21].

19 Vgl. Heinrich August Winkler, Bemerkungen zum Thema «Liberalismus und bürgerliche Gesellschaft bis zur Krise der 1870er Jahre», Diskussionsbeitrag auf dem Deutschen Historikertag in Braunschweig 1974, demnächst unter dem Titel: «Zum Dilemma der deutschen Liberalismus im 19. Jahrhundert», in: H. A. Winkler, Liberalismus und Antiliberalismus, Göttingen 1979.

20 Ein Ansatz für diese Interpretation bei Theodor Schieder, Die Krise des bürgerlichen Liberalismus, in: ders., Staat und Gesellschaft im Wandel unserer Zeit, München 1958, S. 77. Eine ausführlichere Darlegung dieser Interpretation, die die eigentliche Krise des Liberalismus nicht schon, wie Gall, mit der Entwicklung des industriellen Systems als solchem, sondern erst mit dessen Umformung zum monopolistischen Kapitalismus sieht, bei Wolfgang J. Mommsen, Liberale Idee und liberale Bewegung in Geschichte und Gegenwart, in: Die FDP. Alternative oder Ausweichpartei, hrsg. v. Kurt Sontheimer im Auftrag der Katholischen Akademie in Bayern, München 1975.

21 Vgl. Mommsen, Max Weber und die deutsche Politik, Tübingen 1974², S. 100–102.

Auf politischer Ebene entspricht diesem Befund die Tatsache, daß es dem deutschen Liberalismus an Einheitlichkeit fehlte. Spätestens seit der Revolution von 1848/49 bildete die Zersplitterung der liberalen Kräfte eine Konstante der deutschen Entwicklung; erbitterte Richtungsstreitigkeiten erschütterten von Anfang an Einfluß und Machtstellung der liberalen Ideologie. Zudem wurde die Chance, die Arbeiterschaft durch angemessene Mitvertretung ihrer Interessen von Anfang an in das eigene Lager zu ziehen, gründlich verspielt, im Gegensatz etwa zum englischen Fall, wo es erst um die Jahrhundertwende zum Bruch zwischen Labour und der Liberalen Partei kam. Der beständige ideologische Dissens innerhalb der deutschen liberalen Bewegung entsprang freilich nicht allein der Neigung zur Rechthaberei und der Freude an ideologischer Auseinandersetzung, sondern war zugleich dadurch bedingt, daß keinerlei Chance bestand, an verantwortlicher Machtausübung teilzunehmen. Darüber hinaus spiegelte sich darin – und dies in zunehmendem Maße – die wachsende Diversität der ökonomischen und folglich auch der politischen Interessen der deutschen Mittelschichten.

Noch bis in die 60er Jahre des 19. Jahrhunderts hinein hat es eine relativ geschlossene liberale Ideologie gegeben, die für die Gesamtbewegung des Liberalismus im großen und ganzen verbindlich war. Im Rahmen einer rechtlich geordneten Gesellschaft, in der jedermann vor dem Gesetz gleich war, sollte den freien und mündigen Individuen ein möglichst hohes Maß selbständiger, spontaner Verwirklichung ihrer Ideale und Zielsetzungen, zugleich aber eine möglichst unbeschränkte wirtschaftliche Betätigung garantiert sein, während der Staat sich darauf zu beschränken habe, der Hüter des Rechts zu sein. Der Liberalismus konzentrierte seine Energien gleichsam in erster Linie darauf, die Gesellschaft dem unmittelbaren willkürlichen Zugriff der Staatsmacht, an deren monarchisch-autoritärem Charakter man zunächst nichts ändern konnte und teils auch nicht wollte, weitgehend zu entziehen. Der für die deutsche politische Tradition charakteristische Gegensatz von «Staat und Gesellschaft», der in der westlichen Tradition keine Entsprechung hat, ist dafür ebenso bezeichnend wie der spezifisch deutsche Begriff des «Rechtsstaats«. Gleichwohl hat die Lehre vom «Rechtsstaat», welche die Wahrung der Rechte des Einzelnen gegenüber willkürlichem Staatseingriff und das Prinzip der Gleichheit aller vor dem Gesetz sowie die Mitwirkung aller mündigen – das hieß freilich in der Praxis zumeist aller wohlhabenden – Bürger an der Gesetzgebung forderte, zunächst wesentlich zum Abbau autokratischer Herrschaftsformen in Deutschland beigetragen. Die parlamentarische Mitwirkung der Bürger an der Gesetzgebung erschien den Liberalen als notwenig, um das Prinzip der Selbstbestimmung des Einzelnen innerhalb der Grenzen des Rechts sicherzustellen; eine konstitutionelle Verfassung galt ihnen als Garantie für die Herrschaft des Gesetzes in Staat und Gesellschaft; doch der Schlußstein, nämlich die verantwortliche Mitwirkung aller Bürger am politischen Entscheidungsprozeß als solchem, in Form einer parlamentarischen Regierung, fehlte. Auch der Linksliberalismus hat sich erst spät konsequent die Forderung nach einer parlamentarischen Regierung zu eigen gemacht. Dagegen war die Forderung nach Schaffung eines einheitlichen, nationalen Wirtschaftssystems, in dem Normen, Tarife, Regelungen und Zölle für alle gleichermaßen gelten sollten, von Anfang an wesentlicher Teil des liberalen Programms, und in diesem Bereich hat sich die deutsche liberale Bewegung während des 19. Jahrhunderts in bemerkenswertem Umfang durchgesetzt. Eine auf der Basis des Freihandels betriebene Wirtschaftspolitik galt als notwendige Voraussetzung für eine prosperierende Wirtschaftsgesellschaft, welche allen Bürgern ein Maximum an produktiver wirtschaftlicher Aktivität erlauben und demnach ein Höchstmaß von Gütern zu produzieren in der Lage sein werde. Darüber hinaus ging der ältere Liberalismus durchweg davon aus, daß die soziale Frage, deren schwerwiegende Bedeutung den Zeitgenossen natürlich durchaus bewußt war, im wesentlichen nur auf dem Wege der «Selbsthilfe» gelöst werden könne; eine Emanzipation der Unterschichten in ihrer Gesamtheit erschien unter den sozialen Verhältnissen des Vormärz allgemein als unerfüllbare Utopie.

Von diesem liberalen Programm hat der deutsche Liberalismus dann im Laufe des 19. Jahrhunderts immer größere Abstriche gemacht, ohne sich doch an eine grundsätzliche Neuorientierung in prinzipieller Hinsicht heranzuwagen. Bereits die Periode von 1867 bis 1879, die von den großen Namen Bennigsen, Lasker und Bamberger bestimmt wurde, brachte eine Vielzahl pragmatischer Kompromisse, wagten es doch namentlich die Nationalliberalen nicht, es auf einen erneuten Verfassungskonflikt mit Bismarck, dem Reichsgründer und nationalen Heros der Deutschen, ankommen zu lassen, weniger weil es ihnen an Prinzipientreue mangelte, sondern vielmehr, weil sie sehr wohl wußten, wie schwach ihre eigene Postition in den breiten Volksmassen verankert war, sollte es je zum offenen Konflikt kommen[22].

22 Ein erster Ansatz zu einer überfälligen Neuinterpretation der Politik der Nationalliberalen gegenüber Bismarck in der Zeit nach 1867, die im Ge-

Die Entwicklung seit 1879 brachte Bismarcks Bruch mit dem Liberalismus und den Übergang zum sogenannten System des «Solidarprotektionismus», das insbesondere die Nationalliberalen vor eine Zerreißprobe stellte. Es erwies sich, daß es den Nationalliberalen wenig eingebracht hatte, in der Frage des «Gesetzes gegen die gemeingefährlichen Bestrebungen der Sozialdemokratie» ein Jahr zuvor Nachgiebigkeit und Kompromißbereitschaft zu zeigen. Die neue Schutzzollpolitik, die Agrarier und Großbürgertum zu einigen und gemeinsam vor den Wagen einer Politik der Erhaltung des gesellschaftlichen und politischen Status quo zu spannen bestimmt war, enthielt implizit bereits ein Element imperialistischer Politik, insofern als nun das Prinzip der Steuerung der wirtschaftlichen Entwicklung mit staatlichen Machtmitteln gegenüber rivalisierenden Wirtschaftspartnern prinzipiell bejaht wurde. Der neue Grundsatz einer staatlichen Außenhandelslenkung barg die Möglichkeit in sich, auch auf die außerhalb der eigenen Grenzen liegende Welt ausgedehnt zu werden; es war nur konsequent, wenn nun dem Staat zunehmend die Aufgabe angesonnen wurde, die außenwirtschaftliche Expansion mit seinen Machtmitteln zu fördern und die deutschen Absatzmärkte in Drittländern, vor allem aber in den jungfräulichen Gebieten der Dritten Welt, zu sichern, oder aber neue Absatzmärkte zu erschließen.

Anfänglich haben die Liberalen, insbesondere der Linksliberalismus, die Kolonialpolitik Bismarcks mit großer Reserve betrachtet und sich ihr zumeist hartnäckig widersetzt, nicht zuletzt auch deshalb, weil sie darin eine Strategie Bismarcks sahen, um die liberale Bewegung zu spalten und politisch ins Abseits zu manövrieren[23]. Mit dem zuneh-

gensatz zu landläufigen Meinungen überreich an Konflikten war, jetzt bei Gustav Schmidt, Die Nationalliberalen – eine regierungsfähige Partei? Zur Problematik der inneren Reichsgründung 1870–1878. in: Gerhard A. Ritter, Hg., Die deutschen Parteien vor 1918, Köln 1973, S. 208ff. Ganz im herkömmlichen Interpretationsschema, allerdings bei Radikalisierung der Kritik am Nationalliberalismus bewegt sich hingegen Herbert Schwab, Aufstieg und Niedergang der Nationalliberalen Partei. Zur Geschichte des Nationalliberalismus in Deutschland 1864 bis 1880, Habilitationsschrift, Jena 1968 (Maschschr.).

23 Vgl. Hans Spellmeyer, Deutsche Kolonialpolitik im Reichstag, Stuttgart 1931, S. 3ff., 14, 17f., 33ff., ferner W. Kelsch, Ludwig Bamberger als Politiker, phil. Diss. Jena 1933, S. 83ff., sowie Carlheinz Gräter, Theodor Barths politische Gedankenwelt. Ein Beitrag zur Geschichte des deutschen Liberalismus, phil. Diss. Würzburg 1963, S. 54f. Eine systematische Untersuchung dieses Komplexes ist, gerade auch nach Wehlers diesbezüglichen Thesen, ein dringendes Desiderat der Forschung.

menden Vordringen der imperialistischen Idee und der Ausbildung materieller Interessen im Lager der bürgerlichen Schichten, die sich zu recht oder zu unrecht auf koloniale und imperialistische Erwartungen zu richten begannen, wurde es zunehmend schwieriger, den kolonialpolitischen Bestrebungen konsequent entgegenzutreten. Demgemäß zerbrach die Einheit der liberalen Bewegung seit der Mitte der 80er Jahre vollends, nicht zuletzt über der Frage der Stellung zum Imperialismus.

Die höchst zwiespältige Haltung der Liberalen in der Frage des Imperialismus war zugleich ein Reflex der veränderten sozialen Zusammensetzung der Mittelschichten, deren ökonomische Interessen sich längst nicht mehr auf einer mittleren Linie einpendelten, sondern zunehmend auseinandergingen. Infolgedessen kam es zu einer Ausdifferenzierung verschiedener Positionen innerhalb des Gesamtliberalismus zur Frage des Imperialismus; diese reichten von rigoroser Ablehnung jedweder imperialistischen Politik bis hin zu enthusiastischer Propaganda für eine deutsche «Weltpolitik». Es lassen sich gemäß einer idealtypischen Klassifikation im wesentlichen vier verschiedene Lager unterscheiden, die sich freilich nur schwer scharf voneinander abgrenzen lassen, nämlich:

1. Der *«prinzipientreue» Radikalliberalismus,* der ganz unter dem Einfluß der *laissez-faire*-Ideologie jegliche Form staatlicher Kolonialpolitik strikt ablehnte. Dabei verband sich die Vorstellung, daß eine Politik staatlicher Kolonialerwerbungen volkswirtschaftlich unrentabel sei, mit tiefem Mißtrauen gegenüber jeglicher Erweiterung der Staatsmacht. Imperialismus war für diese Richtung nicht allein gleichbedeutend mit Verschwendung öffentlicher Mittel zugunsten einzelner Interessenten, sondern zugleich verknüpft mit Militarismus und Prestigepolitik schlimmster Art. Schon deshalb sei diesem nachdrücklich entgegenzutreten. Im Hintergrund stand das Alternativmodell einer friedlichen Weltordnung auf der Grundlage eines ungehinderten wirtschaftlichen Austauschs zwischen allen Nationen und Völkern, bei einem Minimum direkter staatlicher Intervention.

2. Der *pragmatische Antiimperialismus des entschiedenen Liberalismus,* der den kolonialistischen Unternehmungen der späten Bismarckzeit vorwarf, daß sie unökonomisch seien und in Wahrheit nur den Partikularinteressen einzelner Gruppen, niemals aber dem Gesamtinteresse der Nation dienlich seien. Diese Richtung betrachtete eine Politik imperialistischer Erwerbungen als anachronistischen Rückfall in die längst überwundene Epoche des Merkantilismus. Die Ablehnung aller staatlichen Kolonialpolitik verband sich freilich mit

einer grundsätzlichen Bejahung wirtschaftlicher Expansion nach Übersee, sofern sich diese auf privater Basis vollziehe und nicht den Steuersäckel des Staates und staatliche Machtpolitik für private Zwecke in Anspruch nehme. Eine dynamische Außenhandels- und Exportpolitik wurde von dieser Richtung nicht selten als positive Alternative zu einer Politik gewaltsamer präventiver Annexionen ausdrücklich begrüßt. Insofern konnte diese Position durchaus mit «informellem Imperialismus» im oben beschriebenen Sinne einhergehen.

3. Der «*liberale Imperialismus*», der eine kraftvolle Weltpolitik nach englischem Vorbild, getragen von den breiten Massen der Nation, propagierte. Die liberalen Imperialisten, die man vielleicht besser progressive Imperialisten nennen sollte, griffen die imperialistische Idee schon deshalb begeistert auf, weil sie darin die Chance sahen, dem im Epigonentum versunkenen Liberalismus ein neues, großes nationales Ziel vor Augen zu stellen und ihn damit noch einmal an die Spitze der politischen Bewegung zu bringen. In einer erfolgreichen Expansionspolitik nach Übersee sahen sie eine wesentliche Voraussetzung für eine fortschrittliche Verfassungs- und Gesellschaftspolitik, zumal ihnen der «Nahrungsspielraum» der breiten Massen davon abhängig zu sein schien (Max Weber). Umgekehrt hielten sie eine durchgreifende Liberalisierung der deutschen Verfassungs- und Gesellschaftsordnung schon deshalb für erforderlich, weil sich eine großangelegte Weltpolitik nicht mit den traditionellen Eliten durchführen lasse und überdies nur dann Erfolge bringen werde, wenn sie im Ernstfall auf die Unterstützung der breiten Schichten der Nation zählen könne. Schließlich sollten durch die Weltpolitik die ökonomischen Voraussetzungen für eine dauerhafte Integration der Arbeiterschaft in den nationalen Staat geschaffen werden.

4. Der «*realpolitische Imperialismus*» der Nationalliberalen, der eine rückhaltlose Vertretung deutscher weltpolitischer Interessen letztlich auch auf die Gefahr kriegerischer Verwicklungen hin befürwortete, wenn er auch andererseits bemüht blieb, gegenüber der jeden Augenmaßes entbehrenden imperialistischen Agitation des «Alldeutschen Verbandes» nach Möglichkeit Distanz zu halten. Hier spielten neben realen oder vermuteten ökonomischen Interessen großbürgerlicher und industrieller Kreise vor allem sozialimperialistische Erwägungen eine Rolle. Das Eintreten für eine konsequente «Weltpolitik» bot sich als ideale Plattform für eine alle bürgerlichen Gruppierungen einigende Politik an, die offen oder tendentiell die Sozialdemokratie in eine völlige politische Isolierung zu drängen geeignet war. Zugleich schien sich hier die Möglichkeit zu bieten, den Schwund der eigenen

Basis in der Wählerschaft aufzuhalten und den rivalisierenden Parteien im bürgerlichen Lager jene Wählergruppen abzujagen, die von den nationalistischen Agitationsverbänden bereits erfolgreich angesprochen worden waren. Neben dem sozialdefensiven Motiv des «realpolitischen Imperialismus» der Nationalliberalen stand freilich auch ein offensives, das sich gegen den verstaubten Traditionalismus der konservativen Führungsschichten und die konservative Staatsbürokratie richtete. Im Zeichen eines effizienten Imperialismus forderten die Nationalliberalen eine durchgreifende Modernisierung des politischen Systems, und insbesondere die Ablösung der überkommenen Führungseliten durch die Spitzen des deutschen Wirtschaftsbürgertums.

Insgesamt läßt sich während der Epoche des Hochimperialismus ein deutliches Gefälle zugunsten der letzteren Gruppen feststellen. Während in der Zeit Bismarcks die Begeisterung für eine kraftvolle imperialistische Politik im wesentlichen auf die Intellektuellen und die Kreise der unmittelbar Interessierten beschränkt blieb und niemals auf die öffentliche Meinung als solche durchschlug, sehr zum Ärger des Kanzlers, der sein innenpolitisches Kalkül dadurch gestört sah, fegte seit 1896 die Flutwelle des imperialistischen Denkens alle Gegenkräfte beiseite und erfaßte nach und nach fast die gesamte liberale Bewegung. Spätestens seit der Jahrhundertwende begannen der «liberale Imperialismus» der Naumannianer und der «realpolitische Imperialismus» der Nationalliberalen das geistige Terrain des Liberalismus fast ausschließlich zu bestimmen, während die Gegner des Imperialismus es entweder vorzogen zu schweigen, oder aber ins politische Abseits gedrängt wurden.

Gleichwohl sollte man das antiimperialistische Potential in der deutschen liberalen Bewegung nicht allzu gering einschätzen. Friedrich Kapp und F.C. Phillipson beispielsweise setzten noch auf dem 19. Kongreß deutscher Volkswirte 1880 eine Resolution durch, wonach es «nicht zulässig» sei, «daß auf Kosten der Gesamtheit und zugunsten einzelner Klassen teure und aussichtslose (. . .) Versuche mit Einrichtung irgendwelcher Art von Kolonien angestellt werden»[24]. Diese Einstellung hat die Haltung des entschiedenen Liberalismus gegenüber kolonialpolitischen und imperialistischen Projekten bis ins 20. Jahrhundert hinein maßgeblich bestimmt. Sie bildete den Kern ihrer Opposition sowohl gegen die Bismarcksche Kolonialpolitik wie

24 M. Broemel, Bericht über die Verhandlungen des 19. Kongresses deutscher Volkswirte, Berlin 1880, S. 145 ff.

gegen die manipulatorische «Weltpolitik» Bülows. Hinzu kam prinzipielle Gegnerschaft gegen Militarismus und bloße Prestigepolitik, die mit dem liberalen Ideal einer internationalen Ordnung, des friedlichen Warenaustausches und des Abbaues machtpolitischer Bündnissysteme schlechterdings nicht vereinbar waren. Dies schloß allerdings taktische Konzessionen in kolonialpolitischen Fragen nicht ganz aus, insbesondere wenn es darum ging, auf die konkrete Politik in den deutschen Kolonialgebieten Einfluß zu gewinnen. Namentlich Eugen Richter bildete für lange Jahre das Rückgrat einer derartigen Politik, bis dann seit 1904 die prinzipielle Generschaft gegen Kolonialpolitik im Lager der Freisinnigen Fortschrittspartei zu erlahmen begann[25]. Doch wurde diese Position dann von Männern wie Hellmuth von Gerlach und Rudolf Breitscheid aufgegriffen, freilich ohne dafür eine tragfähige politische Basis finden zu können[26]. Konstruktiver war dagegen der Versuch von Männern wie Ludwig Quidde und Walther Schükking, durch Propagierung der Idee internationaler Zusammenarbeit und kollektiver Beschränkung der Rüstungen eine konstruktive Alternative zum imperialistischen Zeitgeist zu entwickeln[27]. Doch blieb diesen Bemühungen unter den widrigen politischen Verhältnissen vor 1914 jede größere Resonanz versagt.

Dagegen hat der pragmatische Antiimperialismus, wie ihn Männer wie Ludwig Bamberger und Heinrich Rickert, und dann späterhin vor allem Theodor Barth vertraten, durchaus politisches Gewicht gehabt und zeitweise als effektive Bremse eines deutschen aggressiven Impe-

25 Vgl. Spellmeyer, Deutsche Kolonialpolitik, S. 122f., ferner Eugen Richter, Politisches ABC-Buch. Ein Lexikon parlamentarischer Zeit- und Streitfragen, 1903[10], das unter dem Stichwort «Kolonialpolitik» höchst skeptisch über die mangelnde Rentabilität und die schlechten wirtschaftlichen Perspektiven der deutschen Kolonien berichtet. Die These Elms, wonach selbst Richter ins Lager des Imperialismus übergeschwenkt sei, kann, obgleich dieser seinerzeit die Besetzung Kiautschaus billigte und auch für das Projekt der Schantungbahn positive Worte fand (vgl. Spellmeyer, Deutsche Kolonialpolitik, S. 81 u. 89), wohl kaum in dieser Ausschließlichkeit aufrechterhalten werden. Siehe auch Joachim Reimann, Ernst Müller-Meiningen senior und der Linksliberalismus in seiner Zeit, München 1968, S. 30f.

26 Vgl. Hellmut von Gerlach, Von rechts nach links, hrsg. v. Emil Ludwig, Zürich 1937, sowie Ludwig Elm, Demokratische Vereinigung, in: Die bürgerlichen Parteien in Deutschland, hrsg. v. D. Fricke, Bd. 1, S. 280–284.

27 Vgl. Utz Friedebert Taube, Ludwig Quidde. Ein Beitrag zur Geschichte des demokratischen Gedankens in Deutschland, Kallmünz 1963; ferner: Roger Chickering, A Voice of Moderation in Germany, in: Journal of Contemporary History, Bd. 8, 1964.

rialismus gewirkt. Die pragmatischen Antiimperialisten lehnten keinesfalls eine deutsche wirtschaftliche Expansion nach Übersee ab, aber sie wollten diese nicht mit staatlichen Gewaltmitteln, unter Mißachtung der Grundsätze freien internationalen Handels, betrieben sehen. Bamberger beispielsweise urteilte, wenn der freie Kaufmann von sich aus Kolonien erwerben wolle, habe er nichts dagegen, aber «die Oberaufsicht der Polizei und die fürsorgende Hand des Staates dürfe nicht darüber gesetzt werden»[28]. Ihm galt die «Kolonialpolitik» als eine Art von «wirtschaftlichem Köhlerglauben», der mit den Grundsätzen einer freien, internationalen Wirtschaftsordnung nicht vereinbar sei. Er spottete über die «deutschen Kolonialschwärmer, unter welchen sich bekanntlich Leute von hohem Rang» befanden, die ihren Edelmut bis jetzt immer damit bestätigt hätten, daß sie «ihre Unternehmungen zwangsweise von den Steuerzahlern bezahlen ließen»[29]. Ähnlich meinte Barth 1889: «Ich wünsche für Deutschland nichts sehnlicher, als daß wir uns von jeder Kolonialpolitik so bald wie möglich zurückziehen, um alle verfügbaren Kräfte wieder auf die allgemeine Pflege von überseeischen Beziehungen zu verwenden»[30].

Es würde eine allzu krasse Vereinfachung sein, wenn man diese Position einfach auf die Formel eines «informellen Imperialismus» bringen würde, der ausschließlich auf die effektiveren Mittel ökonomischer und technologischer Überlegenheit setzte. Noch weniger angängig ist es, Männer wie Bamberger und Barth einfach als Parteigänger finanzimperialistischer Operationen des sog. «Disconto-Ringes» abzubuchen[31]. Ihre Gegnerschaft gegen imperialistische Gewaltpolitik war mehr als nur eine besonders geschickte Strategie, sie ging von der Überzeugung aus, daß die Ausweitung des industriellen Systems auf überseeische Gebiete an sich eine zivilisatorische Tat sei. Allerdings läßt sich nicht verkennen, daß gerade die Liberalen dieser Richtung durchaus für finanzimperialistische Operationen großen Stils in Ländern der Dritten Welt zu haben waren, sofern und soweit dadurch nicht die Souveränität derselben tangiert werde. Die Bank Ludwig Bambergers beispielsweise war an den Anleihen, die das internationale Finanzkapital in den 60er Jahren dem Bey von Tunis gewährte, nicht unwesentlich beteiligt[32]. Auch sonst war der linke Liberalismus

28 Zitiert nach Kelsch, Bamberger, S. 83.
29 Ludwig Bamberger, Die gesammelten Schriften, Berlin 1913, Bd. 5, S. 368.
30 Am 28. 11. 1889 im Reichstag, zit. nach Gräter, Theodor Barth, S. 54.
31 So bei D. Schulze, Der Disconto-Ring und die deutsche Expansion 1871–1890, phil. Diss. Leipzig 1965 (Masch.schr.), S. 93f.
32 Vgl. J. Ganiage, Les Origines du Protectorat Français en Tunisie, Paris

vielfach bereit, internationale Finanzprojekte, wie etwa den Bau der Schantungbahn in China oder das Bagdadbahnprojekt, in positivem Lichte zu sehen, im Unterschied zu offener imperialistischer Politik. Die fließenden Grenzen zwischen wirtschaftlichem Engagement auf rein marktorientierter Basis und imperialistischer Ausbeutung, wie wir sie bei nahezu allen wirtschaftlichen Unternehmungen in unterentwickelten Regionen des Erdballs, namentlich im Nahen Osten und in China, antreffen, waren den Zeitgenossen nicht bewußt; eine deutsche Beteiligung an der wirtschaftlichen Entwicklung des chinesischen Raums schien selbst einem Eugen Richter durchaus mit einer prinzipiell antiimperialistischen Haltung vereinbar zu sein[33].

Es kommt hinzu, daß sich seit der Jahrhundertwende eine prinzipiell manchesterliche Begründung des pragmatischen Antiimperialismus immer weniger aufrechterhalten ließ. Auch die anderen Mächte, namentlich Großbritannien, das stets als Vorbild des entschiedenen Liberalismus gegolten hatte, dachten ja längst nicht mehr an einen allmählichen Abbau ihrer Kolonialreiche, sondern bemühten sich ganz bewußt um deren Arrondierung. Unter solchen Umständen sah sich eine große Gruppe entschiedener Liberaler zunehmend dazu veranlaßt, einer maßvollen deutschen Weltpolitik nicht mehr prinzipiell ablehnend entgegenzutreten, insbesondere soweit diese sich auf die Abwehr der rivalisierenden Imperialismen anderer Mächte richtete. Zu dieser Gruppe gehören so verschiedenartige Männer wie Lujo Brentano[34], Georg von Siemens, Theodor Mommsen[35], Karl Schrader und in gewissem Maße selbst Theodor Barth[36]. Sie alle vermochten sich angesichts der Tatsache, daß andere Nationen, insbesondere Großbritannien, zu einer weitgreifenden Politik der Ausdehnung des eigenen imperialen Herrschaftsraumes übergegangen waren, dem Sog des Zeitgeistes nicht zu entziehen; doch hatten sie wenig gemein mit dem imperialistischen Taumel, wie er damals weite Teile der Gebildeten

1968², S. 269f. Zum Problem des europäischen Finanzimperialismus siehe auch Wolfgang J. Mommsen, Europäischer Finanzimperialismus vor 1914, in diesem Band S. 85–148.

33 Vgl. Spellmeyer, Deutsche Kolonialpolitik, S. 89.

34 Für Brentano vgl. James J. Sheehan, The Career of Lujo Brentano. A Study of Liberalism and Social Reform in Germany, Chicago 1966, S. 178ff.

35 Vgl. Alfred Heuß, Theodor Mommsen und das 19. Jahrhundert, Kiel 1956, S. 210ff., sowie Albert Wucher, Theodor Mommsen, Geschichtsschreibung und Politik, Göttingen 1956, S. 195f.

36 Gräter, Theodor Barth, S. 55f., sowie Constanze Wegner, Theodor Barth und die Freisinnige Vereinigung. Studien zur Geschichte des Linksliberalismus in Deutschland 1893–1910, Tübingen 1968.

erfaßte. Sie blieben prinzipiell weiterhin den Grundsätzen des Freihandels und eines kosmopolitisch ausgerichteten Wirtschaftssystems treu, ohne doch die Notwendigkeit weltpolitischer oder imperialistischer Maßnahmen in jeder Hinsicht zu bestreiten. Lujo Brentano beispielsweise war zeitlebens ein engagierter Freihändler und demnach für eine expansionistische Kolonialpolitik, die nur monopolistische Sondergewinne für einzelne Gruppen von Unternehmern abzuwerfen imstande war, nicht zu haben. Dennoch unterstützte er wie viele andere den Bau einer deutschen Schlachtflotte, in allzu bereitwilliger Hinnahme der Tirpitzschen These, daß diese zum Schutz des deutschen Handels gebaut werde. Ebenso meinte er unter den gegebenen Bedingungen internationaler imperialistischer Rivalitäten der deutschen «Weltpolitik» eine gewisse Berechtigung nicht versagen zu dürfen. Aber sein Ideal blieb gleichwohl die freie internationale Verständigung. Georg v. Siemens stand führend hinter dem eigentlich bedeutsamsten imperialistischen Unternehmen der deutschen Weltpolitik vor 1914, dem Projekt der Bagdadbahn. Aber er hatte dieses betreiben wollen in ständiger Kooperation mit den interessierten Wirtschaftskreisen und Banken der anderen europäischen Länder, und nicht als ein ausschließlich dem deutschen Machtinteresse dienendes Projekt[37]. Theodor Barth anerkannte zwar, daß die wirtschaftliche Entwicklung der modernen Großstaaten ein gewisses Maß imperialistischer Politik unvermeidlich mache, aber er hütete sich doch davor, sich direkt damit zu identifizieren. «Imperialismus», so meinte er, «ist mehr oder weniger gewaltsame Einwirkung auf weltwirtschaftliche Vorgänge unter dem Gesichtspunkt nationaler Machtentwicklung»[38]. Mit Weltpolitik großen Stils wollte er persönlich nichts zu tun haben. Aber er wandte sich doch dagegen, daß man «den Liberalismus als staatlicher Machterweiterung an sich widerstrebend darzustellen» beliebe[39]. Vielmehr sei auch der entschiedene Liberalismus bereit, dem deutschen Staate die notwendigen Machtmittel zu gewähren, um dessen «nationale Fortentwicklung» sicherzustellen: «Nationale Fortentwicklung bedeutet aber stets nationale Machterweiterung, sei es in geistiger, in wirtschaftlicher oder in politischer Beziehung». Aller-

37 Vgl. dazu Helmut Mejcher, Die Bagdadbahn als Instrument deutschen wirtschaftlichen Einflusses im Osmanischen Reich, Geschichte und Gesellschaft, Jg. 1, 1975, S. 447–481.

38 Zitiert nach J. Hashagen, Der Imperialismus als Begriff, in: Weltwirtschaftliches Archiv, Bd. 15, 1919/20, S. 166.

39 Theodor Barth, Was ist Liberalismus? Eine Gegenwartsfrage, Berlin 1905, S. 19.

dings wollte Barth militärische Machtmittel nur zu Verteidigung, nicht zur Expansion der industriellen Weltmachtstellung Deutschlands eingesetzt sehen. «Diese wirtschaftliche Weltmachtstellung ist nicht mit Waffengewalt, sondern durch Fleiß, Arbeitsgeschick und Unternehmungslust erobert worden. Sie kann auch nur durch diese Tugenden behauptet werden. Aber um diese Eigenschaften ungehindert zu entfalten, muß die Möglichkeit, ausgiebige kriegerische Schutzmittel zur Anwendung bringen zu können, gegeben sein»[40]. Ein Minimum vom Imperialismus, soweit dies Deutschland durch äußere Verhältnisse aufgezwungen würde, das war die Haltung dieser, im einzelnen sehr uneinheitlichen Gruppe von entschiedenen Liberalen in einer Situation, in der der imperialistische Zeitgeist übermächtig zu sein schien.

Zugunsten dieser Richtung läßt sich freilich anführen, daß deren partielle Hinneigung zu imperialistischer Politik den Gedanken der internationalen Verständigung und internationaler Abrüstung, als notwendiger Voraussetzung der Rückkehr zu einer nichtnationalistischen Außenpolitik der Friedenssicherung, durchaus nicht ausschloß. Namentlich Barth hat sich seit 1908 im Rahmen der «Demokratischen Vereinigung» nachdrücklich in diesem Sinne eingesetzt. Außerdem kann der entschiedene Liberalismus für sich in Anspruch nehmen, in Zusammenarbeit mit dem Zentrum eine gewisse Humanisierung der deutschen Kolonialherrschaft durchgesetzt zu haben. Mit Bernhard v. Dernburg, dem dem Linksliberalismus nahestehenden ehemaligen Direktor der Darmstädter Bank, als Reichskolonialsekretär seit 1906 schlug die deutsche Kolonialpolitik in der Tat eine neue Bahn ein, die mit dem bisherigen kurzsichtigen Bündnis der Verwaltungsbürokratie in den Kolonien mit den Interessenten, das unvermeidlich auf Kosten der Eingeborenen ging, wenigstens teilweise brach[41]. Zumindest in Ansätzen entwickelte sich im liberalen Lager die Vorstellung, daß die Herrschaft der Weißen die Sorgepflicht gegenüber den Eingeborenen einschließe. Freilich wurden diese Bemühungen um eine Eingrenzung imperialistischer Politik überschattet von der allgemeinen Entwicklung, die auf immer schärfere politische und ökonomische Gegensätze unter den imperialistischen Mächten hindeutete. Unter solchen Umständen beherrschten die «liberalen Imperialisten» weitgehend die öffentliche Meinung, während die Verfechter eines pazifistischen Internationalismus ins Abseits gedrängt wurden.

40 Ebenda S. 19f.

41 Vgl. Karin Hausen, Deutsche Kolonialherrschaft in Afrika. Wirtschaftsinteressen und Kolonialverwaltung in Kamerun vor 1914, Freiburg 1970, S. 29f.

Das geistige Haupt der «liberalen Imperialisten» war fraglos Max Weber, dessen frühe dezidierte Äußerungen zu Fragen des Imperialismus namentlich auf Friedrich Naumann eine starke Wirkung ausgeübt haben. Max Weber war überzeugt, daß es in einer Phase der geschichtlichen Entwicklung, die allgemein auf ein erneutes Aufflammen der imperialistischen Rivalitäten der Großmächte hindeute und die Gefahr einbeschließe, daß sich die einzelnen Nationen hinter hohen Schutzzollmauern einnisten würden, einfach Pflicht sei, für eine energische Weltpolitik einzutreten, deren innenpolitisches Pendant freilich die Demokratisierung des Deutschen Reiches sein müsse. Eine Politik ökonomischer Expansion erschien Max Weber als unabdingbare Voraussetzung für die Erhaltung der Dynamik des deutschen wirtschaftlichen Systems, und demgemäß mittelbar verbunden mit dem Prinzip der Erhaltung der ökonomischen und politischen Freiheit der Bürger. Insofern gingen die liberalen Ideale Webers eine Symbiose mit einem schroffen machtstaatlichen Denken ein, das sich erst in späteren Jahren um weniges milderte[42]. Tendentiell gewann dieser am Machtstaat ebenso wie an der Besonderheit der deutschen Kultur festgemachte Nationalismus die Oberhand über die liberalen Prinzipien, zumal Weber nicht zögerte, seine verfassungspolitischen und gesellschaftlichen Reformvorstellungen als funktionale Bedingungen erfolgreicher nationaler Machtpolitik darzustellen.

Am radikalsten unter den «liberalen Imperialisten» verschrieb sich Friedrich Naumann diesem neuen Programm einer kraftvollen Weltpolitik, deren innenpolitische Entsprechung eine durchgreifende Liberalisierung der deutschen politischen Ordnung und die Ablösung der alten aristokratischen Eliten sein müsse. Freilich verband Naumann dieses anfänglich mit einer utopischen Kaisermythologie, die an die von Bülow inaugurierte Politik eines imperialen Kaisertums anknüpfte und diese in ein liberales Fahrwasser zu steuern suchte. Wilhelm II., so behauptete nun auch Naumann, sei der gegebene Führer eines von den Massen der Nation getragenen Imperialismus in der kommenden Weltepoche: « Bei dem Gedanken von dem größeren Deutschland, den unser Kaiser vertritt – schärfer als die meisten

42 Vgl. zum Zusammenhang von Machtpolitik und liberalem Denken bei Max Weber W. J. Mommsen, Max Weber, insbesondere S. 73 ff., ferner ders., The Age of Bureaucracy. Perspectives on the Political Sociology of Max Weber, Oxford 1974, S. 22f., und, mit anderer Akzentuierung, David Beetham, Max Weber and the Theory of Modern Politics, London 1974, S. 119ff.

Volksgenossen ... –, handelt es sich schließlich um den Kampf großer Organisationen und Nationalitäten um die Verteilung der Erdkugel, um die Frage, ob wir in der Zukunft eine Dependance des Engländertums werden, ob wir zerdrückt werden zwischen Slaventum und Engländertum oder aber, ob wir mit allen Muskeln und Sehnen uns in die Zukunft einen Weg bahnen, koste es, was es wolle. In dieser letzten Hinsicht hat unser Kaiser seine Aufgabe erfaßt ...»[43]. Der Kaiser und die Masse müßten zusammengehen, so hat damals Naumann gemeint. Sein bekanntes Buch «Demokratie und Kaisertum», das im Jahre 1900 erstmals erschien und mehrere Neuauflagen erlebte, stellt eine umfassende Propagierung dieser neuen Position dar. Eine Politik weitreichender liberaler und sozialer Reformen, durch die nicht nur die Mittelschichten, sondern insbesondere die Arbeiterschaft für die neue Weltpolitik gewonnen werden sollten, bildete nach Naumanns Überzeugung die politische Voraussetzung eines derartigen quasiplebiszitären Volkskaisertums. Erst später hat Naumann, wiederum unter dem Einfluß Max Webers, erkannt, daß es verfehlt gewesen war, auf Wilhelm II. zu setzen; unter dem Eindruck der «Daily Telegraph»-Affäre wurde er dann zu einem der wenigen entschlossenen Vertreter des parlamentarischen Systems im bürgerlichen Lager[44].

Die eigentlichen Propagandisten des liberalen Imperialismus waren freilich vor allem Paul Rohrbach und Ernst Jäckh. Auch bei Rohrbach war die Vorstellung herrschend, daß nur ein Deutschland, das mit dem überlieferten Kastengeist breche und die Nation nicht nach Wertklassen sondere, eine erfolgreiche Weltpolitik zu treiben in der Lage sei[45]. Freilich überschreiten Rohrbachs Formulierungen, insbesondere dann, wenn vom Verhältnis der Weißen zu den Eingeborenen die Rede ist, gelegentlich bereits die Grenze zu präfaschistischer Sprache. Rohrbach war unter den «liberalen Imperialisten», wie man bemerkt hat, «der vielleicht ‹reinste› Imperialist»[46]; sein Programm eines «größeren Deutschlands», das er dann 1914 zusammen mit Ernst Jäckh in einer Zeitschrift gleichen Titels entwickelte, war ebenso umfassend wie in der Wahl der Mittel unübersehbar aggressiv. Ernst Jäckh, der ehemalige Weggenosse Kiderlen-Wächters, aber stand mit seiner

43 Protokoll über die Verhandlungen des nationalsozialen Vereins, 3. Vertretertag zu Darmstadt, Berlin 1968, S. 63f.

44 Vgl. W. J. Mommsen, Einleitung zu Friedrich Naumanns Schriften zur Verfassungspolitik, in: Werke, hrsg. v. Theodor Schieder, Bd. 2, S. IL f.

45 Vgl. Paul Rohrbach, Der deutsche Gedanke in der Welt, Königstein, 101.» 107. Tausend (!), S. 38f.

46 Vgl. Mogk, Paul Rohrbach, S. 182f.

Propagierung einer expansiven deutschen Orientpolitik eigentlich bereits im Lager der Nationalliberalen.

Der Prototyp der *«realpolitischen Imperialisten»,* wie wir sie insbesondere im Lager der Nationalliberalen Partei finden, war Gustav Stresemann. Er glaubte, daß die Nationalliberale Partei die einmalige Chance habe, durch eine pronociert imperialistische Politik nicht nur die Schichten des Großbürgertums im engeren Sinne, die sich von dieser unmittelbar materielle Vorteile erhoffen konnten, an sich zu binden, sondern auch das große Heer von Intellektuellen und Halbgebildeten, aus dem sich schon die große Anhängerschaft des Alldeutschen Verbandes und des Flottenvereins rekrutiert hatte. 1908 hat Stresemann diesen neuen imperialistischen Kurs in einer Situation, die durch erbitterte Richtungskämpfe innerhalb der Nationalliberalen Partci bestimmt war, bemerkenswert klar zum Ausdruck gebracht: «Wenn uns irgend etwas die Zugkraft ersetzen soll, die wir früher als Partei des nationalen Gewissens hatten, so ist es die Betätigung in allen denjenigen Fragen, welche jetzt im Zeitalter der Weltwirtschaft die denkenden Kreise des Volkes und namentlich die Kreise der Jugend und der nachfolgenden Generation bewegen. In Fragen der Kolonien, der Flotte und einer scharfen auswärtigen Politik müssen wir unbedingt die Führung übernehmen, damit wir die weiten Kreise, die im Flottenverein und in Kolonialgesellschaften organisiert sind, und die besonnenen Teile des Alldeutschen Verbandes für uns gewinnen ... Die Erhaltung der weltwirtschaftlichen Stellung des Deutschen Reiches ist eine von Zufallsstimmungen unabhängige dauernde Parole, die uns begeisterte Anhänger sichern wird, während wir auf dem Gebiete der wirtschaftlichen Fragen als Mittelpartei auch für die Zukunft mit den größten Schwierigkeiten werden rechnen müssen»[47].

Fraglos standen hinter der Nationalliberalen Partei gewichtige wirtschaftliche Interessen, die sich von imperialistischer Politik große materielle Vorteile versprachen. Viel entscheidender war jedoch, daß die Nationalliberalen hofften, mit Hilfe einer entschieden imperialistischen Politik sowohl die Differenzen innerhalb des eigenen Lagers, gerade auch in wirtschaftspolitischen Fragen, überbrücken zu können, als auch breite Schichten für sich gewinnen zu können, die bisher im Fahrwasser der Konservativen mitgeschwommen oder politisch passiv gewesen waren. Konkrete imperialistische Ziele materiellen Zuschnitts vermochten die Nationalliberalen kaum zu entwickeln; sie

47 Zitiert bei Theodor Eschenburg, Das Kaiserreich am Scheidewege, Berlin 1929, S. 117.

folgten in dieser Beziehung der Regierung und mehr noch den expansionistischen Schreiern des «Alldeutschen Verbandes», auch wenn sie deren Forderungen auf staatsmännisches Augenmaß zu reduzieren trachteten.

Obwohl sich die Nationalliberalen bemühten, in der Öffentlichkeit nicht einfach nur als Handlanger der Schwerindustrie und der großen Wirtschaftsmagnaten zu erscheinen, haben sie gleichwohl am konsequentesten die deutsche Weltpolitik als eine wirtschaftspolitische Notwendigkeit bezeichnet. Eine entschlossene Weltpolitik sei notwendig, so meinten sie, um die deutsche wirtschaftliche Weltmachtstellung in einer Zeit zu verteidigen, in der rivalisierende Mächte zunehmend dazu übergingen, Deutschland von den Weltmärkten auszuschließen. Die Nationalliberalen gingen dabei gelegentlich so weit, ausdrücklich eine Politik des «kalten Krieges»[48] mit Hilfe eines ständig gesteigerten Rüstungsdrucks zu propagieren. «... Kolonialer Besitz», so heißt es lapidar in dem Politischen Handbuch der Nationalliberalen Partei vom Dezember 1907, sei «für unser Volk eine unumgängliche Notwendigkeit..., wenn wir unsere Stellung in der Weltpolitik und auf dem Weltmarkt behaupten wollen»[49].

Freilich darf man die sozialimperialistische Dimension dieses politischen Kurses nicht übersehen; sie war vermutlich weit wichtiger als alle direkten imperialistischen Motive ökonomischer Art. Die Nationalliberalen waren sich durchaus der Tatsache bewußt, daß sich die Frage des Imperialismus in hervorragender Weise insbesondere gegen die Sozialdemokratie ausnutzen lasse, und sie haben sich nicht gescheut, immer wieder die angebliche nationale Unzuverlässigkeit der Sozialdemokratie am Beispiel ihrer Gegnerschaft gegen eine nach Übersee ausgreifende ambitiöse Weltpolitik zu demonstrieren. Die angebliche Rückschrittlichkeit des Sozialismus in der Kolonialfrage schien eine besonders günstige Gelegenheit zu bieten, um zu zeigen, wie anachronistisch das sozialistische Programm im «Zeitalter der weltwirtschaftlichen Ausbreitung» eigentlich sei[50].

Über die Konsequenzen, die dieser konsequent imperialistische Kurs für das eigene Programm haben müsse, haben sich die Nationalliberalen, ohnehin stolz auf ihre pragmatische, realpolitische Grundeinstellung, nur in beschränktem Umfange Rechenschaft gegeben. Al-

48 Der Begriff bei Ludwig Dehio, Deutschland und die Weltpolitik im 20. Jahrhundert, Frankfurt 1961², S. 72ff.

49 Politisches Handbuch der Nationalliberalen Partei, hrsg. v. Zentralbüro der Nationalliberalen Partei Deutschlands, Berlin 1908, S. 589.

50 Ebenda, S. 960f.

lerdings war auch ihnen klar, daß sich eine imperialistische Politik nur dann mit Erfolg werde durchführen lassen, wenn zugleich eine Modernisierung der deutschen Gesellschaftstruktur und insbesondere des politischen Systems stattfinde. Insofern verbinden sich auch im nationalliberalen Lager imperialistische und progressive Forderungen, unbeschadet der Tatsache, daß das imperialistische Programm gleichzeitig gegenüber der Sozialdemokratie als Defensivstrategie, ja zur Rechtfertigung einer Politik indirekter Repression verwendet wurde. So forderten die Nationalliberalen eine Öffnung der traditionellen Führungseliten auch für die Mittelschichten und bekämpften insbesondere die Bevorzugung des Adels im auswärtigen Dienst und im Offizierskorps. Sie waren darüber hinaus immerhin dazu bereit anzuerkennen, daß die Kosten für die Rüstung nicht ausschließlich auf die Schultern der breiten Massen gelegt werden dürften. Aber in allen Kernfragen war das klassische liberale Programm längst verlassen und die Erhaltung des gesellschaftlichen *Status quo* zum beherrschenden Thema geworden.

Insgesamt beobachten wir im letzten Jahrzehnt vor dem Ersten Weltkrieg innerhalb der liberalen Gesamtbewegung ein breites Spektrum von Meinungen zur Frage des Imperialismus. Imperialistische Positionen konnten sich sowohl mit innenpolitisch durchaus progressiven, ja radikalen, wie auch mit sozialdefensiven und zuweilen eindeutig sozialkonservativen Tendenzen verbinden. Gleichwohl hat das Vordringen des imperialistischen Denkens die ohnehin schon vorhandenen Tendenzen zur Ausdünnung der liberalen Ideologie verstärkt und der Aushöhlung ihrer philosophischen und naturrechtlichen Grundlagen durch einen an den gegebenen Verhältnissen und an den objektiven bzw. subjektiv empfundenen Interessenlagen orientierten Pragmatismus vorgearbeitet. Die Zurückdrängung des Naturrechts durch den Positivismus im späten 19. Jahrhundert ist ein Prozeß, der dem Vordringen imperialistischen Denkens parallel geht und diesem fraglos als Wegbahner gedient hat. Überhaupt traten seit der Jahrhundertwende im politischen Denken der Zeit die ideellen Faktoren zugunsten der materiellen zurück; wirtschaftspolitische und gesellschaftspolitische Fragen beherrschten die Tagespolitik; nach einer allgemeinen ideologischen Orientierung althergebrachten Musters trachteten nur wenige. Wenn man die Motivationen untersucht, die innerhalb der verschiedenen Richtungen des «liberalen Imperialismus» der Zeit vor 1914 vorherrschend waren, so begegnen wir vor allem drei Grundmustern, der *nationalistischen Motivation,* der *ökonomischen Motivation* und schließlich der *kulturimperialistischen Moti-*

vation. Alle sind miteinander verwoben; doch lassen sie sich in einem idealtypischen Verfahren einigermaßen rein voneinander trennen.

Die *nationalistische Motivation* war beherrscht von der Vorstellung, daß in der kommenden Periode der Weltgeschichte nur diejenigen Nationen, die sich zu Weltreichen erweiterten, noch eine selbstädnige Stellung würden behaupten können. Insofern erschien die imperialistische Steigerung der eigenen Machtstellung weit über die Grenzen des eigenen Sprachbereichs hinaus als logische, ja zwingende Fortsetzung nationaler Politik im Zeitalter des Weltstaatensystems. Derartige Vorstellungen finden sich in reiner Form schon bei Heinrich v. Treitschke, und dann nahezu bei allen prominenteren Vertretern eines «liberalen Imperialismus» wie Max Weber, Friedrich Naumann, Paul Rohrbach und nicht zuletzt bei Gustav Stresemann. Das nationalistische Argument zugunsten imperialistischer Politik war natürlich für die Liberalen, insbesondere jene der Mitte und des rechten Flügels, insofern besonders attraktiv, als man ja immer davon ausgegangen war, daß der Liberalismus mehr als alle anderen politischen Gruppen und Parteien die Interessen des gesamten Volkes vertreten und den Weg zur Gründung des Deutschen Reiches gebahnt habe. «Die Nationalitätsidee», so schrieb Naumann im Jahre 1906, «war aber immer und überall in ihren kräftigen Zeiten eine liberale, eine demokratische Idee, sie war die Idee des ganzen Volkes, das sein Schicksal in seinen Händen trug, die Idee des Staates, der keine Maschine zur Ausnutzung der Menge durch eine Minderheit ist, sondern eine Organisation aller für alle»[51]. Gerade der entschiedene Liberalismus setzte sich immer wieder gegen den Vorwurf, national unzuverlässig zu sein, energisch zur Wehr, und sei es auch nur, um in einer allgemein nationalistischen Atmosphäre seine Position zu behaupten.

Jedoch verbarg sich hinter der These, daß eine deutsche imperialistische Politik nichts weiter als eine konsequent fortgeführte nationale Politik unter den Bedingungen des Übergangs zum Weltstaatensystem sei, eine Vielzahl von höchst verschiedenartigen interessenpolitischen und ideellen Motiven. Wie immer, so diente die Parole des nationalen Interesses weitgehend als Leerformel, hinter der von Fall zu Fall die verschiedensten interessenpolitischen Elemente standen. Objektiv gesehen hatte die Nationale Idee in ihrer imperialistischen Steigerung für die liberale Bewegung gleichzeitig die Funktion einer *Integrations-* und einer *Modernisierungsideologie.* Unter dem Banner eines innen-

51 Das Auferstehen der Liberalen Partei, in: Die Hilfe, Jg. 12, H. 36, 1906, S. 2.

politisch durch eine fortschrittliche Reformpolitik abgestützten Imperialismus erhoffte man sich eine Wiederherstellung der Aktionseinheit der liberalen Parteien; schon der Bülowblock hatte diesen Tendenzen Auftrieb geben sollen. Die Frage, unter welchen Bedingungen die verlorene Einheit des Gesamtliberalismus wieder erneuert werden könne, wurde seit 1906 in allen Lagern immer häufiger gestellt, und stets hatte dabei die imperialistische Idee eine Schlüsselfunktion, im Positiven wie im Negativen. Freilich erwies sich im Endeffekt, daß die Differenzen zwischen Linksliberalismus und Nationalliberalen einmal in der Behandlung der Sozialdemokratie, zum anderen hinsichtlich der weltpolitischen Probleme zu groß waren, von der Furcht der Nationalliberalen vor allzu viel Demokratie ganz zu schweigen. Namentlich im Nationalliberalen Lager war die Versuchung groß, durch Forcierung eines nationalistischen Imperialismus die Einheitsfront des Bürgertums gegen die Sozialdemokratie auf Dauer zu stellen und diese dergestalt weiterhin zu politischer Einflußlosigkeit zu verurteilen, auch wenn dies nur unter Preisgabe eines Teils des traditionellen liberalen Programms möglich war. Umgekehrt formierte sich seit 1909 im linksliberalen Lager eine entgegengesetzte Strömung, die in der konsequenten Zusammenarbeit des gesamten Liberalismus mit der Sozialdemokratie das *arcanum imperii* eines Wiederaufstiegs der liberalen Bewegung sah. Theodor Barths und Friedrich Naumanns 1906 veröffentlichte Schrift «Die Erneuerung des Liberalismus» darf als Pronunciamento dieser neuen Richtung gelten. Friedrich Naumanns bekannte Parole «Von Bassermann bis Bebel» verhallte damals freilich ungehört.

Alle Richtungen der liberalen Bewegung, mit Ausnahme der nach der Jahrhundertwende ganz wenigen konsequenten Gegner jeder imperialistischen Politik überhaupt, bedienten sich der imperialistischen Idee darüber hinaus zur Begründung mehr oder minder tiefgreifender Maßnahmen zur *Modernisierung des deutschen politischen Systems.* Mit dem Argument einer aus nationalen Gründen unbedingt notwendigen konsequenten Weltpolitik ließ sich die Ablösung der traditionellen aristokratischen Eliten durch eine neue industrielle Elite wirkungsvoll vertreten. Friedrich Naumann ist in diese Richtung besonders weit gegangen, wenn er ausdrücklich von einer neuen industriellen Elite sprach, die an die Stelle der alten aristokratischen Eliten zu treten habe. Dieses Modernisierungsverlangen erstreckte sich bei Naumann nicht nur auf das Postulat der Öffnung der überkommenen, zumeist bürokratischen Führungsschichten, sondern schloß die Forderung ein, die breiten Massen des Volkes selbstverantwortlich an den politischen Entscheidungen zu beteiligen. Zugleich diente ihm die imperialistische Idee als Rechtfertigung einer fortschrittlichen Sozialpolitik, durch die die Arbeiterschaft dem nationalen Staate zurückgewonnen werden sollte.

Neben der nationalistischen Motivation, mit ihren im einzelnen verschiedenartigen politischen Inhalten, steht eine zumeist in wenig differenzierter Form vorgetragene *ökonomische Motivation* imperialistischer Politik. Die große Mehrzahl der Liberalen übernahm die zeitgenössische Theorie, wonach die Wirtschaft neuer Rohstoffquellen und neuer Absatzgebiete bedürfe, um kontinuierlich weiter wachsen zu können, ohne diese jemals wirklich kritisch zu prüfen. Anfänglich spielte daneben der Gedanke, daß die deutsche Auswanderung in deutsche Siedlungskolonien geleitet werden müsse, statt in fremdnationalen Großstaaten einfach verloren zu gehen, eine sehr wesentliche Rolle. Hans-Ulrich Wehler hat die These entwickelt, daß die Entstehung der imperialistischen Ideologie in Deutschland wesentlich als Folge der krisenhaften Wandlungen der deutschen Wirtschaft während der Periode der sogenannten «großen Depression» von 1873–1896 gesehen werden müsse; doch reicht eine solche Interpretation keineswegs aus. Denn während Bismarcks Imperialismus, trotz vergleichsweise erheblicher territorialer Ergebnisse, doch im wesentlichen nur Episode blieb, beginnt die eigentliche Phase expansiver Weltpolitik erst 1896 mit Bülows berühmtem Wort, daß Deutschland «auch einen Platz an der Sonne» haben müsse. Der große Aufschwung des «liberalen Imperialismus» vollzieht sich vor dem Hintergrund einer Periode im wesentlichen ununterbrochenen wirtschaftlichen Wachstums von einer Größenordnung, die mit jener des sogenannten «Wirtschaftswunders» nach 1945 in Parallele gestellt werden kann. Die Liberalen waren sich im übrigen durchaus im klaren, daß die deutsche Weltpolitik in vieler Hinsicht den wirtschaftlichen Notwendigkeiten des Tages weit voraus eilte; selbst im Politischen Handbuch der Nationalliberalen Partei von 1911 wird darüber Klage geführt, daß es infolge der Zurückhaltung der deutschen Banken an den nötigen Geldmitteln für deutsche Kolonialunternehmungen gefehlt habe[52]. Nicht so sehr wirtschaftspolitische Notwendigkeiten der Gegenwart, als vielmehr *zukünftige* wirtschaftliche Entwicklungsmöglichkeiten waren für die Haltung der Liberalen bestimmend, und hier vermischten sich nationalistische, ökonomische und sozialdefensive Motive in einer schwer unterscheidbaren Weise. Groß geworden in der Tradi-

52 Handbuch, S. 594.

tion des Manchesterliberalismus und häufig der Welt von Banken und Industrien nahestehend, machten sich die Liberalen aller Richtungen zumeist weniger Illusionen über die beschränkten wirtschaftlichen Möglichkeiten, die zumindest auf kurze und mittlere Frist in den Kolonien bestanden, als beispielsweise die Kolonialagitatoren des «Alldeutschen Verbandes». Große Zukunftsperspektiven, nicht gegenwärtige wirtschaftliche Interessen, begegnen uns daher als beherrschendes Moment der propagandistischen Schriften liberaler Imperialisten, wie etwa Rohrbachs und Friedrich Naumanns, dessen Mitteleuropabuch wohl die weitreichendste propagandistische Formulierung imperialistischer Ziele gewesen ist, die wir im liberalen Lager überhaupt kennen.

Wirkungsgeschichtlich überaus wichtig und, soweit wir sehen, für die Legitimierung imperialistischer Politik im liberalen Lager von großer Bedeutung, war schließlich die *kulturimperialistische Motivation* weltpolitischer Expansion. Im Lichte der Annahme, daß die Zukunft der Menschheit von wenigen großen Weltreichen geprägt sein werde, betrachteten viele liberale Imperialisten die Ausweitung deutschen kulturellen Einflusses in der Welt unabhängig von allen ökonomischen Motiven als ein *an sich* erstrebenswertes Ziel. Max Weber beispielsweise vertrat die Notwendigkeit einer expansiven Weltpolitik anfänglich primär aus ökonomischen Gründen, doch traten später mehr und mehr kulturimperialistische Erwägungen in den Vordergrund. 1916 hat Max Weber diese, allgemein nachzuweisende, Tendenz dann mit unübertroffener Prägnanz zum Ausdruck gebracht: «Nicht von den Schweizern, den Dänen, Holländern und Norwegern wird die Nachwelt Rechenschaft fordern über die Gestaltung der Kultur der Erde. Nicht sie würde sie schelten, wenn es auf der Westhälfte unseres Planeten gar nichts mehr geben würde als die angelsächsische Konvention und die russische Bürokratie ... Wir mußten ein Machtstaat sein und mußten, um mitzusprechen bei der Entscheidung über die Zukunft der Erde, es auf diesen Krieg ankommen lassen»[53]. Den gleichen Gedanken hat Paul Rohrbach schon vor Ausbruch des Ersten Weltkrieges in seiner in mehr als 100000 Exemplaren verbreiteten Schrift «Der deutsche Gedanke in der Welt» – allerdings in grotesker Übersteigerung – vertreten. Das eigentliche Ziel der nationalen Expansion des deutschen Volkes als eines Weltvolkes müsse es sein, «unter Verzicht auf die kriegerische Unterwerfung fremder Länder und Völker einstwei-

53 Gesammelte politische Schriften, S. 176.

len die uns zugänglichen Gebiete der Welt mit dem kulturellen Gehalt unseres Volksgedankens zu durchtränken»[54].

Im Ersten Weltkrieg zeigten sich die liberalen Imperialisten dann durchaus dazu bereit, die Grenzen des Selbstbestimmungsrechts der Nationen, mochten sie dies auch formal weiterhin aufrechterhalten, zu überspringen und einer Germanisierungspolitik vor allem in Ostmitteleuropa das Wort zu reden, die ohne umfassenden Einsatz staatlicher Gewaltmittel schwerlich je hätte verwirklicht werden können. In den konkreten Zielen waren die imperialistischen Programme der Vertreter des Kulturimperialismus zumeist maßvoll, verglichen mit jenen der Alldeutschen oder dem Gros der öffentlichen Meinung, aber gerade die ideologische Überhöhung, die sie diesen durch die Verbindung mit den traditionellen liberalen Kulturidealen verliehen, hat zur Legitimierung imperialistischer Politik wesentlich beigetragen.

Insgesamt lautet die Bilanz einer Analyse der imperialistischen Tendenzen in Deutschland im Lager des Liberalismus in den letzten Jahrzehnten vor 1914 demnach nichts weniger als positiv. Die Versetzung des klassischen liberalen Programms mit machtpolitischen Idealen, ja, wie beispielsweise im Falle Friedrich Naumanns, mit der sozialdarwinistischen Ideologie vom Kampf des Menschen mit dem Menschen, liest sich heute bisweilen geradezu peinlich. Und die wolkige Sprache, in der Ideologen wie Rohrbach oder Jäckh eine konsequente Kolonialpolitik forderten, ist heute fast unlesbar geworden. Dennoch hat die Konfrontation mit dem Imperialismus die liberale Bewegung dazu gezwungen, die eigenen Positionen neu zu überdenken und in mancher Hinsicht den Anstoß zu einer positiven Weiterentwicklung der traditionellen liberalen Idee gegeben. Männer wie Max Weber, Friedrich Naumann und Theodor Barth erkannten, daß das traditionelle ideologische Arsenal des Liberalismus einer Überholung bedürfe, um in einer sich rapide wandelnden Welt auch fernerhin wirksam zu bleiben. Die gesellschaftliche Entwicklung, und nicht zuletzt die imperialistischen Rivalitäten hatten im politischen Bereich, gemessen an ursprünglichen liberalen Zukunftserwartungen zu geradezu gigantischen Machtzusammenballungen geführt. Und in der Wirtschaft wurde die alte, von Einzelunternehmern gesteuerte Konkurrenzwirtschaft des frühen Kapitalismus, an dem sich die liberale Theorie orientiert hatte, zunehmend von Kartellen, Kombinaten und monopolistischen Großunternehmen verdrängt. Unter solchen Verhältnissen war es in der Tat problematisch, sich die politische Gesell-

54 S. 172f.

schaft weiterhin als eine Vereinigung autonomer vernünftiger Individuen vorzustellen, die ihre Auffassungen und Interessen mit Hilfe angemessener Formen der Deliberation aufeinander abstimmen und dann in Gesetzesform gießen. Ebenso war die liberale Lehre, daß die Macht des Staates klein gehalten werden müsse und dieser insbesondere in die Beziehungen zwischen Unternehmern und Arbeitnehmern nicht hineinzureagieren habe, gänzlich unhaltbar geworden.

Unter den Bedingungen des Imperialismus zeigten sich nur zu deutlich die Grenzen der liberalen Theorie, wonach die Interessen der einzelnen Individuen und Gruppen in einer formal freien Konkurrenzwirtschaft, die allein den natürlichen Gesetzen des Marktes gehorche, stets ihre natürliche Ausgleichung finden würden. Unter dem Einfluß Lujo Brantanos und Max Webers haben Friedrich Naumann und Theodor Barth damals versucht, den traditionellen liberalen Positionen eine neue, den realen gesellschaftlichen Bedingungen der Industriegesellschaft angemessenere Form zu geben. Die herkömmliche Lehre von den unveräußerlichen Rechten des Individuums, so meinte Naumann, dürfe nicht mehr nur formal verstanden werden, sondern müsse in der sozialen Wirklichkeit der Betriebe und der Arbeiterviertel ebenso durchgesetzt werden wie auf der Ebene des formalen Rechtes. Demgemäß wurde Naumann, neben anderen, zu einem konsequenten Verfechter einer fortschrittlichen Sozialpolitik, die dem Arbeiter zu jener gesellschaftlichen Stellung verhelfen würde, von der aus er seine ökonomischen und ideellen Interessen aus eigener Kraft heraus vertreten könne. Naumann selbst ist in dieser Hinsicht bis hart an die Grenzen des liberalen Gesellschaftsmodells vorgestoßen; in seinem 1906 erschienenen Buche «Neudeutsche Wirtschaftspolitik» entwickelte er erstmals den Gedanken eines «Fabrikparlamentarismus», der gleichsam die Entsprechung des politischen Parlamentarismus im wirtschaftlich-gesellschaftlichen Raum bilden und die soziale Emanzipation der Arbeiterschaft vervollständigen sollte.

Naumanns Forderung, daß der «neue Liberalismus sozial sein» müsse, um die breiten Volksmassen zu gewinnen und dergestalt auch für eine im Innern fortschrittliche Weltpolitik eine Massenbasis im Volke zu gewinnen, fand im linksliberalen Läger breite Zustimmung. Die Stoßrichtung seiner sozialpolitischen Vorschläge richtete sich insbesondere gegen die Übermacht der Riesenbetriebe und Syndikate, eine Frage, in der er sowohl der Unterstützung Max Webers wie Lujo Brentanos sicher sein konnte. Naumann legte hier den Finger auf einen wunden Punkt, an dem die traditionelle individualistische Theorie des Liberalismus mit der sozialen Wirklichkeit nicht mehr übereinstimmte. «Wer überhaupt Augen hat, der sieht starke gesellschaftordnende Mächte, riesige Verbände, Gewerkschaften, Genossenschaften, Kartelle, er sieht die einzelnen Privatkapitalisten versinken im kapitalistischen Wesen an sich»[55]. Naumann meinte, daß die relative Entmachtung der Arbeiterschaft, als Folge der Entwicklung von großen Kombinaten, Kartellen und Riesenbetrieben, nur durch eine Form von Betriebsparlamentariusmus, unter Beteiligung der Gewerkschaften, wirklich überwunden werden könne. Er kleidete diese seine Ansicht in eine pathetische geschichtsphilosophische Prognose: «Der Übergang zum konstitutionellen System in den Großbetrieben wird im Laufe der Zeit ebenso notwendig sein, wie der Übergang des absoluten Staats in die konstitutionelle Form es gewesen ist»[56]. Soweit wollte damals freilich kaum jemand gehen, und in der Tat war das von Naumann in seiner «Neudeutschen Wirtschaftspolitik» ausführlich entwickelte Modell einer neuen Industrieverfassung, die «aus Industrieuntertanen Industriebürger» machen sollte, reichlich utopisch[57]. Aber zumindest im Bereich der Regelung des Arbeitsverhältnisses selbst waren Teile des entschiedenen Liberalismus bereit, Naumann Gefolgschaft zu leisten. Theodor Barth beispielsweise forderte: «Das liberale Ideal verlangt eine Übertragung der konstitutionellen Grundsätze des Staates und des Staatslebens auf das moderne Arbeitsverhältnis, d.h. eine Anteilnahme der Arbeiter an allen wesentlichen Bestimmungen des Arbeitsreglements: Arbeiterausschüsse, Tarifverträge, volle Anerkennung von Arbeiterorganisationen – kurzum Verständigung über die zweckmäßigsten Formen des Arbeitsverhältnisses, keine willenlose Unterwerfung der Arbeiter unter die Befehle der Unternehmer»[58]. Ähnlich hat sich insbesondere Lujo Brentano dafür eingesetzt, die Rechtsstellung der Gewerkschaften innerhalb des deutschen gesellschaftlichen Systems zu stärken und die Gleichberechtigung der Gewerkschaften gegenüber dem Unternehmer notfalls durch Gesetz festzustellen. In diesem Bereich hat der entschiedene Liberalismus vor 1914 in der Tat die Ansätze eines neuen sozialen Programms entwik-

55 Auf der Suche nach dem Wesen des Kapitalismus, in: Die Hilfe, Jg. 17, H. 37, 1911, S. 578.

56 Debattenrede auf der Tagung des Vereins für Socialpolitik 1906 über das Arbeitsverhältnis in den privaten Riesenbetrieben (Schriften des Vereins für Socialpolitik, Bd 116, S. 189).

57 Vgl. Neudeutsche Wirtschaftspolitik, in: Werke, Bd. 3, Schriften zur Wirtschafts- und Gesellschaftspolitik, Opladen 1956, S. 423ff.

58 Theodor Barth, Was ist Liberalismus? Eine Gegenwartsfrage, Berlin 1905, S. 15.

kelt, das die Chancen für einen umfassenden Ausgleich der scharfen sozialen Gegensätze im Kaiserreich geboten hätte, vorausgesetzt, daß er sich politisch hätte durchsetzen können.

Jedoch wurden die Aussichten des linken Liberalismus, die künftige Entwicklung der gesellschaftlichen Verhältnisse in Deutschland entscheidend zu beeinflussen, durch die steigende Flut des Imperialismus wesentlich beeinträchtigt. Die imperialistische Ideologie war ja wesentlicher Bestandteil jener von den konservativen Führungseliten betriebenen Politik der «Sammlung», deren eigentliches Ziel es war, die Bildung einer Koalition zwischen gemäßigten Sozialdemokraten und entschiedenem Liberalismus zu verhindern. Insofern half es dem entschiedenen Liberalismus nicht viel, wenn er im Innern höchst fortschrittliche Programme entwarf, aber im übrigen gegenüber den imperialistischen Zeittendenzen schwieg oder diesen gar mit mehr oder minder großen Reserven beistimmte; die sozialkonservativen Auswirkungen des Imperialismus erwiesen sich am Ende weit stärker als seine Modernisierungseffekte.

Schließlich muß noch ein weiterer Bereich genannt werden, in dem die liberale Idee nicht ausschließlich, aber zu nicht geringem Maße unter dem Einfluß des imperialistischen Zeitgeistes wesentliche Modifikationen erfuhr. Dies betraf die Rolle von staatlicher Autorität und Führertum. Die ursprünglich teilweise negatie Haltung des Liberalismus gegenüber staatlicher Autorität erfuhr eine Umkehrung. Das Problem politischer Führerschaft, das man bisher vielfach als nachrangig empfunden hatte, trat nun mit äußerster Schärfe in den Gesichtskreis des Liberalismus. Die Zeitgenossen waren sich über das Fehlen politischer Führerpersönlichkeiten von Rang im Wilhelminischen Deutschland ziemlich einig. Bassermann beispielsweise erklärte 1913, daß man an der Tatsache nicht vorübergehen könne, daß die Zahl der Persönlichkeiten, die sich eines ausgeprägten Vertrauens im deutschen Volke erfreuten, von Jahr zu Jahr geringer werde[59]. Max Weber verglich die deutschen Verhältnisse mit den englischen und kam zu höchst negativen Schlüssen. Nur «arbeitende Parlamente», die wirklich Verantwortung trügen und den Führern der Parteien die Chance zum Aufstieg in die höchsten Staatsämter eröffneten, seien imstande, unter modernen Verhältnissen qualifizierte politische Führer «auszu-

59 Von Bassermann zu Stresemann. Die Sitzungen des nationalliberalen Zentralvorstandes 1912–1917, bearbeitet von Klaus-Peter Reiß (Quellen zur Geschichte des Parlamentarismus und der politischen Parteien, 1. Reihe, Bd. 5), Düsseldorf 1969, S. 108.

lesen». Darum komme alles darauf an, den Reichstag fähig zur Macht zu machen und die Parlamentarisierung des deutschen Verfassungssystems durchzusetzen.

Unter der Hand wurden damit freilich wesentliche Akzente neu gesetzt; die Auslese von Führerpersönlichkeiten, nicht die politische Verwirklichung des Willens der Bürger auf der Basis der Volkssouveränität, wurde nun zur eigentlich wichtigsten Aufgabe des parlamentarischen Systems erhoben. Diese neue Begründung der Demokratie als der Herrschaft innerlich unabhängiger Führer, der wir in weniger pronocierter Form auch bei Walther Rathenau oder Friedrich Meinecke begegnen, beruhte auf einer realistischen Einschätzung des Herrschaftsprozesses in demokratischen Systemen, doch barg sie zugleich die Gefahr einer inhaltlichen Aushöhlung des demokratischen Gedankens in sich. Nicht ganz ohne Berechtigung hat Carl Schmitt später sagen können, daß der Gedanke der Führerauslese der einzige starke Gedanke gewesen sei, der den Parlamentarismus in den Augen der «gegen das kaiserliche Regierungssystem ankämpfenden deutschen Liberalen und Demokraten» zu legitimieren vermocht habe[60]. Der Tendenz zu cäsaristischen Lösungen des Problems der Auswahl politischer Führungspersönlichkeiten begegnen wir vor 1914 in allen Lagern des deutschen Liberalismus; dies verweist darauf, daß man sich im Grunde von dem großen Vorbild eines Bismarck noch nicht wirklich freigeschwommen hatte[61]. Es ist nicht zufällig, daß solche Erwägungen im wesentlichen im Zusammenhang mit großer auswärtiger Politik auftauchten und vielfach als Vorbedingung einer erfolgreichen Weltpolitik betrachtet wurden, bei Friedrich Naumann ebenso wie Walther Rathenau, Friedrich Meinecke oder bei Max Weber. Unmerklich begann der Gesichtspunkt, daß eine erfolgreiche nationale Außenpolitik auch große Staatsmänner erfordere, die herkömmliche liberale Auffassung zu verdrängen, derzufolge der politische Führer vor allem dem Willen der mündigen Bürger zur Durchsetzung zu ver-

60 Vgl. Carl Schmitt, Die geistesgeschichtliche Lage des heutigen Parlamentarismus, Berlin 1961[3], S. 8.

61 Belege dafür u.a. bei Gustav Schmidt, Deutscher Historismus und der Übergang zur parlamentarischen Demokratie. Untersuchungen zu den politischen Gedanken von Meinecke, Troeltsch, Max Weber, Lübeck 1964, S. 163ff. und passim und, allerdings in einseitig verzerrender Interpretation bei Reinhard Opitz, Der deutsche Sozialliberalismus 1917 bis 1933, Köln 1973, S. 75ff. Vgl. jetzt auch Walter Struve, Elites against Democracy: Leadership Ideals in Bourgeois Political Thought in Germany, 1890–1933, New York 1975.

halfen habe und diesen nicht bloß formal, sondern substantiell verantwortlich sei.

Das Mitschwimmen im Fahrwasser der imperialistischen Zeitströmungen vor 1914 hat dem Liberalismus kaum zusätzliches politisches Gewicht verliehen, vielmehr die Zersplitterung im Lager des liberalen Bürgertums verewigt. Darüber hinaus hat die imperialistische Sammlungsideologie, die die innenpolitische Konstellation im Wilhelminischen Deutschland spätestens seit 1897 maßgeblich bestimmte, eine durchgreifende Liberalisierung der deutschen Gesellschaft für zumindest ein Jahrzehnt aufgehalten. Das Sich-Einlassen mit dem Imperialismus hat die Aushöhlung der Substanz der liberalen Idee zugunsten eines pragmatischen Sich-Arrangierens beschleunigt und damit die ohnehin geringe Stoßkraft der liberalen Idee in Deutschland noch stärker geschwächt. Die Bemühungen von Männern wie Friedrich Naumann und Theodor Barth, dem Liberalismus durch eine Wendung nach links und mit Hilfe eines umfassenden Programms von Sozialreformen, das auf lange Sicht ein Bündnis von Bürgertum, Arbeiterschaft und Staat gegen die Syndikate und Kartelle der Großindustrie anstrebte, eine neue, schlagkräftige Ideologie zu verschaffen, haben diese Entwicklung um so weniger aufhalten können, als gerade dieses Programm in verhängnisvoller Weise mit einem emotionellen Imperialismus verknüpft war, der sich als höchst zeitgebunden erwiesen hat. Die Fortschrittlichkeit des Programms der «liberalen Imperialisten» im sozialen und im verfassungspolitischen Bereich und die Strategie schrittweiser Modernisierung des deutschen politischen Systems, wie sie die Nationalliberalen mit bemerkenswerter Konsequenz verfochten, vermochten den Nachteil nicht aufzuwiegen, daß sich der Liberalismus in wesentlichen Punkten seiner eigenen Theorie zu Kompromissen mit dem Imperialismus herbeigelassen hatte, die zur Kompromittierung der liberalen Idee führen mußten.

Dies gilt nicht zuletzt für das klassische Modell eines prinzipiell internationalistischen Wirtschaftssystems, das zwar «informellen Imperialismus» keineswegs ausschloß, aber doch die einzige realistische Alternative zu einer Politik eines offenen, gewaltsamen Imperialismus darstellte. Nachdem einmal das Prinzip aufgegeben war, daß die kapitalistische Wirtschaft grundsätzlich kosmopolitisch und auf friedlichen Austausch von Gütern und Kapitalien über die nationalen Grenzen hinweg ausgerichtet sei, war in gewisser Weise kein Halten mehr; das Buhlen um die Gunst des Staates, der im Zuge imperialistischer Politik monopolistische Gewinnchancen zu vergeben habe, wurde nun zwangsläufig mehr und mehr zur politischen Devise gerade der großbürgerlichen Kreise, die bisher das traditionelle ökonomische Rückgrat der liberalen Bewegung gebildet hatten. Joseph Schumpeter hat 1919, in Reaktion auf die Imperialismustheorie Lenins, die klassische liberale Theorie zu neuem Leben zu erwecken gesucht, wonach der Kapitalismus prinzipiell auf friedlichen Güteraustausch eingestellt und demnach gerade auf die Verhinderung von Kriegen gerichtet sei. Die Entwicklung der Imperialismen sei nicht auf den Kapitalismus, sondern vielmehr auf feudale Residuen innerhalb der Sozialstruktur der europäischen Industriestaaten zurückzuführen. Diese Theorie entsprach insofern nicht der gesellschaftlichen Realität im Wilhelminischen Deutschland, als sich gerade jene Schichten und Gruppen der Gesellschaft, die eigentlich konsequente Vertreter eines auf friedlichen Ausgleich gerichteten internationalistischen Wirtschaftssystems hätten sein sollen, unter dem Einfluß der nationalistischen Zeitströmungen dazu herbeigelassen hatten, mit den herkömmlichen aristokratischen Eliten gemeinsame Sache zu machen, statt mit aller Energie die überfällige Modernisierung der deutschen politischen Verfassung durchzusetzen. Schon die Zeitgenossen waren sich des krassen Mißverhältnisses zwischen wirtschaftlicher und politischer Verfassung bewußt, welches die Struktur des Wilhelminischen Reiches wesentlich determiniert hat; der deutsche Liberalismus hat sich jedoch außerstande erwiesen, diesem grundlegenden Mangel abzuhelfen. Dies ist einmal darauf zurückzuführen, daß die zunehmende sozialökonomische Differenzierung der Mittelschichten eine Einigung der verschiedenen Gruppierungen innerhalb des Bürgertums auf eine gemeinsame politische Linie immer weniger zuließ, zum anderen aber darauf, daß der Liberalismus allzu bereitwillig Grundelemente seines Programms zugunsten pragmatischer Kompromisse aufgegeben hatte. Die Folgen dieser Tatsache wurden nicht sogleich sichtbar; es bedurfte nahezu eines weiteren halben Jahrhunderts, um die Liberalisierung der deutschen Staats- und Gesellschaftsstruktur endgültig durchzusetzen.

II. DER IMPERIALISMUS ALS HISTORISCHE FORMATION
VERSUCH EINER SYSTEMATISCHEN DEFINITION

1. Begriffsbestimmung des Imperialismus

a) Die semantische Entwicklung des Begriffs Imperialismus

Seinem ursprünglichen Wortsinne nach meint Imperialismus die mehr oder weniger unbeschränkte imperiale Herrschaft eines Monarchen oder eines cäsaristischen Potentaten über ein Großreich, das über die Grenzen eines ethisch und national einheitlichen Staatsgebietes weit hinausging. Schon im Mittelalter begegnen wir der Auffassung, daß einem Herrscher nur dann der Rang des Kaisertums zustehe, wenn er über mehrere regnas gebiete[1]. Obgleich sich die Begriffe *imperiale Herrschaft* und *Imperialismus* immer schon zumindest unterschwellig am historischen Vorbild des Romanum Imperium orientierten, verstand man unter Imperialismus ursprünglich in erster Linie die persönliche, mehr oder minder unumschränkte Herrschaft eines Einzelnen über ein großes, in der Regel aus disparaten Elementen bestehendes Reich. In diesem Sinne hat man beispielsweise von einem Imperialismus Napoleons I. gesprochen. Nachdem Napoleon I. sich halb Europa unterworfen hatte, begründete er ein imperiales Kaisertum, das sich zwar als Kaisertum der Franzosen deklarierte, aber in Symbolik und Nomenklatur nicht zufällig an altrömische Traditionen anknüpfte. Napoleon III. restituierte im Jahre 1851 dieses Kaisertum; er bezeichnete es selbst als «système impérial»[2]. Als Synonym für Napoleons III. bonapartistisches Herrschaftssystem wurde der Begriff «Imperialismus» von den Kritikern Napoleons III. in Frankreich erstmals in größerem Umfang verwendet. Dabei hob man in erster Linie auf den innenpolitischen Charakter dieses cäsaristischen Systems ab, wäh-

1 E.E. Stengel, Zum Kaisergedanken im Mittelalter, Köln 1965, S. 243ff.

2 R. Koebner und H. D. Schmidt, Imperialism. The story and significance of a political word 1840–1960, Cambridge 1964, S. 3f. Vgl. auch W.J. Mommsen, Imperialismustheorien. Ein Überblick über die neueren Imperialismusinterpretationen, Göttingen 1977.

rend das Moment territorialer Expansion als solches noch zweitrangige Bedeutung hatte. Unter vergleichbaren Gesichtspunkten bezeichneten englische Beobachter 1870 die Begründung des Deutschen Reiches als Imperialismus. Seine moderne Bedeutung erhielt der Begriff erst Mitte der 70er Jahre des 19. Jahrhunderts, im Zusammenhang von Benjamin Disraelis prestigeträchtiger Außenpolitik. Schon in seiner Rede im Crystal Palace in London am 24. Juni 1872 bekannte sich Disraeli emphatisch zu einer Politik konsequenter Konsolidierung des britischen Empire, im Gegensatz zu der von den Liberalen angeblich bisher betriebenen Politik einer Dekomposition desselben. Er bezeichnete diesen neuen imperialistischen Kurs zugleich als eine im wahren Sinne «konservative Politik». Diese Rede gilt landläufig als ein Startsignal für den «Neuen Imperialismus» der Zeit von 1870–1918. Jedoch stand Disraelis Politik der Konsolidierung und Ausweitung des britischen Empire, wie sie im Erwerb der Suezkanalaktien 1876 und der Annexion von Zypern 1878 zum Ausdruck kam, noch ganz unter innenpolitischem Vorzeichen. Die Erhebung der Königin Victoria zur Kaiserin von Indien im Jahre 1876 – ursprünglich hatte Disraeli die Beschränkung des Titels auf Indien gar nicht beabsichtigt, sondern nur unter dem Druck der öffentlichen Kritik vorgenommen – beleuchtet die Tendenz dieser Politik deutlicher als alles andere; der neue Imperialismus sollte einerseits eine Stabilisierung der bestehenden politischen Institutionen bewirken, andererseits die breiten Massen unter nationalistischen Vorzeichen an die durch die Rangerhöhung zum Kaisertum erhöhtes Ansehen genießende Krone binden. Schon in der bereits erwähnten Rede im Crystal Palace hieß es, daß «die arbeitenden Schichten Englands stolz darauf sind, einem großen Lande anzugehören, und seine Größe bewahren wollen – daß sie stolz sind, zu einem Imperium zu gehören und entschlossen sind, ihr Imperium, wenn sie können, aufrechtzuerhalten – daß sie überhaupt glauben, daß die Größe und das Empire Englands den altehrwürdigen Institutionen des Landes zuzuschreiben sind»[3]. Auch bei Disraeli fehlt es nicht an Bezügen auf das historische Vorbild des Imperium Romanum, wie dies beispielsweise in seinem Wahlspruch «imperium et libertas», den er häufig in agitatorischer Weise verwandte, zum Ausdruck kommt. Der Imperialismus Disraelis bildet die Nahtstelle zwischen dem älteren und dem jüngeren Gebrauch des Begriffs; doch be-

3 H. Viebrock, Hg., Disraeli, Wiesbaden 1968, S. 12 (Speech at the Banquet of the National Union of Conservative and Constitutional Associations, June 24th 1872).

gegnet uns der ältere Gebrauch auch später gelegentlich, so in Friedrich Naumanns Idee von Wilhelm II. als demokratischem Imperator an der Spitze eines deutschen Imperialismus.

Gegen die prestigegeladene Politik Disraelis, die mit außenpolitischen Mitteln innenpolitische Wirkungen zu erzielen hoffte, polemisierten die britischen Liberalen von Anbeginn mit äußerster Schärfe; sie bezeichneten sie als «imperialistisch» d. h. als unvereinbar mit den britischen politischen Traditionen. Solchermaßen drang der Begriff Imperialismus zunächst in die politische Alltagssprache Großbritanniens ein, einstweilen ganz auf die autoritären und cäsaristischen Züge imperialer Herrschaft im Innern abgestellt. Robert Lowe beispielsweise schrieb 1878 in der Fortnightly Review: «What does Imperialisms mean? It means the assertion of absolute force over others»[4]. Ähnlich brandmarkte Joseph Chamberlain, der nur wenig später zu einem der führenden Exponenten des britischen Imperialismus werden sollte, 1879 den «new Imperialism of the government» vom radikalen Standpunkt aus als autoritär und rückschrittlich. In liberalen Augen galt Imperialismus als ein politisches System, das territoriale Expansion oder Machtpolitik in Übersee zum Zwecke innenpolitischer Reaktion mißbrauche; das Beispiel Napoleons III. war dabei weiterhin maßgeblich.

b) Die Ausbildung des modernen Imperialismusbegriffs in der Epoche des Hochimperialismus

Erst im Zuge des grundlegenden Wandels im politischen Klima seit dem Beginn der 80er Jahre, das in allen europäischen Ländern ein Neuerwachen expansiver Tendenzen brachte, gewann der Begriff Imperialismus allmählich einen konkreteren Inhalt und zugleich seine moderne Bedeutung. Auch wenn er in liberalen Augen weiterhin mit autoritären Regierungspraktiken, mit Jingoismus und Manipulation der öffentlichen Meinung verbunden blieb, verschob sich seine Bedeutung nun immer mehr hin zu einer Sammelbezeichnung für die imperialistischen Expansionsprozesse als solche, die in jenen Jahren ja erneut mit sich beschleunigender Geschwindigkeit in Gang gekommen waren. Schließlich wurde Imperialismus, zumindest in Teilen der politischen Öffentlichkeit, gar zu einem positiven Begriff, so daß sich schließlich auch die britischen Liberalen seiner Suggestionskraft nicht

4 Koebner und Schmidt, Imperialism, S. 149.

länger zu entziehen vermochten. Lord Rosebery propagierte 1895 die Prinzipien eines vernünftigen, eines liberalen Imperialismus mit den folgenden Worten: «Liberal Imperialism implies, first, the maintenance of the Empire; secondly, the opening of new areas for our surplus population; thirdly, the suppression of the slave trade; fourthly, the development of missionary enterprise; and fifthly, the development of our commerce, which so often needs it»[5]. Und Lord Curzon zögerte nach der Jahrhundertwende nicht mehr, sich einen «convinced and unconquerable Imperialist» zu nennen[6]. Der Begriff Imperialismus hatte nunmehr seinen polemischen Gehalt verloren und war endgültig zu einem positiven Bestandteil der politischen Alltagssprache geworden. Das englische Vorbild aber strahlte auf den Kontinent aus. Überall entwickelten sich imperialistische Tendenzen, die den britischen Imperialismus als ihr Vorbild ansahen; insbesondere der Besitz Indiens, des Juwels der britischen Krone, wie man damals vielfach zu sagen beliebte, wirkte auf den kontinentalen Imperialismus beflügelnd. Zunehmend war sich die öffentliche Meinung in allen europäischen Großstaaten darin einig, daß die Zukunft allein denjenigen Mächten gehören werde, die sich zu Weltmächten erweiterten. Joseph Chamberlain beispielsweise sprach 1897 davon «that the tendency of the time is to throw all power into the hands of the Greater Empires, and the minor Kingdoms – those which are non-progressive – seem to be destined to fall into a secondary and subordinate place»[7]. Ähnlich meinte Max Weber in seiner Freiburger Antrittsrede von 1895: «Wir müssen begreifen, daß die Einigung Deutschlands ein Jugendstreich war, den die Nation auf ihre alten Tage beging und seiner Kostspieligkeit halber besser unterlassen hätte, wenn sie der Abschluß und nicht der Ausgangspunkt einer deutschen Weltmachtpolitik sein sollte»[8]. Und nahezu gleichlautend argumentierte Jules Ferry bereits im Jahre 1884: «Heute beruht die Größe der Nationen allein auf der Aktivität, die sie entwickeln, und nicht auf friedlicher Ausstrahlung ihrer Institutionen». Der Verzicht auf Expansion sei daher «für eine große Nation gleichbedeutend mit Abdankung» und führe «zum Abstieg vom ersten Rang auf den dritten oder vierten»[9]. Den Zeitgenossen erschien imperialistische Politik durchweg als die logische Fortsetzung nationaler

5 T.F. Coates, Lord Rosebery. His Life and Speeches, London 1900, Bd. 2, S. 778.
6 The Nineteenth Century and After, 63, 1908, S. 151.
7 C.W. Boyd, Hg., Mr. Chamberlain's Speeches, London 1914, Bd. 2, S. 4.
8 M. Weber, Gesammelte politische Schriften, Tübingen 1958[3], S. 23.
9 P. Robiquet, Discours et Opinions de Jules Ferry, Paris 1897, Bd. 5, S. 218.

Machtpolitik; Imperialismus war für sie, mit den Worten Lord Roseberys aus dem Jahre 1899, «nothing but ... a larger patriotism»[10]. Freilich verbarg sich hinter dem nationalistischen Pathos, das allerorten bemüht wurde, um imperialistische Expansion zu rechtfertigen, ein Syndrom von im einzelnen höchst verschiedenartigen Tendenzen, Vorstellungen, und ideologischen Konzepten.

2. Imperialismus als universalhistorisches Phänomen

Die semantische Analyse des Begriffs Imperialismus und der imperialistischen Terminologie der Zeitgenossen ist daher nur als eine Wegmarke für eine systematische Bestimmung des Wesens des Imperialismus tauglich. Für diese stehen prinzipiell drei Wege offen, die von der historischen und politikwissenschaftlichen Forschung, die sich mit den Problemen des Imperialismus befaßt, sämtlich – wenn auch in unterschiedlichem Maße und mit unterschiedlicher Intensität – beschritten worden sind. Es besteht die Möglichkeit

1. einer *universalhistorischen Bestimmung von Imperialismus*, die die komparatistische Anwendung des Begriffes auf die verschiedensten historischen Epochen und gesellschaftlichen Formationen zuläßt;
2. der Bestimmung von *Imperialismus als konkreter historischer Formation*, die zur Aufteilung der unterentwickelten Regionen des Erdballs auf die Industriestaaten führte, und schließlich
3. der Bestimmung als *strukturelle Form der Abhängigkeit relativ unterentwickelten Regionen von den industriellen Metropolen.*

In universalhistorischer Perspektive ist Imperialismus mehr oder weniger synonym mit der Bildung von Großreichen oder gar Weltreichen, die von einem, häufig sehr kleinen, und ethnisch spezifisch geprägten Kern her regiert und verwaltet wurden, wie beispielsweise das Imperium Romanum, das zu Zeiten seiner größten Ausdehnung die gesamte damalige Mittelmeerwelt unter die Botmäßigkeit der *res publica Romana* und des aus dieser Wurzel hervorgegangenen Kaisertums gebracht hat. Die Formen und Methoden, in denen die Herrschaft über die abhängigen Völker und Territorien ausgeübt wird, können dabei durchaus verschieden sein; historisch kennen wir sowohl die Form direkter Herrschaft vornehmlich mit militärischen Mitteln,

10 Speech at the City of London Liberal Club, 5th May 1899, in: Liberal League Publications Nr. 35.

als auch der Bildung von Satellitensystemen unter Anwendung der verschiedensten Formen von indirekter Herrschaft, die von formeller, vertraglich abgesicherter Unterordnung bis zu manchmal nur noch symbolischen Tributzahlung reichten. Ein gutes Beispiel für die letztere Form imperialistischer Herrschaft bildet das Osmanische Reich, das sich seit dem 14. Jahrhundert den Nahen Osten, Nordafrika und den gesamten Balkan unterwarf und bis ins 20. Jahrhundert hinein Bestand gehabt hat. Die Sultane bedienten sich neben des religiösen Bindemittels des Islam in der Regel des Instruments von Satrapien, ausgeübt von einer kleinen, extrem privilegierten Herrenschicht. Historisch noch häufiger, und in zahlreichen Übergangsformen dem ersteren Typus imperialistischer Herrschaft verbunden, ist die Ausbildung imperialistischer Herrschaft in Form des Regiments einer meist ethnisch homogenen Erobererschicht, die sich dank ihrer überlegenen Kultur oder überlegenen Waffentechnik über die vorhandenen Bevölkerungsschichten zu schieben vermochte. Schon das freilich kurzlebige Reich Alexanders des Großen, aus dem dann der hellenistische Kulturkreis hervorging, muß diesem Typus zugerechnet werden. Mehr noch gilt dies von den zahlreichen imperialistischen Gebilden, die in der Völkerwanderung entstanden, insbesondere dem Karolingischen Imperium, das die fränkische Landnahme und die Etablierung einer fränkischen Herrenschicht oberhalb der bestehenden Bevölkerungsgruppen zur Voraussetzung hatte. Otto Hintze vor allem hat darauf hingewiesen, daß der Feudalismus als spezifische Form einer dezentralisierten Verwaltung durch eine aristokratische Herrenschicht unter agrarischen Verhältnissen als typische Begleiterscheinung dieses, durch gewaltsame Landnahme entstandenen Typs von Imperialismus zu gelten habe[11]. Charakteristisch für solche Imperialismen ist die Rolle eines Kriegsadels, der von der Masse der Bevölkerung sowohl durch eine spezifischen Ehrenkodex wie auch ethnisch und kulturell geschieden ist und in der Ausübung und Behauptung der Herrschaft seinen eigentlichen Beruf sieht. Diesen Sachverhalt hat Joseph Schumpeter 1919 zum Ausgangspunkt einer universalhistorischen «Soziologie der Imperialismen» gewählt, die, mag sie auch in wichtigen Punkten heute als anfechtbar gelten, in ihrer Spannweite noch immer als unübertroffen gelten muß. Schumpeter beschrieb Imperialismus als typisches Produkt der agonalen Instinkte aristokratischer

11 O. Hintze, Wesen und Verbreitung des Feudalismus, in: ders., Staat und Verfassung. Gesammelte Abhandlungen zur allgemeinen Verfassungsgeschichte, Göttingen 1962^{2}, S. 105.

Herrenschichten, die sowohl aufgrund ihrer sozialen Lage wie ihrer psychischen Disposition «zu gewaltsamer Expansion ohne angebbare Grenze» getrieben werden. Imperialismus ist also in diesem Sinne ein spezifisches Phänomen aristokratischer Gesellschaften, in denen die Leitungs- und Herrschaftsfunktionen von schmalen Eliten monopolisiert werden; unter solchen Verhältnissen bilden Krieg und Aggression ein notwendiges Element der Erhaltung feudaler Strukturen[12]. Eine Sonderform des Imperialismus bilden die zahlreichen maritimen Imperien, die sich insbesondere auf das unter ansonsten überwiegend agrarwirtschaftlichen Verhältnissen besonders bedeutsame Instrument der Flotte stützen konnten. Dazu zählen in gewisser Weise schon die griechischen Stadtstaaten mit ihren Tochtergründungen in und jenseits der Ägäis, und späterhin insbesondere Venedig, das als kleiner Stadtstaat im 17. Jahrhundert zu absoluten Beherrscher des östlichen Mittelmeerraums aufstieg. Vor allem aber müssen dazu die sich seit dem 16. Jahrhundert ausbildenden Kolonialreiche Portugals, Spanien, Englands und der Niederlande gerechnet werden, deren territoriale Herrschaft sich häufig nur auf die Küstenregionen erstreckte, die aber dank ihrer starken Flottenmacht stets imstande waren, sich gegen einheimische Rebellionen zu behaupten.

Diese verschiedenen Varianten imperialistischer Machtgebilde, wie wir sie in der Geschichte immer wieder, und unter sehr verschiedenen Bedingungen finden, sind für eine moderne Imperialismusinterpretation fraglos von großer Bedeutung; andererseits sind sie, will man sie als Paradigmata für die Deutung moderner Imperialismusphänomene verwenden, relativ allgemein und unspezifisch. Schon Otto Hintze hat daher zwischen den «älteren Imperialismen», die dem Anspruch nach Weltherrschaft sein wollten und zumeist mit einem bestimmten Kulturkreis identisch waren oder doch weitgehend zusammenfielen, und den modernen Imperialismen unterscheiden wollen, die innerhalb eines vorgegebenen Staatensystems miteinander um Geltung und Machtsteigerung ringen. Es müsse, so meint Hintze, «als charakteristischer Zug des älteren Imperialismus betrachtet werden, daß er die Gesamtinteressen eines großen, abgesonderten, in der Hauptsache auf sich selbst beruhenden Zivilisationsgebietes zum politischen Ausdruck bringt»[13]. Demgegenüber handele es sich beim modernen Im-

12 J. A. Schumpeter, Zur Soziologie der Imperialismen, in: ders., Aufsätze zur Soziologie, Tübingen 1953, bes. 145f.

13 O. Hintze, Imperialismus und Weltpolitik, in: ders., Staat und Verfassung, S. 461f.

perialismus «nicht um die Weltherrschaft eines Volkes wie im Altertum, sondern um eine Auslese der Nationen, die eine führende Stellung in der Welt einnehmen werden»[14]. Außerdem betont schon Hintze, daß die modernen Imperialismen nicht mehr überwiegend auf feudalistischer, sondern ganz im Gegensatz auf bürokratischer Grundlage beruhen. Herbert Lüthy hat demgegenüber mit einigem Recht den modernen Imperialismus als Endstufe eines universalhistorischen Zivilisationsprozesses gedeutet, der zwangsläufig mit dem z.T. von den Betroffenen selbst herbeigesehnten Zusammenbruch der vormodernen, zumeist archaischen Gesellschaftssysteme in der Dritten Welt geführt habe. Unter diesem Aspekt würden die Unterschiede zwischen dem modernen Imperialismus, als dem Konkurrenzkampf der europäischen Industriestaaten und der USA um die noch «unzivilisierten» Gebiete Asiens und Afrika, und den antiken Imperialismen schwinden; es handelt sich auch hier um einen gewaltsamen Akkulturationsprozeß ähnlich vielen anderen in der Weltgeschichte, die stets mit dem gutenteils mit politischen Gewaltmitteln herbeigeführten oder zumindest beschleunigtem Triumph einer stärkeren (oder soll man sagen: «höheren») Kultur über schwächere Kulturen geendet haben.

3. Imperialismus als historische Formation

a) Formeller und informeller Imperialismus

Die heute herrschenden Imperialismusinterpretationen beziehen sich primär auf die Endphase des großen Expansionsprozesses der westlichen Zivilisation über den Erdball. Dies entspricht auch dem landläufigen Sprachgebrauch des Wortes Imperialismus, wie er sich seit Napoleon III. und Disraeli entwickelt hat. Sich ganz an das Selbstverständnis der Zeitgenossen anlehnend, hat Heinrich Friedjung 1919 für die Periode von 1880 bis 1914 den Begriff des «Zeitalters des Imperialismus» geprägt, als einer Zeit, in der «die Völker und ihre Machthaber» den Trieb nach überseeischem Besitz und «einem wachsenden Anteil an der Weltherrschaft» erstmals «zu klarem Bewußtsein, zur Richtschnur ihres Handelns» erhoben hätten[15]. Die moderne For-

14 Ebda., S. 469.
15 H. Friedjung, Das Zeitalter des Imperialismus 1884–1914, 3 Bde., Berlin 1919, Bd. 1, S. 2f.

schung hat sich von einer solchen historischen Bestimmung ihres Gegenstands heute weit entfernt; vor allem aber hat der Begriff des Imperialismus eine außerordentliche Ausweitung erfahren, sowohl hinsichtlich seiner zeitlichen Geltung wie seiner inhaltlichen Fixierung. Die Zeit von 1880 bis 1914 gilt heute gemeinhin als Periode des «klassischen»[16] bzw. des «Hochimperialismus»[17]; sie ist die Kulminationsphase eines Prozesses, der seinen Anfang im sog. «Freihandelsimperialismus» des früheren 19. Jahrhunderts genommen hat und der bis hart an die Gegenwart heranreicht (will man nicht, wie dies zahlreiche neomarxistische Autoren, und selbstverständlich auch der offiziöse Marxismus-Leninismus sowie mit anderer Gewichtung der Maoismus tun, das heute bestehende Verhältnis zwischen den Industriestaaten und den Ländern der Dritten Welt als Periode des «Neokolonialismus» bezeichnen). Von entscheidender Bedeutung ist dabei, daß neuerdings nicht nur die marxistisch-lenistische Imperialismusauffassung, die die imperialistischen Prozesse immer schon primär als Produkte des Kapitalismus auf einer bestimmten Stufe seiner Entwicklung gedeutet hat, sondern auch die westliche Imperialismusforschung den Begriff des Imperialismus von territorialer Kontrolle abgelöst hat. Formelle Kolonialherrschaft gilt nach Robinsons und Gallaghers bahnbrechendem, wenn auch nicht ganz unwidersprochen gebliebenem Aufsatz «The Imperialism of Free Trade»[18] nur als eine unter vielen möglichen Formen imperialistischer Abhängigkeitsverhältnisse. Neben mehr oder minder formeller imperialistischer Herrschaft steht ein ganzes Bündel von Formen eines «informellen Imperialismus», unter denen Abhängigkeitstverhältnisse ökonomischer Art, sei es durch Begründung von Handelsbeziehungen, die einseitig die Metropolen begünstigen, sei es durch Placierung von Kapitalinvestitionen in einem Maße, das die betreffende Region wirtschaftlich mehr oder minder total vom Gläubigerland abhängig macht, am wichtigsten sind. Daneben begegnet man diversen Formen imperialistischer Abhängigkeit kraft technologischer oder gar nur militärischer Überlegenheit oder gar kraft stärkerer geistiger oder religiöser Potentiale.

16 W.J. Mommsen, Der moderne Imperialismus als innergesellschaftliches Phänomen. Versuch eines universalgeschichtlichen Einordnung, in diesem Band S. 59, Anm. 2.

17 G. Ziebura, Sozialökonomische Grundfragen des deutschen Imperialismus vor 1914, in: H.-U. Wehler, Hg., Sozialgeschichte Heute. Festschrift für H. Rosenberg, Göttingen 1974, S. 495.

18 R. Robinson und J. Gallagher, The Imperialism of Free Trade, in: Economic History Review, Bd. 6, 1953.

b) *Die Epoche des Frühimperialismus 1815–1881*

Bislang unterschied die Imperialismusforschung relativ scharf zwischen dem älteren Kolonialismus, wie er sich seit dem 16. Jahrhundert in einem teilweise äußerst verwickelten Prozeß ausgebildet hatte, und den imperialistischen Prozessen, wie sie seit der Mitte des 19. Jahrhunderts und dann mit gesteigerter Beschleunigung seit den 80er Jahren einsetzten. In der Tat begann man, nachdem der Abfall der amerikanischen Kolonien vom britischen Mutterland die Problematik einer einseitig die kommerziellen Interessen des Mutterlandes begünstigenden Kolonialpolitik offensichtlich gemacht hatte, in England wie anderwärts am Wert von Kolonien zu zweifeln. Im Zeitalter des beginnenden Freihandels schien die bisherige merkantilistische Kolonialpolitik ihren Sinn weitgehend verloren zu haben. Schon Adam Smith richtete in seinem berühmt gewordenen Werk «The Wealth of Nations» (1776) eine scharfe Attacke auf Kolonien, die dem Mutterland nichts einbringen, aber dieses in kostenreiche Rüstungen und Kriege verwickeln: «The rulers of Great Britain have, for more than a century past, amused the people with the imagination that they possessed a great empire on the west side of the Atlantic. This empire, however, has hitherto existed in imagination only; it has hitherto been, not an empire; but the project of an empire; not a gold mine, but the project of a gold mine; a project which has cost, which continues to cost, and which, if pursued in the same way as it has been hitherto, is likely to cost immense expense, without being likely to bring any profit; for the effects of the monopoly of the colonial trade ... are, to the main body of the people, mere loss instead of profit»[19]. In der Tat verfielen die älteren, vorwiegend unter politischen und merkantilistischen Gesichtspunkten aufgebauten Kolonialreiche Spaniens, Portugals, Frankreichs und teilweise auch das britische Empire seit der Mitte des 18. Jahrhunderts; es kam zur Emanzipation nahezu aller europäischen Kolonien auf dem amerikanischen Kontinent, während gleichzeitig das Interesse der Politiker an der Erhaltung und Konsolidierung der verbleibenden Kolonialreiche zeitweilig erheblich nachließ. Zahlreiche der im 17. und frühen 18. Jahrhundert begründeten Außenstationen in Afrika und im Pazifik stagnierten, oder fristeten ein karges Dasein. Eine steigende Zahl von Politikern und Theoretikern redeten unter dem Einfluß der aufsteigenden Freihandelsdoktrin der Aufgabe der bisherigen kolonialen Besitzungen das Wort, zumindest aber plädier-

19 Adam Smith, The Wealth of Nations, London 1834, S. 760.

ten sie für Gewährung weitestgehender Selbständigkeit, statt diese wie bisher durch monopolistische Handelsbeschränkungen und Auflagen aller Art an das Mutterland und dessen Wirtschaft zu binden, selbst auf die Gefahr einer Ablösung vom Mutterland hin. Schon 1793 publizierte Jeremy Bentham seine Schrift «Emancipate Your Colonies», in der diese Auffassungen rhetorisch äußerst wirksam vorgetragen wurden. Die Kritik am überholten Kolonialsystem fand schließlich in Goldwin Smith's und Cobden's Agitation für ein universales System des Freihandels seinen Höhepunkt. «The Colonial System with all its dazzling appeals to the passions of the people, can never be got rid of except by the indirect process of free trade which will gradually and imperceptively loosen the bonds which unite our colonies to us by a mistaken notion of selfinterest»[20]

Allerdings bedeutete die Abkehr vom System merkantilistischer Kolonialpraxis für die Betroffenen nicht allzu viel, von jenen wenigen Territorien abgesehen, denen schon in der ersten Hälfte des 19. Jahrhunderts ein begrenztes Maß von Selbständigkeit eingeräumt worden war. Die außerordentlich stringente Bindung der kolonialen Ökonomien an das jeweilige Mutterland wurde auch nach dem Abbau des alten Handelssystems, das auf monopolistischen Praktiken und Handelsbeschränkungen beruht hatte, keineswegs über Nacht abgebaut. Vor allem aber ging der Prozeß der territorialen Expansion, insbesondere im Falle des britischen Empire, aber auch anderer Kolonialreiche, namentlich Frankreichs, auch in jener Periode unvermindert weiter, wenn auch, wie später der britische Historiker John Seeley schrieb, «in a fit of absense of mind»[21]. Demgemäß spricht die neuere Forschung, in schroffer Kehrtwendung älterer Interpretationen, von «Myths of the Little England Era»[22]. In der Tat hat sich gezeigt, daß auch im Denken der liberalen Wirtschaftstheoretiker und Ideologen, die die ältere Forschung gemeinhin als Anti-Imperialisten einstufte[23], starke Elemente merkantilistischen Denkens fortlebten, und zum anderen, daß sie nicht Kolonien schlechthin, sondern nur solche des älte-

20 R. L. Schuyler, The Fall of the Old Colonial System. A Study in British Free Trade 1770–1870, New York 1945, S. 132.
21 J. Seeley, The Expansion of England, London 1883, S. 10.
22 S. J. Galbraith, Myths of the «Little England» Era, in: American Historical Review, Bd. 67, 1961.
23 R. L. Schuyler, The Fall of the Old Colonial System; C. A. Bodelsen, Studies in Mid-Victorian Imperialism, London 1960².

ren monopolistischen Typs ablehnten, die das überkommene aristokratische System des Mutterlandes kopierten[24].

Insofern läßt sich die Zeit des früheren 19. Jahrhundert nicht länger als eine solche des Antiimperialismus bezeichnen. Vielmehr ist es angebracht, stattdessen von einer Epoche des Frühimperialismus zu sprechen, in der zwar einerseits der Abbau traditioneller kolonialistischer Positionen vorangetrieben wurde, andererseits aber neue Formen der Expansion vorwiegend informeller Art sich ausbildeten. Die «Colonial Reformers», eine Gruppe britischer Kolonialtheoretiker, um nur ein Beispiel zu nennen, begeisterten sich und die britische Öffentlichkeit in den 30er und 40er Jahren des 19. Jahrhunderts für einen neuen Typ von weißen Siedlungskolonien, die zwar dem Mutterland verbunden bleiben sollten, aber gleichzeitig in wirtschaftlichen und gutenteils auch in politischen Fragen weitgehende Autonomie geniessen sollten. Neue Siedlungsgesellschaften schossen aus dem Boden, die die Besiedlung großer Teile Neuseelands und bisher unerschlossener Regionen Australiens in Angriff nahmen. Auch im Prinzip liberal eingestellte Wirtschaftstheoretiker begrüßten diese Entwicklung.

Gleichzeitig bejahte man allgemein die Ausweitung des britischen Handels auf immer neue Gebiete des Erdballs, und zu solchem Zweck erschienen auch kolonialistische Projekte, zumal wenn sie aus privater Initiative hervorgingen, positiv nützlich, wobei allerdings der Gesichtspunkt, ob diese im Rahmen des eigenen nationalen Staates verfolgt wurden, zweitrangig schien. Edward Gibbon Wakefield formulierte das Programm eines solchen informellen Expansionismus: «The whole world is before you ... Open new channels for the most productive employment of English capital. Let the English buy bread from every people that has bread to sell cheap. Make England, for all what is produced by steam, the workshop of the world. If, after this, there be capital and people to spare imitate the ancient Greecs; take a lesson from the Americans, who, as their capital and population increase, find room for both by means of colonization»[25]. Das Programm wirtschaftlicher Expansion auf der Basis des Freihandels, d. h. möglichst unbeschränkten Zugangs zu allen Märkten der Welt, vertrug sich also durchaus sowohl mit dem Prinzip der Gründung neuer Siedlungskolonien, die ja ihrerseits zu einer Intensivierung des wirtschaftlichen Aus-

24 B. Semmel, The Rise of Free Trade Imperialism. Classical Political Economy in the Empire of Free Trade and Imperialism 1750–1850, Cambridge 1970, S. 103ff.; D. Winch, Classical Political Economy and Colonies, London 1965.

25 B. Semmel, The Rise of Free Trade Imperialism, S. 91.

tauschs und damit zur Vermehrung des allgemeinen Reichtums würden beitragen können, als auch mit der systematischen Erschließung bisher «unzivilisierter» Regionen des Erdballs für den westlichen Handel und die westliche Kultur, umso mehr, als sich dafür auch religiöse und humanitäre Gründe – z. B. Bekämpfung des Sklavenhandels – ins Feld führen ließen. In der Tat setzte bereits im frühen 19. Jahrhundert der Ausbau der teilweise schon lange bestehenden kolonialen Vorposten bzw. die Begründung neuer kolonialer Stützpunkte in den Küstenregionen Afrikas und Asiens ein; in einigen Fällen, so in Südafrika und namentlich in Indien und den an diesen angrenzenden Regionen, insbesondere Burma und Thailand, kam es gar zu einem dramatischen Expansionsprozeß. Allerdings darf man es als charakteristisch für diese Phase der Entwicklung ansehen, daß es nur in Ausnahmefällen zur Errichtung von territorialer Herrschaft im eigentlichen Sinne des Wortes kam; man begnügte sich in aller Regel mit der Beherrschung von strategisch wie wirtschaftlich bedeutsamen Küstenregionen, während das Hinterland zunächst kaum erfaßt und die politischen Organisationsformen der eingeborenen Bevölkerungsgruppen und ebenso deren Produktionsmethoden weitgehend unangetastet blieben. Mit anderen Worten, man zog in aller Regel extensive Herrschaft, bei gleichzeitiger Intensivierung des Warenaustausches mit der eingeborenen Bevölkerung, der Etablierung teurer privater oder staatlicher Kolonialverwaltungen vor. Alles, was man forderte, war Sicherheit für den Handel, und – streckenweise – die Abschaffung des Sklavenhandels. Selbst die British East India Company, die ihren Herrschaftsbereich in der ersten Hälfte des 19. Jahrhunderts in schier erstaunlicher Weise erweiterte, zog, wo immer möglich, Formen indirekter Herrschaft, unter Beibehaltung der vorfindlichen Herrschaftsverhältnisse, dem Aufbau einer eigenen direkten Landesadministration vor.

Die Methoden des frühviktorianischen Imperialismus sind von Robinson und Gallagher treffend mit der Formel: «Trade with informal control if possible; trade with rule when necessary»[26] charakterisiert worden. In der Tat ist es für die Periode des Frühimperialismus charakteristisch, daß er in aller Regel privater Initiative und privaten Gesellschaften den Vorrang vor staatlicher Aktion gab und auf das unmittelbare Eingreifen des Staates nur dann rekurrierte, wenn sich die Methoden extensiver Herrschaft, gestützt auf die Schirmherrschaft des Mutterlandes, nicht durchhalten ließen, sei es, weil die internen

26 Robinson und Gallagher, The Imperialism of Free Trade, S. 13.

Widerstände zu stark wurden, sei es, weil es zu Konflikten zwischen rivalisierenden Gruppen von Kolonialunternehmern kam und diese ihre jeweilige Schutzmacht hineinzogen. Die Regelform kolonialistischer Organisation war in jener Periode die Chartered Company, die im Prinzip auf eigene Rechnung und Gefahr imperialistische Expansion betrieb und in den betroffenen Regionen staatliche Funktionen ausübte, die nur sehr begrenzt und mittelbar der Kontrolle durch das Mutterland unterlagen. Diese Konstruktion bot sich freilich auch aus innenpolitischen Gründen an. Die Regierungen, und mit ihnen die öffentliche Meinung betrachteten in jener Periode die Etablierung formeller, direkter Herrschaft in überseeischen Regionen in der Regel eher mit Unwillen als mit Begeisterung, vor allem wegen der beträchtlichen Kosten, die damit verbunden waren. Sie suchten daher häufig eine Politik der «limited responsibility»[27] zu betreiben, die die Verantwortlichkeit für die Erhaltung des Ordnung in den Grenzgebieten und für eventuelle kriegerische Konflikte den Kolonialregierungen bzw. den Siedlergruppen an der Peripherie zuschob.

Ungeachtet dieser Politik, ja sehr oft gerade deshalb kam es zu einem unaufhaltsamen, wenn auch durch zeitweilige Zurücknahme der kolonialen Frontlinie durch die Metropolen bisweilen unterbrochenen, Prozeß kolonialer Landnahme. Dies gilt in erster Linie für Großbritannien, in geringerem Maße auch für Frankreich, das bereits 1830 Algerien annektierte, allerdings vorwiegend in der Absicht, daraus eine französiche Siedlungskolonie zu machen. Übrigens muß im gleichen Zusammenhang auch auf die Landnahmeprozesse im Westen der Vereinigten Staaten und des zaristischen Rußland hingewiesen werden, in deren Zuge erst die gewaltige territoriale Ausdehnung beider Mächte zustandegekommen ist, die ihr heute so großes Gewicht in der Weltpolitik geben. Namentlich die stufenweise Annexion der asiatischen Gebiete Rußlands glich auch formal den uns sonst geläufigen Formen kolonialistischer Expansion; eine weißrussische Oberschicht schob sich über eine Vielzahl von kulturell wie ethnisch ganz andersartigen, vergleichsweise weit rückständigeren, Völkern; erst allmählich wurden diese durch administrativen Druck weitgehend assimiliert und die Vorherrschaft des weißrussischen Elements stabilisiert.

Noch ein letzter Punkt muß in diesem Zusammenhang genannt werden, nämlich die Strategien, die die europäischen Staaten und die USA anwandten, um solche Länder und Staaten in den unentwickel-

27 W.P. Morell, British Colonial Policy in the Mid-Victorian Age, Oxford 1969, S. 473.

ten Regionen der Welt, die sich dem westlichen Einfluß mehr oder minder verschlossen, dazu zu zwingen, ihre Märkte der westlichen Welt zu öffnen und sich den Einwirkungen der westlichen Zivilisation auszusetzen. Besonders zwei Weltreiche älteren Ursprungs, die auf eine eigene kulturelle und religiöse Entwicklung von weltgeschichtlichem Rang zurückblicken konnten, widersetzten sich westlichen Einflüssen gleichviel welcher Art aus prinzipiellen Gründen, China und das Osmanische Reich; aber auch in anderen Regionen, insbesondere sofern diese dem Islam angehörten, gab es prinzipielle Widerstände gegen eine Öffnung des Landes gegenüber der europäischen Zivilisation und dem europäischen Handel.

Im Osmanischen Reich vermochte sich die seit Anfang des 19. Jahrhunderts in vermehrtem Maße einsetzende Politik der ökonomischen Penetration auf das Kapitulationenrecht zu berufen, das auf zahlreichen bis ins 15. Jahrhundert zurückgehenden Verträgen zwischen der Pforte und den europäischen Mächten beruhte und das Europäern den Status der Exterritorialität gewährte; aber auch hier bedurfte es massiven politischen Drucks, um eine Erweiterung dieser Rechte zu erreichen, die es Europäern und bald auch ihren Protégés, d. h. unter ihrem Schutz stehenden Einheimischen, möglich machte, im Schutze der Exterritorialität, zu der sich in der Regel Steuerfreiheit und der Anspruch, nur vor den eigenen Konsuln vor Gericht gezogen werden können, hinzugesellten, gleichsam Inseln europäischer, ökonomischer und kultureller Herrschaft in diesen Gebieten zu begründen. Marokko beispielsweise wurde 1856 von Großbritannien unter Androhung von Gewalt gezwungen, einen Handelsvertrag abzuschließen und darin englischen Staatsangehörigen und deren Protégés den uneingeschränkten Genuß des Kapitulationenrechts zu garantieren. Es mußte sich sogar dazu verpflichten, Staatsmonopole, die nicht mit den Prinzipien des Freihandels vereinbar seien, abzuschaffen.

Drastischer noch war das Vorgehen Großbritanniens als Vorreiter anderer westlicher Mächte im Falle Chinas. Es zwang China im Opiumkrieg 1840–1842, zunächst fünf Häfen für den britischen Handel und das indische Opium zu öffnen, Engländern die Rechte der Exterritorialität zu gewähren, sowie Singapur als Vorposten britischer ökonomischer Penetration abzutreten. Diesem ersten Schritt folgte dann erzwungenermaßen die Öffnung des gesamten Landes in Form einer Serie von Handelsverträgen mit europäischen Mächten. Japan wurde 1854 von dem amerikanischen Admiral Perry zur Gewährung ähnlicher, wenn auch nicht so weitreichender Zugeständnisse gezwungen. Nur zwei Jahrzehnte später wurde Korea, das damals noch formell ein von China abhängiger Staat war, dazu gebracht, diese Zugeständnisse seinerseits zu akzeptieren. Diese Vorgänge lassen sich verallgemeinern. Im Zeitalter des «Freihandelsimperialismus» gab man zwar den informellen Methoden wirtschaftlicher und kultureller Expansion durchweg den Vorrang vor direkter territorialer Expansion, gemäß dem Motto: «The flag follows the trade»; doch zögerte man andererseits nicht, nichteuropäische Kulturen durch Anwendung von diplomatischem oder militärischen Druck oder gegebenenfalls gar offener Gewalt zu zwingen, dem europäischen Handel und dem europäischen Kapital die Tore zu öffnen, ja, mehr noch, den Europäern und ihren Protégés Sonderrechte von außerordentlichem Umfang einzuräumen, die vielfach informelle finanzimperialistische oder ökonomische Abhängigkeit nach sich zog.Sowohl China wie das Osmanische Reich befanden sich bald nach der Mitte des Jahrhunderts nicht mehr in der Lage, frei über die Höhe der eigenen Außenzölle befinden zu können; die Möglichkeit, allzu raschem, für die einheimischen Industrien notwendigerweise katastrophalen, Einströmen europäischer Technologien und europäischer Waren auch nur teilweise einen Riegel vorzuschieben, war ihnen dergestalt weitgehend genommen. Fraglos wurde durch diese Politik, die die Zeitgenossen nicht als imperialistisch ansahen, sondern vielmehr als zivilisatorische Tat begrüßten, obwohl sie einseitig die Interessen des Westens begünstigte, die Modernisierung jener Gesellschaften und Kulturen erst ermöglicht. Aber es läßt sich nicht übersehen, daß auf dieser Grundlage dann vielerorts finanzimperialistische Subsysteme entstanden, die häufig zum Zusammenbruch der traditionellen Herrschaftsordnungen und zur Etablierung formeller Kolonialherrschaft geführt haben.

Wenn man dies alles zusammennimmt: ökonomische Penetration der unentwickelten Gebiete des Erdballs, wenn möglich mit einem Minimum von Herrschaft, aber gleichwohl häufig genug verbunden mit der Etablierung direkter kolonialer Herrschaft; Entstehung bzw. Ausbau von Siedlungskolonien neuen Typs in zahlreichen überseeischen Regionen, Landnahmeprozesse riesigen Ausmaßes im «Goldenen Westen» der Vereinigten Staaten und im asiatischen Rußland, Begründung von Vorposten kolonialen Handels in den Küstenregionen Asiens und Afrikas, eine Politik, die infolge des Faktors der «turbulent frontier» oder des militärischen Ehrgeizes und des Landhungers der «men on the sport» zuweilen bereits in massive territoriale Expansion ins Landesinnere ausartete; schließlich mehr oder minder gewaltsame Öffnung formell autonomer Länder für den europäischen Handel und europäisches Kapital, zuweilen gefolgt von massiven Kapitalinvestitionen zu exorbitanten Zinssätzen und unter privilegierten Bedingungen, insbesondere der Verpfändung von staatlichen Einnahmequellen an private europäische Kapitalgesellschaften; so wird man diese Periode nicht länger als eine antiimperialistische betrachten können, sondern sie als Epoche des Frühimperialismus bezeichnen müssen. Die Zeitgenossen huldigten zwar prinzipiell dem Ideal einer kosmopolitisch orientierten Marktwirtschaft und gaben demgemäß grundsätzlich informellen und indirekten Formen imperialistischer Herrschaft oder imperialistischer Kontrolle bei weitem den Vorzug vor direkten Staatsaktionen. Gleichwohl wurde der säkulare Prozeß der Ausdehnung der europäischen Zivilisation über den Erdball auf breiter Front und mit bemerkenswerter Zähigkeit, wenn auch nicht immer mit gleichbleibender Energie, vorangetrieben. Wenn man sich gleichwohl zumeist auf Formen indirekter Herrschaft beschränkte und sich in vielen Fällen, statt eigenständige koloniale Verwaltungsapparate aufzubauen, mit der Oberherrschaft über indigene Regime begnügte oder gar um Zusammenarbeit mit einheimischen Kollaborationsregimen bemüht war, so entsprach dies einerseits dem Zeitgeist, der die Staatstätigkeit auf ein möglichstes Minimum reduziert zu sehen wünschte, zum anderen den einstweilen noch geringen materiellen Erträgen, die sich aus den noch unentwickelten, bislang nur extensiv erschlossenen kolonialen Besitzungen herausholen ließen. Darüber hinaus war die imperialistische Expansion noch nicht zum Gegenstand nationaler Massenbegeisterung geworden, sondern vollzog sich eher im Windschatten der Politik der europäischen Großstaaten, angetrieben vor allem durch die «turbulent frontiert» und den «Subimperialismus» der weißen Siedler, Militärs und Kaufleute an der Peripherie [28].

c) *Die Epoche des Hochimperialismus 1881–1918*

Diese Situation änderte sich seit Beginn der 80er Jahre des 19. Jahrhunderts in grundlegender Weise. Nunmehr traten die imperialistischen Fragen schlagartig in das allgemeine Bewußtsein der Öffentlichkeit, z. T. auch deshalb, weil sich die neu entstehende Massenpresse mit Nachdruck imperialistischen Themen zuwandte und durch die Förderung eines populären Nationalismus zugleich sich selbst eine breitere Leserschaft zu verschaffen verstand. Es entwickelte sich ein

28 D. K. Fieldhouse, Economics and Empire, London 1973.

imperialistisches Zeitbewußtsein, das bald ausgesprochen chauvinistische, oder wie man in England in Anlehnung an einen Schlager sagte, der damals in den Londoner Music Halls populär wurde, «jingoistische» Züge annahm. Damit veränderte sich auch das Verhalten der Regierungen. Bisher waren diese überwiegend bestrebt gewesen, neue territoriale Engagements in überseeischen Regionen in Grenzen zu halten, allein schon wegen der damit verbundenen erheblichen finanziellen Belastungen; man war deshalb zuweilen gar nicht abgeneigt gewesen, anderen Mächten in Sachen kolonialistischer Aktionen den Vortritt zu lassen und ihnen die Rolle des Vorreiters der westlichen Zivilisation zu überlassen. Auch fernerhin blieben die Staatsmänner von wenigen, herausragenden Ausnahmen abgesehen – «reluctant Imperialists»[29], aber unter dem Druck der öffentlichen Meinung, und unter dem Einfluß ökonomischer und mächtepolitischer Erwägungen ließ sich eine Politik kolonialpolitischer Abstinenz immer weniger durchhalten. Im Gegenteil, es kam zu einem ausgesprochenen Konkurrenzkampf zwischen den Großmächten um den Erwerb kolonialer Territorien und imperialistischer Einflußsphären, der bald den Charakter eines autonomen Prozesses annahm, der sich selbst nährte und fortlaufend schroffere Formen annahm. Hatte bisher das Prinzip «the flag follows the trade» gegolten, so kehrte sich dies nunmehr um; man erwartete nun vom Staat, «to peg out claims for posterity»[30], d.h. Territorien gleichsam auf Vorrat zu erwerben habe, im Vorgriff auf eine künftige wirtschaftliche Erschließung[31].

Das Eingreifen Großbritanniens in Ägypten im Juli 1882 und die darauf folgende Okkupation des Landes darf als Initialzündung dieses Prozesses gelten, wurde doch damit eine besonders bedeutsame Zone europäischen informellen Imperialismus einseitig dem Herrschaftsbereich einer imperialistischen Macht zugeschlagen. Es ist nicht ohne Bedeutung, daß die britische Regierung unter Gladstone dies ursprünglich gar nicht beabsichtigt, sondern vielmehr eine gemeinsame Intervention mit Frankreich zur «Wiederherstellung des europäischen Rechts» ins Auge gefaßt hatte, was aber angesichts innenpolitischer Widerstände in Frankreich gegen eine imperialistische Aktion gescheitert war. Durch den Aufstand des von einer ägyptischen Natio-

29 C.G. Lowe, The Reluctant Imperialists, Vol. 1: British Foreign Policy 1878–1902, London 1967.

30 Rosebery am 1.3.1953; R.R. James, Rosebery, London 1963, S. 156; Joseph Chamberlain, Foreign and Colonial Speeches, London 1897, S. 114.

31 Vgl. auch W.J. Mommsen, Nationale und ökonomische Faktoren im britischen Imperialismus vor 1914, in diesem Band S. 18f.

nalbewegung getragenen Obersten Arabi gegen das Kollaborationsregime des Khediven Taufiq im Jahre 1881 war das in Ägypten 1876 errichtete System einer britisch-französischen Finanzkontrolle in Gefahr geraten, und primär galt die britische Aktion nur der Wiedereinsetzung des Puppenregimes Taufiq, der als Strohmann für die Beteiligten von europäischen Politikern an einer formell ägyptischen Regierung fungiert hatte. Doch aus der von Gladstone ernsthaft ins Auge gefaßten Räumung des Landes nach der ergreifenden Restaurierung eines Großbritannien hörigen Kollaborationsregimes und der Wiederherstellung der europäischen Finanzkontrolle wurde nichts, einerseits weil die vertraglichen Absicherungen, die die britische Regierung vom Sultan von Konstantinopel und den anderen Großmächten zu erlangen suchte, niemals zustande kamen, zum anderen, weil seit dem Disaster General Gordons in Khartum 1885 die britische Öffentlichkeit in eine derart nationalistische Erregung geriet, daß an einen britischen Rückzug aus Ägypten ohne Zusicherung eines formellen Interventionsrechts für den Fall einer Gefährdung des Suezkanals nicht mehr zu denken war. Infolgedessen wurde aus der temporären Okkupation Ägyptens, der völkerrechtlich jegliche Absicherung fehlte, für deren Legitimierung nach innen wie nach außen man sich des restaurierten khedivialen Systems bediente, bei faktischer Machtausübung durch den britischen High Commisioner Lord Cromer und eines Stabs britischer Beamter in ägyptischen Diensten, eine dauernde. Dies aber bildete den Ansatz für rivalisierende imperialistische Aktivitäten Frankreichs und Italiens, und begründete indirekt eine politische Gesamtsituation, die es Bismarck erlaubte, ungeachtet englischen Widerstands Añqua Pequeña, Deutsch-Ostafrika, Togo und Kamerum zu annektieren.

In drei großen Schüben vollzog sich dann in den folgenden Jahrzehnten ein gewaltiger territorialer Expansionsprozeß, der nahezu alle noch freien Territorien in der überseeischen Welt zum Objekt imperialistischer Herrschaft werden ließ. In einer ersten, noch relativ konfliktlos verlaufenden Phase von 1881–1888 kam es zu einem Kopf-an-Kopf-Rennen der Mächte um Begründung von territorialen Ansprüchen. Die nach einer kurzen Atempause, die teilweise von Ernüchterung begleitet war, einsetzende zweite Phase von 1893 bis zum Ende des Burenkrieges 1902 wurde zunehmend von schweren internationalen Konflikten bestimmt. Die letzte Phase war einerseits von dem Bemühen der Kolonialmächte um Stabilisierung und Arrondierung bestimmt, andererseits dem hektischen Bestreben der bislang relativ leer ausgegangenen Mächte, in letzter Minute doch noch einen angemessenen Teil des Kuchens für sich zu erlangen. Diese dritte Phase setzte mit der zweiten Marokkokrise von 1911 ein und erreichte in den gigantischen imperialistischen Kriegszielkatalogen und territorialen Umverteilungen des Ersten Weltkrieges ihren Kulminationspunkt. Am heftigsten gestalteten sich dabei die Auseinandersetzungen über die Aufteilung des afrikanischen Kontinents, die man treffend als «scramble for Africa» bezeichnet hat. Vergleichsweise behutsamer operierten die Mächte im Fernen Osten, insbesondere zumal die Vereinigten Staaten sich seit 1900 direktem Territorialerwerb auf dem chinesischen Kontinent widersetzten und dem Versuch der europäischen Großmächte, sich hier jeweils monopolistisch zu nutzende ökonomische Interessensphären zu sichern, massiv entgegentraten. Auch im Nahen Osten wurde der Territorialhunger der Großmächte durch besondere politische Konstellationen gebremst; das gemeinsame Interesse der Großmächte an der Erhaltung des Mächtesystems erforderte einstweilen die Konservierung des ehrwürdigen, aber längst hinfälligen Osmanischen Reiches, so daß sich die imperialistischen Begehrlichkeiten vorwiegend in informellen und ökonomischen Formen geltend machen mußten. Erst als Folge des Ersten Weltkrieges zerbrach auch das Osmanische Reich endgültig; doch konnten nun die langgehegten imperialistischen Wünsche der Mächte nur noch in der gebrochenen Form des Mandatssystems verwirklicht werden.

In dieser Periode kam es zugleich zur Ausbildung effektiver territorialer Herrschaft in den weiten Gebieten, die man entweder schon qua überkommener Rechtstitel besaß oder aber neu hinzu erwerben konnte. Hatte sich die europäische Landnahme bisher ausschließlich des fragwürdigen Rechtsinstituts des Abschlusses von Verträgen mit lokalen Häuptlingen bedient, die zumeist weder des Schreibens kundig waren, noch sich über die Rechtsfolgen dessen, was sie da unterschrieben, mehr als in groben Umrissen klar sein konnten, so vereinbarte man auf dem Berliner Kongreß, der aus Anlaß der Begründung des Internationalen Kongostaats Leopold II. Ende 1884 in Berlin zusammentrat, daß das Prinzip der «Effektivität der Okkupation» gewährleistet sein müsse, solle die Inbesitznahme kolonialer Territorien völkerrechtliche Gültigkeit besitzen, während bloße papierene Verträge nicht genügen könnten. Den Versuchen des Berliner Kongresses, den imperialistischen Konkurrenzkampf um den Erwerb territorialer Gebiete in Übersee in völkerrechtlichen Regeln einzufangen und zugleich gewisse humane Mindestforderungen hinsichtlich der Behandlung der einheimischen Bevölkerung zu vereinbaren, wie sie in der Kongo-Akte vom 26. Februar 1885 vorliegen, war allerdings nur begrenzter

Erfolg beschieden. Was den Kongostaat und das Kongobecken selbst angeht, so scheiterte das Bemühen einer weitgehenden Internationalisierung dieses Raumes vollständig; zwar wurde Leopold II. ebenso wie den Herren der angrenzenden Regime des Kongos, vornehmlich Frankreich, Portugal und Großbritannien, auferlegt, in diesem Raum grundsätzlich das Prinzip der «offenen Tür» zu praktizieren und dem Handel aller interessierten Mächte gleichermaßen freien Zugang zur Kongoregion zu gewähren; doch wurde diese Bestimmung insbesondere von den von Leopold II. ins Leben gerufenen Ausbeutungsgesellschaften schon bald effektiv unterlaufen; und von der Sicherstellung elementarer humanitärer Prinzipien war in der Folge schon gar nicht mehr die Rede. Doch waren immerhin neue Rechtsregeln gesetzt; die Begründung kolonialer Herrschaft bedurfte nunmehr internationaler Anerkennung, und diese war an die Effektivität der Herrschaftsausübung in der betreffenden Region geknüpft.

Dies beschleunigte den Prozeß effektiver Durchdringung des «Hinterlands» der jeweiligen kolonialen Territorien, das bis dahin zumeist nur in höchst extensiver Weise erschlossen worden und häufig den Europäern selbst nahezu unzugänglich gewesen war. Dabei erwies sich die Rechtsform der «Chartered Company», deren sich die Großmächte, trotz der sich immer wieder einstellenden Zusammenbrüche solcher häufig ganz und gar auf spekulativer Grundlage aufgebauten Kolonialgesellschaften bisher durchweg bedient hatten, der neuen Situation nicht länger angepaßt, weil diese personell wie finanziell in aller Regel außerstande waren, eine intensive Landesherrschaft auszuüben. Allein Cecil Rhodes' British South African Company macht hierin eine bemerkenswerte Ausnahme. Bereits gegen Ende der 80er Jahre sah sich Bismarck sehr zu seinem Ärger gezwungen, die bisherige Politik indirekter Herrschaft zu liquidieren und die Schutzgebiete in die direkte Verwaltung des Reiches zu übernehmen. Ähnlich ging es Großbritannien, das 1894 in einer vielumkämpften Entscheidung das Erbe der bankrotten British East Africa Company antrat und Uganda in eine britische Kronkolonie umwandelte.

Gegen Ende des 19. Jahrhunderts kam es dergestalt fast überall zur Errichtung kolonialer Verwaltungen und zur Festigung der Grenzen der einzelnen Territorien in einer großen Zahl von meist bilateralen Verträgen, die aber nicht selten nur nach erheblichen internationalen Verwicklungen allgemeine Gültigkeit erlangten. Gegen den britischen Grenzvertrag mit dem Internationalen Kongostaat vom 12. Mai 1894, mit dem Lord Rosebery den bereits aufgegebenen Plan einer Kap-nach-Kairo-Verbindung doch noch zu realisieren hoffte, beispielsweise erhoben sowohl die deutsche wie die französische Regierung lebhafteste Proteste, zumal die darin vorgesehene Abtretung eines Grenzstreifens an der Ostgrenze des Kongostaates an Großbritannien Deutsch-Ostafrika vom direkten Zugang zum Kongo abgeschnitten haben würde[32]; demgemäß mußte diese Regelung revidiert werden. Insbesondere über die Abgrenzung der westafrikanischen Territorien und über die politische Zukunft des Sudan kam es im Zuge dieser Bemühungen um definitive Festschreibung des jeweils eigenen Kolonialbesitzes einschließlich des jeweiligen Hinterlandes zu erbitterten Auseinandersetzungen, die ihren Höhepunkt mit dem Faschodakonflikt vom Jahre 1898 erreichten.

Während auf diese Weise nahezu der größte Teil Afrikas um die Jahrhundertwende bereits definitiv unter die Mächte verteilt war und nur Marokko und Tripolis als Tributärstaaten der Pforte einstweilen ihre staatliche Unabhängigkeit behaupten konnten (ersteres dank der im Madrider Vertrag von 1880 festgelegten internationalen Garantie seiner Unabhängigkeit, die freilich zugleich die Grundlagen für eine Politik «friedlicher Durchdringung» mit ökonomischen Mitteln vornehmlich von Seiten Frankreichs und Spaniens gelegt hatte), blieb der Prozeß der territorialen Landnahme im Fernen Osten auf halbem Wege stecken. Zwar bemächtigte sich Frankreich nach und nach ganz Indochinas und ebenso weitete Großbritannien seine Herrschaft über den indischen Subkontinent immer weiter aus, aber die territoriale Aufteilung des chinesischen Riesenreiches, die die Zeitgenossen bereits handgreiflich vor Augen hatten, blieb am Ende aus. Die USA okkupierten 1898, in einem bemerkenswerten Bruch mit den bisherigen Traditionen ihrer Außenpolitik, unter anderem die Philippinen, als ein Sprungbrett nach China, und gleichzeitig sicherten sich Rußland, Großbritannien und das Deutsche Reich Positionen auf dem chinesischen Festland, die die Basis ökomischer Durchdringung des chinesischen Raumes abgeben sollten, während Japan sich zunächst die indirekte Vorherrschaft in Korea sicherte und dieses 1905 zum Protektorat erklärte. Doch blieb die Politik der Absteckung von Interessenzonen relativ folgenlos. Die Vereinigten Staaten setzten stattdessen das Prinzip der «offenen Tür» durch, das die imperialistischen Bestrebungen der Mächte zwang, sich fortan ausschließlich informeller Methoden zu bedienen; als solche boten sich in der Folge neben dem Erwerb von Eisenbahn- und Hafenkonzessionen vor allem finanzimperialisti-

32 R. Robinson, J. Gallagher und A. Denny, Africa and the Victorians. The official mind of Imperialism, London 1961, S. 331ff.

sche Strategien an, die sich auf die Exterritorialrechte genießenden Ausländerkolonien in den chinesischen «Vertragshäfen» stützen konnten. Auch im Nahen Osten bediente sich die Politik der Großstaaten in aller Regel indirekter diplomatischer und ökonomischer Strategien, um sich Zonen vorzugsweisen Einflusses zu sichern, während es nur in Ausnahmefällen zu direkten Annexionen kam. Beispielsweise stellte Großbritannien die weiterhin formell zum Osmanischen Reich gehörenden Scheichtümer Kuweit und Barahn einfach unter seinen Schutz, ohne sich um die völkerrechtlliche Anomalie eines solchen Vorgehens weiter zu scheren. Auch Persien, obwohl es ein nach allgemeinem Völkerrecht souveränes Königreich blieb, wurde zum Spielball russischer und britischer imperialistischer Interessen; hier kam es schließlich im Britisch-Russischen Vertrag von 1907 zur vertraglichen Abgrenzung von beiderseitigen Interessensphären. Doch muß hinzugefügt werden, daß hier wie anderwärts das Bestreben der *beati possidentes*, ihre kolonialen Besitzungen durch eine Reihe bilateraler Abkommen, wie beispielsweise der Entente Cordiale vom Jahre 1904, abzusichern und abzurunden, durch das ungestüme Hervortreten jener Mächte, die vergleichsweise spät in das koloniale Wettrennen eingetreten waren und nun einen entsprechenden Anteil für sich erlangen wollten, wieder in Frage gestellt wurde. Das Deutsche Reich hoffte durch massives Auftreten in der Zweiten Marokkokrise 1911 den Grundstein für ein «deutsches Mittelafrika» zu legen, was freilich im wesentlichen mißlang, weil Großbritannien massiv auf Frankreichs Seite trat. Nur ein Jahr später annektierte Italien, in einer Flutwelle nationalistischer Begeisterung Lybien und besetzte die Inseln des Dodekanes, eine Entwicklung, die in der Folge die Balkanstaaten ermutigte, sich endgültig von den Resten der Osmanischen Herrschaft zu befreien. Diese Entwicklungen erschütterten das europäische Mächtesystem in seinen Grundfesten und führten teils direkt, teils indirekt, zur Auslösung des Ersten Weltkrieges.

d) Die Antriebskräfte imperialistischer Expansion

Die Ursachen dieses säkularen Prozesses der Aufteilung der Welt, wie er im Hochimperialismus seine höchste Steigerung erreichte, lassen sich nicht leicht auf einen schlüssigen Nenner bringen; bis in die jüngste Gegenwart hinein liegt die Forschung darüber – nicht zuletzt wegen der politischen Implikationen des Imperialismusproblems – in heftigem Streit. Herkömmlicherweise hat man die Ursache des imperialistischen Expansionsprozesses ganz überwiegend auf seiten der imperialistischen Mächte bzw. der Metropolen gesucht. Die ältere deutsche Historiographie des Neorankeanismus beispielsweise deutete den Imperialismus als Konsequenz des naturhaft vorgegebenen Machtstrebens der Großmächte, die sich «eine Interessiertheit an politischen und ökonomischen Vorgängen eines großen, ... meist eines die ganze Fläche des Planeten umfassenden Umkreises zuzuschreiben und zu usurpieren» pflegen[33]. Neuerdings werden die hochimperialistischen Prozesse zumeist aus den ökonomischen und gesellschaftlichen Bedingungen in den sich mit großer Geschwindigkeit modernisierenden westlichen Industriestaaten abgeleitet und insbesonders mit Schwankungen des Wirtschaftswachstums, sowie Phasenverschiebungen in der ökonomischen Entwicklung in Verbindung gebracht. Jüngst sind demgegenüber insbesondere von Gallagher, Robinson und Fieldhouse[34] die *peripheren* Faktoren, d.h. Vorgänge in den von der europäischen Expansion selbst betroffenen Territorien und Staaten, besonders hervorgehoben worden.

In der Tat sind Richtung, Zeitpunkte und Geschwindigkeit der territorialen Expansionsprozesse in den überseeischen Regionen, insbesondere die Errichtung formeller Kolonialherrschaft, in wesentlichem Maße von den Ereignissen in den jeweiligen Regionen und Territorien selbst, und nicht von spezifischen Entwicklungen in den imperialistischen Metropolen als solchen, bestimmt worden. Die Ablösung der älteren Formen mehr oder minder informeller Herrschaft, oder formeller Herrschaft mit einem Mindestmaß von effektiver Machtausübung, wie es für die Zeit des Frühimperialismus nahezu überall typisch war, durch moderne territoriale Kolonialverwaltungen ist in der großen Mehrzahl der Fälle durch den teilweisen oder völligen Zusammenbruch der älteren kooperationswilligen einheimischen Herrschaftsstrukturen in Gang gebracht worden, gleichviel, ob es sich dabei um relativ hochentwickelte Herrschaftssysteme, wie beispielsweise in Tunesien und Ägypten, oder um bloße Stammesherrschaften gehandelt

33 M. Weber, Gesammelte politische Schriften, S. 521.

34 Robinson, Gallagher und Denny, Africa, insb. S. 462ff.; Fieldhouse, Economics and Empire, insb. S. 76ff.; Explizit bei R. Robinson, Non-European Foundations of European Imperialism. Sketch for a theory of collaboration, in: R. Owen und B. Sutcliffe, Hg., Studies in the Theory of Imperialism, London 1972, S. 118: «Any new theory [of Imperialism] must recognise that imperialism was as much a function of its victims' collaboration or non-collaboration – of their indigenous politics, as it was of European expansion».

hat. In vielen Fällen waren es nationalistische Protestbewegungen oder gar Aufstände von Teilen der einheimischen Bevölkerung gegen die Kollaborationsregime, in anderen Fällen der indirekte Einfluß der europäischen Zivilisation – z. B. der Erwerb westlicher Waffen, oder auch moralische Korruption, wie sie zuweilen durch die den Eingeborenen unbekannten Alkoholika gesteigert wurde – die dem Zusammenbruch der indigenen Herrschaftsstrukturen herbeiführten und damit ein relatives Machtvakuum entstehen ließen, das die europäischen Invasoren gleichsam automatisch aufzufüllen sich veranlaßt sahen.

Hinzu kam der Faktor der sog. «turbulent frontier», d.h. beständiger Konflikte mit der indigen Bevölkerung an den Grenzen des jeweiligen Territoriums, die zu militärischen «Strafaktionen» und in deren Vollzug häufig zur Ausweitung des Territoriums Anlaß gaben. Mit bemerkenswerter Offenheit hat der russische Außenminister Gortschakov schon 1864 einmal auf den Mechanismus der sich gleichsam von selbst fortzeugenden territorialen Expansion hingewiesen, der durch solche Grenzkonflikte fortwährend initiiert wurde, wenn er im Hinblick auf die russische Landnahme in Zentralasien bemerkte: «Anfänglich müssen Überfälle und Plünderungsakte unterdrückt werden. Um diese wirklich zu unterbinden, sieht man sich regelmäßig gezwungen, die betreffenden Völkerschaften mehr oder minder vollständig zu unterwerfen ...»[35]. Dies gilt ebenso für die territorialen Expansionsprozesse auf dem afrikanischen und dem asiatischen Kontinent.

Die mit der Tendenz zu zunehmender Ausweitung der jeweiligen kolonialen Territorien einhergehende Notwendigkeit, zu Formen direkter Herrschaft überzugehen, statt wie bisher sich auf eine extensive Machtausübung unter Benutzung und teilweiser Zusammenarbeit mit den indigenen Herrschaftsgebilden zu beschränken, war jedoch keinesfalls immer ökonomisch vorteilhaft. Im Gegenteil, die Etablierung formeller Kolonialherrschaft wurde von den unmittelbaren Interessenten vielfach nur ungern gesehen oder gar bekämpft, wie etwa in Westafrika. Als beispielsweise die «Royal Company» 1885 im Schutze des britischen Protektorats daran ging, Nigeria mit einem direkten Verwaltungssystem unter Ausschaltung der Stammeshäuptlinge zu überziehen, hagelte es Proteste der Interessenten in Liverpool, die ihre Handelsbeziehungen, die auf der Beteiligung von afrikanischen «middle men» beruhten, dadurch gefährdet sahen.

35 F. Kazemzadeh, Russian and Britain in Persia 1864–1914. A Study in Imperialism, New Haven 1968, S. 8.

Eine besonders große Rolle spielten periphere Faktoren in den Teilstaaten des Osmanischen Reiches. Hier wie auch in anderen Fällen hatten sich die einheimischen Herrscher bemüht, ihre Machtstellung durch eine Modernisierung des Landes, vornehmlich aber ihrer Armeen, zu steigern, und zwar mithilfe europäischen Kapitals, auch wenn dann im Effekt die große Mehrheit der Gelder für tägliche Bedürfnisse verschleudert wurden. Dies gilt insbesondere für Ägypten, Tunesien und für das Kernland des Osmanischen Reiches, die Türkei. Der Khedive Ismail hatte schon seit den 20er Jahren des 19. Jahrhunderts große Anstrengungen unternommen, um mithilfe von europäischem Kapital das Verkehrssystem Ägyptens auszubauern und durch Bau von Fabriken und Gewährung von Konzessionen an Europäer die Anfänge einer industriellen Entwicklung zu legen, ein Versuch, der insbesondere infolge der unglücklichen finanziellen Verstrickung des Landes in den gigantische Summen verschlingenden Bau des Suezkanals fehlgeschlagen war. Hier ebenso wie in Tunesien, und auch in der Türkei selbst, endeten die Versuche der noch weitgehend feudalistischen Kollaborationsregime, in Zusammenarbeit mit dem europäischen Finanzkapital einen Modernisierungsprozeß in Gang zu bringen, in einer gigantischen Verschuldung, was angesichts der ruinösen Konditionen, die die beteiligten Internationalen Banken durchsetzten, nicht erstaunlich war. Die «concession hunters» fanden hier, zumal dank der privilegierten Stellung der Europäer, ein äußerst profitables Feld vor. In allen drei Fällen kam es schließlich zum Zusammenbruch der Schuldentürme; der jeweilige totale Staatsbankrott konnte nur durch die Errichtung einer internationalen Finanzkontrolle durch Vertreter der europäischen Gläubiger abgewendet werden. Letztere stellten faktisch eine Art von finanzimperialistischer Nebenregierung dar, da sie große Teile des Steueraufkommens der betreffenden Staaten in eigener Regie verwalteten und indirekt die Staatsfinanzen weitgehend kontrollierten. In einzelnen Fällen betrieben die Schuldenverwaltungen, so insbesondere die Administration de la Dette Publique Ottomane, die 1879 auf den sanften, aber unmißverständlichen Druck des Berliner Kongresses hin geschaffen wurde, sogar Entwicklungspolitik, allerdings einseitig im Interesse der Gläubiger, um das Steueraufkommen des Landes zu steigern. Die einheimischen Widerstände gegen ein derartiges System eines informellen Finanzimperialismus[36], zwangen die europäischen Mächte dann nicht

36 W. J. Mommsen, Europäischer Finanzimperialismus vor 1914, in diesem Band S. 124 ff.

selten, ihrerseits für die Einsetzung von bzw. die Machterhaltung der europäisch gesteuerten Kollaborationsregime Sorge zu tragen; dadurch aber wurden die überkommenen Herrschaftsverhältnisse entscheidend gestört[37]. Sowohl in Tunesien wie in Ägypten führte der Zusammenbruch dieser, durch die Einwirkungen europäischen informellen Imperialismus unterminierten Herrschaftssysteme, Anfang der 80er Jahre zur Intervention und zur Einrichtung von mehr oder minder formeller imperialistischer Herrschaft. Nur die Türkei entging diesem Schicksal. Dafür wurde hier die Caisse de la Dette Publique Ottomane zu einer «Drehscheibe aller osmanisch-europäischen Finanzgeschäfte»[38] und zu einem entscheidenden Stützpunkt informeller imperialistischer Penetration des Osmanischen Reiches. Auch Marokko gelang es zunächst, gegenüber den Bestrebungen des europäischen Imperialismus, die eigene Staatlichkeit einigermaßen zu behaupten, allerdings nur um den Preis der Konzedierung von wesentlichen Vorrechten bzw. Konzessionen an die europäischen Interessenten, und deren Beauftragte. Als dann 1910 das Puppenregiment des Sultans von Marokko ins Wanken geriet, weil eine einheimische Aufstandsbewegung gegen ihn ausbrach, war die militärische Intervention Frankreichs zwecks Machterhaltung dieses Potentaten, an dessen Person so zahlreiche Konzessionen und Privilegien hingen, der erste Schritt hin zu Verlust der Unabhängigkeit des Landes.

Obwohl sich diese Varianten eines informellen oder mit extensiven Methoden operierenden Imperialismus meist darauf beschränkten, der wirtschaftlichen Aktivität der Angehörigen der eigenen Nation möglichst ungehindert Bahn zu verschaffen sowie Garantien gegen ein Eingreifen konkurrierender Mächte zu erlangen, waren die langfristigen Auswirkungen für die eingeborene Bevölkerung gleichwohl höchst bedenklich; denn es lag durchweg im Interesse der Mächte ebenso wie der Repräsentanten der europäischen Interessen innerhalb des jeweiligen Landes, die überkommenen, oft höchst archaischen und in der Regel feudalistischen Gesellschaftsstrukturen zu konservieren, weil daran ja ein Syndrom von Vorrechten, Konzessionen und Privilegien geknüpft war.

37 A. Schölch, Ägypten den Ägyptern. Die politische und gesellschaftliche Krise der Jahre 1878–1882 in Ägypten, Zürich 1973, S. 53ff.

38 A. Schölch, Wirtschaftliche Durchdringung und politische Kontrolle durch die europäischen Mächte im Osmanischen Reich (Konstantinopel, Kairo, Tunis), in: Geschichte und Gesellschaft, Jg. 1, 1975, S. 436.

Demgegenüber war der Übergang zu direkter Kolonialherrschaft für die betroffene Bevölkerung unter Umständen sogar vorteilhafter, waren doch die Kolonialverwaltungen im Interesse ihrer eigenen Machterhaltung vielfach daran interessiert, wenigstens die gröbsten Mißstände zu beseitigen und dergestalt ein Minimum an Kooperationswilligkeit der Bevölkerung zu bewirken. Dennoch ist die akute Gefährdung indigener Kollaborationsregime beziehungsweise deren Zusammenbruch als Folge innerer Rebellionen – oder aber zersetzender Einflüsse von dritter Seite – sehr häufig der Anlaß gewesen, der den Prozeß der Etablierung und Ausweitung territorialer Kolonialherrschaft erst in Gang gesetzt hat. Dies ist, in Verbindung mit dem Faktor der «turbulent frontier», typisch für den Übergang zum Hochimperialismus, obwohl sich natürlich auch während dieser Periode informelle Imperialismen in vielfältigen Varianten, insbesondere handelspolitischer und finanzimperialistischer Art, behauptet haben. Deshalb ist es übrigens auch unangebracht, zwischen den territorialen Expansionsprozessen und den ökonomischen Wachstumsprozessen innerhalb der Industriegesellschaften mit ihren periodischen Schwankungen selbst eine direkte Korrelation anzunehmen, wie dies viele Theorien des Imperialismus tun.

Gleichwohl ist unbestreitbar, daß die Industrialisierung – die Industriestaaten hatten in der Zeit des Hochimperialismus in ihrer großen Mehrzahl (Großbritannien war darin schon um 1850 vorangegangen) die Schwelle zum Stadium der Reife (im Sinne der Theorie W.W. Rostows) überschritten und teilweise bereits monopolkapitalistische Strukturen ausgebildet – den säkularen Prozeß der imperialistischen Expansion aufs Äußerste beschleunigt hat. Zunächst vergrößerte sich dadurch der technologische Vorsprung gegenüber den unentwickelten Gesellschaften derart, daß hinfort bereits marginale militärische Kräfte dazu imstande waren, indigene Herrschaftssysteme zu zertrümmern und gewaltige Territorien zu annektieren. Zum anderen wurde die wirtschaftliche Überlegenheit des Westens gegenüber den traditionalen Gesellschaften der unentwickelten Welt, auch wenn sich diese formal ihre politische Selbständigkeit zu erhalten vermochten, so groß, daß sie sich einer wirtschaftlichen Penetration mit informellen Mitteln selbst dann nicht mehr zu entziehen vermochten, wenn diese nicht – wie häufig – von flankierenden politischen Maßnahmen begleitet wurde. Im übrigen muß davon ausgegangen werden, daß die Ausdehnung des westlichen Systems über den Erdball, gleichviel ob sich diese in formellen oder informellen Formen vollzog, ihrerseits den Prozeß der Ausbildung eines multinationalen Wirtschaftssystems wesentlich erleichtert[39] und damit die Geschwindigkeit des Wirtschaftswachstums zumindest indirekt erheblich beschleunigt hat, ungeachtet der Tatsache, daß die direkte wirtschaftliche Bedeutung der kolonialen Territorien – von wenigen Ausnahmen wie Indien abgesehen – zunächst meist marginal war.

Die Auslandsinvestitionen Großbritanniens, Frankreichs, des Deutschen Reiches und der USA 1870–1914[a]

	Großbritannien	Frankreich	Deutsches Reich	USA[b]
1870	692,3 Mill. L	13,5 Mld. frs.	–	–
1880	1189,4	14,8 (1881)	7,172 Mrd. Mk.	–
1890	1935,1	(17,0)[c]	11,044	–
1900	2396,9	26,65 (1897)	14,925	–
1913	3989,6	50,4	20,0	3,5 Mrd.

[a] nach Imlah, 1958, S. 73ff; Cameron, 1961, S. 79; Hoffmann, 1965, S. 262.
[b] für die USA nur Zahlen für 1913/14 erhältlich nach Hardach, 1973, 13.
[c] Geschätzt in Anlehnung an Michelet, 1968, S. 142.

Das Ausmaß dieses Prozesses läßt sich an der Zunahme des Umfangs des Außenhandels der Industriestaaten seit 1870 annähernd ablesen, ohne daß allerdings der direkte Anteil des Handels mit abhängigen Territorien dabei genau bestimmbar wäre, da uns stets nur Zahlen über den Außenhandel der einzelnen Staaten mit ihren eigenen Kolonien, nicht mit den unentwickelten Territorien überhaupt, zur Verfügung stehen. Zwischen 1880 und 1910 stieg der Außenhandel Großbritanniens von 643,2 Mill. £, derjenige Frankreichs – umgerechnet auf £ Sterling – von 356,8 Mill. £ auf 560,9 Mill., derjenige des Deutschen Reiches von 280,8 Mill. £ auf 802,8 Mill., derjenige der USA von 306,4 Mill. auf 671,0 Mill. Dies entspricht, wenn man alle vier Staaten zusammennimmt, ziemlich exakt einer Steigerung um 100%. Dabei wird man zusätzlich in Rechnung stellen müssen, daß während der sog. «Great Depression» von 1873 bis 1894 eine stark sinkende Preistendenz bestand, sodaß das Warenvolumen des Außenhandels insgesamt noch um einiges, nach grober Schätzung ca. 20%, höher gelegen haben dürfte. Dies sind stattliche Zahlen, die man im Auge behalten muß, auch wenn davon nur ein vergleichsweise geringer Bruch-

39 S.B. Saul, Studies in British Overseas Trade 1870–1914, Liverpool 1960, S. 122f., S. 221.

teil auf den Handel mit abhängigen Territorien im engeren Sinne entfallen sein dürfte.

Vergleichsweise konkretere Aussagen lassen sich hinsichtlich der Entwicklung der Auslandsinvestitionen der führenden Industriestaaten – in der Periode des Hochimperialismus waren vor allem Frankreich und Großbritannien die Bankers der übrigen Welt – machen, obgleich hier nur geschätzte, im einzelnen schwerlich zuverlässige Daten verfügbar sind. Träger des internationalen Finanzgeschäfts und Vermittler internationaler Anleihen waren vor allen die sog. Internationalen Banken, allen voran eine Reihe von auf internationale Geschäfte spezialisierte Privatbanken mit dem Bankhaus Rothschild an der Spitze, dann aber auch neubegründete Depositenbanken wie der Crédit Lyonnais, und späterhin schließlich Universalbanken wie die Deutsche Bank[40]. Die Auslandsinvestitionen Großbritanniens, Frankreichs, des Deutschen Reiches und der USA, welche freilich bis 1914 gleichzeitig noch Gläubigerland gegenüber Europa in Höhe von 688 Mill.$ blieben, stiegen, wie die nebenstehende Tabelle zeigt, in dieser Periode in außerordentlichem Maße.

Die Erträge der britischen Außeninvestitionen machten schließlich nahezu 10% des Nationaleinkommens[41], diejenigen Frankreichs 1911 ca. 5–6% des Nationaleinkommens aus, trugen also zum Wohlstand beider Länder in signifikantem Maße bei. Die dramatische Zunahme der Auslandsinvestitionen besonders seit 1898 haben schon die Zeitgenossen in Verbindung mit der imperialistischen Expansion gebracht, als erster wohl C. A. Conant[42] und ihm folgend John Atkinson Hobson in seinem epochemachenden Werk «Imperialism. A. Study»[43]. Allerdings zeigt eine Analyse der regionalen bzw. der geographischen Verteilung der Auslandsinvestitionen, daß diese nur zu einem Bruchteil in unentwickelte Territorien und die geringsten Teile in tropische Kolonien – im Unterschied zu Siedlungskolonien von höherem Reifegrad wie Kanada oder Australien – geflossen sind. Von den britischen Außeninvestitionen ging, bei geringfügigen Schwankungen, fast

40 Für eine eindrucksvolle Schilderung des französischen Privatbankwesens, das mit überseeischen Geschäften vornehmlich befaßt war, siehe, D.S. Landes, Bankers and Pashas. International Finance and Economic Imperialism in Egypt, New York 1969[2].

41 A.K. Cairncross, Home and Foreign Investment 1870–1913, London 1953, S. 3.

42 Vgl. W.J. Mommsen, Nationale und ökonomische Faktoren im britischen Imperialismus, in diesem Band S. 24f.

43 J.A. Hobson, Imperialism. A study, London 1938[3].

durchweg nur ein Drittel bis zur Hälfte in Territorien des Empire; der Anteil der während der Zeit des Hochimperialismus hinzugewonnenen Territorien war dabei vergleichsweise gering[44]. Noch drastischer ist dies so im Falle Frankreichs; die Hauptzonen des Engagements französischen Kapitals lagen in Osteuropa, speziell in Rußland, auf dem amerikanischen Kontinent und im Nahen Osten[45], während die Investitionen in den französischen Kolonien im gesamten Zeitraum von 1882–1914 durchschnittlich 11% der gesamten Außeninvestitionen, bei fallender Tendenz, betragen haben, wobei Algerien als Siedlungskolonie den Löwenanteil auf sich zog. Auch das Deutsche Reich hatte nur einen verschwindenden Bruchteil der eigenen Außeninvestitionen in seinen Kolonien investiert, im Stichjahr 1914 ganze 2,1%, während die große Masse der Investitionen in Europa (37,8%), Nordamerika (15,7%) und Lateinamerika (16,2%) placiert war; nur im Osmanischen Reich beobachteten wir eine gewisse Konzentration deutschen Außenkapitals, und auch dies erst seit den 90er Jahren. Insgesamt sprechen weder die Handelsstatistiken noch die Statistiken über Kapitalexporte dafür, daß es eine direkte Korrelation zwischen wirtschaftlicher und territorialer Expansion gegeben hat. Im Gegenteil, beide Formen des Imperialismus, Finanzimperialismus und politisch-territorialer Imperialismus, laufen zwar vielfach miteinander verschränkt, aber doch im wesentlichen eigenständig nebeneinander her; mit tendentiell verschiedenen Zielsetzungen[46]. Der Kapitalexport bevorzugte eindeutig die bereits industriell entwickelten Staaten Europas und Nordamerikas, und ferner Regionen mit relativer politischer Selbständigkeit, wie insbesondere Südamerika und in zweiter Linie die Länder des Nahen Ostens, daneben die schon zu wirtschaftlicher Reife gediehenen weißen Siedlungskolonien, während das Interesse an einem finanziellen Engagement in unentwickelten kolonialen Territorien jüngeren Datums vergleichsweise gering, zuweilen sogar sehr gering war. Die offiziöse deutsche Mittelafrikapolitik erschien der Schwerindustrie gleichbedeutend mit der Schaffung von «Kolonialrei-

44 M. Simon, The Pattern of New British Portfolio Foreign Investment 1865–1914, in: A.R. Hall, Hg., The Export of Capital from Britain, London 1968, S. 28ff.

45 R.E. Cameron, France and the Economic Development of Europe 1800–1914, Princeton 1961, S. 486; J. Ducruet, Les Capitaux Européens au Proche Orient, Paris 1964, S. 13f.; J. Thobie, Intérets et impérialisme français dans l'Empire Ottoman 1895–1914, Paris 1977.

46 Vgl. W.J. Mommsen, Finanzimperialismus, in diesem Band S. 127f.

chen, die auf dem Mond liegen»[47]; und die deutschen Großbanken waren vielfach nur auf Druck der Politik und auch dann nur gegen entsprechende staatliche Garantien bereit, sich in solchen Zonen in größerem Umfang zu engagieren. Die enormen französischen Investitionen im zaristischen Rußland stellen dabei einen interessanten Sonderfall dar, der die Frage aufwirft, ob es sich hier um eine Variante von informellen Imperialismus oder nur um allerdings zumeist recht einträgliche «Entwicklungshilfe» gehandelt habe, da ja die politische Handlungsfähigkeit Rußlands und deren Souveränität kaum Beeinträchtigungen erfahren haben, vielmehr Rußland allererst dazu instand gesetzt wurde, mit französischer Kapitalhilfe seinerseits informellen und zeitweilig auch formellen Imperialismus im Fernen Osten zu betreiben[48].

Auch die Struktur der Außeninvestitionen der europäischen Industriestaaten spricht gegen die Annahme einer durchgängigen Korrelation zwischen territorialer Expansion und dem Bedürfnis, der Wirtschaft der Metropolen neue Absatzgebiete oder produktive Investitionsfelder zu erschließen. Der weitaus größte Teil der Außeninvestitionen wurde in Form von Staatsanleihen oder Kommunalobligationen getätigt; daneben spielten Eisenbahnobligationen bis zum Ende der Periode eine äußerst wichtige Rolle, während der Anteil der produktiven Investitionen in Bergbau und Industrie vergleichsweise gering gewesen ist, insbesondere in den abhängigen Territorien im engeren Sinne. Von einer durchgängigen Verbindung zwischen Finanz- und Industriekapital, wie sie von vielen marxistischen Autoren in der Nachfolge Rudolf Hilfferdings angenommen worden ist, kann daher insgesamt nicht die Rede sein. Dies wirkte sich übrigens zu Ungunsten der unterentwickelten Regionen aus; der weitaus größere Teil des in überseeischen Regionen investierten Kapitals war spekulativer Natur und wurde nur zu einem Bruchteil für produktive Investitionen verwendet; d.h. er hatte parasitären und nicht entwicklungspolitischen Charakter. Zudem wurde der Kapitalexport, insbesondere seit der

47 F. Fischer, Der Krieg der Illusionen. Die deutsche Politik 1911–1914, Düsseldorf 1969, S. 379.

48 R. Girault, Emprunts russes et investissements français en Russie 1887–1914, Paris 1973, S. 371ff.; B.A. Romanov, Russia in Manchuria 1892–1906. Essays on the history of the foreign policy of tsarist Russia in the epoch of imperialism, transl. G.W. Jones, Ann Arbor, Mich. 1952, S. 323ff.; siehe auch D. Geyer, Der russische Imperialismus. Studien über den Zusammenhang von innerer und auswärtiger Politik 1860–1914, Göttingen 1977.

Jahrhundertwende, als Vehikel politischer Einflußnahme benutzt und dadurch vielfach in Richtungen gelenkt, die für eine effektive Modernisierung der betroffenen Länder bedeutungslos war, wie z.B. die Finanzierung von Rüstungen oder von strategischen Eisenbahnbauten. Gerade der amerikanischen Imperialismus setzte seit 1900 erneut auf den Einsatz informeller Methoden; durch die sog. «Dollar-Diplomatie» sollte insbesondere Südamerika zu einer vorzugsweisen ökonomischen und politischen Einflußzone der Vereinigten Staaten gemacht werden.

Gleichwohl haben die finanzimperialistischen Prozesse, wie schon dargelegt wurde, in vielen Fällen der Etablierung politischer Herrschaft den Weg gebahnt; insofern stellen sie einen Faktor von außerordentlicher Bedeutung innerhalb des imperialistischen Gesamtprozesses dar. Doch wird man nicht ohne weiteres sagen können, daß die Kapitalinvestitionen in Übersee für die Entwicklung des Kapitalismus in den Industriestaaten selbst gleichsam unentbehrlich gewesen sei, wie die große Mehrzahl der marxistischen Autoren auch heute noch anzunehmen geneigt ist, unter Berufung auf das «Gesetz vom tendentiellen Fall der Profitrate». Kapitalüberfluß ist, entgegen einer jüngst von Bouvier[49] wieder vorgetragenen Ansicht, kaum als entscheidendes Antriebsmoment für imperialistische Prozesse anzusehen, auch wenn dies in einzelnen Phasen der Entwicklung eine Rolle gespielt hat; beispielsweise drängte nach dem Ende des Eisenbahnbooms in Europa und den USA 1873 freigewordenes Kapital in großem Umfang in Eisenbahnprojekte in den unentwickelten Regionen des Erdballs. Viel eher wird man davon ausgehen müssen, daß es sich im ganzen um spekulatives Kapital gehandelt hat; die Renditen waren – oder schienen zumindest – in überseeischen Territorien weit höher als in den Binnenmärkten der Industriestaaten selbst. So wurden nicht nur große Kapitaleigner, sondern insbesondere kleine Anleger dazu getrieben, in solchen Werten zu investieren, oft, ohne – im Unterschied zu den emittierenden Banken – am Ende auf ihre Kosten zu kommen. Feis beispielsweise urteilt, daß im Falle Frankreichs «up to the middle nineties the proceeds of the foreign lending were eaten up by the losses»[50].

Dagegen haben die Außeninvestitionen, zumal sie mittelfristig einen entsprechenden Handelsaustausch initiierten, dazu beigetragen, die Wachstumskrisen des westlichen kapitalistischen Systems zu mil-

49 J. Bouvier, L'impérialisme francais d'avant 1914, Menton 1976.
50 H. Feis, Europe, the World's Banker, New York 1965², S. 47.

dern. Insgesamt läßt sich die Frage «Did Imperialism pay?» nicht ohne weiteres bejahen. Formeller Imperialismus war, vom gesamtvolkswirtschaftlichen Standpunkt aus gesehen, in aller Regel unrentabel, informeller Imperialismus, trotz unvergleichlich höherer Risiken, hingegen im großen und ganzen profitabel, obgleich erhebliche Teile des investierte Kapitals verloren gingen. Dagegen hat sich Imperialismus für die primär beteiligten Interessenten, z.B. die Banken oder die Konzessionsjäger, oder aber bestimmte industrielle Branchen, im englischen Fall etwa der Textilindustrie und bestimmten Sektoren der Eisen- und Stahlhindustrie, ebenso wie für bestimmte Handelsinteressen, zumal wenn diese monopolistische Konzessionen ausnutzen konnten, fraglos ausgezahlt. Ob Imperialismus jedoch primär von kapitalistischen Interessengruppen initiiert und auf dem Umweg über die politischen Herrschaftsapparate realisiert worden ist oder umgekehrt, muß nach neueren Forschungen als offene Frage gelten. In jedem Falle wird man davon auszugehen haben, daß in der Regel ökonomische Zukunftserwartungen, wie sie in breiteren Kreisen namentlich der bürgerlichen Schichten gehegt wurden, eine weit größere Rolle gespielt haben als alle konkret festzumachenden ökonomischen Interessen, obgleich es an solchen ganz gewiß nicht gefehlt hat. Die allgemeine Überzeugung, das der Kapitalismus für sein weiteres Wachstum neuer jungfräulicher Investitionsgebiete und neuer Absatzmärkte bedürfe, hat den Boden dafür bereitet, daß sich eine nationalistische Mentalität des «territorial grab» immer breiterer Bevölkerungsgruppen bemächtigte.

Die territorialen Expansionsprozesse selbst sind vielmehr stets auf das Zusammenwirken von endogenen und peripheren Faktoren zurückzuführen. Der «official mind» insbesondere des britischen Imperialismus war eher auf die Stabilität und Verteidigung des Empire, als auf dessen weiteren Ausbau, beispielsweise aus wirtschaftlichen Gründen, ausgerichtet[51], und auch in der großen Mehrzahl der anderen Industriestaaten finden wir nur wenige Staatsmänner, die sich uneingeschränkt den imperialistischen Doktrinen des Tages verschrieben. Dagegen kommt dem Zusammenspiel von «strategischen Cliquen» in den Metropolen, die aus speziellen Gründen an territorialer Ausdehnung interessiert waren, gleichviel ob diese ökonomischer, sozialdefensiver oder kulturimperialistischer Natur waren, mit dem «Subimperialismus»[52] der weißen Siedler, Militärs und Diplomaten an

51 Robinson, Gallagher und Denny, Africa, S. 464ff.

52 D.K. Fieldhouse, Economics and Empire, S. 80f.

der Peripherie entscheidende Bedeutung zu. Das jahrzehntelange zielstrebige Vordringen der Kap-Kolonie und der «South African Company» Cecil Rhodes' nach Süden, die ihrerseits den sog. Burentreck in den Transvaal auslöste, ungeachtet der beständigen Versuche der Regierung in London, diesen Bestrebungen Zügel anzulegen, ist dafür ein bezeichnendes Beispiel. Nicht selten war territoriale Expansion primär das Resultat eines «militärischen Imperialismus», besonders im Falle Frankreichs[53]. Indochina galt den Zeitgenossen nicht ohne Grund als eine Kolonie «des amiraux», war hier doch die französische Marine das eigentlich aggressive Element, in Verbindung mit einigen, niemals fehlenden Interessengruppen, die das allgemeine Augenmerk auf die großen wirtschaftlichen Möglichkeiten des Landes, unter anderem große Kohlevorkommen, lenkten[54]. Die magische Hoffnung, dergestalt einen Zugang zu dem europäischen Handel noch weitgehend unzugänglichen China zu eröffnen, spielte dabei eine beflügelnde Rolle. Auch der westliche Sudan ist wesentlich infolge beständiger, meist eigenmächtiger Aktionen des französichen kolonialen Militarismus erobert und stufenweise unterworfen worden.

Dies war freilich nur möglich, weil sich vor allem unter den Führungsschichten, dann aber in zunehmendem Maße auch den Mittelschichten der europäischen Mächte, eine ausgesprochen imperialistische Grundstimmung ausbreitete. Dabei spielte neben wirtschaftlichen Interessen und Erwartungen traditioneller Nationalismus ebenso eine Rolle wie das aufkommende rassistische und sozialdarwinistische Denken, welches die Geschichte als Konkurrenzkampf der Völker ums Überleben uminterpretierte und zudem von der essentiellen Überlegenheit der «weißen Rasse» fest überzeugt war[55]. Die Anfälligkeit der öffentlichen Meinung für solche Auffassungen, wie sie beispielsweise in einer noch relativ milden Spielart bei Seeley und Dilke, in einer nahezu präfaschistischen Variante bei Karl Peters, oder in Form eines religiös legitimierten Sendungsbewußtseins bei Amerikanern wie Josiah Strong oder John Fiske auftrat und dann in freilich ab-

53 Vgl. S. Kanya-Forstner, The Conquest of the Western Sudan: A Study in French Military Imperialism, Cambridge 1969, S. 263ff.

54 D. Brötel, Französischer Imperialismus in Vietnam. Die koloniale Expansion und Errichtung des Protektorats Annam-Tongking 1880–1885, Zürich, Freiburg 1971, S. 263ff.

55 B. Semmel, Imperialism and Social Reform. English Social Imperialist Thought 1895–1914, London 1960, S. 23ff.; H. W. Koch, Der Sozialdarwinismus. Seine Genese und sein Einfluß auf das imperialistische Denken, München 1973, S. 87ff.

geschliffener Form zum festen Bestandteil des politischen Bewußtseins der Führungsschichten wurde, hängt eng mit den Auswirkungen des säkularen Modernisierungsprozesses auf das soziale Gefüge der Industriegesellschaften zusammen. Traditionelle Werthaltungen und Verhaltensmuster wurden erschüttert und dergestalt eine Disposition geschaffen, sich subsidiären ideologischen Mustern der Selbstidentifikation zu verschreiben. Steigende soziale Mobilität wurde erkauft mit der ökonomischen und sozialen, und sekundär der ideologischen Verunsicherung breiter Schichten. Die besonders auffällige Bereitschaft des Kleinbürgertums und eines Teils der Intellektuellen, sich diesen neuen Idealen zu verschreiben – der Anteil der unteren Mittelschicht und der Intellektuellen an den imperialistischen Verbänden war, obwohl die Eliten in der Regel die Führungspositionen zu besetzen wußten, auffallend groß –, muß aus diesen Zusammenhängen erklärt werden[56].

Daneben trat auf seiten der Führungsschichten die Versuchung, imperialistische Politik als eine Art von Strategie zur Stabilisierung der bestehenden gesellschaftlichen Ordnung und damit auch ihrer überkommenen Vorrangstellung in Staat und Gesellschaft auszunutzen. Insbesondere Wehler und Berghahn haben auf die Bedeutung dieser «sozialimperialistischen Strategien» für die Ausbildung eines «ideologischen Konsensus» hinsichtlich der Notwendigkeit imperialistischer Expansion hingewiesen[57]. Entwickelt am Beispiel des Bismarckschen Imperialismus, scheint dieses Interpretationsmuster freilich weit besser auf die deutsche «Weltpolitik» der Zeit Bülows zu passen als auf die 80er Jahre. Unzweifelhaft spielten derartige, auf die Stabilisierung der Vorrangstellung überkommener Eliten und die Abwehr demokratischer und speziell sozialdemokratischer Tendenzen abgestellter manipulativer Strategien auch in anderen Fällen eine außerordentlich bedeutsame Rolle; so wird man beispielsweise den «New Imperialism» in Großbritannien seit der Mitte der 80er Jahre des 19. Jahrhunderts, wenn auch nur mit Einschränkungen[58], als eine politische Stra-

56 Vgl. auch H.-U. Wehler, Das deutsche Kaiserreich 1871–1918, Göttingen 1977[3], S. 179ff.

57 H.-U. Wehler, Bismarck und der Imperialismus, Köln 1969, S. 112ff.; ders., Das deutsche Kaiserreich 1871–1918, S. 172ff. Dazu W.J. Mommsen, Domestic Factors in German Foreign Policy before 1914, in: Central European History, Bd. 2, 1969, S. 366ff.

58 K. Rohe, Ursachen und Bedingungen des modernen britischen Imperialismus vor 1914, in: W.J. Mommsen, Hg., Der moderne Imperialismus, S. 71ff.

tegie interpretieren können, die der Machtbehauptung der Conservative Party und ihres unionistischen Partners galt; am deutlichsten kam dies zutage in der hektischen Agitation gegen den in imperialen Fragen unzuverlässigen Liberalismus im Jahrzehnt vor und dann während des Burenkrieges, die ja zunächst überaus erfolgreich war.

Andererseits wird man nicht übersehen dürfen, daß Imperialismus ebenso gut als Emanzipationsstrategie der Mittelschichten gegenüber anachronistischer aristokratischer Vorherrschaft verwendbar war, unter gleichzeitiger Abgrenzung gegenüber der Arbeiterschaft, soweit diese sich nicht ebenfalls vor den imperialistischen Wagen spannen ließ. Sowohl die «liberalen Imperialisten»[59] im Deutschen Reich wie auch Männer von Schlage Lord Roseberys in Großbritannien dachten in solchen Begriffen; und auch der Imperialismus der russischen Kadettenpartei, die sich ja innenpolitisch in einer schroffen Frontstellung gegenüber der zaristischen Autokratie bewegte, gehört in diese Richtung hinein. Eine gewisse Sonderstellung nimmt hingegen der «proletarische Imperialismus» ein, wie er sich seit der Jahrhundertwende insbesondere in Italien ausbildete und schließlich der Annexion Lybiens 1912 zur ideologischen Rechtfertigung diente, nämlich die Vorstellung, durch Begründung von Siedlungskolonien sowohl die brennende soziale Frage, d.h. den Druck der überschüssigen Proletarierbevölkerung auf die italienische Gesellschaft, einer Lösung zuzuführen, als auch dem ständigen Verlust an Volkskraft durch Auswanderung von Italienern nach den USA Einhalt zu gebieten. Eine ausgesprochene aggressive, zugleich eine spezifisch irrationalistische Wendung erhielt diese Idee besonders in den Kreisen des radikalen Nationalismus. So verkündete beispielsweise Mario Morasso imperialistische Aktion als das Programm eines neuartigen heroischen Nationalismus: «E d'altro canto la vastità, la violencca, la furia con cui all'interno della società le classi lavoratrici vengono organizzate in correnti di forza ed eccitate ad aspirare al dominio, obbligano ad una difesa altretanto energica, rinovando cose tutte le fierezze e le violence delle lotte antiche, restituendo al corraggio, alla forza, alla valencia individuale quel primato che i filosofi e i politici della democrazia avevano ... tentato de abolire, mentre il premere presso taluni popoli, chiusi e immobili nei bro confini, sempre più minaccioso e intollerabile della questione cosi detta sociale ... ne ha fatto cercare la sola soluzione

59 L. Dehio, Deutschland und die Weltpolitik im 20Jahrhundert, Frankfurt 1961³, S. 72f.; W.J. Mommsen, Wandlungen der liberalen Idee im Zeitalter des Imperialismus, in diesem Band S. 182f.

possibile all'estero, divergendo le masse fuori dei confini ... e apprestando loro sfoghi opportuni alla azione e nuovi domini a cui aspirano le loro nuove energie»[60]. Enrico Corradini steigerte dieses Programm zur Botschaft eines neuen kollektivistischen Imperialismus nationalistischer Gebärde, der soziale Solidarität mit nationaler Größe zu verbinden versprach. Und er zögerte nicht, schon 1909 offen von der Notwendigkeit des Krieges zu reden: «... la lotta internazionale che in tempi ordinarii si chiama concorrenza, in tempi straordinarii si chiama guerra. Non quò una natione partecipare con risolutezza alla lotta internaionale senza, o presto, o tardi, dovere scegliere tra la pace e la guerra»[61]. Schon 1909, so sehen wir, wurden dergestalt die ideologischen Grundlagen für die Flutwelle eines irrationalen Nationalismus, gepaart mit imperialistischer Begehrlichkeit, gelegt, die Italien 1915 in den Ersten Weltkrieg hineintreiben sollte.

Dies gilt, wenngleich nicht immer in der protofaschistischen Zuspitzung, die der extreme italienische Nationalismus der imperialistischen Doktrin verlieh, auch für die große Mehrheit der öffentlichen Meinung Europas. Überall begegnen wir im letzten Jahrzehnt vor 1914 der Auffassung, daß man zur Durchsetzung der eigenen imperialistischen Ziele notfalls auch vor einem Krieg nicht zurückschrecken dürfe, und daß ein Krieg überdies eine Art von Gesundbrunnen für die in bürgerlichem Materialismus und sozialistischen Utopien befangenen Völker Europas sein würde. Auf dem Umweg über die Prozesse der ideologischen Meinungsbildung wurden dergestalt die Völker Europas dazu gebracht, sich auf die Möglichkeit eines allgemeinen Krieges einzustellen, ja diesen als Notwendigkeit, ja als Befreiung von Jahrzehnten faulen Friedens enthusiastisch zu begrüßen. Dies machte es den Regierungen leicht, im Juli 1914 die Schwelle zu kriegsauslösenden Schritten zu überschreiten und den Ersten Weltkrieg zu entfesseln, der zugleich Höhepunkt und Endpunkt der Periode des offenen Imperialismus werden sollte.

e) Rückläufiger Imperialismus zwischen den beiden Weltkriegen

Der Erste Weltkrieg setzt die ungeheueren imperialistischen Energien, die sich in den letzten Jahrzehnten vor 1914 im Schoße der euro-

60 M. Morasso, L'imperialismo nel secolo XX. La conquista del mondo, Milano 1905, S. 250.

61 E. Corradini, Discorsi Politici (1902–1923), Florenz 1925², S. 117.

päischen Mächte aufgestaut hatten, ungehemmt frei. Gleich nach Kriegsbeginn schwemmte eine Flutwelle imperialistischer Begehrlichkeiten alle Dämme staatsmännischer Vernunft hinweg, wie die Kriegszieldenkschriften und Kriegszielplanungen besonders in Deutschland[62], aber auch bei den anderen Mächten, zeigten. Unter dem Druck der veränderten Verhältnisse verlagerte sich die Stoßrichtung des deutschen Imperialismus auf den europäischen Kontinent; die Schaffung eines «mitteleuropäischen Wirtschaftsverbandes», verbunden mit offener Hegemonie über ganz Kontinentaleuropa und den gesamten Südosten unter Einschluß der Türkei, wurde nun zum Kern eines maßlosen imperialistischen Programms, das den endgültigen Durchbruch zur Weltmachtstellung bringen sollte[63]. Das zaristische Rußland hingegen sah seit 1915, nachdem die Türkei auf seiten der Mittelmächte in den Krieg eingetreten war, die Verwirklichung seines großen historischen Ziels, der Erwerbung Konstantinopels und der Meerengen, gekommen. Die Bestrebungen Großbritanniens und Frankreichs richteten sich hingegen auf die Aufteilung des Osmanischen Reiches in politische Interessenzonen, unter Erhaltung einer auf Anatolien beschränkten Resttürkei. Die letztgenannten Ziele nahmen im Sykes-Picot-Abkommen vom 16. Mai 1916 konkrete Formen an. Unter den Mächten zweiten Ranges war es vor allem Italien, das sich den Kriegseintritt auf Seiten der Alliierten mit beachtlichen imperialistischen Konzessionen bezahlen ließ. Daneben trat im Fernen Osten Japan mit großer Massivität auf; die Besetzung der deutschen Kolonien im Pazifik und auf dem chinesischen Kontinent nahm es zum Ansatzpunkt einer zielbewußten Expansionspolitik, die insbesondere auf die Kontrolle der südlichen Mandschurei, darüber hinaus aber auf die exklusive Beherrschung der chinesischen Märkte gerichtet war. Selbstverständlich strebten auch Großbritannien und Frankreich eine politische Neuordnung an, durch die das Deutsche Reich für immer aus der weltpolitischen Arena verbannt würde, und stritten nur noch über die Modalitäten der Aufteilung des deutschen Kolonialbesitzes in Afrika, eine Auseinandersetzung, in die sich erstmals auch die Dominions, in erster Linie Südafrika und Australien, nachdrücklich einschalteten.

Der Erste Weltkrieg brachte einerseits imperialistische Bestrebungen und Pläne von schlechthin gigantischem Ausmaß hervor, die sich

62 F. Fischer, Griff nach der Weltmacht. Die Kriegspolitik des kaiserlichen Deutschland 1914–1918, Düsseldorf 1964[3], S. 120ff.

63 Ebda., S. 19f.; ders., Krieg der Illusionen, S. 636ff.

zuweilen, wie die Zielplanungen der deutschen Obersten Heeresleitung 1918, den Weltherrschaftsplänen Napoleons I. annäherten. Andererseits löste er Entwicklungen aus, die auf lange Sicht das Ende eben des Imperialismus bringen sollten, der sich auf den Schlachtfeldern und mehr noch auf den Schreibtischen der Journalisten so sehr austobte. Sowohl Frankreich wie auch Großbritannien sahen sich gezwungen, für Zwecke der Kriegsführung in erheblichem Maße auf die Ressourcen und auf das Menschenmaterial ihrer Kolonialreiche zurückzugreifen. Dies aber war nur um den Preis politischer Konzessionen möglich, oder, konkreter gesprochen, der Bereitschaft, den jeweiligen Dominions, Territorien oder Kolonien ein gewisses bzw. ein höheres Maß an Selbstbestimmung einzuräumen. Die weitgespannten deutschen Pläne einer Revolutionierung des britischen Empire blieben Utopie; dennoch aber wurden im Ersten Weltkrieg indirekt die Grundlagen für den Emanzipationsprozeß der Völker der Dritten Welt gelegt, der in unserer Gegenwart obsiegt hat. Die großen weißen Dominions Südafrika, Kanada, Australien und Neuseeland entsandten zur Pariser Friedenskonferenz erstmals eigene Delegationen und traten damit praktisch als selbständige Nationen auf, obgleich sie damals Großbritannien theoretisch noch nicht das Recht der Außenvertretung aller Länder des britischen Empire bestritten.

Von freilich welthistorisch entscheidender Bedeutung war es, daß infolge des Ersten Weltkrieges die Idee des Imperialismus selbst in Mißkredit geraten war und Europa, infolge der Folgen des Krieges, seine bisher unbestrittene Führungsstellung in der Weltpolitik an die USA und – wenngleich mit einer gewissen Verzögerung – an die neuentstandene UdSSR abtreten mußte. Beide Mächte, sowohl die USA wie die UdSSR, verstanden sich, wenn auch von sehr verschiedenen politischen Standorten aus, als antiimperialistische Mächte. Woodrow Wilson hatte schon von den Kriegszielverträgen der Alliierten nicht Kenntnis nehmen wollen, weil sie mit dem Prinzip des Selbstbestimmungsrechts nicht vereinbar waren. In den «14 Punkten» vom 8. Januar 1918, die in gewisser Weise bereits als Reaktion auf Lenins berühmtes «Dekret über den Frieden» verstanden werden müssen, entwickelte Wilson ein umfassendes Programm einer künftigen Friedensordnung auf der Basis des demokratischen Selbstbestimmungsrechts, sowie des Prinzips der «Freiheit der Meere» und der «open door», das prinzipiell mit der Aufrechterhaltung imperialistischer Herrschaft unvereinbar war, auch wenn Wilson den einstweiligen Fortbestand kolonialer Systeme nicht ausschloß, ja sogar bereit war, im Rahmen des allgemeinen Friedensschlusses «a free, open-minded, absolutely imperial adjustment of all colonial claims» ins Auge zu fassen[64]. Es läßt sich zwar sagen, daß diese Politik dazu geeignet war, einem neuen informellen Imperialismus die Wege zu bahnen, der die amerikanische ökonomische Vorherrschaft in der Welt mit ausschließlich wirtschaftlichen Mitteln und die Ausbreitung des amerikanischen Gesellschaftssystems zum Ziele hatte; doch mit Imperialismus im herkömmlichen Sinne, sei es in Form territorialer Herrschaft, sei es durch Erschließung von Märkten oder Rohstoffbasen mithilfe flankierender politischer Maßnahmen, hatte es nichts mehr gemein.

Weit radikaler noch hatte Lenin in seinem «Dekret über den Frieden» das Ende des Imperialismus gefordert und die Befreiung der kolonialen und halbkolonialen Völker vom imperialistischen Joch als wesentlichen Bestandteil einer künftigen sozialistischen Weltordnung bezeichnet. Der Sieg des Sozialismus, so erklärte Lenin, sei nur im Bündnis mit den kolonialen Völkern der Welt zu erreichen; er legte damit die Grundlage für eine weltpolitische Strategie, die die UdSSR ein halbes Jahrhundert praktiziert hat und die in der Dritten Welt ein gewaltiges, wenn auch vielleicht nicht durchweg positives, Echo gefunden hat. Es lassen sich Argumente für die These finden, daß der Sowjetkommunismus mit diesem radikalen Bekenntnis zum «Selbstbestimmungsrecht» innerhalb wie außerhalb Europas, das er späterhin mannigfach zu verletzen sich niemals gescheut hat, sofern die Verhältnisse es als geboten erscheinen ließen, zugleich die Fundamente für einen Imperialismus neuer, indirekter Art gelegt hat, der ideologisch weit effektiver legitimiert ist als der klassische Imperialismus, aber mit diesem dennoch auf weiten Strecken die Methoden gemein hat.

Gleichviel ist unübersehbar, daß das Auftreten der UdSSR und der USA, gerade auch aus einer gewissen ideologischen Konkurrenzsituation heraus[65], gegen die überkommenen imperialistischen Systeme in der Tat Imperialismus im herkömmlichen Sinne zu einer Unmöglichkeit gemacht und die westlichen Mächte, wenn nicht zur Abschaffung imperialistischer Herrschaft, so doch zu deren Abmilderung und sekundärer Legitimierung gezwungen hat. Fortan war den imperialistischen Expansionsprozessen die Schwungkraft genommen; unversehens sahen sich die einzelnen nationalen Imperialismen in der Defensive. Allein die faschistischen Mächte und das protofaschistische Japan

64 B. Gierig, The Open Door and the Mandate System, London 1930, S. 85.
65 Vgl. A.J. Mayer, Politics and Diplomacy of Peacemaking. Containment and Counterrevolution at Versailles 1918–1919, New York 1967, S. 93f.

haben sich in den dreißiger Jahren noch einmal gegen das Rad der Geschichte aufgebäumt, und in ungeheuren Kraftanstrengungen, gepaart mit äußerster Brutalität, neue Imperien zu errichten versucht, ein Unterfangen, das sich nicht zufällig gleichzeitig gegen das sog. «System von Versailles» richtete und dessen anachronistische Zielsetzung schon den Zeitgenossen erkennbar war.

«Imperialism is dead», meinte das britische Foreign Office, als ihm im Juni 1919 von der italienischen Regierung nahegelegt wurde, man möge ein Anwartschaftsabkommen hinsichtlich des künftigen Erwerbs portugiesischer Kolonien durch Italien abschließen: «Such an arrangement in the present altered state of the world would be quite unthinkable»[66]. In der Tat waren dergleichen koloniale Händel ohne jede Berücksichtigung des Willens der kolonialen Bevölkerung nun nicht mehr ohne weiteres möglich. Aber gleichwohl fanden die Großmächte Mittel und Wege, um den Fortbestand, ja die Erweiterung der bisherigen kolonialen Imperien in verschleierten Formen politisch zu rechtfertigen[67].

Auf der Pariser Friedenskonferenz wurde, aufgrund von Anregungen, die ursprünglich auf General Smuts zurückgingen, mit dem sog. Mandatssystem ein völkerrechtliches Instrument neuer Art geschaffen, welches es erlaubte, die territorialen Annexions- bzw. Kontrollbestrebungen der Alliierten hinsichtlich der kolonialen Territorien des Deutschen Reiches und der Türkei mit dem Prinzip des Selbstbestimmungsrechts zu versöhnen. Diese wurden in drei Klassen von Mandatsgebieten unterteilt, die sich nach dem jeweiligen Entwicklungsstand der betreffenden Territorien richteten, und dann im Namen des Völkerbundes den verschiedenen Mächten zur Verwaltung übertragen, allerdings mit der Auflage, diese der Selbständigkeit eingegenzuführen, und dem Vorbehalt einer Kontrolle durch den Völkerbund unter Gesichtspunkten der Humanität. Auf diese Weise wurden die ehemals deutschen Kolonien den Alliierten Mächten zugeschlagen, und die Territorien des ehemaligen Osmanischen Reichs in Mandate unter der Verwaltung Frankreichs und Großbritanniens umgewandelt, hier allerdings mit der Maßgabe, für die Mitbestimmung der einheimischen Bevölkerung Rechnung zu tragen.

Im Endeffekt unterschieden sich zumindest die C-Mandate in nichts

66 W.M.R. Louis, Great Britain and Germany's Lost Colonies 1914–1919, Oxford 1967, S. 153.

67 Zum Begriff des «verschleierten Imperialismus» vgl. W.J. Mommsen, Der moderne Imperialismus, in diesem Band S. 59ff.

von ordinären Kolonien. Japan, dem im Versailler Vertrag Tsingtau, sowie die Karolinen-, Marinnen- und Marschallinseln sowie die ehemals dem Deutschen Reich von chinesischer Seite eingeräumten wirtschaftlichen Konzessionen in Schantung zugesprochen worden waren, hat diese Position späterhin als Ausgangspunkt eines gegen China gerichteten expansiven Imperialismus zu nutzen gewußt. Aber immerhin war damit ein neues Prinzip postuliert, daß nämlich Kolonialherrschaft nur «in trust» für die betroffene eingeborene Bevölkerung rechtens sei, und daß die Verwaltung der betreffenden Territorien die schließliche Gewährung der Selbständigkeit zum Ziele haben müsse. Auch wenn dies bei Lage der Dinge in der großen Mehrzahl der Fälle pure Ideologie war, zumal man über den Zeitraum, der bis zur Gewährung der Unabhängigkeit notwendig sein würde, natürlich verschiedener Meinung sein konnte, so war damit ein entscheidender Ansatzpunkt für die emanzipatorischen Nationalbewegungen in der Dritten Welt geschaffen und den imperialistischen Mächten zugleich die Notwendigkeit auferlegt, ihre Herrschaft auch gegenüber den kolonialen Völkern ideell und materiell zu rechtfertigen. Insofern weist der Imperialismus der 20er und 30er Jahre eine deutlich rückläufige Tendenz auf; es ging jetzt in der Regel nicht mehr um eine weitere Ausdehnung der kolonialen Imperien, sondern nur noch um deren Erhaltung. Gleichzeitig kam ein Prozeß der stufenweisen Gewährung von politischen Mitbestimmungsrechten an die Führungsschichten der jeweiligen Kolonialvölker in Gang, der zwar während der Zwischenkriegszeit im allgemeinen nicht eben weit gediehen ist, der aber als solcher irreversibel war und insofern neue Tatsachen schuf. Großbritannien ging hierin voran. Es wandelte das British Empire in das British Commonwealth um und gewährte den großen weißen Dominions ebenso wie Irland, und in ersten Ansätzen auch Indien, politische Selbständigkeit, ein Prozeß, der im Statute of Westminster vom Jahre 1931 erstmals einen definitiven völkerrechtlichen Niederschlag fand.

Im übrigen setzte sich im britischen Einflußbereich nun die Theorie des «indirect rule», wie sie Lord Lugard seit Ende der 80er Jahre in Uganda zu praktizieren gesucht hatte, allgemein durch. Lugard definierte Kolonialherrschaft als Treuhänderschaft für die eingeborene Bevölkerung. Den kolonialen Verwaltungen müsse es zwar einerseits darum gehen, die Prinzipien der Zivilisation und des Rechts auch in den von ihnen regierten Territorien durchzusetzen; vor allem aber müßten sie darum bemüht sein, die indigenen kulturellen, ökonomischen und politischen Strukturen nach Möglichkeit zu erhalten und mit den Häuptlingen bzw. den einheimischen Herrschern nicht gegen sie zu regieren, und zwar in voller Achtung der indigenen Herrschafts- und Machtstrukturen. Dies kam in der Praxis einer teilweisen Rückkehr zu den älteren Herrschaftsmethoden der Periode des Frühimperialismus gleich, nun aber mit der bewußten Absicht, die bestehenden indigenen Führungsschichten zu verantwortlicher Mitwirkung zu gewinnen, bei behutsamer Erweiterung ihrer Kompetenzen, je nach dem Stand ihrer zivilisatorischen Entwicklung. Diese im Kern paternalistische, der Strategie nach dezentralistisch vorgehende Herrschaftspraxis war freilich nicht frei von romantischen Elementen und tendierte dazu, traditionelle Sozialstrukturen auch dort zu erhalten, wo diese sich manifest überlebt hatten. Außerdem wurde dadurch die Ausbildung einer europäisierten Elite, die eines Tages die Macht effektiv würde übernehmen können, in vielen Fällen geradezu abgebremst. Obgleich das System der «indirekt rule» unter dem Einfluß der Oxford School[68] durchaus von humanitären Gesichtspunkten bestimmt war, hat es einer durchgreifenden Modernisierung der afrikanischen Gesellschaften eher entgegengewirkt; im nachhinein wird man, wie gerade das von Lugard stets als Musterbeispiel herangezogene Schicksal Nigerias zu lehren vermag[69], über seine Vorteile vom Standpunkt der Völker der Dritten Welt verschiedener Meinung sein[70].

Frankreich ist hingegen einen anderen Weg gegangen, jenen der «Assoziation». Dies hieß praktisch, daß die ältere Konzeption der «Assimilation», aufgrund derer die kolonialen Territorien allmählich zu einem «Größeren Frankreich» mit prinzipiell gleichen Bürgerrechten zusammenwachsen sollten (allerdings waren nur sehr wenige Angehörige der indigenen Oberschicht tatsächlich zu französichen Bürgern gemacht worden) zugunsten der Eigenentwicklung der jeweiligen Territorien aufgegeben wurde. «Association», dies verhieß die Mitwirkung der einheimischen Bevölkerung an der Verwaltung der Kolonien und Protektorate; doch bedeutete dies in der Praxis nicht viel. Vielmehr wurden diese durchweg autoritär und paternalistisch

68 Für eine retrospektive Rechtfertigung der Oxford-Imperialisten: M. Perham, The Colonial Reckoning, London; dt. Bilanz des Kolonialismus, Stuttgart 1963, S. 13ff.

69 F.J.D. Lugard, The Dual Mandate in British Tropical Africa, London 1965^5.

70 R.A. Austen, Varieties of Trusteeship: African Territories under Britsh and French Mandate 1919–1939, in: P. Gifford und W.M.R. Louis, France and Britain in Africa, New Haven 1971; M.D. Lewis, One Hundred Million Frenchmen: the «Assimilation Theory» in French Colonial Policy, in: Comparative Studies in Society and History, Bd. 6, 1961/2.

von einer Kolonialbürokratie verwaltet, die sich praktisch jeder politischen Kontrolle durch das französische Parlament zu entziehen wußte und vielfach mit den Kolonialfranzosen, den «colons», gemeinsame Sache machte. Nur im Libanon und in Syrien wurden, entsprechend den Auflagen des Völkerbundes, 1924 bzw. 1930, Verfassungen erlassen, die der betroffenen Bevölkerung das Recht der Selbstverwaltung unter französischer Oberhoheit einräumten. Auch die Niederlande, Belgien und Portugal verwalteten ihre Kolonien nach den Grundsätzen eines «benevolent patriachalism», der darauf ausgerichtet war, den jeweiligen einheimischen Oberschichten einen bescheidenen Wohlstand zu gewähren, ohne doch ernsthafte Anstalten zu unternehmen, die betreffenden Territorien in konkreter Form an die Selbständigkeit heranzuführen.

Im übrigen bemühten sich die Kolonialmächte, die Kolonien nach Maßgabe des Möglichen zu modernisieren, und vor allem wirtschaftlich zu entwickeln, schon allein um den bedauerlichen Zustand zu überwinden, daß die Steuerzahler des jeweiligen Mutterlandes für die Verwaltung und Entwicklung der überseeischen Territorien in erheblichem Maße zu Ader gelassen wurden, während die ökonomischen Erträge, soweit sie in größerem Umfang flossen, in die Kassen einzelner großer monopolistischer Gesellschaften flossen. Dies war streckenweise höchst erfolgreich. Begünstigend kam hinzu, daß mit dem allgemeinen Rückgang des Welthandels seit der Weltwirtschaftskrise und der verbreiteten Hinwendung zu einer Wirtschaftspolitik möglichster Autarkie die wirtschaftliche Bedeutung der kolonialen Gebiete wieder relativ zunahm.

Im übrigen ist für die Entwicklung der 20er Jahre typisch, daß sich die öffentliche Meinung in den jeweiligen Mutterländern nur wenig um die kolonialen Territorien kümmerte, es sei denn, es kam zu größeren Krisen oder militärischen Verwicklungen. Die Kolonialadministratoren, in Verbindung mit den an wirtschaftlicher Ausbeutung der Kolonien primär interessierten «strategischen Cliquen», hatten ziemlich freie Hand.

Auch die klassischen Strukturen des informellen Imperialismus bestanden in kaum vermindertem Umfang for. China bemühte sich auf der Pariser Friedenskonferenz vergeblich darum, daß seine nationale Selbständigkeit auch in wirtschaftlichen Fragen voll anerkannt würde. Die Washingtoner Konferenz von 1921/22 legte zwar fest, daß in China keiner Macht irgendwelche Vorzugsrechte, Einflußsphären oder Monopole exklusiv eingeräumt werden dürften, in Fortsetzung der amerikanischen Politik der «open door», und verfügte die Restituierung Tsingtaus. Aber weder wurden die Rechte der Exterrritorialität für Europäer aufgegeben, noch dem Lande die Zollhoheit zurückgegeben. Gleiches galt auch für den Nahen Osten. Zwar gelang es der Türkei 1923, den demütigenden Friedensvertrag von Sèvres abzuschütteln und dergestalt auch das Regime der Kapitulationen loszuwerden, doch die Caisse de la Dette und die Schuldenverpflichtungen blieben bestehen. In Ägypten fand sich Großbritannien erst 1936 bereit, der ägyptischen Nationalbewegung nachzugeben und dem Land formell die Selbständigkeit zurückzugeben, allerdings nur nach Absicherung seiner weiterhin bestehenden faktischen Vorherrschaft in Form eines Bündnisvertrages. Erst 1937 konnte Ägypten auf der Konferenz von Montreux endlich die Kapitulationen und das System der «Internationalen Gerichtshöfe» abschütteln, die für fast ein Jahrhundert dem europäischen Kapital und der europäischen Geschäftswelt eine beneidenswerte Vorzugsstellung im Lande verliehen hatten.

Äußerst langsam also – und nur unter schweren Konflikten mit den jeweiligen Kolonialherren – steuerte die Dritte Welt dem noch fernen Ziel der Unabhängigkeit zu, während andererseits die Mechanismen des informellen Imperialismus noch weitgehend intakt blieben. Erst als sich am Horizont der Niedergang imperialistischer Herrschaft abzeichnete, begannen die kolonialen und abhängigen Territorien für die Mutterländer ökonomisch einträglich zu werden.

Doch wurde diese Entwicklung seit 1932 durch Versuche Japans und Italiens drastisch unterbrochen, sich wider den Geist der Zeit, koste es was es wolle, noch ein Kolonialempire zu erkämpfen. Mit der Etablierung eines Schattenregimes in der Mandschurei, dem sog. Mandschukuo, am 1. März 1932 beschritt Japan erneut den Weg eines nationalistisch-militärischen Imperialismus, der deutlich protofaschistische Züge trug. Dieser war primär innenpolitisch bedingt und motiviert, er zielte auf die Erhaltung bzw. Restituierung einer antimodernistischen, elitären Gesellschaftsordnung pseudo-aristokratischen Zuschnitts und befand sich daher nicht zufällig im Gegensatz zu den die wirtschaftliche Entwicklung tragenden bürgerlichen Schichten, auch wenn er seine Aktionen mit landläufigen wirtschaftlichen Argumenten zugunsten imperialistischer Expansion drapierte. Nur drei Jahre später annektierte das faschistische Italien, in dem fehlgeleiteten Bestreben, ein faschistisches Großreich beiderseits des Mittelmeeres zu begründen, das Kaiserreich Äthiopien. Gleichgerichtete Bestrebungen des deutschen Nationalsozialismus kamen nicht zu praktischer Verwirklichung, da in Hitlers Weltherrschaftsplänen die Rückgewinnung der deutschen Kolonien und die Errichtung eines afrikanischen

Subimperiums gegenüber dem Gedanken einer Teilung der Welt zwischen dem Deutschen Reich und dem britischen Empire eine vergleichsweise geringere Priorität besaß. Doch fehlte es keinesfalls an ideologischer Bereitwilligkeit zur Erneuerung hochimperialistischer Herrschaft[71].

Erst die Auswirkungen des Zweiten Weltkrieges, der die Westmächte in noch höherem Umfang zwang, die Ressourcen der eigenen Kolonialreiche und Dominions für die eigene Kriegsführung in Anspruch zu nehmen, ließen die weitere Aufrechterhaltung imperialistischer Herrschaft endgültig zu einer Unmöglichkeit werden, zumal in Gestalt der UdSSR ein ideologischer Gegenspieler auf der Bildfläche erschienen war, der nun in der ganzen Fülle seiner Macht auf die Völker der Dritten Welt große Anzichungskraft auszuüben drohte. So kam es binnen weniger Jahre zum endgültigen Abbau imperialistischer Herrschaft, gemildert durch den Versuch, die einstigen Imperien als lockere Staatenföderationen zu erhalten; infolgedessen entstand nun neben dem British Commonwealth of Nations, das jetzt endgültig die Form einer Völkerfamilie unter der bloß formellen Oberherrschaft der britischen Krone annahm, die «Union Française», die dann 1958 in eine lose Staatenföderation umgestaltet wurde, in der Frankreich nicht länger politische Vorrechte besaß, der «Communauté Français». Die Bemühungen, die einzelnen Territorien unter weitgehender Übernahme der verfassungspolitischen Systeme des jeweiligen Mutterlandes in die Selbständigkeit zu entlassen, um damit noch Reste von Gemeinsamkeit zwischen beiden zu erhalten, erwiesen sich jedoch in der Mehrzahl der Fälle als kurzlebig.

Eigentlich, ohne daß man ein genaues Datum nennen könnte, war die Welt damit in eine neue Periode eingetreten, die Phase der «Dekolonisation». Allerdings setzten sich die neuen Prinzipien erst allmählich und stufenweise gänzlich durch, und nur selten ging es dabei ohne schwere innere Auseinandersetzungen ab. Erst vor kurzem hat der Prozeß der Dekolonisation mit der Abdankung Portugals als Kolonialmacht, wenn man von einigen wenigen Resten älterer Kolonialherrschaft absieht, seinen Abschluß gefunden. Wie weit mit dem Ende des formellen Imperialismus der westlichen Industriestaaten in den überseeischen Regionen auch die Strukturen des informellen Imperialismus abgebaut bzw. zusammengebrochen sind, darüber herrscht unter den Betroffenen ebensowenig Einigkeit wie in der Forschung. Un-

71 K. Hildebrandt, Vom Reich zum Weltreich. Hitler, NSDAP und koloniale Frage 1919–1945, München 1965.

zweifelhaft bestehen auch unter den neuen Verhältnissen vielfältige Formen ökonomischer oder kultureller Abhängigkeit fort, die sich in langen Jahren imperialistischer Herrscher ausgebildet und erst durch diese ihren spezifischen Charakter gewonnen haben.

Doch besitzen die Industriestaaten heute, aufgrund der allgemeinen politischen Konstellation, die sich seit 1945 herausgebildet hat, nicht mehr die Macht, derartige Strukturen informeller Abhängigkeit mithilfe politischen Drucks oder flankierender Maßnahmen machtpolitischen Charakters zu verteidigen oder gar neu zu schaffen. Mit politischen Mitteln ist es heute nicht mehr möglich, den Ländern der Dritten Welt Regelungen zu oktroyieren, die auf eine einseitige Marktbegünstigung oder einseitige Privilegierung der Metropolen hinauslaufen. Die Intervention Großbritanniens und Frankreichs gegen die Verstaatlichung des Suezkanals im Frühjahr 1956 war die letzte politische Aktion, die der Erhaltung informeller imperialistischer Abhängigkeiten diente; sie endete kläglich und bewies, daß die Zeit des Imperialismus abgelaufen war.

Wie weit man angesichts dieser Tatsache die heute weiterhin bestehenden Abhängigkeitsverhältnisse zwischen Ländern der Dritten Welt und den Industriestaaten als «Neokolonialismus» – nach Nkrumah die bösartigste Form des Imperialismus überhaupt[72] bezeichnen will, ist eine Frage, die gemäß den jeweils vorausgesetzten Prämissen verschieden beantwortet werden kann. Unzweifelhaft sind sie nach Form und Inhalt durch den Imperialismus der Industriestaaten geprägt worden, auch wenn er sie als solche nicht geschaffen hat. Weiterhin sollte man nicht übersehen, daß unsere gegenwärtige Welt allerorten mit den Spätfolgen imperialistischer Herrschaft konfrontiert ist, im Nahen Osten, in Südafrika, in Vietnam und innerhalb der westlichen Gesellschaften selbst. Dabei zeigt sich erneut, daß historische Formationen, die wir als endgültig hinter uns liegend wähnen und die, konkret gesehen, auch tatsächlich hinter uns liegen, unverminderte Gewalt auch über unsere Gegenwart auszuüben vermögen.

72 K. Nkrumah, Neo-Colonialism. The last stage of Imperalism. London 1968², S. XI.

4. Theorien des Imperialismus

a) Die älteren bürgerlichen Imperialismustheorien

Die große Bedeutung, die die imperialistischen Prozesse für die Gesellschaften des Westens ebenso wie für die Gesellschaften der Dritten Welt gehabt haben und weiterhin beanspruchen können, hat den Anstoß dazu gegeben, in theoretischer Bemühung die diesen zugrunde liegenden Antriebsfaktoren aufzusuchen und die Strukturen und die Dynamik imperialistischer Herrschaft auf theoretische Begriffe zu bringen. Ansätze zu einem solchen Unterfangen finden sich bereits in der idealistischen Philosophie und bei der klassischen bürgerlichen Nationalökonomie. Schon Hegel brachte das Phänomen des Kolonialismus in Verbindung mit der Entstehung der industriellen Gesellschaft, mit der das «Herabsinken einer großen Masse unter das Maß einer gewissen Subsistenzweise, die sich von selbst als die für ein Mitglied der Gesellschaft notwendige reguliert», einhergehe. Mit fortschreitender Entwicklung trete eine Polarisierung der Gesellschaft in die Schicht der Reichen und die Klasse des Pöbels ein, und dabei erweise sich, «daß bei dem Übermaße des Reichtums die bürgerliche Gesellschaft nicht reich genug ist, ... dem Übermaße der Armut und der Erzeugung des Pöbels zu steuern ... Durch diese ihre Dialektik» werde «die bürgerliche Gesellschaft über sich selbst hinausgetrieben, zunächst diese bestimmte Gesellschaft, um außer ihr in anderen Völkern, die ihr an Mitteln, woran sie Überfluß hat, oder überhaupt an Kunstfleiß nachstehen, Konsumenten und damit die nötigen Subsistenzmittel zu suchen»[73]. Auch bei den Nationalökonomen Jean Babtiste Say und bei John Stuart Mill findet man die Auffassung, daß der Kolonialismus sowohl als Quelle zusätzlicher Akkumulation wie als Faktor, der der Tendenz der sinkenden Profitraten und der Sättigung der industriellen Ökonomien entgegenwirke, bedeutsam sei. Doch spielten für sie – und übrigens auch für Marx – die Kolonien einstweilen nur eine marginale Rolle, so daß es nie zu einer systematischen Formulierung dieser Beobachtungen gekommen ist.

Obwohl die bürgerliche Wissenschaft die Bedeutung der überseeischen Territorien als Absatzmärkte oder Rohstofflieferanten für die sich rasch entwickelnden kapitalistischen Ökonomien nie aus dem Auge verloren hat, dominierten doch in der zweiten Hälfte des 19. Jahrhunderts politische Imperialismustheorien. Imperialismus er-

73 Hegel, Grundlinien der Philosophie des Rechts, §§ 244, 245, 246.

schien als konkreter Niederschlag des gleichsam naturgegebenen Ausdehnungsdrangs der großen Mächte. Am systematischsten ist diese Theorie von den Neorankeanern, insbesondere von Max Lenz und Erich Marcks, vorgetragen worden[74]. Sie deuteten den Imperialismus als Ausdruck des sich mit Notwendigkeit vollziehenden Übergangs vom europäischen zum Weltstaatensystem. Auch im angelsächsischen Raum, etwa bei John Seeley oder John Burgess, begegnen wir einer derartigen etatistischen Theorie des Imperialismus. Allerdings war diese häufig eng verbunden mit nationalistischen, rassistischen und biologischen Auffassungen, die zum Teil ihrerseits auf die sozialdarwinistische Doktrin zurückgriffen.

Die Entwicklung systematischer Imperialismustheorien ist freilich erst den Gegnern des Imperialismus zu danken. Hier muß in erster Linie John Atkinson Hobson genannt werden, der, aufbauend auf Ansätzen von C. A. Conant, in seinem Werk «Imperialism. A Study» vom Jahre 1902, erstmals eine geschlossene Theorie des Imperialismus vorlegte, die bis auf den gegenwärtigen Tag einflußreich geblieben ist. Hobsons Imperialismustheorie ist im Kern eine Theorie der «underconsumtion»; infolge einer gesellschaftlichen Stuktur, die der Arbeiterschaft einen angemessenen Anteil am steigenden Sozialprodukt verweigere, komme es zu Stagnationserscheinungen in den Binnenmärkten der industriellen Gesellschaften. Demnach finde das Kapital in den Binnenmärkten keine profitablen Anlagemöglichkeiten mehr und sehe sich daher veranlaßt, nach einträglichen Investitionsfeldern in Übersee Ausschau zu halten. Zu diesem Zwecke dränge die Gruppe der Kapitalisten die Staatsmacht zunehmend, zu Annexionen in Übersee überzugehen, und setze zugleich alles daran, durch die raffinierte Beeinflussung der öffentlichen Meinung mithilfe einer populären Massenpresse die breiten Massen ganz im Gegensatz zu ihren wahren Interessen zu einem populären Jingoismus zu bekehren, der dann als zusätzliche Antriebskraft imperialistischer Expansion wirksam werde. Charakteristisch für den modernen Imperialismus ist nach Hobson demnach ein ständig steigender Strom von Kapitalinvestitionen nach Übersee, vorbereitet und begleitet von imperialistischer Landnahme einerseits, von zunehmenden Rüstungen, steigenden Steuerlasten und zunehmend stagnierenden Binnenmärkten in den Industriestaaten andererseits, verbunden mit der Ausbildung von parasitären Lebensformen bei der einseitig von imperialistischen Gewinnen profitierenden Oberschicht. Diese Theorie ist im Ansatz radikalliberal und so-

74 Vgl. Dehio, Deutschland und die Weltpolitik, S. 33ff.

zialreformerisch; sie richtet sich nicht gegen den Kapitalismus als solchen, sondern nur gegen die Disproportionalitäten in der Verteilung der Kaufkraft innerhalb kapitalistischer Gesellschaften, wie sie durch die Beibehaltung anachronistischer politischer Strukturen und die Niederhaltung der Arbeiterschaft entstehen. Durch eine aktive Sozialpolitik, verbunden mit dem Abbau der hierarchischen Sozialstrukturen, könnten diese Imperialismus induzierenden Dispropationalitäten wirksam überwunden werden. Eine voll ausgebildete Demokratie, so meinte Hobson, die in ihrer Politik allen ökonomischen Interessen das angemessene Gewicht geben werde, würde bald allen Imperialismus ledig sein[75].

Stärker auf die Disfunktionalitäten der sozialen Strukturen als auf die immanenten Mechanismen eines ungehemmten kapitalistischen Systems stellte hingegen beispielsweise Max Weber seine theoretischen Überlegungen über das Phänomen des Imperialismus ab, die *in nuce* die späteren soziologischen Imperialismustheorien vorwegnehmen. Weber wies darauf hin, daß es zu allen Zeiten «Beutekapitalismus» gegeben habe, der monopolistische Marktchancen oder Konzessionen exklusiv zu nutzen bestrebt sei, wie sie im Zuge imperialistischer Expansionspolitik anzufallen pflegen. Doch sei diese parasitäre Form kapitalistischen Gewinnstrebens gerade für den modernen Kapitalismus nicht typisch; im Gegenteil, dieser sei auf Produktion und Warenaustausch innerhalb eines formal unbeschränkten, auf dem Prinzip formal freier Konkurrenz beruhenden Marktes ausgerichtet. Zwar gebe es immer Finanzgruppen und Unternehmer, die ein direktes Interesse an imperialistischer Politik besäßen. Doch weit ausschlaggebender sei die Tatsache, daß die Herrenschichten innerhalb eines jeden Herrschaftsverbands stets ein massives Interesse an imperialistischer Expansion besäßen, insofern als die Ausdehnung des Geltungsbereichs des eigenen Herrschaftssystems in aller Regel deren soziales Prestige steigere und damit deren politische Vorrangstellung und deren gesellschaftlich privilegierten Status zu zementieren geeignet sei. «... jede erfolgreiche imperialistische Zwangspolitik nach außen stärkt normalerweise mindestens zunächst auch ‹im Innern› das Prestige und damit die Machtstellung und den Einfluß derjenigen Klassen, Stände, Parteien, unter deren Führung der Erfolg errungen ist»[76]. Zugleich verwies Weber auf das spezifische Interesse der Intelligentsia an einer Ausdehnung des Geltungsbereichs der jeweils eige-

75 Hobson, Imperialism, S. 363.
76 M. Weber, Wirtschaft und Gesellschaft, Tübingen 1976[5], S. 527.

nen nationalen Kultur, das als soziologische Grundlage eines spezifischen Kulturimperialismus große Bedeutung besitze[77].

b) *Die klassischen marxistischen Imperialismustheorien*

Einen anderen Weg ging die marxistische Imperialismustheorie, die in Anknüpfung an die vorhandenen Ansätze der älteren bürgerlichen Nationalökonomie sowie bei Marx den Imperialismus als notwendiges Produkt der kapitalistischen Gesellschaftsordnung, ja des Ausdrucks einer bestimmten Phase der Entwicklung des kapitalistischen Systems deutete. Marx selbst bewegte sich in dieser Hinsicht noch weitgehend im Fahrwasser der liberalen Nationalökonomie; die Ausweitung des kapitalistischen Systems auf den gesamten Erdball vermöge des Kolonialismus erschien ihm eine unabwendbare Notwendigkeit, die in universalgeschichtlicher Perspektive objektiv fortschrittlich sei. Für die Entwicklung der inneren Widersprüche des kapitalistischen Systems als solchem erschien ihm dieses Problem freilich nachrangig zu sein. Erst bei Friedrich Engels begegnen wir der Auffassung, daß der Widerspruch zwischen Produktionsleistung und Konsumptionsfähigkeit die kapitalistische Gesellschaft dazu veranlasse, in überseeische Gebiete auszuweichen, um dort zusätzliche Absatzmöglichkeiten zu erschließen.

Dieser Ansatzpunkt ist dann in der Folge von Rosa Luxemburg in einer freilich durchaus einseitigen und im marxistischen Lager selbst äußerst umstrittenen Weise in ihrem Werk. «Die Akkumulation des Kapitals» aus dem Jahre 1913 fortgeführt worden. Bei starrem Festhalten an Marx' Theorie der Reproduktion des Kapitals und aufgrund einer restriktiv gefaßten Variante der Unterkonsumptionstheorie kam sie zu der Ansicht, daß eine Realisierung des nichtkonsumierten Teils des «Mehrwerts» nurmehr in wirtschaftlich jungfräulichen kolonialen Gebieten des Erdballs möglich sei. «Die Existenz nichtkapitalistischer Abnehmer des Mehrwerts ist direkte Lebensbedingungen für das Kapital und seine Akkumulation»[78]. Daraus ergab sich zweierlei; zum einen liege der hektische Konkurrenzkampf der Großmächte um den Besitz überseeischer Territorien, mit seinen Begleiterscheinungen des

77 Ebda., S. 528; vgl. W. J. Mommsen, The Age of Bureaucracy. Perspectives on the Political Sociology of Max Weber, Oxford 1974, S. 43 f.

78 R. Luxemburg, Die Akkumulation des Kapitels, Nachdr. Frankfurt 1969³, S. 338.

Militarismus und des Wettrüstens, notwendig im Interesse der Selbsterhaltung des Kapitalismus; zum anderen aber würde der Kapitalismus nur so lange überleben können, wie es noch «nichtkapitalistische soziale Formationen» auf dem Erdball geben werde. «Je gewalttätiger das Kapital vermittels des Militarismus draußen in der Welt wie bei sich mit der Existenz nichtkapitalistischer Schichten aufräumt und die Existenzbedingungen aller arbeitenden Schichten herabdrückt, um so mehr verwandelt sich die Tagesgeschichte der Kapitalakkumulation auf der Weltbühne in eine fortlaufende Kette politischer und sozialer Katastrophen, die zusammen mit den periodischen wirtschaftlichen Katastrophen in Gestalt der Krisen die Fortsetzung der Akkumulation zur Unmöglichkeit und die Rebellion der internationalen Arbeiterklasse gegen die Kapitalherrschaft zur Notwendigkeit machen werden, selbst ehe sie noch ökonomisch auf ihre natürliche selbstgeschaffene Schranke gestoßen sind»[79]. «Der imperialistische Expansionsdrang des Kapitalismus» erschien Rosa Luxemburg dergestalt «als der Ausdruck seiner höchsten Reife, seines letzten Lebensabschnitts», zugleich aber als unmittelbare Vorstufe seines endgültigen Untergangs. Der «brutale Siegeszug des Kapitals in der Welt, gebahnt und begleitet durch alle Mittel der Gewalt, des Raubes und der Infamie» habe «eine Lichtseite» gehabt; «er schuf die Vorbedingungen zu seinem eigenen endgültigen Untergang, er stellte die kapitalistische Weltherrschaft her, auf die allein die sozialistische Weltrevolution folgen kann»[80].

Ungleich bedeutsamer und folgenreicher war hingegen Rudolf Hilferdings Werk «Das Finanzkapital» aus dem Jahre 1905. Es nimmt eine umfassende und scharfsinnige Analyse der monopolistischen Entwicklung des Kapitalismus zum Ansatzpunkt für eine Theorie, die in der Herrschaft des «Finanzkapitals», d. h. der in den Großbanken, Monopolen, Trusts und Kartellen aller Art geballten Kraft des «organisierten Kapitalismus», die eigentliche Signatur des Imperialismus erblickt. Im Unterschied zu früheren Phasen in der Entwicklung des kapitalistischen Systems sei das Finanzkapital darauf aus, seinen ökonomischen Herrschaftsbereich unter Ausschaltung aller primären Formen von Konkurrenz vermittels monopolistischer Zusammenschlüsse immer weiter auszubauen: «Das Finanzkapital will nicht Freiheit, sondern Herrschaft; ... es verabscheut die Anarchie der Konkurrenz und will die Organisation, freilich, um auf immer höherer Stufen-

79 Ebd. S. 455.
80 Rosa Luxemburg, Die Krise der Sozialdemokratie (Junius-Broschüre), in: Rosa Luxemburg, Politische Schriften II, hg. O. K. Flechtheim, S. 147.

leiter die Konkurrenz aufnehmen zu können. Aber um dies durchzusetzen, um seine Übermacht zu erhalten und zu vergrößern, braucht es den Staat, der ihm durch seine Zollpolitik und Tarifpolitik den inländischen Markt und die Eroberung ausländischer Märkte sichern soll. Es braucht einen politisch mächtigen Staat, der in seiner Handelspolitik nicht auf die entgegengesetzten Interessen anderer Staaten Rücksicht zu nehmen braucht. Es bedarf schließlich eines starken Staates, der seine finanziellen Interessen im Ausland zur Geltung bringt, seine politische Macht einsetzt, um den kleineren Staaten günstige Lieferungsverträge und günstige Handelsverträge abzunötigen. Ein Staat, der überall in der Welt eingreifen kann, um die ganze Welt in Anlagesphären für sein Finanzkapital verwandeln zu können. Das Finanzkapital braucht endlich einen Staat, der stark genug ist, um Expansionspolitik treiben und neue Kolonien sich einverleiben zu können»[81].

Es ist dies eine Theorie von geschlossener Wucht, die in mehrfacher Hinsicht bemerkenswert ist. Zum einen sind Kapitalinvestitionen in Übersee, künstliche Abschirmung der Binnenmärkte zugunsten der jeweils eigenen Industrie, aggressive Exportwirtschaft und der Aufbau von monopolistischen Strukturen zum Zwecke der Steigerung von Marktmacht ebenso Imperialismus wie alle Formen des Einsatzes politischer oder gar militärischer Machtmittel zum Zwecke der Erlangung günstiger ökonomischer Ausgangspositionen oder besonderer ökonomischer Vorrechte für die Wirtschaft bzw. das «Finazkapital» des jeweiligen eigenen Landes. Territoriale Expansion und Kolonialerwerb gelten nur als extremere Spielarten ein und desselben Phänomens. Wir haben es hier mit einer Imperialismustheorie von bemerkenswerter Spannweite zu tun; diese schließt alles, was man heute informellen Imperialismus zu nennen pflegt, mit ein und differenziert auch nicht zwischen imperialistischer Expansion im engeren Sinne und herkömmlicher Machtpolitik. Zum anderen werden alle diese Varianten von Imperialismus auf eine gemeinsame Wurzel zurückgeführt, nämlich die Binnenstruktur des monopolistischen Kapitalismus, der, im Unterschied zum klassischen Konkurrenzkapitalismus, immer mächtigere, auf Beherrschung der Märkte und Ausschaltung bzw. Amalgamierung aller Konkurrenten ausgerichtete Oligopole ausbildet. Dabei wird zugestanden, daß dieser «organisierte Kapitalismus» zeitweise in der Lage sei, die Krisenanfälligkeit des kapitalistischen Systems zu reduzieren und eine Art von Selbstkorrektur des Systems zu bewirken. Doch werde es mit zunehmender Vollendung der «Dik-

81 R. Hilferding, Das Finanzkapital, Nachdr. Berlin 1955, S. 456f.

tatur der Kapitalmagnaten» unvermeidlich zu immer schärferen Machtkämpfen zwischen den «Kapitaloligarchien» der einzelnen Industriestaaten, zu imperialistischen Kriegen und schließlich zum Umschlag der «Diktatur der Kapitalmagnaten» in die «Diktatur des Proletariats» kommen[82]. Die schwachen Punkte dieser Theorie können hier nur angedeutet werden. Zum einen überschätzte Hilferding die tatsächliche Rolle der Großbanken in der hochkapitalistischen Ökonomie und nahm eine durchgängige Identität von Bank- und Industriekapital an, die zumindest in dieser Phase der Entwicklung des Kapitalismus zwar typisch für die nach Gerschenkron relativ rückständigen Länder der zweiten Welle der Industrialisierung war, aber keineswegs überall vorhanden war. Zum anderen beruht sie auf der als solcher nicht erhärteten, sondern gleichsam axiomatisch eingeführten Annahme, daß die Staatsmacht allemal den Interessen des jeweiligen nationalen Finanzkapitals dienstbar sei. Gleichwohl ist die Folgewirkung der Theorie Hilferdings bis in die Gegenwart hinein außerordentlich groß gewesen.

Am bedeutsamsten in dieser Hinsicht ist hingegen Lenins berühmte Kampfschrift «Der Imperialismus als höchstes Stadium des Kapitalismus» geworden. Obschon sie unverkennbar zeitgebundene Züge trägt, besitzt sie heute noch im Lager des Marxismus-Leninismus den Status einer kanonischen Schrift. In Fortführung der Interpretation Hilferdings definierte Lenin Imperialismus als die monopolistische Phase der Entwicklung des Kapitalismus; diese sei gekennzeichnet unter anderem durch einen so hohen Grad der Konzentration der Produktion und des Kapitals, daß «Monopole im Wirtschaftsleben die entscheidende Rolle spielen», weiterhin durch «die Verschmelzung des Bankkapitals mit dem Industriekapital» und schließlich durch die Entstehung von «internationalen monopolistischen Kapitalistenverbänden, die die Welt unter sich teilen»[83]. Wesen des Imperialismus sind nach Lenin die Bestrebungen des Kapitalismus, mit allen Mitteln zu expandieren, angefangen von allen möglichen Varianten von politisch abgestützter wirtschaftlicher Penetration bis hin zu gewaltsamer Expansion und imperialistischen Kriegen. Dabei machte Lenin ausdrücklich keinen Unterschied zwischen formellen Kolonien und sog. «Halbkolonien», d.h. Ländern, die zwar formell weiterhin politische Selbständigkeit genießen, aber faktisch der Herrschaft des westlichen

82 Ebda. S. 507.

83 W.I. Lenin, Der Imperialismus als höchstes Stadium des Kapitalismus, in: Ausgewählte Werke, Bd. 1, Berlin 1955, S. 839f.

Finanzkapitals unterworfen sind. Unter ausdrücklicher Berufung auf Hobson bezeichnete Lenin den Kapitalexport als die bei weitem bedeutsamste Form ökonomischer Expansion. Der Konkurrenzkampf der Finanzoligarchien um profitable Investitionsmöglichkeiten auf dem Erdball, der gerade nach dem Ende der territorialen Aufteilung der Welt noch ungemein an Schärfe zugenommen habe, ist daher laut Lenin als entscheidende Signatur des Imperialismus anzusehen, den dieser konsequenterweise erst um 1900 beginnen ließ.

Vor allem drei, in sich antagonistische Tendenzen glaubte Lenin konstatieren zu können: erstens die beständige Steigerung der Gegensätze unter den kapitalistischen Mächten selbst, als Folge des zunehmenden Falls der Profitraten und des dadurch verursachten Zwangs, nach profitablen Investitionsmöglichkeiten außerhalb der Binnenmärkte zu suchen, bis hin zur Selbstzerfleischung in imperialistischen Kriegen; zweitens die beginnende «Fäulnis» gerade der kapitalkräftigsten Länder, wie sie sich unter anderem in Phänomenen wie bloßem «Couponschneiden» und parasitären Lebensformen der Oberschichten äußere; drittens das Phänomen der «Ungleichzeitigkeit» der Entwicklung der kapitalistischen Länder, die unvermeidlich zu einer zunehmenden Polarisierung der Welt in wenige reiche, und viele von diesen abhängige arme Länder führe, gleichzeitig aber zunehmende Konflikte zwischen den industriell fortgeschrittenen Ländern im Gefolge haben müsse. Hier sah Lenin zugleich den Ansatzpunkt für ein Bündnis des Proletariats der fortgeschrittenen Industrieländer mit den Völkern der Dritten Welt gegeben, das den unvermeidlich bevorstehenden Zusammenbruch des «sterbenden Kapitalismus» verdientermaßen beschleunigen werde.

Dieser letzte Gesichtspunkt ist dann von der nachleninistischen Imperialismusinterpretation im marxistisch-leninistischen Lager mit besonderer Emphase aufgegriffen und zugleich in eine tagespolitische Strategie umgemünzt worden, unter Führung von J. W. Stalin[84]. Ungeachtet der Tatsache, daß der Zusammenbruch des Kapitalismus ersichtlich auf sich warten ließ, hielt man starr an der Doktrin vom «sterbenden Kapitalismus» fest, allerdings mit der Einlassung, daß es dem kapitalistischen Staate zeitweilig gelungen sei, durch Eingriffe in die Wirtschaft den Widerspruch zwischen der sich vergesellschaftenden Produktion und der privaten Aneignung, der sich durch «die antiimperialistische Revolution» der kolonialen Völker prinzipiell immer wei-

84 J. Stalin, Gesammelte Werke, Bd. 6, Nachdruck Frankfurt 1972, S. 124.

ter verschärft habe, «irgendwie zu überwinden»[85]. Die Theorie des «staatsmonopolistischen Kapitalismus» darf als Fortbildung der leninistischen Imperialismustheorie unter den Bedingungen des rückläufigen Imperialismus und der Dekolonisation gelten; die Ausweitung der Staatstätigkeit im wirtschaftlichen Bereich sowie die Ablenkung eines Teils der kapitalistischen Produktion in unproduktiven Ausgaben für Militarismus und Rüstung spielen darin die Rolle von Versatzstücken, angesichts der zunehmend rückläufigen Bedeutung, die koloniale Territorien und imperialische Kapitalinvestitionen in Übersee für den westlichen Kapitalismus der Zwischenkriegszeit und insbesondere der Periode nach 1945 gehabt haben.

c) Neuere politische Imperialismustheorien

Gegenüber der marxistisch-leninistischen Imperialismustheorie halten viele westliche Imperialismusinterpreten nach wie vor am Primat politischer und soziologischer Faktoren fest. Jede isoliert auf die ökonomischen Ursachen imperialistischer Prozesse abhebende Theorie sei unbefriedigend, «weil sie nur einen Teil, einen wichtigen – aber nichtsdestoweniger keinesfalls zureichenden Teil der Fakten» erkläre; zudem werde dabei übersehen, daß ökonomische Motivationen nicht nur auf seiten der Kolonialherren, sondern auch ihrer Gegner im Spiele seien[86]. Schon William L. Langer hat gemeint: «Kommerzielle Interessen können an territorialem Erwerb interessiert sein. Militärische Cliquen und herrschende Gruppen sind es immer»[87]. Wie schon dieses Zitat andeutet, hat sich dabei der Akzent gegenüber den älteren politischen Deutungen des Imperialismus deutlich verschoben. Nicht das durch Staatsräson diktierte Interesse der Großstaaten, sondern die Eigendynamik der Massenbewegungen der sich demokratisierenden Industriestaaten steht dabei im Vordergrund. Schon Langer deutete den britischen Imperialismus im wesentlichen als «a projection of nationalism beyond the boundaries of Europe»[88]. Hannah Arendt hat den Imperialismus mit den faschistischen Massenbewegungen des

85 E. Varga, Die Krise des Kapitalismus und ihre politischen Folgen, Frankfurt 1974², S. 34, 75f.
86 D.S. Landes, Some Thoughts on the Nature of Economic Imperialism, in: Journal of Economic History, Bd. 21, 1961, S. 95.
87 W.L. Langer, A Critique of Imperialism, in: Foreign Affairs, Bd. 14, 1935, S. 10.
88 Ebda. S. 11.

20. Jahrhunderts in Verbindung gebracht; die rassistischen und antiliberalen Elemente imperialistischer Politik und die modernen Faschismen seien auf eine gemeinsame Wurzel zurückzuführen, nämlich eine nur äußerlich demokratische, tatsächlich aber antiliberale, totalitäre Demokratie. Ähnlich hat Fieldhouse den Imperialismus als Produkt einer «nationalistischen Massenhysterie» sehen wollen[89], eine Interpretation, die neuerdings u. a. von Lichtheim wieder aufgenommen worden ist[90].

d) Objektivistische Imperialismustheorien

Eine andere Richtung von Imperialismustheoretikern, an erster Stelle Herbert Lüthy, hingegen deutet den Imperialismus als unvermeidlichen Zusammenprall der fortgeschrittenen westlichen Zivilisation mit den älteren, vergleichsweise anachronistischen Kulturen der Dritten Welt, dessen Ergebnisse auch die Betroffenen selbst nicht mehr wieder rückgängig machen wollen. Die imperialistische Expansion sei von bloß marginalen Gruppen der westlichen Gesellschaften vorangetrieben worden, in erster Linie von Tausenden von Kolonisten, Pionieren und Abenteurern, die gleichsam den Energieüberschuß der westlichen Welt dargestellt hätten: «Dieser Ausbruch überschüssiger Energien war das eigentlich bewegende Element, vor dem die vorzeitlichen, morschen, oder erstarrten Ordnungen und Herrschaftssysteme der außereuropäischen Welt zerbarsten oder zerfielen»[91]. Ähnlich hat Landes den Imperialismus als Konsequenz eines fundamentalen politischen, ökonomischen, kulturellen und militärischen Ungleichgewichts zwischen der westlichen Zivilisation und den rückständigen Gesellschaften der Dritten Welt gedeutet[92].

e) Soziologische und sozio-politische Imperialismustheorien

Eine andere bedeutende Richtung der westlichen Imperialismusinterpretation führt die imperialistischen Expansionsprozesse nicht so sehr

89 D. K. Fieldhouse, Die Kolonialreiche seit dem 18. Jahrhundert, Frankfurt 1966.
90 G. Lichtheim, Imperialism, London 1971, S. 81f.
91 H. Lüthy, Ruhm und Ende der Kolonisation, in: ders., Nach dem Untergang des Abendlandes, Köln 1964, S. 370f.
92 Landes, Some Thoughts on the Nature of Economic Imperialism, S. 501.

auf die innere Dynamik des kapitalistischen Systems zurück, sondern vielmehr auf bestimmte soziale Strukturen und Interessenkonstellationen, die im Zuge der Modernisierung westlicher Gesellschaften entstehen und soziale Konflikte auslösen, die dann herrschende Eliten dazu veranlassen, in expansiver Politik einen Ausweg aus ihrer gesellschaftlich bedrängten Lage zu suchen. Die Mehrzahl dieser Interpretationen greift dabei auf Joseph Schumpeters klassische Abhandlung «Zur Soziologie der Imperialismen» zurück, in der Imperialismus als «die objektlose Disposition eines Staates» (genauer: seiner Herrenschichten) «zu gewaltsamer Expansion ohne angebbare Grenze» definiert und demnach unter modernen Verhältnissen als Atavismus bezeichnet wird[93]. Gegen Lenin gerichtet, vertrat schon Schumpeter dezidiert die Ansicht, daß die kapitalistische Gesellschaft, weit davon entfernt, Imperialismus zu induzieren, in Wahrheit ihrem Wesen nach kosmopolitisch und auf friedlichen Güteraustausch im Rahmen eines internationalen Marktes ausgerichtet sei. Nur innerhalb eines politischen Milieus, in dem noch feudale politische Verhältnisse vorherrschten, könne es zur Ausbildung monopolistischer Strukturen kommen, und daher hätten auch kapitalistische Staaten zuweilen imperialistische Politik betrieben, obgleich der Kapitalismus seinem Wesen nach antiimperialistisch sei.

In der Tat findet sich im Westen verbreitet die Auffassung, daß Imperialismus letzten Endes das Resultat vordemokratischer bzw. nichtdemokratischer Sozialstrukturen sei, und durch deren Abbau definitiv überwunden werden könne bzw. überwunden worden sei. E. M. Winslow beispielsweise kam zu dem Resultat, daß mit der Entwicklung der modernen kapitalistischen Industriegesellschaften pluralistischen Zuschnitts der Imperialismus nunmehr der Vergangenheit angehöre[94]. Ähnlich hat W. W. Rostow die Ansicht vertreten, daß krasse Disproportionalitäten im wirtschaftlichen Wachstum, verbunden mit großen Unterschieden im jeweiligen militärischen Potential, zwar Anlaß zu aggressiver Politik sowohl regionalen wie globalen Charakters geben könnten, daß aber die eigentlichen Antriebe dazu auf politische Faktoren zurückgeführt werden müßten, insbesondere auf die Rolle von Sozialgruppen, deren Machtstellung noch aus früh- bzw. vorkapitalistischen Perioden herrührt. Die zur Reife gediehene kapitalistische Konsumgesellschaft hingegen zeige keine Neigungen zu imperialisti-

93 Schumpeter, Zur Soziologie der Imperialismen, S. 74.

94 E.M. Winslow, The Pattern of Imperialism. A Study in the Theories of Power, New York 1948.

scher Politik, wie denn überhaupt der Kapitalismus des Imperialismus zu seiner Fortentwicklung keineswegs bedürfe[95].

Während dieser Interpretationen noch weitgehend an der klassischen Konzeption von Imperialismus als Form territorialer Beherrschung abhängiger Territorien orientiert sind, hat sich die insbesondere von Hans-Ulrich Wehler, sowie von Walter La Feber und William Appleman Williams vertretene Position des «Sozialimperialismus» weitgehend davon gelöst. Unter «Sozialimperialismus» ist hier nicht jene Variante von Imperialismus zu verstehen, der territoriale und ökonomische Expansion zum Zwecke der Hebung des wirtschaftlichen und sozialen Niveaus der Unterschichten propagierte, wie zeitweilig Joseph Chamberlain oder Friedrich Naumann[96]. Vielmehr handelt es sich um imperialistische Expansionspolitik gleichviel ob formeller oder informeller Art zum Zweck der Verteidigung der privilegierten Positionen von traditionalen Führungseliten in durch Industrialisierung und Demokratisierung raschen sozialen Veränderungen ausgesetzten Gesellschaften. Diese Strategie eines «manipulatorischen Sozialimperialismus», wie Wehler sie am Beispiel Bismarcks entwickelt, dann aber verallgemeinert hat, stützt sich dabei zusätzlich auf einen sog. «ideologischen Konsensus» der herrschenden und der bürgerlichen Schichten, wonach eine Erhaltung der bestehenden Sozialordnung angesichts der sich periodisch wiederholenden Wachstumskrisen nur dann möglich sei, wenn für stetige ökonomische Expansion, gleichviel ob durch forcierte Exportförderung, durch Kapitalexport oder durch formellen Kolonialerwerb, gesorgt werde. Analog hat Williams am amerikanischen Beispiel die These entwickelt, daß gerade auch die amerikanischen Farmer und späterhin auch die amerikanische «business community» die beständige Erschließung neuer Absatzmärkte in überseeischen Gebieten als Bedingung der Erhaltung des amerikanischen Sozialsystems angesehen hätten.

f) Peripherieorientierte Imperialismustheorien

Gegen diese Theorien, die den Imperialismus sämtlich als Resultat endogener Prozesse oder Strukturen innerhalb der westlichen Industriegesellschaften selbst zu erklären suchen, hat sich neuerdings eine

95 W.W. Rostow, Stadien wirtschaftlichen Wachstums, Göttingen 1960, S. 185.

96 Semmel, Imperialism and Social Reform; D. Düding, Der Nationalsoziale Verein 1896–1903, Wien, München 1972.

Phalanx von Forschern formiert, die ganz im Gegenteil die Prozesse nicht in den Metropolen, sondern an der Peripherie für entscheidend ansehen. Die älteren Imperialismustheorien, so hat jüngst Robinson bemerkt, beruhten auf einer großen Illusion, insofern als sie durchweg von der Annahme ausgingen, daß die aktiven Komponenten des imperialistischen Prozesses sämtlich europäischer Natur gewesen seien und demgemäß die ebenso vitalen nichteuropäischen Elemente schon *qua definitione* aus der Betrachtung ausgeschlossen hätten[97]. Vielmehr sei das Handeln der europäischen Staatsmänner in aller Regel durch die Krisen und Erschütterungen an der Peripherie, insbesondere durch nationalistische Rebellionen gegen die indigenen Kollaborationsregime, ausgelöst worden. Aufgrund dieses Befundes kommt Fieldhouse zu dem Schluß, daß Imperialismus in erster Linie eine «Reaktion auf die unbefriedigenden Verhältnisse an der Peripherie» gewesen sei[98]. Soweit es unabhängig von solchen peripheren bzw. «exzentrischen» Faktoren zu territorialer Expansion gekommen sei, habe es sich in der Regel um Präventivannektionen oder um Maßnahmen gehandelt, die primär der Stabilisierung und Erhaltung eines schon bestehenden Kolonialreiches gegolten hätten, namentlich im Falle Großbritanniens; der «official mind» jedenfalls des britischen Imperialismus sei primär von strategischen und sicherheitspolitischen Erwägungen geleitet gewesen[99].

Aufgrund dieses Forschungsbefundes hat Robinson neuerdings den Vorschlag gemacht, die älteren europazentrischen Modelle durch ein pluralistisches Imperialismusmodell zu ersetzen, das europazentrischen Faktoren, also einerseits die ökonomische Expansion der westlichen Industriestaaten, die auf die wirtschaftliche Integration der unentwickelten Regionen des Erdballs in das sich rapide entfaltende kapitalistische System abzielten, andererseits die machtpolitischen Prozesse der Herausbildung und Abgrenzung von miteinander rivalisierenden Kolonialreichen, mit den Prozessen in den indigen Gesellschaften selbst, die häufig allererst den Anstoß zur Errichtung formeller Kolonialherrschaft gegeben haben, kombiniert[100]. Der Imperialismus war demnach nicht planvoll von den Metropolen gesteuert, sondern ein Prozeß, der sowohl von den Agenten des Imperialismus in den Metropolen als von seinen Opfern an der Peripherie als unauf-

97 Robinson, Non-European Foundations of European Imperialism, S. 118.
98 Fieldhouse, Economics and Empire, S. 79.
99 Robinson, Gallagher und Denny, Africa, S. 463f.
100 R. Robinson, Non-European Foundations, S. 139.

haltbar angesehen wurde und sich rationaler Kontrolle insgesamt weitgehend entzog.

g) Theorien des Neokolonialismus und der Unterentwicklung

Von den «peripheren» Imperialismustheorien ausgehend ergibt sich ein direkter Brückenschlag hin zu neueren theoretischen Bemühungen, die die zahlreichen Abhängigkeitsformen zwischen den Industriestaaten des Westens und den Ländern der Dritten Welt, die auch nach dem Ende des formellen Imperialismus fortbestehen, unter das allgemeine Phänomen des Imperialismus zu subsumieren bemüht sind. Dergleichen Ansätze sind zunächst von afromarxistischer Seite ausgegangen. Kwame Nkrumah prägte 1965 das höchst einprägsame Wort vom «Neokolonialismus als dem letzten Stadium des Imperialismus»; und er meinte damit die zahlreichen indirekten Abhängigkeiten, die auch nach der Gewährung politischer Selbständigkeit an ehemals koloniale Länder fortbestünden. Mit Hilfe von Kapitalexport, wirtschaftlicher Einflußnahme, manipulierten *terms of trade* und «Entwicklungshilfe» würde faktisch die Ausbeutung der Länder der Dritten Welt fortgesetzt, wobei indigene Puppenregierungen den kapitalistischen Interessen der ehemaligen Kolonialherren willfährig Hilfestellung leisteten. Ja, er nannte dies gar die schlechthin «schlimmste Form des Imperialismus», da nunmehr jegliche Kontrolle dieser Ausbeutungsprozesse aufgehört habe[101]. Frantz Fanon hingegen hob auf die tiefgehenden psychischen Schäden ab, die der Imperialismus bei den kolonialen Völkern und insbesondere bei deren Führungsschichten hinterlassen habe und die der endgültigen Emanzipation derselben im Wege stünden[102].

Diese Argumente sind insbesondere von neomarxistischen Theoretikern verschiedenster Observanz auf breiter Front aufgegriffen worden. Ihre Kernthese ist, daß der Imperialismus während seiner langen Herrschaft in den Ländern der Dritten Welt politische und ökonomische Strukturen geschaffen habe, die die einmal bestehenden Formen der Abhängigkeit von den Industriestaaten mit Notwendigkeit beständig reproduzieren. Insbesondere Paul A. Baran hat nachdrücklich darauf hingewiesen, daß der Prozeß der Ausbeutung der Dritten Welt auch nach dem Ende des Kolonialismus unverändert weiterlaufe,

101 K. Nkrumah, Neo-Colonialism, S. XI.
102 F. Fanon, Die Verdammten der Erde, Frankfurt 1970.

wenn auch auf einem neuen, vergleichsweise rationalerem Niveau[103]. Barans Antwort lautet, daß die Irrationalitäten des bestehenden Systems, welches die Reichen immer reicher und die Armen immer ärmer mache, «solange nicht überwunden werden» könnten, «wie das kapitalistische System besteht»[104]. Auch Magdoff, der ebenso wie Mandel zur revisionistischen Richtung der neomarxistischen Theoretiker gehört und beispielsweise das Gesetz vom tendentiellen Fall der Profitrate aufgegeben hat, weist darauf hin, daß es nicht einfach sei, «Beziehungen der Abhängigkeit zu beseitigen, die über eine so lange historische Zeit hinweg gereift» seien «und sich so tief eingegraben» hätten. Die ökonomische Struktur der kolonialen und halbkolonialen Ökonomien habe sich immer mehr der Rolle eines Appendix der metropolitanischen Zentren angepaßt, und demgemäß wirke sich auch nach dem Ende formeller Kolonialherrschaft sowohl die Struktur der Preise wie die Einkommensverteilung und die Allokation der wirtschaftlichen Ressourcen unter dem Einfluß militärischer Macht und «der blinden Kräfte des Marktes in solcher Weise aus, daß die Abhängigkeit kontinuierlich reproduziert» werde[105].

Dergestalt hat sich neben der Richtung des orthodoxen Marxismus-Leninismus, wie sie von Autoren wie Varga und Leontieff repräsentiert wird, und einer vergleichsweise flexibleren Gruppe westlicher Marxismustheoretiker, repräsentiert etwa durch die Arbeiten von Dobb, Sweezy, Mandel und Kemp, die insbesondere die Rolle des staatsmonopolistischen Systems für die Erhaltung und Fortentwicklung des Kapitalismus auch unter den nach dem Ende des Kolonialismus veränderten Bedingungen betont[106], eine starke Richtung formiert, die ihre Kritik am kapitalistischen System nicht mehr in erster Linie auf dessen systembedingte innere Widersprüche, geschweige denn auf die These von dessen systembedingten notwendigen Niedergang, stützt, sondern auf die Unfähigkeit des kapitalistischen Systems, das Verhältnis zwischen den Industrieländern und den Ländern der Dritten Welt befriedigend zu lösen. Dabei treten vor allem zwei Probleme in den Vordergrund, zum einen das Problem des «ungleichen Austauschs», d. h. der unterschiedlichen Bewertung des Wertes von Gütern aus den Entwicklungsländern einerseits, aus den Industrie-

103 P. A. Baran, Politische Ökonomie des wirtschaftlichen Wachstums, Neuwied 1966, S. 309.

104 Ebda. S. 440.

105 H. Magdoff, The Age of Imperialism: the Economics of US Foreign Policy, New York 1969, S. 166f.

106 T. Kemp, Theories of Imperialism, London 1967.

ländern andererseits[107], zum anderen die Rolle der multinationalen Konzerne, die über eine nahezu unkontrollierbare Marktmacht insbesondere in den Ländern der Dritten Welt verfügten, und damit verbunden die Ausbildung einer neuen «internationalen Klasse»[108]. Exemplifiziert werden diese Thesen dann insbesondere am Beispiel der Vereinigten Staaten, als Mittelpunkt eines neuen «Superimperialismus», der weitgehend informelle Formen angenommen habe, da die ökonomische Überlegenheit der internationalen Korporationen so groß sei, daß auf den Einsatz politischer Machtmittel weitgehend verzichtet werden könne. Anstelle direkter Beherrschung sei endgültig «abhängige Reproduktion aufgrund struktureller Gewalt»[109] getreten.

h) Imperialismus als strukturelle Gewalt

Aufbauend auf diesen neomarxistischen Interpretationen, aber prinzipiell auch die sozialistischen Staaten, sowohl als Objekte wie auch als Subjekte eines solchen Superimperialismus einbeziehend, hat neuerdings John Galtung den interessanten Versuch unternommen, eine allgemeine idealtypische Theorie des Imperialismus zu entwickeln, die sich von den historischen Erscheinungsformen des Imperialismus weitgehend ablöst und Imperialismus als einen «speziellen Typ von Herrschaftsverhältnis zwischen organisierten Kollektiven»[110] definiert. Galtung greift dabei insbesondere auf die Erwägungen der «peripheren Schule» zurück und beschreibt imperialistische Herrschaft als Form struktureller Abhängigkeit, die sich zwischen «Zentralnation» und «Peripherienation» herstellt, und zwar zufolge eines komplizierten Mechanismus, der in erster Linie darauf beruht, daß das jeweilige Zentrum über einen Brückenkopf an der Peripherie verfügt, und zwar in Gestalt einer kooperationswilligen und in ihren Werthaltungen der Metropole weitgehend angepaßten indigenen Herrenschicht, die ein Eigeninteresse an der Erhaltung der bestehenden Ver-

107 P. Jalée, Le Tiers Monde dans l'économie mondiale: L'exploitation impérialiste, Paris 1968; ders., Das neueste Stadium des Imperialismus, München 1971; A. Emmanuel, L'échange inégal, Paris 1969.

108 J. O'Connor, The Economic Meaning of Imperialism, in: K.T. Faun und D.C. Hodges, Hg., Readings in US-Imperialism, Boston 1971, S. 153.

109 D. Senghaas, Hg., Imperialismus und strukturelle Gewalt. Analysen über abhängige Reproduktion. Frankfurt 1973², S. 20.

110 J. Galtung, Eine strukturelle Typologie des Imperialismus, in: D. Senghaas, Hg., Imperialismus und strukturelle Gewalt, S. 29.

hältnisse besitzt. Mit anderen Worten, imperialistische Abhängigkeit beruht wesentlich auf einem Gefälle an sozialer Ungleichheit. Diese ist an der Peripherie größer als in der Metropole und wirkt sich zugunsten der letzteren aus. Hier ist Lenins Gedanke der Bestechung der Arbeiteraristokratie durch imperialistische Extraprofite auf die Verhältnisse an der Peripherie übertragen worden. Die aus kolonialistischer Zeit herrührende und durch die Tatsache, daß die unterentwickelten Länder in erster Linie Rohstofflieferanten sind, verstärkt «asymmetrische Interaktionsstruktur» zwischen «Peripherienation» und «Zentralnation» wird durch diese «feudale Interaktionsstruktur» gestützt und dergestalt verewigt. Dadurch begründet sich eine Form struktureller Abhängigkeit, die allein im Falle unvollendeter Ausbildung noch des Einsatzes von politischen und militärischen Machtmitteln bedarf: «Nur der nicht perfekte Imperialismus benötigt Waffen; der professionelle Imperialismus stützt sich eher auf strukturelle als auf direkte Gewalt»[111]. Aus diesem Grundmuster von imperialistischer Abhängigkeit von Peripherienationen von Zentralnationen leitet Galtung fünf verschiedene, aber sich wechselseitig abstützende Formen von Imperialismus ab, ökonomischen Imperialismus, politischen Imperialismus, militärischen Imperialismus, Kommunikationsimperalismus und nicht zuletzt kulturellen Imperialismus.

Allerdings ist fraglich, ob nach den tiefgreifenden Veränderungen in der Gewichtung des Verhältnisses zwischen rohstoffproduzierenden und Industrieländern, wie sie in den letzten Jahren eingetreten sind, die These noch zutreffend ist, daß die «spin-off-effects», die von «asymmetrischen Interaktionsbeziehungen» induziert werden, stets und immerfort zur Begünstigung der Industrienationen führen müssen[112]. Obwohl Imperialismustheorien der hier vorgestellten Art die Probleme einer Deutung der historischen Imperialismen transzendieren und in Gefahr stehen, zu Gebäuden von Leerformeln zu werden, denen nur noch ideologische Bedeutung zukommt, dürften sie bei der Lösung der brennenden Probleme, die sich hinsichtlich der Verhältnisse der Industrieländer zu den Ländern der Dritten Welt heute stellen, einen wichtigen Beitrag leisten, um so mehr, sofern sie sich von der hergebrachten Dichotomie sozialistischer versus kapitalistischer Systeme lösen und die realen Abhängigkeitsverhältnisse in den Blick

111 Ebda. S. 55.

112 Vgl. auch H.-B. Schäfer, Imperialismusthesen und Handelsgewinne. Zur Theorie der Wirtschaftsbeziehungen zwischen Industrie- und Entwicklungsländern, Düsseldorf 1972, S. 29ff.

nehmen, die sich auch in unserer gegenwärtigen Welt beständig aufs Neue herausbilden, mögen sie nun auf kolonialistischer Grundlage beruhen oder dem antagonistischen Verhältnis der gegenwärtigen großen ideologischen Weltsysteme entspringen.

Verzeichnis der ursprünglichen Druckorte

Zu I

1. Historische Zeitschrift, Bd. 206, 1968, S. 618–664.
2. W.J. Mommsen (Hg.), Der moderne Imperialismus. Stuttgart 1971, S. 14–30.
3. Besprechung des Buches von H.-U. Wehler, erschienen in Central European History, Band II, Nr. 4, 1969, S. 366–372.
4. Historische Zeitschrift, Bd. 224, 1977, S. 17–81.
5. K.-G. Faber u. C. Meier (Hg.), Historische Prozesse. Theorie der Geschichte, Band 2. München 1978, S. 248–265.
6. K. Holl u. G. List (Hg.), Liberalismus und imperialistischer Staat. Der Imperialismus als Problem liberaler Parteien in Deutschland 1890–1914. Göttingen 1975, S. 109–149.

Zu II

Originalbeitrag. Eine italienische Fassung ist unter dem Titel «Imperialismo» in Bd. 3 der Enciclopedia del Novecento, Rom 1979, erschienen.

Personenregister

Kursive Seitenzahlen bedeuten, daß der Name nur in einer Anmerkung vorkommt.